Arbeitsheft der rheinischen Denkmalpflege 51

ex libris
Amélie und Ekkehard Niemöller

Emilienstraße 6
33332 Gütersloh
Tel.: 05241 / 51221

Arbeitsheft der rheinischen Denkmalpflege 51

Eine Veröffentlichung des
Landschaftsverbandes Rheinland

herausgegeben
von Landeskonservator Prof. Dr. Udo Mainzer

Gedruckt mit Mitteln
des Ministeriums für Stadtentwicklung, Kultur und Sport
des Landes Nordrhein-Westfalen
und
der Stadt Mönchengladbach

Schloß Rheydt

Sanierung und museale Neugestaltung

1998
Rheinland-Verlag GmbH · Köln
in Kommission bei Dr. Rudolf Habelt GmbH · Bonn

Landschaftsverband Rheinland
Rheinisches Amt für Denkmalpflege Arbeitsheft 51

Die Deutsche Bibliothek – CIP-Einheitsaufnahme

Schloß Rheydt: Sanierung und museale Neugestaltung / [Red.: Gisbert Knopp]. – Köln [i. e.] Pulheim: Rheinland-Verl.; Bonn: Habelt, 1997
  (Arbeitsheft der rheinischen Denkmalpflege; 51)
  ISBN 3-7927-1685-2

Redaktion:
Gisbert Knopp

Titelfoto:
Schloß Rheydt, Durchblick vom gläsernen Treppenturm
auf die Renaissance-Loggia
(Foto: Rheinisches Amt für Denkmalpflege, Silvia-Margrit Wolf 1997)

Rheinland-Verlag – Köln · 1998
Rheinland-Verlag- und Betriebsgesellschaft
des Landschaftsverbandes Rheinland mbH,
Abtei Brauweiler, 50259 Pulheim

ISBN 3-7927-1685-2

Inhaltsverzeichnis

Geleitwort 7

Vorwort 9

Udo Mainzer
Die Suche nach dem richtigen Weg. – Zum Gutachterverfahren
für ein Schloß-Restaurant mit Hotel- und Museumsverwaltung im Torburgbereich
sowie den Anbau eines neuen Haupttreppenhauses von Schloß Rheydt 11

Klaus Thiel
Das denkmalpflegerische Konzept der Sanierung 27

Walter von Lom
Über den Umgang mit historischer Substanz 30

Wolfgang Löhr
Schloß Rheydt und die öffentliche Meinung 43

Claus Weber
Ergebnise der archäologischen Untersuchungen im Schloß Rheydt 45

Norbert Nußbaum
Beobachtungen zur Baugeschichte des Herrenhauses 91

Ulrike Heckner
Die Renaissance-Ausstattung von Schloß Rheydt 101

Karl-Heinz Schumacher
Das Herrenhaus von Schloß Rheydt, seine Baumaterialien und ihre Herkunft 115

Gustav und Rose Wörner
Zur Erhaltung und partiellen Wiederherstellung des Schloßparks Rheydt. –
Gartendenkmalpflegerische Konzeption und Zielsetzung 135

Carsten Sternberg
Schloß Rheydt – ein Museum? 161

Abbildungsnachweis 178

Geleitwort

Die Beiträge der vorliegenden Dokumentation vervollständigen das große Werk, dem sich die Stadt Mönchengladbach in den Jahren 1988–1997 unterzogen hat: Schloß Rheydt ist für die Zukunft gesichert.

Nicht vergessen ist der Schock über die unerwartete Schließung des Herrenhauses im Jahre 1988. Einsturzgefahr aufgrund des Pfusches am Bau vor mehr als 400 Jahren, altersbedingte Schäden und nutzungsbedingter Verschleiß waren die Ursachen, die zum Handeln zwangen.

Der Rat der Stadt erteilte schon bald den Planungsauftrag und bat die Verwaltung, sich um Landeszuschüsse zu bemühen. Mit dieser Entscheidung zur Sanierung des Schlosses wurden Zeichen gesetzt. Die Landesregierung vertrat aber zunächst die Auffassung, die Schäden seien auf unterlassene Renovierungsarbeiten zurückzuführen, und deshalb sollten Zuschüsse für die Sanierung nicht bereitgestellt werden. Diese Auffassung der Landesregierung verärgerte viele Bürgerinnen und Bürger und sie überwiesen spontan Spenden zur Rettung des Schlosses, und ich wurde aufgefordert, eine Bürgerinitiative zur Rettung von Schloß Rheydt zu gründen. Die Gründung des Fördervereins „Rettet Schloß Rheydt e. V." fand bereits am 17. März 1988 statt, und schon bald war das Spendenkonto ganz beträchtlich angewachsen. Dieser tatkräftige Bürgerwille hat den Verantwortlichen in der Landesregierung sehr imponiert und trug erheblich dazu bei, daß nun Zuschüsse für die Sanierung bewilligt wurden, denn ohne diese Bürgerinitiative und ohne finanzielle Hilfe des Landes Nordrhein-Westfalen und der Stadt Mönchengladbach, ohne fachliche Unterstützung durch das Rheinische Amt für Denkmalpflege und das Rheinische Amt für Bodendenkmalpflege wäre die Sanierung nicht umzusetzen gewesen. Das große Engagement des Fördervereins „Rettet Schloß Rheydt e. V." ermöglichte nicht nur die grundlegende Sanierung, sondern förderte auch eine fundierte bauhistorische Grundlagenforschung. Die daraus gewonnenen Erkenntnisse mündeten nach einem bemerkenswerten Gutachterwettbewerb in eine architektonisch gelungene, zeitgemäße Ergänzung, sowohl unter Anwendung traditioneller Handwerkskunst, als auch innovativer Techniken.

Sowohl den beteiligten Wissenschaftlern als auch den planenden und ausführenden Architekten, von denen namentlich Herr Walter von Lom & Partner, Köln, Herr Dr. Norbert Stannek, Planungsbüro Schmitz, Aachen sowie Gustav und Rose Wörner, Wuppertal, erwähnt werden sollen, ist herzlicher Dank abzustatten. Nicht zu vergessen sind die mit der Sanierungsaufgabe über viele Jahre betrauten Mitarbeiter der Stadtverwaltung Mönchengladbach, deren beherztes Engagement weit über das dienstlich geforderte Maß hinauswies.

Das vorliegende Arbeitsheft dokumentiert die Geschichte der Sanierung von Schloß Rheydt aus den Blickwinkeln der beteiligten Fachleute in exemplarischer Form. Nachvollziehbar wird erläutert, welche Ereignisse zu den Schäden führten, auf welche Weise die Sanierungsplanung begonnen und die Sanierungsarbeiten vorangetrieben wurden. Nicht unerwähnt bleibt die sich aus der Bausubstanz ableitende historische Entwicklung der Anlage von einer hölzernen Turmhügelburg zu einem prächtigen, durch Gräben und Wälle gesicherten Schloß der Neuzeit. Lebensstandard und Wohnkultur der Schloßherren sowie nutzungsbedingte bauliche Änderungen und Reparaturen über mehrere Jahrhunderte werden ebenso erläutert wie die Intentionen der Planer und Nutzer des 20. Jahrhunderts.

Diese Dokumentation schließt eine Lücke, indem sie einer breiten Öffentlichkeit Rechenschaft ablegt über die Bewältigung einer großen Bauaufgabe, die ihren vorläufigen Abschluß erst in diesen Tagen gefunden hat. Sie gewährt Einblick in aufsehenerregende Details der Baugeschichte und Nutzung des Schlosses – eines Schlosses, auf dessen Rettung die Bürgerinnen und Bürger der Stadt Mönchengladbach mit Recht stolz sein können – und ist ein beeindruckendes Zeugnis, in welch solidarischer und uneigennütziger Form sich viele Menschen in unserer Stadt für die Rettung ihres Schlosses eingesetzt haben.

Mönchengladbach, im April 1997

Heinz Feldhege
Oberbürgermeister

Vorwort

Zu den herausragenden Ereignissen der Denkmalpflege im Rheinland während des letzten Jahrzehnts müssen fraglos die Vorgänge an Schloß Rheydt gezählt werden. Was sich an diesem Baudenkmal allerersten Ranges in den Jahren 1988 bis 1997 vollzogen hat, war programmatisch und beispielhaft zugleich. Die gebotenen Maßnahmen umfaßten ein sehr breites Spektrum denkmalpflegerischen Handelns: Forschungen im Bodenbereich und an der aufgehenden Substanz, Konzepte für eine Um- und Neunutzung, modernes Bauen in historischem Kontext, Sanieren, Restaurieren, Konservieren und schließlich Gartendenkmalpflege.

Ende der achtziger Jahre hatte sich das Rheinische Amt für Denkmalpflege anfänglichen Überlegungen widersetzt, das Schloß im Zuge einer Neukonzeption für seine seit langem museale Nutzung buchstäblich bis unter den Dachfirst prall auszubauen. Ein derartiger Eingriff hätte nicht nur gravierende Veränderungen am Erscheinungsbild des Gebäudes heraufbeschworen, sondern vor allem verheerende Zerstörungen der weitgehend original überkommenen Bausubstanz, insbesondere des beachtlichen Dachstuhls, zur Folge gehabt. Ebenso an der Bewahrung der hölzernen Treppenanlage, die bedingt durch die Eigenart des Hauses als Museum aus bauaufsichtlichen Zwängen ihrem ursprünglichen Zweck nicht länger dienen durfte, teilten sich zunächst die Meinungen. Wir hatten damals aus Sicht der Denkmalpflege verdeutlicht, wie sehr diese Treppe trotz ihrer vergleichsweise gestalterischen Zurückhaltung für das Schloß als eine wichtige und zudem einzig nennenswerte Bereicherung aus der Barockzeit zu werten sei und sie letztlich auch ohne ihre originäre Funktion gewissermaßen als ein Exponat eine neue Sinn- und Zweckbestimmung erhalten könne.

Ich bin Rat und Verwaltung der Stadt Mönchengladbach als Bauherrin zu großem Dank verpflichtet, daß sie sich anfangs nach verständlichem Zögern dann gerne bereitgefunden hat, unserer Idee zu folgen und zur Erschließung des Gebäudes unter Erhaltung der historischen Treppe dem Bauwerk an einstmals bebauter Stelle einen Neubau anzufügen und zur Findung seiner architektonisch angemessenen Lösung einen Wettbewerb auszuloben. Als Ergebnis begleitet nunmehr ein transparenter Ergänzungstrakt das historische Ensemble, dessen baukünstlerische Würde er respektiert und der gleichzeitig von dem Willen beseelt ist, mit jenem bei durchaus eigenständiger Formen- und Materialsprache zu konzertieren.

Diese Entscheidung der Stadt Mönchengladbach, glanzvolles Altes mit überzeugendem Neuen eine Symbiose eingehen zu lassen, verdient besondere Anerkennung in einer Zeit, in der bundesweit viel zu oft der Mut fehlt, an die baukünstlerische Qualität der Gegenwart zu glauben und in der stattdessen das Heil in der Flucht in ein vermeintlich verträglicheres Repetieren altvorderer Gestaltungsmittel gesucht oder der Lust zum sogenannten Rekonstruieren längst untergegangener Bauten gefrönt wird. Denkmalpflege versteht sich nicht als Verdammnis alles Neuen in einem blinden Ringen um alles Alte!

Mit der Befreiung des Haupthauses von einem schädlichen Übernutzungsdruck durch Neubauten im Vorburgbereich war zugleich der Ausführungsplanung der wohltuende Weg geöffnet, sich jene Ergebnisse baulich zu eigen zu machen, die die Forschungen der Rheinischen Ämter für Denkmalpflege und Bodendenkmalpflege des Landschaftsverbandes Rheinland am Schloß im Zuge der Instandsetzungsmaßnahmen hatten gewinnen können. Nicht nur deshalb, weil so die einmalige Möglichkeit bestand, wichtige Erkenntnisse zur Baugeschichte von Schloß Rheydt auszuwerten, sondern auch weil das vielfach anschaulich zutage getretene Wissen Eingang in Präsentation und Didaktik des Museums fand. Aber nicht alles, was erforscht werden konnte, sollte und mußte gestalterisch umgesetzt werden wie beispielsweise die Farbbefunde, die für das Schloß eine ursprüngliche Rotfassung belegen. Hier entschied man sich zur Beibehaltung der letzten und inzwischen ja auch historisch nobilitierten Gelbfärbung.

Anerkennung verdient gleichfalls das Bemühen um die Bewahrung geschichtlicher Materialauthentizität, selbst dann, wenn der entsprechende Baustoff nicht sichtbar blieb. Das gilt insbesondere für die massiven Deckenbalken über dem Rittersaal, deren Zustand besonders drastisch die konstruktiven Mängel des Bauwerks offenbarten. Im gemeinsamen Ringen konnte auf diese Weise dem kostbaren Baukunstwerk die materialbedingte und gestaltorientierte Identität bewahrt bleiben.

Die jetzt abgeschlossene umfangreiche Instandsetzung von Schloß Rheydt stellte eine große Herausforderung an alle Verantwortlichen und unmittelbar Beteiligten dar. Daß diese nicht alltägliche Aufgabenstellung insgesamt so harmonisch bewältigt werden konnte, gründet hauptsächlich in dem vertrauensvollen Zusammenwirken von Behörden und Firmen, Architekten und Handwerkern, Statikern und Restauratoren, Museumsexperten und Denkmalpflegern. Das Land Nordrhein-Westfalen, vertreten durch die Oberste Denkmalbehörde, den Minister für Stadtentwicklung und Verkehr, heute Ministerium für Stadtentwicklung, Kultur und Sport, schuf mit der Bereitstellung erheblicher finanzieller Mittel die solide Basis für das Gelingen. Besonders verpflichtet fühle ich mich Rat und Verwaltung der Stadt Mönchengladbach, namentlich den jeweils zuständigen Baudezernenten sowie ihren stets kooperativen Mitarbeitern im Hochbauamt und bei der Unteren Denkmalbehörde, ebenso dem Kulturdezernenten im Verein mit den Direktoren des Museums, aber auch den beteiligten Mitarbeitern in meinem Hause.

Die Rettung und Umnutzung von Schloß Rheydt war ein gesellschaftliches Anliegen ersten Ranges, dem sich viele verbunden fühlten, insbesondere der Förderverein „Rettet Schloß Rheydt e.V." Dem Schloß selbst ist nun zu wünschen, daß das ideell und finanziell beachtliche Engagement dazu führt, daß diese Kostbarkeit rheinischer Baukunst nun erst einmal für lange Zeit unangetastet bleiben kann, was einen kontinuierlichen pfleglichen Umgang voraussetzt.

Dieses Arbeitsheft der rheinischen Denkmalpflege will Rechenschaft abgeben über Voraussetzungen, Rahmenbedingungen sowie Geplantes und Erreichtes. Gleichzeitig soll es mit Blick auf die Vorbildhaftigkeit dort durchgeführter Maßnahmen instruktiv und anregend sein für viele andere denkmalpflegerische Vorhaben im Lande. Allen, die zum Zustandekommen dieser Dokumentation beigetragen haben, sei herzlich gedankt.

Abtei Brauweiler, 3. Oktober 1997

Prof. Dr. Udo Mainzer
Landeskonservator

Die Suche nach dem richtigen Weg

Zum Gutachterverfahren für ein Schloß-Restaurant mit Hotel und Museumsverwaltung im Torburgbereich sowie den Anbau eines neuen Haupttreppenhauses von Schloß Rheydt

Udo Mainzer

Schloß Rheydt, das bislang vor allem mit denjenigen Teilen Baugeschichte geschrieben hat, die als eine Initialarchitektur italienische Renaissance auf rheinischem Boden verkörpern, hat schon immer die Denkmalpflege in die Pflicht genommen und zur wissenschaftlichen Beschäftigung provoziert[1]. In Kenntnis des hohen architekturhistorischen Rangs von Schloß Rheydt und in Würdigung der Tatsache, daß das Bauwerk – ganz im Gegensatz zu seinem städtischen Umland – den Zerstörungen des Zweiten Weltkriegs nahezu unbeschädigt entgangen war, mußte sich das Rheinische Amt für Denkmalpflege Ende der achtziger Jahre Planungen für eine durchaus berechtigte Neukonzeption des im Schloß untergebrachten Museums widersetzen, weil sie eine zu intensive Ausnutzung des Baukunstwerkes von der Kellersohle bis zum Firstscheitel vorsahen.

Ausgelöst durch beträchtliche Durchfeuchtungen des Mauerwerks und Schäden an der Konstruktion hatte es bereits 1979/80 planerische Konzepte für eine grundlegende Instandsetzung und Nutzungsoptimierung gegeben[2]. Im Frühjahr 1985 nahm dieses Vorhaben konkretere Formen an, als die Stadt Mönchengladbach das Rheinische Amt für Denkmalpflege offiziell davon in Kenntnis setzte, daß beabsichtigt sei, das Herrenhaus umfassend zu sanieren und in Gänze für museale Zwecke auszubauen und unter Verzicht auf die Hausmeisterwohnung einen Besucher-Rundgang durch Erd- und Obergeschoß zu schaffen[3].

Angesichts der erheblichen Eingriffe in die historische Substanz durch die Neuinstallation von Heizung und Belichtung, insbesondere aber durch die Nutzbarmachung von Dach- und Kellerräumen in zwangsläufiger Verbindung mit einem neuen Treppenhaus samt Aufzug hatte das Amt dringend empfohlen, Abstand von solchen Planüberlegungen zu nehmen zugunsten einer stärkeren Orientierung am Bestand unter Beibehaltung des historischen Treppenhauses bei gleichzeitigem Verzicht auf unverträgliche Maßnahmen am historischen Dachstuhl sowie einer Verglasung der Lüftungsgauben[4].

Mitte 1987 erteilte der Rat der Stadt Mönchengladbach an ihr Hochbauamt dann den Auftrag, wegen der vielfachen Mängel am Herrenhaus bis Dezember 1988 eine Planung und Kostenschätzung zu erstellen. Das dazu vom Kulturdezernat der Stadt entwickelte Raumprogramm basierte auf folgenden Prämissen:

1. Verbesserung der räumlich-funktionalen Belange durch Rundlauf, Einbau eines zweiten Treppenhauses und eines Behindertenaufzuges.

2. Zusammenfassung der Verwaltung durch Ausbau des Dachgeschosses oder einen Neubau an geeigneter Stelle.

3. Innere Erweiterung durch ausgreifendere Nutzung vorhandener Räume[5].

Auch in diesem Zusammenhang wurde von seiten des Amtes wiederholt darauf gedrungen, das Herrenhaus nicht durch eine rigorose funktionale Programmüberfüllung in etlichen original erhaltenen Bauteilen zu zerstören und damit gleichzeitig zu stark in den diffizilen bauphysikalischen Organismus einzugreifen[6]. Statt dessen wurde ein Anbau vorgeschlagen, vor allem um das historische Treppenhaus zu erhalten.

Obwohl diese hölzerne Treppe aus baupolizeilichen Gründen für die Erschließung des Museums nicht länger zulässig war und deshalb lange zur Disposition stand, hatte die Denkmalpflege namentlich deshalb so nachdrücklich gegen immer wieder aufflammende Widerstände auf ihrer Bewahrung insistiert, weil sie das einzige wirklich anschauliche Belegstück im Hauptschloß darstellt, das eine Fortschreibung seiner Baugeschichte während des Barock bezeugt. Dieser hölzerne Aufgang aus zwei geraden Läufen mit Wendepodest[7] in Verlängerung der Loggia und angelehnt an die Rückwand des Rittersaals war in seinem gesamten Verlauf vom Keller bis zum Dach anschließend Gegenstand baugeschichtlicher Untersuchungen[8].

Für die vorgeschlagene bauliche Erweiterung bot sich wie von selbst der Nordflügel des Hauptschlosses an, der mit seiner von Abbruchspuren besetzten Ostwand davon kündete, einstmals weiter ausgegriffen zu haben[9]. Historische Lagepläne belegen zudem zumindest grundrißlich bis in die 1. Hälfte des 19. Jahrhunderts die Fortsetzung dieses Bauabschnitts[10], dessen abrupte Reduzierung und nur provisorisch geschlossene Wandfläche auch die Proportionen der Anlage insgesamt negativ bestimmte.

Nachdem die Zielvorstellungen in wesentlichen Punkten zunächst wenig miteinander vereinbar schienen, sollte sich ein unglückliches Ereignis dann schließlich als überaus glücklich für die intendierte bauliche Umstrukturierung des Schlosses erweisen. Denn durch einen Brand am 2. April 1988[11] in dem jüngeren Restauranttrakt im Bereich außerhalb der ebenfalls museal genutzten Vorburg war plötzlich die einmalige Chance eröffnet, nunmehr Raumprogramme, die bis dahin im Renaissancebau vorgesehen waren, jetzt an dieser disponiblen Stelle anzusiedeln. Zugleich eröffnete sich damit der für das Baudenkmal wohltuende Weg, sich dann jene Ergebnisse baulich zu eigen zu machen, die die Bauforschung der Rheinischen Ämter für Denkmal- und Bodendenkmalpflege am Schloß im Zuge der Instandsetzungsmaßnahmen gewinnen sollten.

Die von der Stadt Mönchengladbach dadurch ermöglichten neuen Denkansätze bei einem Wiederaufbau des Gastronomiegebäudes waren für den Landeskonservator willkommener Anlaß vorzuschlagen, neben einer Verlagerung der Büros für die Verwaltung in den baulichen Kontext eines neuen Gastronomiebetriebes nun endlich die historische Treppe zu erhalten und ein neues Aufgangsgehäuse mit einem Aufzug an der Nordostecke des Herrenhauses vorzusehen, und er empfahl zugleich, die denkmalverträgliche Neuordnung insgesamt sowie die Anfügung neuer Bausubstanz insbesondere durch einen beschränkten Wettbewerb klären zu lassen bei Ausklammerung der Sanierungs- und Restaurierungsmaßnahmen am Herrenhaus[12].

Die Stadt Mönchengladbach griff diesen Vorschlag gerne auf und so beschloß der Rat der Stadt am 26. April 1989 die Durchführung eines Gutachterverfahrens für das die Architekturbüros Heinz Döhen / Mönchengladbach, Walter von Lom / Köln, Brigitte Parade / Düsseldorf und Thomas van den Valentyn / Köln beauftragt wurden[13]. In dem entsprechenden Architektenvertrag für die gutachterliche Vorplanung für das Schloß-Restaurant mit Hotel und Museumsverwaltung in Verlängerung der Torburg einerseits sowie einen Anbau des neuen Haupttreppenhauses am Herrenhaus andererseits, den die Stadt Mönchengladbach alsbald mit den ausgewählten Büros abschloß[14], wurden analog einer Wettbewerbsauslobung neben anderem die denkmalpflegerischen Rahmenbedingungen festgeschrieben.

So erwartete die Stadt, daß die Gutachter Entwurfslösungen erarbeiteten, soweit erforderlich auch mit Varianten, die der sehr hohen Qualität der vorhandenen Substanz gerecht würden. Der Wiederaufbau des abgebrannten Restauranttraktes an der Torburg mit neuem und größerem Raumprogramm sollte zusätzlich der Museumsverwaltung angemessene Räume bieten. Dabei konnte von seiten der Denkmalpflege die Inanspruchnahme einer größeren Grundfläche für das Restaurant Zustimmung finden, da sich diese in etwa an bauliche Gegebenheiten anlehnt, die noch in der ersten Hälfte des 19. Jahrhunderts an dieser Stelle vorhanden waren[15]. Den Gutachtern war aufgegeben, entwurfliche Lösungen zu bieten für eine überzeugende Entwicklung der Ergänzungsbaukörper als Arrondierung des bestehenden Torburghofes sowie als Haupttreppenhausanbau am Herrenhaus bei Darstellung von Funktionen, Konstruktionen und Gestaltungen. Zugleich war es ausdrücklich formulierter Wille des Auftraggebers, daß die neuen Anbauten nicht in historisierenden Formen zu errichten seien, sondern als qualitätsvolle Zeugnisse zeitgenössischen Bauschaffens.

Diese Entscheidung der Stadt Mönchengladbach, glanzvolles Altes mit überzeugendem Neuen eine Symbiose eingehen zu lassen, verdient besondere Anerkennung in einer Zeit, in der bundesweit viel zuoft der Mut fehlt, an die baukünstlerische Qualität der Gegenwart zu glauben, und in der stattdessen das Heil in der Flucht in ein vermeintlich verträglicheres Repetieren altvorderer Gestaltungsmittel gesucht oder der Lust zum sogenannten Rekonstruieren längst untergegangener Bauten gefrönt wird[16]. Denkmalpflege versteht sich nicht als Verdammnis alles Neuen in einem blinden Ringen um alles Alte[17]!

Aus den vorangegangenen Abstimmungsgesprächen mit dem Rheinischen Amt für Denkmalpflege hatte sich für die Stadt die schlüssige Konsequenz ergeben, aus konservatorischen, denkmalpflegerischen, museumsfunktionalen und brandschutztechnischen Gründen den notwendigen Haupttreppenhausanbau am Nordostgiebel des Herrenhauses vorzusehen. Er sollte dieses vom Kellergeschoß bis zum Dachgeschoß für die Museumsbesucher erschließen und über alle Geschosse einen Behindertenaufzug führen. Gleichzeitig war die Integration und optische Erlebbarkeit der baulichen Grabungsbefunde in diesem Bereich zu gewährleisten. Wichtig war die dezidierte Festschreibung, das historische Treppenhaus müsse museal erhalten bleiben.

Auch im Kolloquium zum Gutachterverfahren am 30. Juni 1989[18] wurde auf entsprechende Nachfragen hinsichtlich des Treppenhausanbaues noch einmal festgehalten, daß der vorgegebene Standort das Ergebnis funktionaler und konservatorischer Untersuchungen sei und es sinnvoll erscheine, an der Stelle, wo einstmals Architektur stand, bauliche Ergänzungen vorzunehmen, wobei diese allerdings nicht über die Grenzen der historischen Bebauung hinausgehen dürften. Bezüglich der Höhenentwicklung der vorgesehenen Anfügung wurde neben der vorgegebenen Hochführung von Treppe und Aufzug bis in das Dachgeschoß eine niedrigere Alternativlösung als möglich angesehen mit der Maßgabe, dieses gutachterlich zu untersuchen und als Variante darzustellen.

Als Arbeitsgrundlage hatte die Stadt den Architekten neben einem gastronomischen Fachgutachten, Bodengutachten und Grabungsdokumentationen des Rheinischen Amtes für Bodendenkmalpflege umfangreiches Plan- und Fotomaterial zur Verfügung gestellt[19]. Von den beauftragten Büros wurden für beide Planungsbereiche folgende Leistungen erwartet:

Vorplanung im Maßstab 1 : 100 mit Darstellungen der Grundrisse, Längs- und Querschnitte, sämtliche Ansichten, Darstellung in den Lageplänen im Maßstab 1 : 200 und 1 : 500, evtl. Perspektive sowie Darstellung der Baumassenentwicklung in einem Arbeitsmodell auf einer mitgelieferten Einsatzplatte im Maßstab 1 : 500. Außerdem waren zur Verdeutlichung der Fassadengestaltungen ein entsprechender Fassadenschnitt mindestens im Maßstab 1 : 50 zu fertigen sowie ein schriftlicher Erläuterungsbericht mit Aussagen zu Baumassenentwicklung, Funktion und Konstruktionsgestaltung zu erstellen. Gefordert waren ebenso eine Grundflächen- und Kubikmeterberechnung nach DIN 277 wie eine überschlägige Kostenermittlung nach DIN 276.

Abgabetermin für die Gutachten war der 11. September 1989; drei Monate später, am 11. 12. 1989 fand dann im Rathaus Rheydt unter Vorsitz von Professor Homeier die Obergutachtersitzung statt[20], in der die Entwurfsverfasser ihre Pläne vorstellen und erläutern konnten.

I. Entwurf, Dipl.-Ing. Heinz Döhmen

Erläuterungen zu Restaurant und Hotel Schloß Rheydt

Von jeher kommt man nur durch die Torburg und die Vorburg zum Schloß. Von geschichtlicher Bedeutung wird damit die städtebauliche Raumfolge Vorhof, Turnierhof, Arkadenhof. Es waren immer einseitig offene Höfe, über die der Weg zum Schloßeingang führte. Sie haben ihre autonome Geschichte. Deshalb kann der Vorhof heute seine eigene Neugestaltung erfahren, wobei eine klare Aussage mit Sicht auf die ganze Anlage gefordert ist. Zu respektieren ist die eigenständige Architektur von Torburg und Vorburg, bei letzterer vor allem die Stellung des Ostturmes. Dazu kommt die Aufgabe, den Besucher vorrangig zum rundbogigen Tor in der Mitte der Vorburg zu führen.

Die Einfügung eines abgeknickten Süd-West-Flügels wird hier zur wesentlichen Entscheidung, von der sich alles andere ableitet. Er ist losgelöst von der Torburg und in seiner Flucht genau fixiert. Seine Wandhöhe, die unter dem Gesims der Torburg bleibt, bestimmt die Tiefe des Baukörpers. Mit der charakteristischen Dachform wird er so zu einem klaren Erscheinungsbild, in seiner Typologie aber nie mehr als ein Nebengebäude des Schlosses.

Der Giebel der Museumsverwaltung markiert deutlich den Eingangsbereich, jedoch wird das Haus weder den offenen Hof verlängern noch als abschließender Baukörper in Erscheinung treten. Einzig die Ellipse des großen Restaurants durchstößt die Hofwand und nimmt den Bezug zur Achse der Vorburg auf, ohne dabei groß aufzufallen. Vom Schloß kommend erlebt man ihre Bedeutung auch als Hinweis auf die andere Seite des Hofflügels.

Die andere zur Landschaft offene Seite erschließt sich dem Besucher zunächst einmal von innen. Doch muß nicht jeder durch das Haus, zwischen Restaurant und Torburg oder über die neue Brücke sind die Terrassen direkt zu erreichen.

Vor dem hohen Rücken, den Hotelbau und Verwaltung bilden, entfalten sich dort Gasträume, Wintergarten und Saal zu einem vielgestaltigen Ensemble.

Zur offenen Landschaft hin galt es auszuloten, was der Platz vertragen kann und wie sich die Architektur darstellen soll.

So hat der Neubau bewußt von dieser Seite ein anderes Gesicht, das etwas zu tun hat mit Gebäuden, wie sie in alten Gärten stehen.

Eine Begrenzung der Höhenentwicklung ist wichtiger als ein etwas größerer Flächenansatz. Wesentlich ist die Gestaltform des Ganzen und die seiner Einzelteile.

Erlebt werden die großen Flächen wie zu einem Kristall gehörend. Doch es sind Teile simpler Formen, die ohne Anspruch eher an ländliche Nutzgebäude erinnern. Die Terrassen sind auf die verschiedenen Ansprüche des Restaurants ausgerichtet und den einzelnen Bereichen zugeordnet. Sie sind so einbezogen und Bestandteil geworden, daß das Ganze mit Baum und Böschung mehr zu tun hat, als mit einer autonomen Bauform, die in Konkurrenz zur Vorburg treten könnte. Dieses Ensemble sucht eher den Dialog zu den vorhandenen Gebäuden.

Unter demselben Aspekt, aber durchaus auch in guter Tradition stehend, ist die Wahl der äußeren Materialien zu sehen. Eine Holzverschalung wird farbig so gestaltet, daß sie abgestimmt auf die Zinkeindeckung der Dächer

1 Entwurf Dipl.-Ing. Heinz Döhmen. Modell der Gesamtanlage von Südwesten

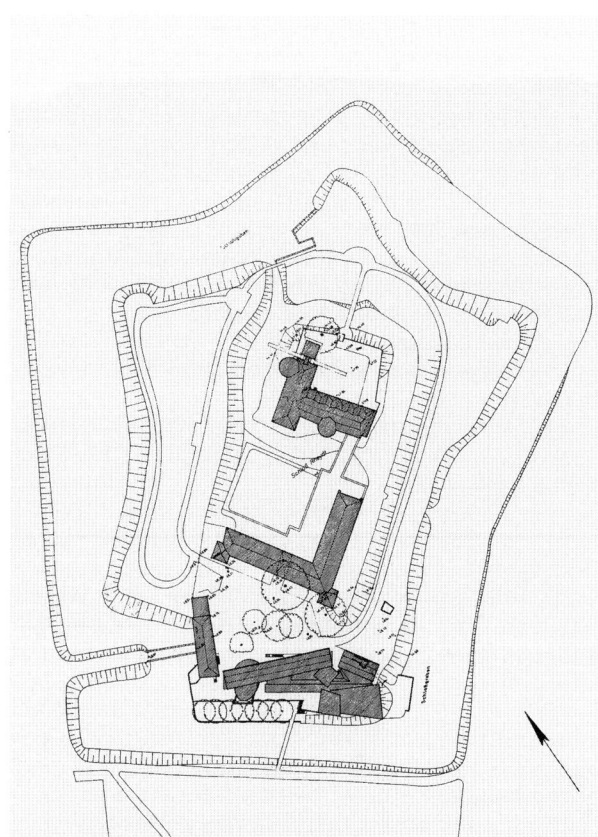

den Gebäuden eine heitere Leichtigkeit gibt. Auch dadurch werden sie sich absetzen von der vorhandenen Bebauung und deren erdverbundenen Schwere.

Was sich im äußeren Bild abzeichnet und andeutet, ist zum Gestaltungsprinzip der inneren Raumfolge geworden.

Der architektonische Brennpunkt ist die quadratische, sich nach oben öffnende Eingangshalle, die auch zum Dreh- und Angelpunkt des Geschehens wird. Weit geöffnet zum Wintergarten ist für den Besucher gleich ein Bezug nach außen hergestellt. So hat er seine Orientierung und kann sich den einzelnen Räumen zuwenden.

Unterschiedlichen Ansprüchen, die aus den verschiedenen Nutzungen erwachsen, entspricht die jeweilige Raumgestalt:
– so dem Torburgrestaurant, die Ellipse mit Blickbezug auf das Schloß und der Öffnung zur vorgelagerten besonderen Terrasse
– dem großen Restaurant-Café, das große Quadrat, zum Wintergarten offen aber auch zum Hof, wo auch Café-Plätze denkbar sind
– dem Wintergarten, die Form einer Wandelhalle mit einem über die Länge fallenden Dach
– dem teilbaren Restaurant, die freie Form mit unterschiedlicher Orientierung
– der Torschänke schließlich entspricht der Platz in der Torburg und der Raum im Kellergewölbe.

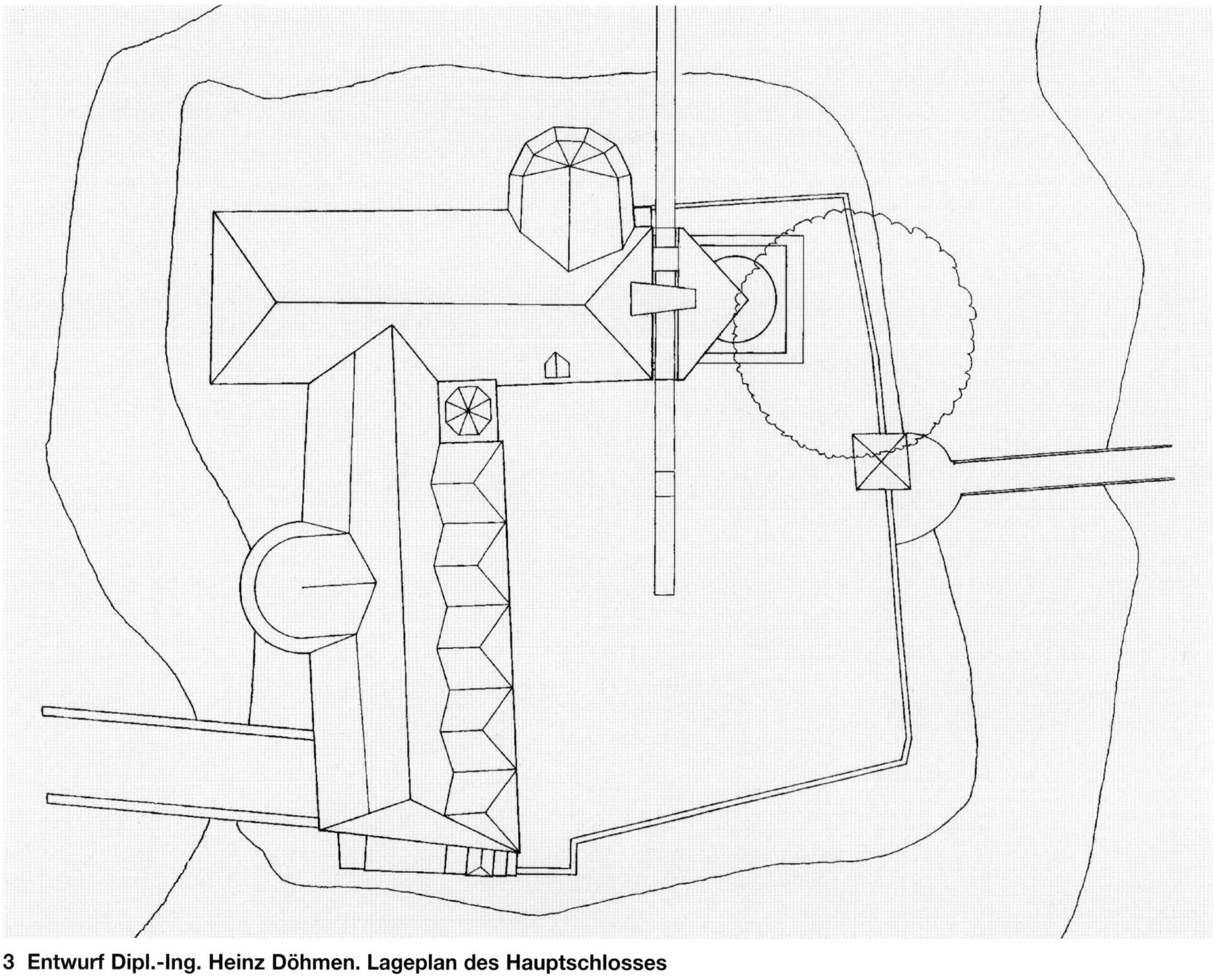

2 Entwurf Dipl.-Ing. Heinz Döhmen. Lageplan der Gesamtsituation

3 Entwurf Dipl.-Ing. Heinz Döhmen. Lageplan des Hauptschlosses

Die gestaltete Vielfalt wird in wechselnden Durchblicken erlebbar. Bei ebener Grundfläche ist die differenzierte Gestaltung des Deckenbereiches und eine darauf bezogene Lichtführung von großer Bedeutung.

Weitergeführt ist die Charakteristik des Gebäudes in den Hotelbereich bis zum variabel zu möblierenden Hotelzimmer.

Einzubeziehen ist der Saalbereich mit direktem Anschluß. Für die Gastronomienutzung hat er einen eigenen Kellnerstützpunkt.

Naturstein, Putz und Holz unter künstlerischem Anspruch ausgewählt und in Farbe gesetzt, werden die Atmosphäre bestimmen, die zu einer Vertrautheit mit dem Ganzen führen soll.

Wollte man das erwartete Milieu beschreiben, so ist dies wohl ein Breughelsches, das bunte Treiben des Volkes, das mit Freizeit und Feste feiern dem starren Ablauf höfischen Tuens in einem Schloß gegenübersteht.

Erläuterungen zur Museumsverwaltung Schloß Rheydt

Die Museumsverwaltung, einbezogen in das Gesamtkonzept, hat dennoch ihr eigenes Haus im Süden der Anlage über den Kasematten.

Alle Räume sind offen zur Landschaft, die Museumsleitung dazu noch zum Schloß orientiert. Mit Konferenzraum, Saal und Werkstätten im Untergeschoß bildet sie eine abgegrenzte bauliche Einheit.

Erläuterungen zur Treppe am Herrenhaus

Der Bedeutung des Schlosses müssen auch seine Treppen entsprechen.

Ein Treppenturm – keine Verlegenheitslösung – soll ohne jede Anbiederung diese Aufgabe souverän lösen.

In respektvollem Abstand steht er da mit seinem Schloß nur über 3 Brücken verbunden.

Den alten Fundamenten entwächst seine Basis, in die die Stufen der Haupttreppe als oberer Abschluß eingeschnitten sind.

Auf dieser fest, doch frei in der Landschaft stehenden Treppe wird ein Besucher den Aufgang ins erste Obergeschoß erleben.

Bewußt davon abgesetzt sucht sich die Treppe zum Dachgeschoß ihren Halt am Aufzugsturm.

Der Aufzugsturm wieder wird zum Träger für die hängende Schutzhülle aus Glas.

Bewertung des Obergutachtergremiums

Der Verfasser bietet eine befriedigende Hofbildung zwischen Torburg und Vorburg an und rückt dabei von der maximal möglichen hofseitigen Baugrenze ab. Zur Erfüllung des Raumprogramms beansprucht der Entwurf aber eine erhebliche Überschreitung der vorgegebenen südlichen und östlichen Baugrenze bis an die Uferlinie des äußeren Wassergrabens. Diese Ausweitung des Baukörpers an der Süd-Ost-Ecke stellt einen erheblichen Eingriff in den Natur- und Landschaftsraum, aber auch in die denkmalgeschützte historische Wall- und Grabenanlage dar.

Die Vielfalt der stark gegliederten Neubaukörper wirkt zufällig und unruhig. Sie bewirkt eine zu starke Eigenständigkeit, die die gebotene Zurückhaltung gegenüber dem historischen Ensemble vermissen läßt.

4 Entwurf Dipl.-Ing. Heinz Döhmen. Ansicht und Schnitt für das neue Treppenhaus von Südosten

Als vorteilhaft wird die Freistellung der Torburg durch konsequentes Absetzen des Neubaukörpers gesehen.

Der Neubau des Restaurants und der Museumsverwaltung ist differenziert in verschiedenen Bauformen ausgebildet. Die Höhenentwicklung auf der Südseite des Langhausbaukörpers ist so gravierend, daß seine Trauflinie in etwa die Firstlinie der Torburg erreicht.

Den vielgliedrigen Baukörperformen entspricht die innere Raumfolge und Erschließung mit dem Ergebnis teilweise unübersichtlicher Zugänge (Haupteingang Saal vermischt mit Eingang Museumsverwaltung) und ungünstiger Raumzuschnitte.

Vermißt wird eine durchgehende und großzügige räumliche Beziehung zwischen dem Hof der Torburg und der Terrasse mit äußerem Wassergraben.

Die Zusammenfassung der Museumsverwaltung innerhalb eines getrennten Bereiches ist vorteilhaft. Der Funktionszusammenhang der Arbeitsräume ist nicht in allen Teilen gewährleistet. Die Raumzuschnitte sind zum Teil ungünstig und die Raumteile nicht gegeneinander abgeschlossen (z. B. Treppenraum, Bibliothek, Besprechungsraum).

Der Verfasser bietet für das gastronomische Raumprogramm eine Lösung mit unterschiedlichen Raumausformungen an. Allerdings sind die Raumzuschnitte des Wintergartens und des teilbaren Restaurants wenig befriedigend.

In der Materialwahl der Außenfassade schlägt der Verfasser eine farbige Holzverkleidung und in Teilbereichen eine Stahl-Glas-Konstruktion vor. Denkmalpflegerisch bedenklich erscheint die Wahl der Holzverkleidung und ihre Farbgestaltung in bezug auf die vorhandene historische Denkmalsubstanz.

Die vielfältigen Anschnitte im Bereich der Baukörper und Dachflächen führen zum Teil zu hohem baukonstruktivem Aufwand mit entsprechend erhöhtem Unterhaltungsaufwand.
Es ergibt sich gegenüber dem großen Bauvolumen eine relativ geringe Flächenausnutzung.

Der Verfasser bietet einen freistehenden prismatischen Treppenturm mit großflächiger Verglasung an, die Einblicke in das Innere dieses Treppenturmes bietet. Die vorgeschlagene Lösung beeinträchtigt aber das Wurzelwerk und die Baumkrone der dort vorhandenen alten Buche und berücksichtigt nicht in vollem Umfang die Belange des Bodendenkmals.

II. Entwurf Dipl.-Ing. Walter von Lom

Zur Aufgabenstellung

Einmal mehr ist mit der Wiederherstellung und Umnutzung des Schloßensembles Rheydt die Aufgabe gestellt, eine historisch gewachsene Situation baulich zu ergänzen und diese gleichzeitig einer neuen Nutzung zuzuführen.
Zielvorstellung dabei muß sein, daß die historische Substanz mit diesen baulichen Ergänzungen und der neuen integrierten Nutzung gestalterisch wieder eine Symbiose eingeht, die die vorhandene Gesamtcharakteristik des Ortes unterstreicht, dabei die bauliche Entwicklungsgeschichte im einzelnen ablesbar beläßt und Altes und Neues so miteinander verknüpft, daß nicht nur Substanz erhaltende Maßnahmen den geschichtlichen Bestand sichern, sondern daß dieser baugeschichtlich in die heutige Zeit hinein weitergeführt wird.
Schloß Rheydt besteht aus einem langzeitig baugeschichtlich gewachsenen Ensemble, zu dem jede Zeit einen ihr gemäßen Beitrag geschaffen hat. Das heutige Gesamterscheinungsbild lebt aus der Vielfalt der historisch epochalen Gestaltungsmerkmale, die darüber hinaus von jeweils funktionalen Notwendigkeiten ihrer Zeit geprägt waren.

Überlagert wird diese gestalterisch funktionale Fassung durch die topographisch-landschaftliche Komponente der Renaissance-Verteidigungsanlage als Wasserschloß, wobei heute Wassergräben und Bewuchs der gesamten Anlage nicht mehr den ursprünglich schutzbestimmten Verteidigungscharakter geben, sondern durch die Verbindung von künstlichen und natürlichen Landschaftskomponenten eine höchst reizvolle, romantische Gesamtsituation entstanden ist.

Die Gebäudeanlage besteht aus drei hintereinandergeschalteten Hofsituationen, die jeweils mit klaren, einfachen Baukörpern gefaßt sind:
- *Der Torburg, charakterisiert durch den einfachen Torbau mit Brückenzugang und dem baumüberstandenen Innenplatz, von dem aus die Zugänge zu den umlaufenden Kasematten erreicht werden,*
- *der Vorburg mit dem einfachen Eckwinkelbau des Nebenhaustraktes,*
- *der Hauptburg mit dem renaissanceüberarbeiteten Winkelbau des Haupthauses, der durch die Kombination des Hauptbaukörpers, überlagert durch ver-*

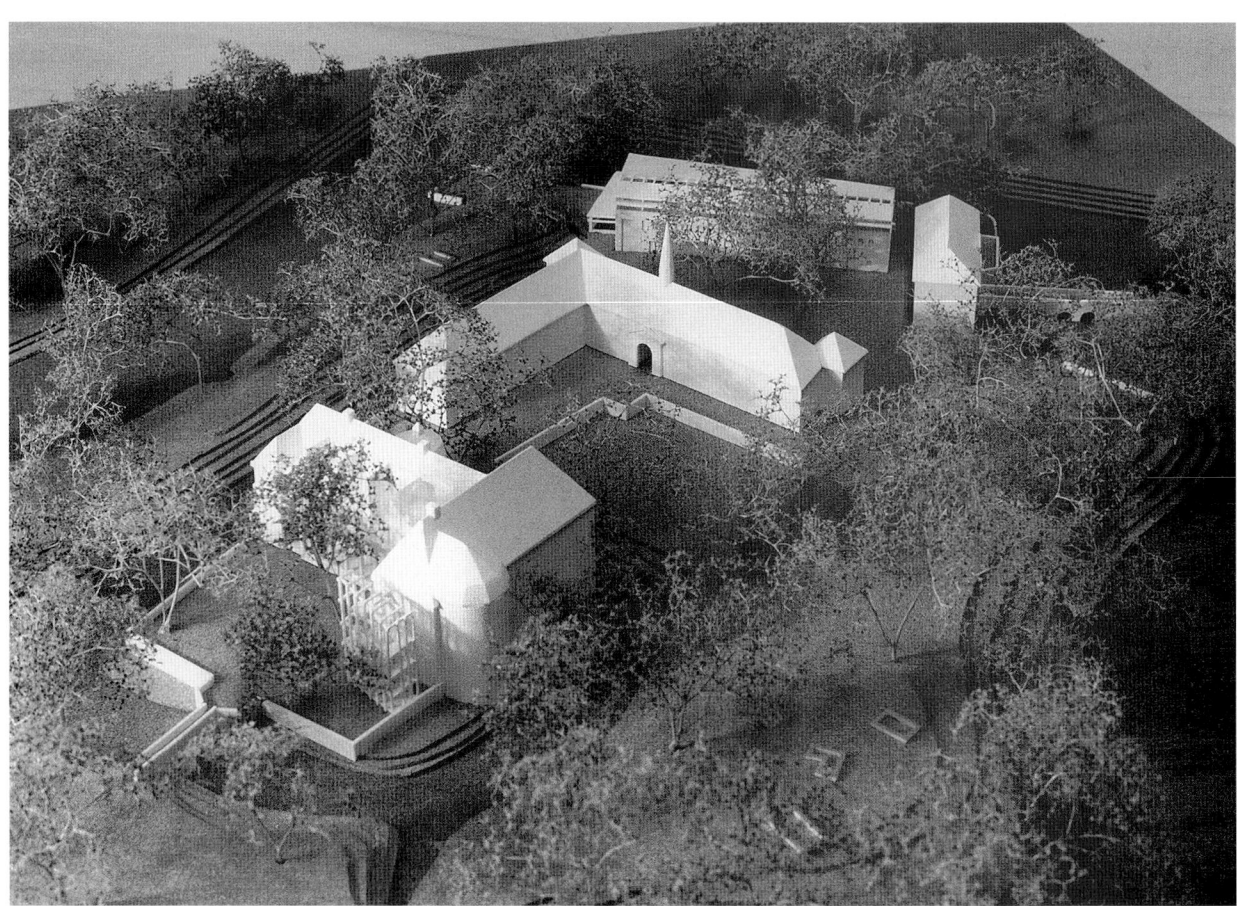

5 Entwurf Dipl.-Ing. Walter von Lom. Modell der Gesamtanlage von Norden

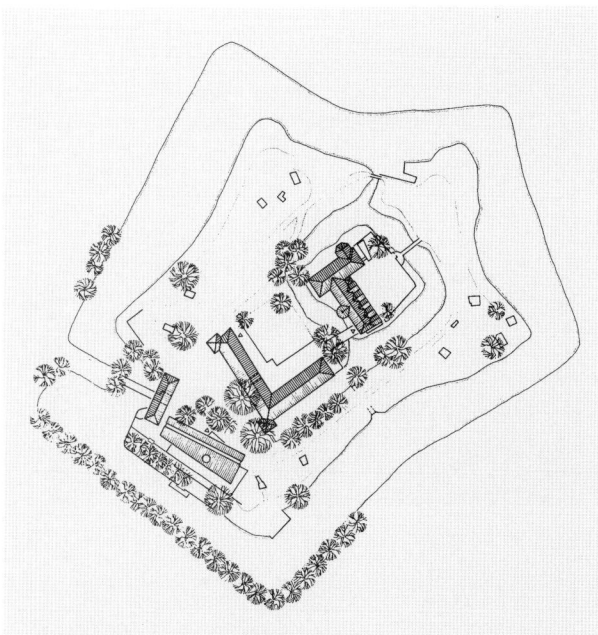

6 Entwurf Dipl.-Ing. Walter von Lom.
Lageplan der Gesamtsituation

7 Entwurf Dipl.-Ing. Walter von Lom. Ansichten für das neue Treppenhaus von Südosten und Nordwesten

schiedene, prägende Architekturelemente und durch Dimension und Detail besonders hervorgehoben ist.

Zur Grundkonzeption

Schloßrestaurant, Hotel, Museumsverwaltung

Für die Lösung der Bauaufgabe bieten sich drei grundsätzliche Alternativen an:
- *Wiederherstellung eines historischen Zustandes durch Restaurierung, bzw. Neuerrichtung des Baukörpers in seiner historischen Form. Sowohl das Nutzungsprogramm als auch der nur schwer zu fixierende historische Bestand lassen eine solche ohnehin fragwürdige Lösung kaum zu.*
- *Eine historisierende Wiederherstellung einer auf die neue Situation, die neue Nutzung und, unter bestimmten Blickwinkeln, auf die heutige Zeit eingehende bauliche Ergänzung. Auch diese Lösung kann zu keinem langfristig befriedigenden Ergebnis führen, zumal die vorhandenen Architekturqualitäten zu eindeutigen Aussagen bei den Ergänzungsangeboten zwingen.*
- *Vorgeschlagen wird deshalb ein sich am historischen Raumgefüge und den hierdurch bestimmten Dimensionen orientierender, einfacher neuer Baukörper, der selbstbewußt genug die neue Situation der Nutzung mit der historisch vorgegebenen Situation kombiniert, das Gesamtensemble der Torburg wieder arrondiert und nach wie vor sich in die stufenweise aufgebaute, sich steigernde bauliche Situation von Torburg, Vorburg und Herrenhaus eingliedert.*

Der neue Baukörper wird nicht mit dem Torhaus verbunden, sondern es wird eine saubere, zeitbedingte Abgrenzung angeboten, ohne auch hier den räumlichen Gesamtzusammenhang aufzugeben. Hierzu sind Fluchten aufgenommen, eine einfache kubische Bauform gewählt, die durch leichte Bauteile ergänzt wird. Die Geschossigkeit nimmt Traufbezüge auf, berücksichtigt dabei ein voll nutzbares Dachgeschoß,

ohne dessen klare Begrenzungslinien durch verunklärende Architekturelemente zu stören. Einfache Lochfassaden im Thema der vorhandenen Vorburgbauten bestimmen diesen Kubus. Im neuen Thema der leichten Baustrukturen werden das Dach und die Terrassenteile zusätzlich addiert.

Massivität ist nur da geboten, wo historische Linien verdeutlicht werden sollen. Leichte Bauteile da, wo historische Linien überspielt und neue Nutzungen zusätzlich gefordert werden.

Durch die Nutzung des Sockelgeschosses und des Dachgeschosses kann ein Gesamtprogramm realisiert werden, das sich innerhalb der als vertretbar empfundenen baulichen Dimensionen in diesem Bereich bewegt. Dabei wird ein Funktionsprogramm realisierbar, das für den wirtschaftlichen Betrieb die Grundvoraussetzungen bietet.

Zu den Funktionen

Das Gebäude gliedert sich in zwei Teilbereiche, die durch den Haupteingang getrennt werden: Den Museumsteil und den Hotel-/Restaurantteil. In der Schnittstelle beider Funktionsbereiche sind sinnvollerweise sich überlagernde Nutzungen untergebracht. Es wurde besonderer Wert darauf gelegt, daß sich Funktionsflächen ergänzen und Vielfachnutzungen zulassen, dabei auch individuelle Zonen und Raumteile entstehen, die entweder einen reduzierten Betrieb oder auch eine Teil-Fremdnutzung erlauben. Die beiden Hotelgeschosse bieten Räume in verschiedener Qualität und Dimension, so daß auch unterschiedliche Anforderungen befriedigt werden können.

Das Torhaus ist in seinem Süd-Teil als gesonderter Funktionsbereich angehängt. Dieser kann autark betrieben werden, so daß bei sehr geringem Besucheraufkommen (z. B. Wochenanfang) das große Haus in seinem Hauptteil geschlossen und nur im museumstechnischen Teil geöffnet zu werden braucht.

8 Entwurf Dipl.-Ing. Walter von Lom. Arbeitsmodell für das neue Treppenhaus

Es wird darüber hinaus vorgeschlagen, den nördlichen Anbau an das Torhaus wieder zu entfernen und die hierin untergebrachten Funktionen im Bereich des Parkplatzes (Garage Hausmeister) und im Hauptbau (Behindertentoilette) mit unterzubringen.

Konstruktion und Materialien

Ein einfacher Massivbau löst sich in den offenen und angehängten Teilen in ein Stahl-Skelett auf. Normale Konstruktionselemente, normale bauphysikalische Voraussetzungen, normale, natürliche, gut alternde und langfristig wirtschaftliche Materialien werden zur Realisierung vorgeschlagen. Das äußere Erscheinungsbild wird durch schlemmartig verputztes, helles Mauerwerk mit dunkelfarbigen Glas- und Stahl-Konstruktionen und einem Stehfalz-Zinkblechdach bestimmt. In den Leichtbauteilen wird Überpflanzung und äußerer Sonnenschutz eine zusätzliche Akzentuierung geben.

Gesamtkonzeption Treppenhaus Haupthaus

Für das Ergänzungstreppenhaus am Herrenhaus wird ebenfalls eine leichte Stahl/Glaskonstruktion vorgeschlagen, die in den Umfahrungslinien des Hauptbaukörpers liegt. Durch den funktional bestimmten Schrägabschluß, die Ablösung vom Hauptbaukörper und die leichte, durchsichtige Gesamtgestaltung wird das architektonische Gewicht beim alten Hauptbaukörper belassen. Durch die Aufnahme der Baufluchten wird andererseits eine imaginäre Fortsetzung der Gebäudefront angeboten, die insbesondere dem wuchtigen, halbrunden Norderker seine bestimmende Kraft beläßt.

Die Schmalseite ist zum Hof hin orientiert. Auch hier wird der offen gestaltete Aufzug substanzlos technisiert, wird den hier durch den natürlichen Baumbewuchs stark bestimmten Charakter strukturell ergänzen. Der Aufzugsmaschinenraum ist als nicht feststellbares Volumen im Keller angehängt. Die leichte Stahlkonstruktion kann wie eine Feuerleiter die brandschutztechnischen Bestimmungen problemlos erfüllen. Den Brandabschnitt (Brandwand) bietet der massive Giebelwandabschluß des Haupthauses.

Die leichte Konstruktion ist bis in den Kellerteil geführt. Hierbei bleiben alle Gebäudereste und Fundamente sichtbar und fast unberührt, so daß der Besucher dieses Treppenhaus als Aussichtskanzel, als Erholungspunkt im Rundgang des Museums in allen Geschossen mit dem Blick auf das historisch engere und weitere Umfeld genießen kann. Auch hier sind die verwendeten Materialien natürliches Glas und zurückhaltend dunkelgrau gestrichene Stahlkonstruktion.

Der klar gefaßte kubische, durchsichtige Glasbaukörper soll das Ensemble des aus verschiedenen Bauteilen bestehenden Herrenhauses und der dominierend wirkenden Großbäume ergänzen, eigenständiges Element bilden, ohne sich zu exponieren oder auch zu isolieren. Die Fassade läßt historische Bezüge durchscheinen und nimmt in ihrer Horizontal- und Vertikalaufteilung Bezug zu bestimmenden Linien des Herrenhauses, von denen sie ihre Maßstäblichkeit gewinnt.

Deutlich ist in beiden Bauteilen Neues von Altem abgesetzt, deutlich nimmt es aber auch miteinander Verbindung auf, sowohl in seinen räumlichen Wirkungen als auch in seinen Dimensionierungen und architektonischen Details. Deutlich soll dabei aber auch eine Verbindung zum heutigen Nutzungsprogramm und den funktionalen Notwendigkeiten hergestellt werden.

Bewertung des Obergutachtergremiums

Das neue Hotel- und Restaurantgebäude fügt sich in seiner gesamten Kubatur der Grundstimmung der alten Schloßanlage ein. Durch Abriß der Garagen und des Pächterhauses gewinnt die historische Vorburg ihre solitäre Bedeutung zurück. Die Trennung von alter und neuer Substanz unterstreicht die zeitgemäße Eigenständigkeit der architektonischen Planung.

Die Lage des Neubaues erhält die der Vorburg entsprechende Freifläche. Bei einer endgültigen Gestaltung sollte Wert darauf gelegt werden, daß die hofseitige Fassade mit Torburg und Vorburg korrespondiert. Die Betonung der Waagerechten an der Terrassenseite durch Glasflächen im Obergeschoß und Wintergarten unterstützt den ruhigen, eher bescheidenen Charakter des Neubaues.

Der Gutachter ist mit den zur Verfügung stehenden Flächen so zurückhaltend umgegangen, daß bei einer endgültigen Überarbeitung noch Flächen für Erweiterungen bleiben. In diesem Zusammenhang kann die jetzige Minimierung des Raumprogrammes ebenfalls, wenn notwendig, verbessert werden.

Die zentrale Eingangssituation läßt eine schnelle Erreichbarkeit sowohl des Restaurantteils, des Cafés und Wintergartens, als auch des Vortragssaals und des 1. und 2. Obergeschosses des Hotelbereiches zu.

Der Verwaltungsteil ist für sich klar gegliedert. Die Anordnung der Räume ermöglicht eine Aufteilung des Gebäudes in verschiedene Eigentumsbereiche und begünstigt damit unterschiedliche Förderungs- bzw. Finanzierungsmodelle.

Der Gutachter kommt mit relativ wenig Verkehrsfläche aus. Er verteilt die notwendigen Treppenhäuser zweckmäßig; die Wirtschaftlichkeit scheint positiv gewährleistet.

Über die Wirkung der angebotenen Treppenanbaulösung am Herrenhaus läßt sich aufgrund der Darstellung kein endgültiges Urteil in bezug auf die Zusammenwirkung mit dem Baudenkmal fällen.

III. Entwurf Dipl.-Ing. Brigitte Parade

Zum Städtebau

Schloß Rheydt stellt laut Aussage des Landeskonservators als Gesamtanlage in ursprünglicher, landschaftlicher Bindung ein höchstrangiges Baudenkmal in der Region des Niederrheins dar. Bei jeder heutigen Anbau- bzw. Neubaumaßnahme sollte man sich dieses hohen bauhistorischen Rangs bewußt sein.

Innerhalb des Gesamtkomplexes ist das Herrenhaus – in seiner Bedeutung als Schlüsselbauwerk der Renaissance im nördlichen Bundesgebiet – die empfindlichste Bausubstanz im Hinblick auf heutige, architektonische Eingriffe.

Weder an dieser noch an anderer Stelle darf ein möglicher Neubau den Anspruch erheben, seinerseits Dominanz zu entwickeln. Eine unbedingte Zurücknahme

9 Entwurf Dipl.-Ing. Brigitte Parade. Modell der Gesamtanlage von Südwesten

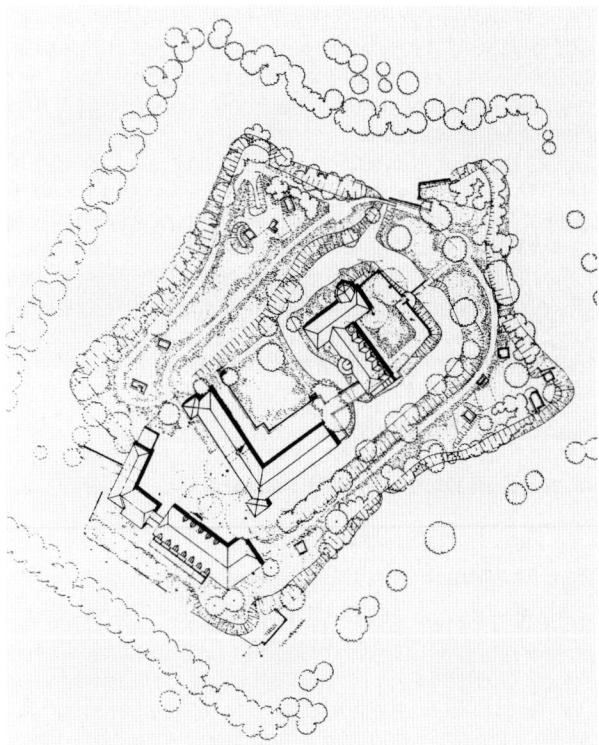

10 Entwurf Dipl.-Ing. Brigitte Parade.
Lageplan der Gesamtsituation

jedes formalistischen Anspruchs ist vielmehr Voraussetzung für die Bewältigung einer Aufgabe, bei der immer die Gefahr besteht, daß ein Neubau als Fremdkörper die Harmonie des Ganzen zerstören würde.
Deshalb ist es unerläßlich, daß Baumaterialien, vorhandene Maßstäblichkeit und die traditionelle Formensprache respektiert werden.

Das Neubauprogramm mit Museumsverwaltung und Hotel- und Restaurantkomplex ist insgesamt ein relativ großes Bauvolumen. Das Bemühen um Maßstäblichkeit – auf keinen Fall höher als der First der Torburg – führte zu der Entscheidung, das auch nach seinen Funktionen unterschiedliche Programm in zwei einzelne Baukörper aufzuteilen: Die Museumsverwaltung als Wiederherstellung des z. Zt. noch vorhandenen seitlichen Anbaus der Torburg, das Hotelrestaurant als eigenständiger Baukörper entlang des Wassergrabens innerhalb der festgelegten Baugrenzen.
Um das Dach in seiner geplanten Breite von ca. 14,00 m auch entsprechend ausführen zu können, war es notwendig, die Baulinie im Nordosten geringfügig zu überschreiten.
Zwischen den beiden neuen Baukörpern ergibt sich so eine Baulücke, die eine Blickbeziehung vom Vorhof und vor allem vom Durchgang der mittleren Vorburg zum Grünbereich des südwestlichen Grabens ermöglicht. Außerdem kann hierdurch die große Gartenterrasse für den starken Publikumsandrang am Wochenende direkt erschlossen werden.

Schloßrestaurant mit Hotel an der Torburg

Um ein einheitliches und geschlossenes Erscheinungsbild des Vorhofs wiederherzustellen, wurde die Gestaltung des Neubaus auf der Hofseite in Materialien und Bauformen konkret auf die vorhandene Bausubstanz bezogen. Auf der Wasserseite dagegen konnte eine freiere Gestaltung in Form von einer abgetreppten Glaskaskade gewählt werden.
Bereits die ersten Entwurfsüberlegungen zeigten, daß das zur Verfügung gestellte Raumprogramm für diesen Standort von erheblichem Ausmaß ist. Es erschien jedoch aus wirtschaftlichen Gründen nicht vertretbar, dieses Programm aus eigenem Ermessen zu reduzieren. Alle Erkundigungen über ähnliche Einrichtungen bestätigen, daß ein möglichst breit gefächertes Raumangebot für die wirtschaftliche Existenz eines solchen Komplexes notwendige Voraussetzung ist. Aufgrund dieser Erkenntnisse wurde das Programm in seiner vollen Größe geplant.

Der Komplex gliedert sich im wesentlichen in drei Bereiche: Hotel – Restaurant – Konferenz. Diese sind durch zwei an verschiedenen Stellen angeordnete Haupteingänge erschlossen:
1. der Eingang zum Hotel, Gourmet-Restaurant und Konferenzbereich, 2. Eingang zum großen Restaurant und der Gartenterrasse.

Zu 1: Besondere Bedeutung erhält dieser Eingang durch die Einbeziehung der historischen Bausubstanz in Form des Abgangs durch die Poterne in die unteren Kasematten und die ihr vorgelagerte kleine Terrasse, die entweder als Hotelterrasse, aber auch von der Konferenzetage genutzt werden kann. Es ist besonders reizvoll, daß diese von der Pantry im UG aus bewirtschaftet werden kann.
Aus funktionalen Belangen ist es wichtig, daß alle innerhalb des Gesamtkomplexes ausgewiesenen Bereiche getrennt erschlossen und genutzt werden können:
– Hotel mit eigener Rezeption, Treppe und Behindertenaufzug seitlich des Haupteingangs,
– Gourmet-Restaurant mit Empfangsraum im EG mit Wintergarten und Ausblick zum Wasser,
– Konferenzräume in separater Etage im UG, jedoch ebenfalls mit Ausblick zur Wasserfläche. Als zusätzlicher Vorteil sei hier noch einmal der separate Zugang zur Gästeterrasse erwähnt.
Die Schänke im EG kann entweder unabhängig von allen übrigen Einrichtungen oder von allen drei Bereichen gleich gut genutzt werden.

Zum Hotel

Im 1. OG sind 19 Doppelzimmer vorgesehen. Im 2. OG ergab sich Raum für 4 weitere Hotelzimmer, die als Einzelzimmer in das Programm miteinbezogen werden können. Diese Anzahl könnte sogar noch vergrößert werden, wenn ein Teil der ebenfalls der südwestlichen Seite ausgewiesenen Personalzimmer unter Einsparung von Nebenraumfläche auf die Hofseite verlegt würde. Damit ergibt sich insgesamt ein sehr differenziertes Angebot unterschiedlicher Zimmer, von denen natürlich die sieben Zimmer mit Balkon und Blick auf den Wassergraben besonders attraktiv sind.
Die Freizeiteinrichtungen befinden sich im 2. OG (Aufzug), ein besonderer Anziehungspunkt besteht in der separaten Hotelterrasse am Wasser auf der untersten Ebene, die ebenfalls durch den Aufzug gut erreichbar ist.

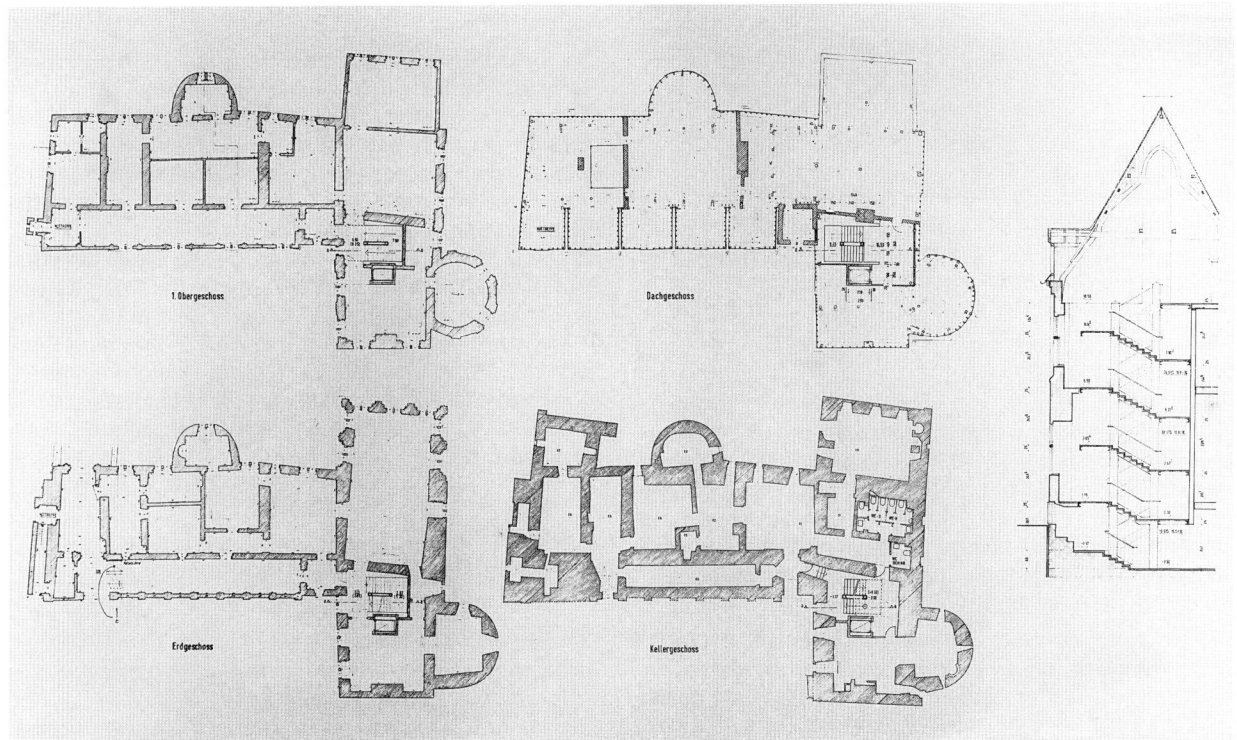

11 Entwurf Dipl.-Ing. Brigitte Parade. Grundrisse und Schnitt des Hauptschlosses mit neuer Treppe an historischer Stelle

Zum Restaurant

Die Restaurantfläche ist durch einen kleinen Höhenversprung in zwei Ebenen gegliedert. Aus dem vorderen verglasten Teil, der eine Art Wintergarten darstellt, ergibt sich ein ungehinderter Blick in die Baumkronen. Im übrigen sind die Sitzgruppen so ausgebildet, daß sie eine gute Akzeptanz durch die Gäste erwarten lassen. Die dem Restaurant vorgeschaltete Bar kann auch vom Konferenzbereich aus benutzt werden.

Konferenzbereich

Er stellt eine in sich geschlossene Raumeinheit dar, die über eine großzügige Treppe erschlossen wird. Für Behinderte steht der Hotelaufzug zur Verfügung. Die Lage im UG dürfte durch den reizvollen Ausblick auf die Wasserfläche und die zusätzliche Anbindung der bewirtschafteten, kleinen Aussichtsterrasse mehr als ausgeglichen werden.

Großes Restaurant

Auch diese Raumeinheit wurde in zwei Ebenen gegliedert. Für den Massenandrang am Wochenende ist es wichtig, daß die große Terrasse am Wassergraben sowohl vom Restaurant wie vom Vorhof aus direkt erreichbar ist.

Versorgung

Aus funktionalen Gründen mußte die Küche in möglichst zentraler Lage zu allen Restaurants im EG ausgewiesen werden. Die Anlieferung erfolgt über einen kleinen Wirtschaftsbereich im Hof, der durch ein leichtes Schutzdach von unerwünschter Einsicht abgeschirmt ist.
Der im Programm zwar nicht enthaltene, aber dennoch erforderliche Personal-Aufenthaltsraum wurde im EG ausgewiesen, die Umkleide- und Waschräume befinden sich im UG.

Herrenhaus

Die intensiven Untersuchungen in der Entwurfsanalyse haben zu dem Entschluß geführt, kein neues Treppenhaus an diese Bausubstanz anzubauen. Die Gründe hierfür sind folgende:
– Der gesamte äußere Eindruck des Herrenhauses würde durch einen wie auch immer gestalteten Anbau unerträglich gestört.
– Das eigentliche banale Programm eines solchen Anbaus kann einen solch zerstörerischen Eingriff nicht rechtfertigen. Eine kongeniale Erweiterung einer bauhistorisch so hochrangigen Substanz setzt auch ein angemessenes Raumprogramm für den Neubau voraus.
– Um die Zugänglichkeit auf allen Ebenen zu gewährleisten (Forderung!) müßte auf allen Ebenen gravierende Eingriffe in die historische Substanz erfolgen.
– Erhebliche Beeinträchtigung der bereits gemachten und noch zu erwartenden Bodenfunde wären unvermeidlich.
– Die logische und nachvollziehbare Raumfolge des Zugangs über Loggia und Eingang zum Haupttreppenhaus sollte in dieser Abfolge erhalten bleiben.
– Der Eingriff in die zu großen Teilen nicht mehr authentische innere Substanz des Herrenhauses scheint erträglicher als die Zerstörung des äußeren harmonischen und intakten Erscheinungsbildes.

Aus diesem Grunde wird vorgeschlagen, das vorhandene historische, aber innerhalb der Baugeschichte seinerseits später eingefügte Haupttreppenhaus zu ersetzen. Der Entwurf sieht eine selbsttragende Stahltreppe vor, die eine weitgehende Schonung der Bausubstanz erlaubt. Das gleiche gilt für den Aufzugsschacht, der ebenfalls in Stahlkonstruktion, feuerhemmend ummantelt, vorgesehen ist.

Durch die Auflösung der Treppe in 3 bis 4 Läufe ist es möglich, die großen Geschoßhöhen bei relativ geringem

Flächenaufwand zu überwinden. Dieser geringe Flächenaufwand erlaubt desweiteren, einen ungestörten „Rundlauf" durch die einzelnen Museumsetagen zu erhalten. Es entsteht ein eindrucksvoller Treppenraum, der das interessante Bauvolumen sichtbar und damit erlebbar macht.

Lagerräume und Müllentsorgung für die Küche sind im UG untergebracht, mit direkter Anbindung an den von außen und innen zugänglichen Lastenaufzug. Die untere Ebene ist durch einen separaten Speisenaufzug und eine eigene, kleine Pantry an die obere Küche angebunden.

Haustechnik
Be- und Entlüftung des Konferenzbereichs und Restaurantes erfolgt von einer Klimazentrale im UG. Getrennt hiervon erfolgt die Be- und Entlüftung der Sanitärräume im UG und EG durch dezentrale Anlagen. Die Entlüftung der Hoteletagen ist zentral im Dach vorgesehen. Heizung im 2. OG in zentraler Lage. Aufzüge hydraulisch.

Tragwerksplanung
Um einen stützenfreien Konferenzraum im UG und ausreichend Platz für die Klimaanlagen zu ermöglichen, wurde ein statisches System gewählt, das in den beiliegenden Positionsplänen des Ingenieurbüros dargestellt ist. Es handelt sich um eine Schottenbauweise, die im UG und EG in Form von Betonrahmen aufgestellt ist. Die Lasten der EG-Decke werden über eine Zugstütze in die jeweilige Schotte abgeleitet. Weitere Details siehe separaten Erläuterungsbericht des Tragwerkplaners.

Museumsverwaltung
Im Hinblick auf die zentrale Bedeutung der Museumsverwaltung schien es sinnvoll, dieselbe direkt in und an der Torburg und damit am Haupteingang der Gesamtanlage anzuordnen.

Die Unterbringung in einem eigenen Baukörper beinhaltet den weiteren Vorteil, daß diese Baumaßnahme sowohl als eigener Bauabschnitt realisiert werden kann, als auch unabhängig vom Restaurant finanziert werden kann.

Die zur Zeit noch vorhandene Bausubstanz des ehemaligen seitlichen Anbaus ist nicht erhaltenswert. Die Herrichtung dieses historisch nicht bedeutenden Gebäudes wäre teurer als ein Neubau und wäre schon deshalb nicht sinnvoll, weil nur eine teilweise Unterkellerung vorhanden ist. Der Neubau erfolgt allerdings exakt in den alten Umrissen, um die empfindlichen Raumbeziehungen innerhalb des Hofraums und vor allem den Blick von der Torburg zum Neubau des Hotel-Restaurants nicht zu stören.

Die Raumsubstanz der Torburg wurde behutsam in die neue Nutzung miteinbezogen. Das Raumprogramm ist entsprechend der einzelnen Funktionsbereiche gegliedert:
  – Werkräume, Lagerräume und Nebenräume im UG;
  – Verwaltungsräume im EG und 1. OG;
  – Magazinfläche im Dachraum (Aufzug).
Da alle Geschosse durch den Aufzug bedient werden, ist es ausreichend, eine zentrale WC-Anlage im UG auszuweisen. Für Behinderte ist das Erdgeschoß durch die Einrichtung einer kleinen Hebebühne mit Gegensprechanlage am Beginn der Loggia zugänglich gemacht worden.

Außenanlagen
Die vorhandenen Anlagen sollen soweit als möglich unverändert bleiben. Eine Ausnahme hiervon ist der Bereich vor der Unteren Konferenz-Etage. Das Niveau des Untergeschosses liegt ca. 1,15 m unter dem Wasserspiegel des Grabens, so daß dieses Geschoß bis zu einer Höhe von ca. 1,30 m als schwarze Wanne ausgebildet werden muß. Diese Wanne ist bis zum Graben (ca. 6 m) fortgeführt und soll an dieser Stelle als Wassergarten ausgebildet werden. Steine und Pflanzen verdecken die Oberkante der Wanne. Durch eine kleine Pumpe wird eine Art Quelle mit Wasser aus dem Wassergarten erzeugt. Das durch die Steine hindurchsickernde Wasser vermittelt den Eindruck, als ob hier das Wasser des Grabens in den Wassergarten hineinsickern würde.

Bewertung des Obergutachtergremiums

Die Baukörperausformung erscheint im Verhältnis zum Torbau unangemessen dominant. Unbefriedigend ist die annexartige Anbindung der Museumsverwaltung an den Torbau. Sie verhindert eine wünschenswerte Freistellung dieses Gebäudes. Durch die große Baukörpertiefe rückt der Neubau sehr nah an die Vorburg heran und beeinträchtigt die Hofsituation. Insgesamt würde in diesem Bereich eine Baumassenreduzierung und bescheidenere Höhenentwicklung dazu beitragen, dem Baudenkmal Schloß mehr Rechnung zu tragen.

Der in einigen Teilen mißlungene Versuch, durch historisierende Bauformen eine adäquate Antwort auf die Altbausubstanz zu finden, kann nicht befriedigen. Dies insbesondere im Bereich der Hauptfassade zum Burggraben. Hier wird auch der unangemessene Eingriff in die Wassergrabenböschung als zu weitgehend und die historische Situation zerstörend empfunden.

Das großzügige Angebot als Konferenz- und Restauranträume wird durch Mängel in bezug auf Erschließung und notwendige Funktionszusammenhänge erkauft. Die der Küche vorgelagerte Ver- und Entsorgung im unmittelbaren Hofbereich kann nicht als gelöst angesehen werden, ebenso die für die angebotene Nutzung im Untergeschoß vorgesehne Belichtungssituation. Dies gilt auch für einige Räume der Museumsverwaltung im Untergeschoß. Als sehr nachteilig wird sich die Unterbringung der Lagerräume des Museums im Dachgeschoß erweisen. Innenräumlich gibt es kaum ansprechende Raumerlebnisse und auch außen läßt der Entwurf jede eigenständige zeitgemäße Antwort auf die historische Situation vermissen.

Bezüglich der Konstruktion sind im wesentlichen drei als aufwendig zu bezeichnende Bereiche erkennbar: die unwirtschaftlichen Spannweiten im Untergeschoßbereich der Konferenzräume, die großzügige Unterkellerung des Torhofes mit der Beeinträchtigung der Baumwurzelbereiche und die Überbauung der Kasemattenzugänge. Insgesamt liegen die errechneten Vergleichszahlen zur Wirtschaftlichkeit im günstigen Bereich.

Die vorgeschlagene Lösung, den geforderten Treppenhausanbau mit Behindertenaufzug des Herrenhauses in das Gebäudeinnere anstelle des Barocktreppenhauses zu verlegen, entspricht nicht der Ausschreibung.

IV. Entwurf Architekt Thomas van den Valentyn

Schloß-Restaurant und Hotel, Torburg, Saal und Museumsverwaltung

Der Verfasser folgt nicht der vorgegebenen Idee eines kompakten Gebäudes mit eher willkürlichem Grundriß und dramatischer Dachlandschaft, sondern orientiert sich an den einfachen und ruhigen Gebäuden der Tor- und Vorburg, die den Charakter des Schloßhofes prägen. Langhäuser, Türme und Tordurchgänge bilden den Ort und sind wie selbstverständlich Maßstab und Anspruch der Neubauten um den Schloßhof.

Angenehm proportionierte Wandfluchten mit ausgewogenen Öffnungen, stille Materialien wie Putz (eingefärbt), grauer Sandstein (Pietra Serena), fein polierte Holzfenster (Wittgenstein) und patinierte Blechdächer bilden die Stimmung. Das Konglomerat der Baukörper und ihre Stellung zueinander sind der Ort.

Ähnlich, aber in eine andere architektonische Sprache übergehend, stellt sich die Gebäudegruppierung an der Wasserseite dar: Ein Turm markiert die Ecke der Neubebauung auf der Terrasse nach Westen, auf der Ostseite schmiegt sich eine membranverglaste Rotunde in die sanfte Kurve des fünfeckigen Wassergrabens. Den Abschluß bildet die „Wasserterrasse", die über eine magische Kasematte zugänglich ist – sicherlich der schönste und stimmungsvollste Ort des gesamten Schloßareals.

Das Torburgrestaurant

Das Restaurant sollte seinem Namen entsprechend in der Torburg liegen. Um dem kulinarischen Anspruch gerecht zu werden, ist eine räumliche und organisatorische Trennung von der übrigen Gastronomie (Bus welcome) unbedingt erforderlich. Aus Erfahrungen mit qualitativ unterschiedlichen Gastronomiebetrieben unter einem Dach und mit einer Küche ist bekannt, daß der anspruchsvolle Gast dieses (für den Betreiber scheinbar wirtschaftliche) Konzept nicht annimmt. Um die Torburg gastronomisch sinnvoll zu nutzen, ist eine eigene Küche geplant, die im UG organisatorisch und für Vorbereitungsarbeiten in räumlicher Verbindung mit den Haupteinrichtungen der Zentral-Küche steht.

Der südliche Teil der Torburg müßte teilweise entkernt werden (neue Decken), Durchbrüche und einige neue Fenster sind erforderlich. Das vorgesehene räumliche Angebot ist ausreichend und für die unterschiedlichsten Kapazitäten und Erfordernisse eines Gourmet-Restaurants geeignet. Nicht zuletzt ist eine völlig separate Verpachtung (unabhängig vom Schloßrestaurant) räumlich und organisatorisch möglich und sollte unbedingt überprüft werden.

Der Torweg

Zwischen Torburg und Schloßrestaurant führt eine kleine Gasse vom Hof hinunter zu den Terrassen. Dieser direkte Zugang ist ein wesentliches Element des differenzierten Bebauungskonzepts. Vom Torweg erschließen

12 Entwurf Architekt Thomas van den Valentyn. Modell der Gesamtanlage von Norden

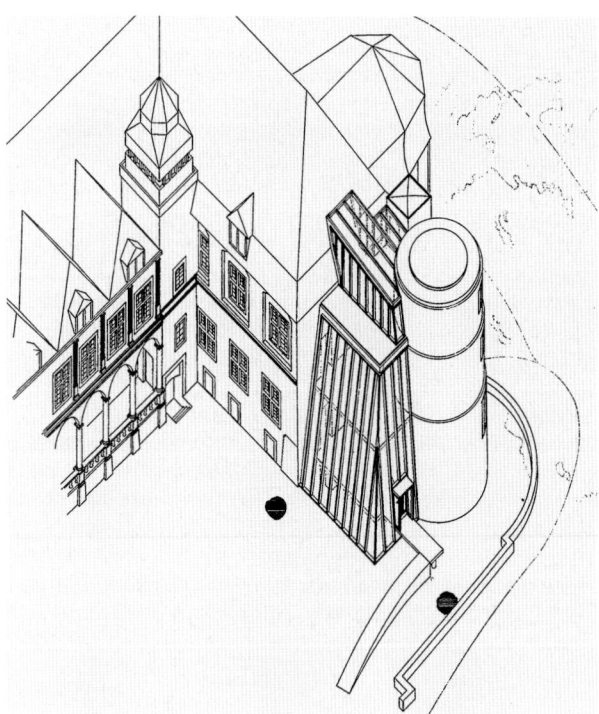

13 Entwurf Architekt Thomas van den Valentyn. Isometrie für den neuen Treppenturm

sich zusätzlich einige Einrichtungen. Ein kleiner Kiosk an der Platzecke versorgt neben der Gastronomie die kleineren Geldbeutel.

Schloßrestaurant, Café und Wintergarten

In den Langhäusern zwischen Hof und Wassergraben ist das Schloßrestaurant untergebracht.

Ein zentraler Tordurchgang führt in den innenliegenden Wintergarten. Dieser – engsprossig überglaste – Raum erschließt sämtliche angebundenen Einrichtungen wie Garderobe, Reception, Restaurant, Bar, Café, Salon, Schänke und Hotel; bei Bedarf auch Konferenzraum, Foyer und Saal. Die Transparenz und Tageslichtfülle beim Durchschreiten der Gebäude bis hinunter zur Terrasse ist ein wesentliches Anliegen des Entwurfs.

Zentralküche

Die im Raumprogramm definierte Küche (79 m^2) kann den vielfältigen Versorgungsansprüchen wohl kaum nachkommen. Neben der separaten Küche für das Torburg-Restaurant schlägt der Verfasser eine zusätzliche Vorbereitungs- und Buffetküche im Untergeschoß vor.

Nur so könnte bei gleichzeitiger Maximalnutzung aller Einrichtungen, (Restaurant I und II, Terrassen, Salon, Schänke, Konferenz und Saal) d.h. bis zu 600 Gästen (ohne Torburg-Restaurant), eine reibungslose Betreuung gewährleistet werden.

Hotel – Gästezimmer

Die Gästezimmer liegen sämtlich im Obergeschoß. Die jeweils einhüftig in den Langhäusern angeordneten Räume sind eher klein und bescheiden, doch könnten sie durch die offenen Laubengänge (Wintergarten) und die Lage zum Schloßhof oder zum Wassergraben hin ihren eigenen Charme entwickeln. Alle Gästezimmer sind vom Wintergarten aus zugänglich. Turmhaus und Torhaus beherbergen Dependancen. Ihre autonome Lage und Einrichtungen (mit Pantry) ist erfahrungsgemäß bei Langzeitgästen sehr beliebt – nicht zuletzt, weil hier durch das Separate Privatheit vermittelt wird.

Personalzimmer

Im Dachspitz der Torburg könnten einige Kammern als Personalzimmer untergebracht werden. Eine genauere Überprüfung – Auswechselungen, Schall- und Wärmeisolierung, Belichtung – müßte allerdings noch erfolgen.

Der Saal

Durch das Torhaus gelangt man über einen kleinen Innenhof zum Saal mit vorgelagertem Foyer. Die Rotunde nimmt die vorhandene Böschungskurve auf – wächst in dem Entwurf allerdings direkt aus dem

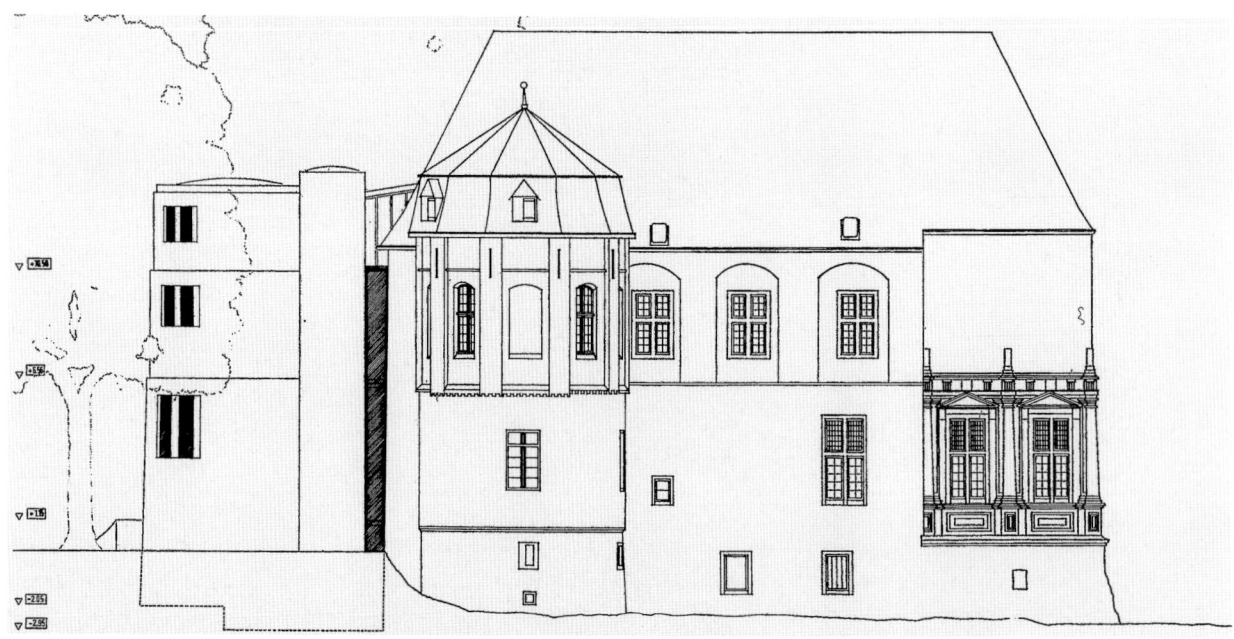

14 Entwurf Architekt Thomas van den Valentyn. Ansicht des Hauptschlosses mit neuem Treppenturm von Nordwesten

Wasser (ähnliche Situationen gibt es bei der Vorburg und beim Herrenhaus). Der Saal bildet auf kreisförmigem Gebäudegrundriß einen kubischen Zentralraum mit in der Höhe abgestuften Konchen. In den Zwickeln sind Nebenräume und Klimaführungen vorgesehen. Aus dem Saal fällt der Blick durch die Membranhaut der Fassade auf den äußeren Schloßgraben und den gegenüberliegenden dichten Bewuchs.

Die Museumsverwaltung

Über das Foyer gelangt der Besucher zunächst in ein Zwischengeschoß mit Orientierung zum Schloßgraben, in dem Leitung und Vorzimmer separat untergebracht sind. Der Weg führt dann über einen kleinen Zugang hinauf in einen quadratischen, lichten Großraum, der ähnlich einem Horst in den Kronen der Bäume liegt und ein Rundumpanorama (Raum ohne Wände und Türen) ermöglicht.

Das Sockelgeschoß

Das gesamte Projekt ist bis auf den Randbereich voll unterkellert. Neben den technischen Räumen sind hier auch die Nebenfunktionen wie WC's u.a. der Gastronomie, des Hotels und des Saales untergebracht. Zentral die zugeordneten Bereiche der Küche.
In der Rotunde sind sämtliche Werkstätten und Lagerräume der Museumsverwaltung angeordnet. Ein vereinfachter Lastenaufzug bedient gleichermaßen (Andienung über Schloßhof) die Vorratsräume der Gastronomie und die Lager des Museums. Entsprechend dem Gutachten wird der gesamte Keller als weiße Wanne ausgebildet. Der entsprechende Aufbau ist in der Kubatur berücksichtigt worden.

Treppenturm am Herrenhaus

Der Verfasser schlägt kein Treppen-Haus, sondern einen Treppen-Turm vor.
Freigespielt von der Baumasse des Herrenhauses folgt der Entwurf eher den An- und Ausbauteilen wie Turm und Erker. Ein massiver, trutziger Rundling, verbunden mit einem schlanken, quadratischen Turm für den Aufzug bilden zusammen mit den auskragenden Podesten die massive Erscheinung der Skulptur. Filigrane Stahl-Glashäute – nach oben fliehend – grenzen die Podesträume nach außen klimatisch ab. Das Zusammenspiel zwischen Transparenz und Masse, einfache Materialien wie Putz (eingefärbt) und Sandstein (Pietra Sirena) – versteckt hinter zwei riesigen Bäumen – könnten das eher lästige Auf und Ab von Treppenanlagen zum aufregenden Erlebnis werden lassen.

Bewertung des Obergutachtergremiums

Der Entwurf ergänzt das bestehende historische Ensemble von Schloß Rheydt mit großer, selbstbewußter architektonischer Geste um einen Neubau sehr eigenständiger Dimension. Dadurch wird die Begrenzung bislang vorhandener Bebauung im Süd-West- und Süd-Ost-Abschnitt deutlich überschritten. Die spürbare, in Teilen monumentalisierende Baukörperverteilung nimmt dadurch den historischen Dominanten ihren gewollten Vorrang. Vielmehr beansprucht der Neubau nach Proportion und Disposition für sich eine auffällige Akzentuierung. Dieser Anspruch wird insbesondere manifest durch die beiden Turmkörper und den Rundbau, die das Thema von Elementen der Befestigungsarchitektur zwar aufnehmen, aber durch Stellung, Baukörperhöhen und Zuordnung zu einer mißverständlichen Geschichtlichkeit verführen.
Die vorgeschlagenen Begrenzungselemente der Vorhoffigur sind in dieser grundsätzlichen Idee begrüßenswert.
Der großzügigen Selbstdarstellung des äußeren, in seinen Funktionsbereichen klar geschiedenen Erscheinungsbildes entspricht die innere Raumstruktur. So sind Torburgergänzungen, der Restaurant- und Verwaltungsbereich für das Museum deutlich nebeneinander gesetzt. Das Raumerlebnis erfährt durch verschwenderische Zuschnitte (z.B. Wintergarten) eine weitläufige Bereicherung. Baurechtlich erscheinen zumindest die zahlreichen Spindeltreppen bedenklich.

Die Verwaltung des Museums in der Rotunde ist über einen eigenen Vorhof zugänglich, der von eigener Qualität ist. Die innere Aufteilung des Rundkörpers in erdgeschossigen Saal und darüberliegende Funktionsräume ist überzeugend. Der vorgestellte Turm kann hier die Aufgabe eines Zeichens für Museum innerhalb des Baukomplexes erfüllen und eine gezielte Begehung des unmittelbaren Schloßumfeldes eröffnen.
Für sich gesehen ist die äußere und innere Gestaltung des Baukörpers von ansprechend hoher Qualität, die den Mut zu einer gewissen Monumentalität beweist. Aber gerade mit dieser baukünstlerischen Haltung wird die geforderte Integration in den gewachsenen Bestand verhindert. Angesichts des überzogenen Bauvolumens ist eine Wirtschaftlichkeit in Relation zu den ausgelobten Größenordnungen nicht gegeben.

Das vorgeschlagene Treppenhaus an der Hauptburg wirkt zu gewaltig. Das resultiert vor allem aus der Addition von historisch orientierten Körpern einerseits und zeitgenössischen Formen und Materialien andererseits. Dadurch entsteht eine unangemessene Konkurrenz zu den vorhandenen Baukörpern. Auch der Ausgriff in den Gräftenbereich geht zu weit.

15 Entwurf Architekt Thomas van den Valentyn. Ansicht des Hauptschlosses mit neuem Treppenturm von Nordosten

Beschluß

Nach einer Ortsbegehung und eingehender Erörterung der Pläne stellte das Obergutachtergremium durch Mehrheitsbeschluß fest, den Entwurf von Walter von Lom der Auftraggeberin zur weiteren Bearbeitung vorzuschlagen. Es *„empfiehlt der Stadt Mönchengladbach, aufgrund der überzeugenden Qualitäten dieser Arbeit in bezug auf städtebauliche, funktionale und gestalterische Belange, insbesondere wegen seiner angemessenen Antwort auf die historische Situation, den Auftrag zur weiteren Bearbeitung dem Gutachter von Lom zu erteilen. Für die angebotene Lösung des Treppenhausanbaues sollen im Zuge der weiteren Bearbeitung in bezug auf die gestalterische Ausformung Alternativen untersucht werden."*

Die Empfehlung an die Stadt, die von Lom'sche Lösung als Grundlage zur weiteren Bearbeitung vorzusehen, war durchaus gerechtfertigt, obwohl die Obergutachter insbesondere zum Treppenanbau nur eine knapp formulierte Stellungnahme abgaben und kein abschließendes Urteil fällen wollten angesichts der in Zeichnungen und Modell auf den ersten Blick vermeintlich unverbindlichen Darstellung. Doch ließen gerade diese mehr ideenhaften Darbietungen den sicheren Rückschluß auf eine gleichermaßen verständnisvolle wie angemessene architektonische Bewältigung der gestellten Aufgabe zu.

Auch der Bau- und der Kulturausschuß des Rates der Stadt Mönchengladbach hatten sich in gemeinsamer Sitzung am 12. Juni 1990 einstimmig für dieses Konzept entschieden[21]. Selbst diejenigen Politiker, die zunächst gegen einen modernen Anbau waren, änderten im Laufe der Zeit ihre Meinung. So sprachen einstmals dessen erbitterte Gegner schließlich vom 'großen Wurf'[22].

Gleichwohl sah das Rheinische Amt für Denkmalpflege die Notwendigkeit, aussagekräftigere Modelle zu erstellen, um die Wirkung der angebotenen Treppenanbaulösung an das Herrenhaus aus konservatorischer Sicht abschließend besser bewerten zu können[23]. Ebenso hatte es trotz der anerkennenswerten Trennung von alter und neuer Substanz sowie der zeitgemäßen Eigenständigkeit der architektonischen Sprache für den Gastronomiebereich darauf hingewiesen, daß der Neubau dort mit der Torburg und der Vorburg harmonieren müsse[24].

Anmerkungen

1. Nachdem dieses Baukunstwerk vor nunmehr genau einem Jahrhundert von Paul Clemen in dem fundamentalen Kunstdenkmälerinventar Die Kunstdenkmäler der Städte und Kreise Gladbach und Krefeld (= Die Kunstdenkmäler der Rheinprovinz Bd. 3, 4) Düsseldorf 1896, S. 88–95, kenntnisreich gewürdigt und damit ins verständnisvolle Bewußtsein der Bau- und Kunstgeschichte gerückt worden war, hatte nach dem letzten Krieg namentlich Franziskus Reichsgraf Wolff Metternich, Alexander Pasqualini, ein Baumeister aus Bologna, und die Anfänge der Renaissance am Niederrhein. In: Historisches Jahrb. d. Görresgesellsch. 72, 1953, S. 332–348 und Schloß Rheydt und die Anfänge der Renaissance am Niederrhein. Ein Beitrag zur Geschichte der Baukunst des 16. Jahrhunderts. In: Rheydter Jahrb. 1, 1953, S. 1–29, Schloß Rheydt grundlegende Publikationen gewidmet und dieses erlesene Zeugnis der Feudalarchitektur an dem italienischen Baumeister Alexander Pasqualini verankert. Doch sollte es schon wenig später Dorothea Herkenrath, Schloß Rheydt. Rheydter Jahrb. 4, 1961, gelingen, den Bau glaubhaft dem in den Niederlanden geborenen Sohn Alexanders, Maximilian, zuzuschreiben. Zu den jüngsten Maßnahmen: Udo Mainzer, Zum konservatorischen Anliegen bei der Instandsetzung, Restaurierung und musealen Neukonzeption von Schloß Rheydt. In: Rheydter Jahrb. 21, 1994, S. 117–119. – Ders., Das Glashaus von Schloß Rheydt. In: Denkmalpflege im Rheinland 11, 1994, S. 151–154.
2. Mit der seinerzeitigen Planung hatte die Stadt Mönchengladbach das renommierte Architekturbüro Hentrich, Petschnigg und Partner (HPP) in Düsseldorf beauftragt.
3. Schreiben des Kulturdezernenten Dr. Diekamp an den Landeskonservator vom 22.03.1985, Akte Schloß Rheydt, Rhein. Amt f. Denkmalpflege, Brauweiler.
4. Vermerk der Stadt Mönchengladbach vom 1.10.1985, Akte Schloß Rheydt, Rhein. Amt f. Denkmalpflege, Brauweiler.
5. Vermerk der Stadt Mönchengladbach vom 28.6.1988 z. Umnutzung, Sanierung und Durchbau von Schloß Rheydt, S. 2, Akte Schloß Rheydt, Rhein. Amt f. Denkmalpflege, Brauweiler.
6. Ebenda, S. 3.
7. Carl-Wilhelm Clasen, Rheydt. (= Die Denkmäler des Rheinlandes) Düsseldorf 1964, S. 24.
8. Nach den Untersuchungsergebnissen der Bauforschung des Rhein. Amtes f. Denkmalpflege gehört die eigentliche Treppenanlage dem 18. Jh. an, die Türfront ist zweitverwendet und in Teilen wohl jünger. Vgl. die Vermerke von Dr. Hansmann vom 29.10.1985, von Restaurator Rose vom 4.11.1985 und Dr. Nußbaum vom 10.4.1987 in Akte Schloß Rheydt, Rhein. Amt f. Denkmalpflege, Brauweiler. Die Vermutung, daß sie als typische Podesttreppe möglicherweise in der 2. H. des 18. Jhs. eine Vorgängerin abgelöst hat, resultiert aus der Schwierigkeit, das Alter des Treppengehäuses nicht näher datieren zu können. Nachweisbar war lediglich dessen nachträgliche Einfügung in den Renaissancekörper, da es das Kellergewölbe des 16. Jhs. und den Mosaikfußboden im nordöstlich benachbarten Erdgeschoßraum durch- bzw. überschnitt.
9. Dieter Koran-Wirtz, Claus Weber, Baubegleitende Untersuchungen im Schloß Rheydt. In: Archäologie im Rheinland 1991. Köln 1992, S. 129–132. – Ders., Baubegleitende archäologische Untersuchungen von Schloß Rheydt. In: Rheyder Jahrb. 21, 1994, S. 83–113.
10. Vgl. u.a. die Pläne im Rheydter Jahrb. 21, 1994, Abb. 6, 7, 9.
11. Schreiben der Stadt Mönchengladbach an das Rhein. Amt f. Denkmalpflege vom 12.8.1988, Akte Schloß Rheydt, Rhein.Amt f. Denkmalpflege, Brauweiler.
12. Vermerk der Stadt Mönchengladbach vom 29.8.1988, S. 1–2, Akte Schloß Rheydt, Rhein. Amt f. Denkmalpflege, Brauweiler.
13. Beratungsvorlage des Vergabeausschusses des Rates der Stadt Mönchengladbach Verg. 984/89, 14. Mai 1989, Akte Schloß Rheydt, Rhein. Amt f. Denkmalpflege, Brauweiler.
15. Weber (wie Anm. 9, 1994) S. 106–112.
16. Udo Mainzer, Von wahrer Alterthümelei. In: Der Niederrhein 58, 1991, S. 81–84. – Ders., Geschichte aus dem Baukasten oder: Von der Lust zum Rekonstruieren. In: Rhein. Heimatpflege 28, 1991, S. 169–181. – Ders., Historische Denkmäler. Vergangenheit im Dienste der Gegenwart? (= Bensberger Protokolle Bd. 81) Bensberg 1994, S. 151–190. – Ders., Sein und Schein in der Denkmalpflege. In: Die Stadt im Mittelalter. Kalkar und der Niederrhein (= Schr. d. Heresbach-Stiftung Kalkar Bd. 1) Bielefeld 1994, S. 239–261.
17. Udo Mainzer, Ein altes Thema immer wieder neu. Alt und Neu im historischen Bestand. In: Architektur und Kunst im Abendland. Festschr. Günter Urban. Rom 1992, S. 201–215. – Ders., Denkmalpflege, die im Glashaus sitzt. Moderne Architektur im Dienst der Denkmäler. In: Architektur Geschichten. Festschr.Günther Binding. Köln 1996, S. 279–294.
18. Protokoll des Kolloquiums zum Gutachterverfahren Schloß Rheydt am 30.6.1989 vom 30.6.1989, Akte Schloß Rheydt, Rhein. Amt f. Denkmalpflege, Brauweiler.
19. Dazu im einzelnen siehe Protokoll (wie Anm. 18) S. 8, 10–13.
20. Dazu Protokoll in Akte Schloß Rheydt, Rhein. Amt f. Denkmalpflege, Brauweiler.
21. Beratungsvorlage der Stadt Mönchengladbach vom 6.2.1990, Bau 77/1990, Kult 9/1990, H 116/1990, Rat 133/1990. – Schreiben vom 15.6.1990 des Baudezernenten der Stadt Mönchengladbach an den Landeskonservator, Akte Schloß Rheydt, Rhein. Amt f. Denkmalpflege, Brauweiler.
22. Vgl. Rhein. Post Nr. 135 vom 13.6.1990.
23. Schreiben des Rhein. Amtes f. Denkmalpflege an die Stadt Mönchengladbach vom 24.10.1990, Akte Schloß Rheydt, Rhein. Amt f. Denkmalpflege, Brauweiler, S. 2.
24. Ebenda

Das denkmalpflegerische Konzept der Sanierung

Klaus Thiel

1988 mußte das im Rheydter Renaissanceschloß untergebrachte Heimatmuseum seine Pforten schließen, weil statisch bedingte Setzungen im Dachstuhl und gravierende Risse im Putz der historischen Balkendecken einen Einsturz von ganzen Gebäudeteilen befürchten ließen. Mit einer Sanierung im Sinne einer oberflächlichen Restaurierung des Schlosses war es nicht getan, eine grundsätzliche, statische Sicherung des gesamten Baugefüges mußte durchgeführt werden, um nach Abschluß der Maßnahmen das Schloß erneut einer musealen Nutzung zuzuführen.

Das Rheydter Schloß ist kein Gebäude aus einem Guß, sondern ein über Jahrhunderte gewachsenes Baugefüge mit einem inhomogenen Mauerwerk. Den Ergebnissen der Bodendenkmalpflege gemäß, war der Ursprungsbau, der noch in den Fundamentbereichen ablesbar geblieben ist, ein rechteckiger Wohnturm mit vier halbrunden Ecktürmen. Um diesen Donjon legte sich ein rechtwinkliger Mauerzug, der ebenfalls durch sog. Schalentürme verstärkt worden ist. Der Wohnturm, der den Kern des Schloßbaues bildete, lag im Bereich der heutigen Hoffläche.

Das Schloß des 16. Jahrhunderts präsentiert sich als charakteristischer Bau der niederrheinischen Renaissancearchitektur, die unter Herzog Wilhelm dem Reichen von Jülich, Kleve, Berg und Mark (1539 bis 1592) eine wahre Blütezeit erlebte. Der im Dienste des Herzogs stehende Otto von Bylandt ließ den Umbau wohl bis zu seinem Tod 1591 durch Maximilian, den Sohn des berühmten Alessandro Pasqualini, nach dem Vorbild der Jülicher Herzogsresidenz vornehmen.

Das Schloß erhielt eine prächtige an italienischen und niederländischen Bauten orientierte Architekturgliederung, die ihres offenen Charakters wegen durch eine mehrzackige Bastionsanlage gesichert werden mußte.

Trotz dieser vor feindlichem Beschuß gesicherten Anlage wurde das Schloß immer wieder besetzt und erheblich beschädigt. Wie die Untersuchungen des Referates Bauforschung des Rheinischen Amtes für Denkmalpflege ergaben, wurden am steinarmen Niederrhein die Vorgängeranlagen – sofern sie noch statisch sicher standen, mit in den Neubau einbezogen.

Methodisches Vorgehen

Der Ist-Bestand der Schloßanlage bildet den Rahmen für die Sanierung und die erneute Nutzung des Gebäudes nach modernen, museumstechnischen Bedingungen. Das Renaissanceschloß hat nach dem Tode Otto von Bylandts nie wieder eine adäquate Stellung und Verwendung im Sinne des Erbauers erlangt, sodaß den nachfolgenden Verheerungen des Bestandes nicht weitere Ausbauten, sondern erhebliche Abbrüche von Bauteilen folgten. Der heutige Bestand des Schlosses entspricht also nur noch einem Teil der ehemaligen Gesamtanlage. Die eigentliche Konzeption des Architekten und des Bauherrn wurde stark dezimiert. Bis das Gebäude in den öffentlichen Besitz der Stadt Rheydt überging, diente es, in landschaftsgärtnerischer Einbindung nur notdürftig unterhalten, als bürgerliche Privatvilla. Die Einrichtung eines Heimatmuseums 1922 scheint nur wenige Veränderungen bewirkt zu haben. Erst der grundlegende Umbau durch den Architekten Emil Fahrenkamp zum Gästehaus des Reichspropagandaministers Goebbels scheint dem Schloß erneut große Verluste in der originalen Ausstattungssubstanz gebracht zu haben. So wurden in dieser Zeit wohl die prächtigen Renaissancekamine in den Wohnräumen beseitigt, deren Reste im Bauschutt gefunden wurden.

Das Sicherungskonzept der Jahre 1927 bis 1932 hatte offensichtlich nur die Erhaltung der äußeren Hülle zum Ziel, während der Innenausbau nüchtern und sachlich sein sollte. Ähnlich unglückliche Purifikationen in den Wohn- und Nutzungsbereichen historischer Schlösser, die in dieser Zeit saniert wurden, sind aus dem Bensberger Schloß, der ehem. Deutschordenskommende in Erwitte sowie dem Raesfelder Schloßbau bekannt.

Das 1989 begonnene Sanierungsziel war neben der Sicherung der Standfestigkeit vor allem die Bedeutung des seit dem Tode Otto von Bylandts fast ausschließlich reduzierten Ranaissancebestandes wieder ablesbar zu machen. Eine vollständige Rekonstruktion der ursprünglichen Anlage war weder möglich noch aus denkmalpflegerischer Sicht wünschenswert. Die Rekonstruktion des ursprünglichen Zustandes anhand von Urkunden, Darstellungen und Bauuntersuchungen diente allein der gründlichen Vorbereitung der Gesamtsanierung, in der sich jedes Bauteil seiner Bedeutung gemäß für den interessierten Architekturbetrachter präsentieren sollte.

Das Idealschloß Pasqualinis

Die Gesamtanlage bestand aus zwei Vorhöfen und einem vierseitig umbauten Hochschloß. Alle Hofbereiche waren von Wassergräften umzogen und insgesamt von einem Wall mit sechs unregelmäßig ausgebildeten Bastionen geschützt. Geländeschwierigkeiten sowie die Integration älterer Bauzustände bedingten an vielen Stellen ein Abweichen vom planerischen Idealzustand. Allein der Wille zur perfekten geometrischen Grundform der Hofabfolge vom Trapez über Rechteck zum Quadrat ist ablesbar geblieben. Wann die baufälligen Teile des Schlosses abgebrochen worden sind, ist im einzelnen nicht überliefert. Das Urkataster von 1820 hält aber die ursprüngliche, wesentlich reichere Baumasse aus dem 16. Jahrhundert im Grundriß zeichnerisch fest. So wurde der 1. Vorhof von zwei Bauten an den Schmalseiten flankiert, es folgte nach einem Wassergraben die mit quadratischen Ecktürmen gesicherte, dreiflügelige Vorburg. Das Hauptschloß war als Vierflügelanlage mit nahezu quadratischem Grundriß ausgebildet. Das Schloßquadrum ist über eine Brücke erschlossen, und bestand aus zwei Wohnflügeln, an die sich hofumgrenzend die ein Joch tiefen, zum Hof geöffneten Arkadengänge anfügten. Die ehemaligen Schalentürme der Schildmauern wurden zu risalitartigen Erkertürmen umfunktioniert und gliederten so die Außenfronten des Schlosses. Allein der Wohnflügel tritt mit einem Joch als Erker vor die Flucht des Schlosses und betonte so den prächtigen Rittersaal in der Außenarchitektur.

Der Ist-Bestand

Der heutige Bestand des Schlosses ist also nur noch ein Teil des Renaissancekonzeptes und stellt sich nicht als Ergebnis unerheblicher, modischer Veränderungen dar, sondern ist das Produkt bautechnisch bedingter Abbrüche in Folge von Zerstörung und Zerfall. Von der ehemaligen 1. Vorburg blieb allein das Torhaus in einer Wiederaufbauvariante des 18. Jahrhunderts erhalten. Die Funktion und das Aussehen des im Urkataster verzeichneten Gegenstückes ist unbekannt. Die Vorburg verlor einen Seitenflügel und die Gräften wurden zugeschüttet. Vom Schloßquadrum stehen neben der gesamten Schloßinsel etwa zwei Drittel des Wohnflügels und der Torflügel mit dem Arkadengang, der außer am Wohnbau den Hof ursprünglich umzog. Die Fläche des Schloßquadrums war unter den letzten Besitzerinnen in einen exotischen Villengarten umgestaltet worden. Die Flächen der Vorhöfe waren bis 1927 ungeordnete Wirtschaftsbereiche. Weder die Quellenlage noch der Bestand lassen eine völlige gesicherte Rekonstruktion des originalen Aussehens zu. Auch die Wehranlagen wurden seit dem 18. Jahrhundert systematisch geschleift und reduziert. Moderne Kriegsstrategien und verbesserte Waffentechniken machten die Festungsanlage schon kurz nach ihrer Fertigstellung unbrauchbar. Dem Gesetz der Vernunft gehorchend wurden die Wallanlagen seit dem 18. Jahrhundert geschleift, um breitere Flächen zur Anlage von Nutz- und Ziergärten zu erhalten. Auf diesen Veränderungen entstand im 19. Jahrhundert ein baumbestandener Landschaftsgarten mit einem Wegenetz und kleinen Wiesenzonen. Der Hof der Vorburg wurde in den 20er Jahren als Freilichtbühne abgesenkt und mit Mauern befestigt.

Die Würdigung des jetzigen Aussehens

Das Ziel der denkmalpflegerischen Betreuung des Objektes war die Sicherung der vorhandenen Bausubstanz unter größtmöglicher Schonung der Baubefunde im Mauergefüge. Etwaige Verluste auf diesem Gebiet wurden durch die Begleitung der Bauforschung untersucht und in ihrem Bauzusammenhang dokumentiert. Moderne Sicherheitseinrichtungen mußten in die vorhandene Struktur integriert werden ohne funktionelle Einbußen. Reste der vorhandenen Renaissanceausstattung wurden fachgerecht restauriert und mit modernen Trägerelementen in den Ausstellungsraum integriert. Die Sicherung des Gebäudes durch Substanzaustausch erfolgte nach dem Prinzip der Materialgerechtigkeit. Museumsdesign und notwendige Zubauten wurden im Sinne zeitgemäßer, moderner Lösungen gestaltet.

Die Umwandlung des als Privathaus dienenden Renaissanceschlosses 1922 scheint mit relativ geringen Mitteln durchgeführt worden zu sein. Seit dem Ende des 19. Jahrhunderts war durch den ersten Massenverlust von Baudenkmälern durch den Bauboom der Jahrhundertwende ein neues Bewußtsein für die historische Bautradition entstanden. Spiegelt sich doch der Genius Loci in unübersehbarer Form in der Architekturgeschichte wieder. Nach dem Verlust der überwiegend im Stil der Renaissance und des Barock geprägten Innenstädte von Wesel, Jülich, Kleve, Neuss etc. sind Bauten wie Schloß Rheydt zu unersetzlichen, steingewordenen Zeitzeugen dieser Region geworden.

Es versteht sich daher von selbst, daß die vorhandene Baustruktur durch zusätzliche Neubauteile ergänzt und entlastet werden mußte. Für die beiden wichtigsten Neubauteile, den Büro- und Restaurantneubau im 1. Vorhof, sowie den neuen Fahrstuhl- und Treppenhausbau wurden, abgerückt vom historischen Bestand, moderne Putz- und Stahlglasbauformen verwandt.

Bei der statischen Sicherung des Herrenhauses wurden die gebrochenen Unterzüge durch neue Eichenbalken aus Altbaubeständen ausgewechselt und materialgerecht erneuert. Der Neuverputz wurde in alter Strohlehmtechnik ausgeführt.

Die Idee des Stilraummuseums entspricht nicht mehr dem Anspruch heutiger Museumsdidaktik, in der analog zum modernen Œuvredenken in der Kunstwissenschaft mehr das Exponat in den Vordergrund gerückt wird. In diesem Sinne waren die Ausstellungsräume des Rheydter Schlosses ideal für eine moderne Gestaltung. Dabei wurden die jeweiligen Ausstattungsreste wie Fußböden, Kaminteile und Deckenbemalungen wirkungsvoll in den neuen Raum integriert. Die neutrale Wandstruktur der ursprünglich wohl mit Wandteppichen behangenen weißen Mauerflächen boten genügend Präsentationsraum für die Museumsbestände. Die farbige Fassung einer reich mit Blumen und Früchten verzierten Gewölbedecke steht noch aus. Der Dachstuhl blieb von musealer Nutzung ausgespart, um mit einer aufwendigen Stahlträgersicherungskonstruktion als Beispiel einer spätgotischen Dachkonstruktion erhalten zu bleiben. Bei dem großen Substanzverlust historischer Dachstühle auch im Kirchenbau dieser Zeit war der große Aufwand zur Sicherung gerechtfertigt. Die Sanierung des Außenbaues war hingegen weniger spektakulär und bezog sich in erster Linie auf die notwendig gewordene Steinauswechslung im Bereich der architekturgliedernden Bauzier. Der weiche Maastrichter Kalkstein wurde ebenfalls durch gleiches Material ersetzt, um die Materialidentität zu wahren.

Für die Farbfassung des Ursprungsbaues war in der Nähe zu den Niederlanden eine backsteinrote Schlemme mit aufgemalten weißen Putzfugen nachgewiesen. Die Wappen, die antikisierenden Köpfe, Rollkartuschen und Triglyphen muß man sich in reicher Farbigkeit analog zu italienischen Terrakottaverzierungen vorstellen, die man im Norden Europas witterungsbedingt in Stein ausführen mußte. Da sich das Schloß heute nicht mehr in seiner Geschlossenheit präsentiert wurde die letzte Farbfassung mit gelben Mauerflächen und grauen Kalksteinteilen erneuert; obwohl sie dem Gebäude eher eine barocke Erscheinung gibt.

Bei der Überarbeitung des Wallgeländes mit den landschaftsgärtnerischen Überformungen entschied man sich ebenfalls für die Instandsetzung des letzten historischen Zustandes, der in seiner romantisch überformenden Verschleifung der Festung zum rudimentären Bestand des Renaissanceschlosses gehört. Stand einst die klare, allein der Logik der Konstruktion folgende Renaissancearchitektur in einem bewuchsfreien Raum, der aus mititärtechnischen Gründen unbedingt erforderlich war, so ist das Verhältnis heute geradezu umgekehrt. Die einst künstliche Architektur ist im Bereich ihrer nüchternsten Bauteile zum Träger einer romantisch empfundenen Restnatur geworden und dient in dieser Funktion mit dem Schloß als „Point des Vues" heute als stark frequentiertes Naherholungsgebiet. Allein die Kasematten mit den Geschützkammern bewahren noch etwas von der martialischen, ursprünglichen Funktion dieses Wehrbaues.

Über den Umgang mit historischer Substanz

Walter von Lom

Trotz vieler Versuche, in der darstellenden Kunst Eigenständiges, besonders Ausdrucksstarkes zu schaffen, bleibt unsere Zeit arm an qualitativ dauerhaften Ergebnissen. Dieses wird insbesondere an den für jedermann sichtbaren und erlebbaren Architekturen deutlich. Sie sind Spiegelbild der Unbeständigkeit und Ziellosigkeit.
Ist der Wunsch nach Eigenständigkeit, nach eigenem Gestaltungswillen gepaart mit meisterlichem Können, mit Reduktion auf das Wesentliche und Rücksichtnahme auf das Vorhandene und zu einer kraftvollen neuen Sprache geformt, kann auch heute erkennbar dauerhafte Architektur entstehen.
Diese Ergebnisse werden dann – publikationsbedingt – vielfach imitiert und führen zu Neuauflagen großer Beliebigkeit, die heute zwar in der Umsetzung perfektioniert werden können, aber in dieser imitierten Perfektion zu tödlicher Langeweile führen, die nicht einmal die langfristig eingeforderten wirtschaftlichen Ergebnisse sichern (Abb. 16).

Kein Wunder also, daß bei diesem fragwürdigen Qualitätsangebot, das letztlich einem Vergleich mit historischer Substanz nicht standhält, oft, vielleicht zu oft bei Erneuerungen auf die Historie zurückgegriffen wird, die aus ihrer gewachsenen Situation heraus oft schon eine besondere Qualität darstellt und diese auch spürbar vermittelt.
Die Architekten sind an dieser Situation nicht schuldlos. Kunsthistoriker und Denkmalpfleger bedienen sich deshalb aus Verzweiflung und Mutlosigkeit oft historisierender Erneuerung. Ein Dauererfolg ist damit aber nicht gesichert. Dieses wurde bei den meisten denkmalpflegerischen Institutionen auch erkannt und hat bei konstruktiven weitsichtigen Denkmalpflegern zum Kampf gegen einseitig historisierend gestalterische Angleichungsvorschläge geführt.
Das Rheinische Amt für Denkmalpflege ist eine der Institutionen, die in dieser Hinsicht als Vorkämpfer einer Verhinderung falsch verstandener Denkmalpflege gesehen werden muß. Von hier aus ergingen – gemeinsam mit engagierten Architekten – Anregungen und Zielansprachen für einen sehr sinnvollen Umgang mit vorhandener Substanz bei der Kombination von Neu und Alt und den dabei gleichgewichtig zu berücksichtigenden wirtschaftlichen und funktionalen Notwendigkeiten (Abb. 17).

Es gibt ganz sicher Aufgabenstellungen, bei denen man historische Substanz im Detail ergänzen, rekonstruieren oder wiederherstellen muß.
Aber bei fast allen Bauaufgaben im historischen Bestand sollte man jede Angleichung, jede plumpe Imitation vermeiden und versuchen, mit eigenständiger Qualität vorhandene Qualitäten im Gesamtzusammenhang und Detail so zu ergänzen, daß die einzelnen Geschichtsringe lesbar bleiben.
Geschichte ist dabei zu analysieren und der Kanon des Vorhandenen mit Neuinterpretationen harmonisch zu ergänzen.
Dabei sind die verschiedenartigen Ebenen, die gestalterische, die konstruktive, die funktionale und die wirtschaftliche, gleichberechtigt nebeneinander zu bewältigen.

Erst wenn eine überzeugende Symbiose der unterschiedlichen neuen Anforderungen, der neuen Möglichkeiten der verschiedenen Ebenen in vernünftiger Gewichtung erreicht ist, und damit ein ausgewogenes Ergebnis vorliegt, und wenn dann dieses Ergebnis dabei auch eine Verbindung mit der vorhandenen baulichen und natürlichen Nachbarschaft eingeht, entsteht etwas Neues, aus der Besonderheit des Ortes entwickelt, das zu einer hohen Selbstverständlichkeit werden und zu dauerhafter Akzeptanz finden wird. Dieses kann dann auch ein Beitrag zur Architektur des Ortes werden.

16 Köln, Rheingasse 14 und 16. Wohn- und Bürohaus, Altbau saniert 1992 – Neubau von 1975

17 Zons, Kreismuseum innerhalb der Burganlage Friedestrom, moderner Erweiterungsbau

Es kann hierfür keine Absolutismen oder Patentrezepte geben. Jeder Ort und jede Situation verlangen nach einer eigenständigen Antwort (Abb. 18).

Es gibt auch keine Situation, die von einer solchen Rücksichtnahme und Aufnahme ihres eigenen Atems ausgenommen werden kann.

Eine gewachsene landschaftliche Umgebung, eine städtebaulich vermeintlich lapidare, eine historisch dichte bauliche, oder auch eine landschaftskulturelle Situation verlangen spezielle und in ihrer Dichte unterschiedliche Antworten.

Im Falle von Schloß Rheydt gibt es keine einheitliche Gesamtsituation, sondern in den Details sehr unterschiedliche dichte Vorgaben (Abb. 19).

- Es gibt einmal die niederrheinische Landschaft mit ihrer deutlich spürbaren Weite.

- Es gibt den künstlich konstruierten Landschaftsteil und gebaute Anlage des gesamten Schloßbereiches mit dem äußeren und inneren Wassergraben.

- Es gibt die Torburg und den inneren Festungsumgang mit den Resten der Kasematten und Bastionen.

- Es gibt die Vorburg mit den Nebengebäuden.

- Und es gibt das nochmals wasserumgebene Haupthaus, das Schloß in seinem farblichen und filigran gegliederten Renaissancekleid.

Die Gesamtkonzeption für Erneuerungen und Ergänzungen mußte sich deshalb übergreifend mit allen Teilbereichen befassen.

Alle Bauteile waren zu überdenken, um an den wenigen geforderten Detailpunkten die richtigen gesamtkonzeptionell gestützten Eingriffe vorzuschlagen.

Eine dauerhaft lebendige, langfristig wirksame Denkmalpflege kann nur betrieben werden, wenn für die einzelnen Bauten, Gesamtanlagen und Gesamtsituationen neue Nutzungen gefunden werden können. Diese verlangen fast immer Eingriffe in die Substanz, die mit den grundsätzlichen Möglichkeiten des baulich historischen Angebotes zur Deckung gebracht werden müssen (Abb. 20).

Schloß Rheydt sollte mit seinem Hauptbau für das städtische Museum aktiviert werden, die Torburg wieder mit einem gastronomisch genutzten Zusatzgebäude geschlossen werden, das zunächst als kombiniertes Hotel, Gastronomie und Verwaltungsgebäude gedacht war.

Wir wollten alle Erneuerungen und Ergänzungen in unserer Grundkonzeption einem handschriftlich spürbaren Gesamtgestaltungskanon unterwerfen.

Wir wollten dabei bauliche Gesamtzusammenhänge wieder herstellen, Wege- und Brückenverbindungen für das Gesamterlebnis Schloß Rheydt einschließlich der inneren und äußeren Grünzonen mit den baulichen und natürlichen Denkmalen wieder stärker erlebbar machen.

Wir wollten letztlich mit der Erneuerung, Instandsetzung und Ergänzung im Inneren und mit der Schaffung einer

18 Kommern, Freilichtmuseum. Moderner Erweiterungsbau

19 Schloß Rheydt, Torhaus. Ansicht von Westen

20 Schloß Rheydt, Modell der Gesamtanlage

neuen Ausstellungsebene die museale Nutzung von der historisch gebauten Ebene trennen und damit die drei Komponenten

- die historische Ebene,
  die historische Substanz,
  die historische Situation (Abb. 21)

- die Ergänzungsbauteile,
  die ergänzte Substanz,
  die neu gestalteten
  Ausstellungshilfsmittel

- und das Museumsgut (Abb. 22)

deutlich voneinander trennen und gleichzeitig den neuen Gestaltungswillen in der Gesamtanlage sichtbar werden lassen, ohne dabei die historisch gewachsene Situation in ihren ablesbaren Einzelelementen zu verunklären. Die vorhandene Gesamtcharakteristik von Alt und Neu sollte zu einer neuen Einheit, zu einem neuen harmonischen Akkord werden.

Schloß Rheydt besteht aus einem langzeitig baugeschichtlich gewachsenen Ensemble, zu dem jede Zeit einen ihr gemäßen Beitrag geschaffen hat.
Das heutige Gesamterscheinungsbild lebt aus der Vielfalt der historisch epochalen Gestaltungsmerkmale, die darüber hinaus von jeweils funktionalen Notwendigkeiten ihrer Zeit geprägt sind (Abb. 23).
Überlagert wird diese gestalterisch funktionale Fassung durch die topografisch-landschaftliche Komponente der Renaissanceverteidigungsanlage als Wasserschloß, wobei heute Wassergraben und Bewuchs der gesamten Anlage nicht mehr den ursprünglichen, zum Schutz bestimmten, Verteidigungscharakter haben, sondern durch die Verbindung von künstlichen und natürlichen Landschaftskomponenten eine höchst reizvolle romantische Gesamtsituation bilden.
Die Gebäudeanlage besteht aus drei hintereinander geschalteten Hofsituationen, die jeweils mit klaren, einfachen Baukörpern gefaßt sind (Abb. 24):

- Der Torburg, charakterisiert durch den einfachen Torbau mit Brückenzugang und dem baumbestandenen Innenplatz, von dem aus die Zugänge zu den umlaufenden Kasematten erreicht werden

- der Vorburg mit dem einfachen Eckwinkelbau des Nebenhaustraktes und dem großen Turnierplatz

- der Hauptburg mit dem Renaissance überarbeiteten Winkelbau des Haupthauses, der durch die Gliederung des Hauptbaukörpers, überlagert von verschiedenen, prägenden Architekturelementen und durch Dimension, Detailapplikationen und Farbe besonders hervorgehoben ist.

Aus dieser Analyse heraus wurde für den Ergänzungsbau der Torburg ein sich am historischen Raumgefüge und den dabei vorhandenen Dimensionen orientierender einfacher neuer Baukörper vorgeschlagen, der selbstbewußt genug die neue Situation, durch die neue Nutzung bestimmt, mit der historisch vorgegebenen Situation kombiniert und das Gesamtensemble der Torburg wieder arrondiert (Abb. 25).

21 Hauptschloß mit Treppenturm

22 Gewölbter Kellerraum mit neuer musealer Präsentation

23 Museumsrestaurant. Fassadenentwurf von Lom

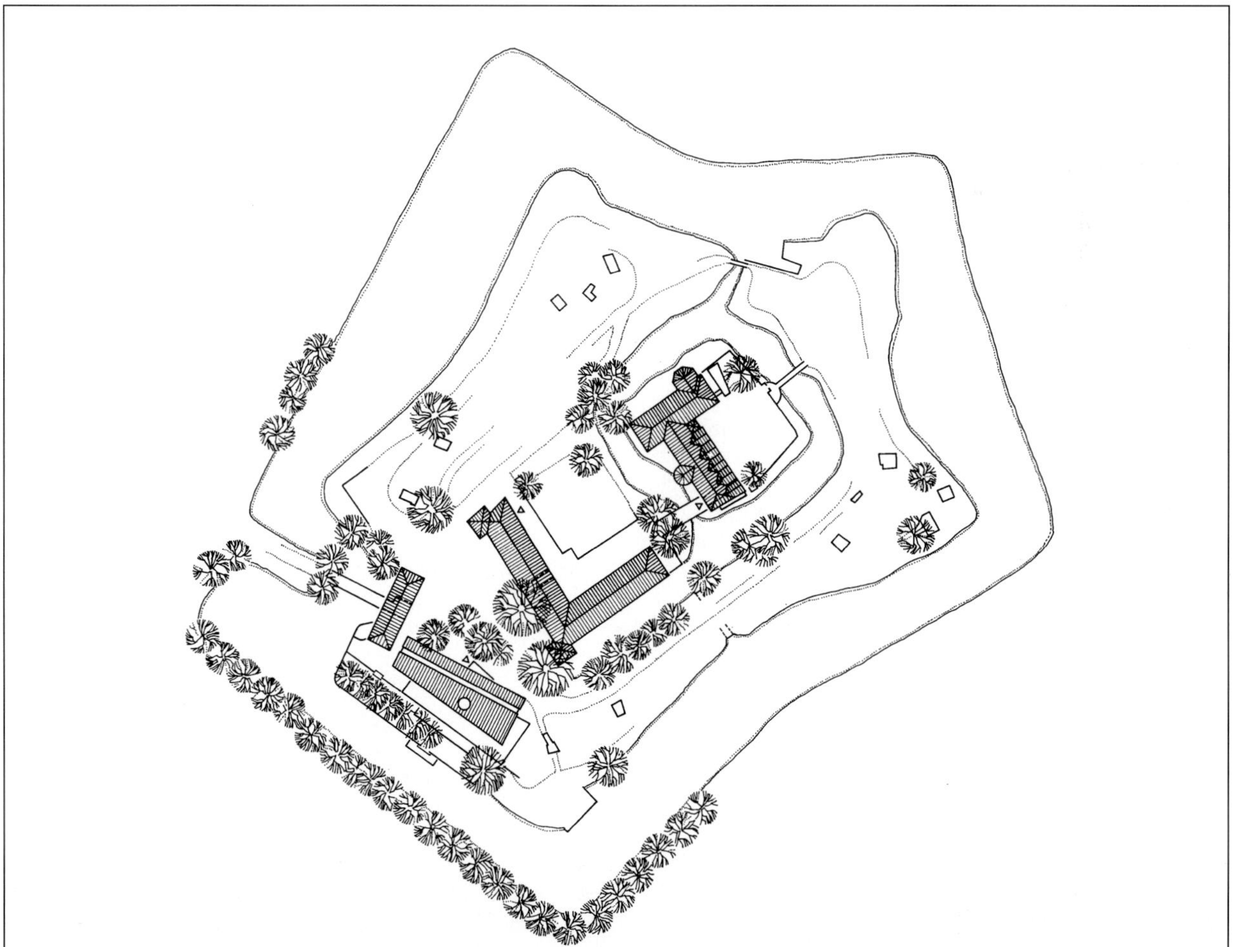

24 Bauliche IST-Situation. Lageplan

25 Gastronomie- und Verwaltungsbereich

Hierbei berücksichtigt es die Hierarchie der unterschiedlich baulichen Qualitäten der Tor-, Vor- und Hauptburg.
Der neue Baukörper wird nicht mit dem Torhaus verbunden, die zeitbedingte Schnittstelle bleibt offen. Es werden komplizierte Verbindungsdetails vermieden, ohne die räumliche Fassung des Hofes zu vernachlässigen.
Verschiedene vorhandene Fluchten sind aufgenommen und überlagern die geometrische Form mit funktional bedingtem konischen Zuschnitt (Abb. 26).

Mit den Massivbauteilen sind die historischen Linien verdeutlicht. Leichte offene Bauteile sind da angeboten, wo durch neue Nutzungen die historischen Linien überspielt werden. Einfache Lochfassaden, im Thema der vorhandenen Torburgbauten, bestimmen den Kubus, gliedernde Strukturen der leichten Glasbauteile geben den leichten Bauteilen in rhythmisierter Einfachheit die notwendige Maßstäblichkeit (Abb. 27).
Dieser Baukörper mit dem gastronomischen Betrieb und der Museumsverwaltung wurde im Zuge der Gesamtfinanzierung sowohl in seinem funktionalen Programm als auch in seiner wirtschaftlichen Basis stark beschnitten, so daß bei der Umsetzung zwar an der Grundidee festgehalten, im Detail aber erhebliche Einschränkungen hingenommen werden mußten.
Als Teil eines auch im Ursprung als Wirtschaftshof genutzten Torburgteiles hat er aber auch in der reduzierten Form Bestand.

Die zweite wichtige, außenräumliche Ergänzung war die Auseinandersetzung mit der notwendigen Erschließung des Hauptbaues bei seiner Aktivierung als Stadt- und Regionalmuseum (Abb. 28).

Es war von der denkmalpflegerischen Seite der dringende Wunsch – nicht die absolute Forderung – vorgegeben, das barocke Treppenhaus, eine relativ steile Holzstiege mit Wendepodest und verschiedenen, für die Baugeschichte des Schlosses wichtigen Details, zu erhalten und dem Museum sozusagen als Ausstellungsbestandteil zu integrieren und die notwendigen bauaufsichtlichen Entfluchtungen an anderer Stelle zu sichern.
Bei dem Abwägungsprozeß aller vorhandenen Möglichkeiten entschieden wir uns, den Winkelbau des Nordflügels mit einer ganz transparenten Glas-Stahl-Konstruktion zu ergänzen, zumal an dieser Stelle nachweislich früher aufgehende Bauteile vorhanden waren (Abb. 29).

Die für diesen Treppenturm entwickelte Form sollte funktionale Notwendigkeiten und formale Zielsetzungen selbstverständlich und ohne Zwang miteinander verbinden.

Zum Hof hin wurde eine möglichst große Schlankheit entwickelt, die die vorhandene Traufe, ohne übergewichtig zu werden, überspielen kann.
Zum Ausgleich wird die notwendige Breite einer großen Treppe und die Möglichkeit der Reduzierung der Traufhöhe zum Außenteil hin genutzt und eine stärker lagernde Dimension entwickelt, die dem halbrunden Eckturm des Nordflügels aber keine Konkurrenz macht (Abb. 30).
Eingebunden wird der sowohl grundrißlich wie aufrißlich sich ergebende konische Baukörper durch die Aufnahme der Fluchten des Nordflügels.

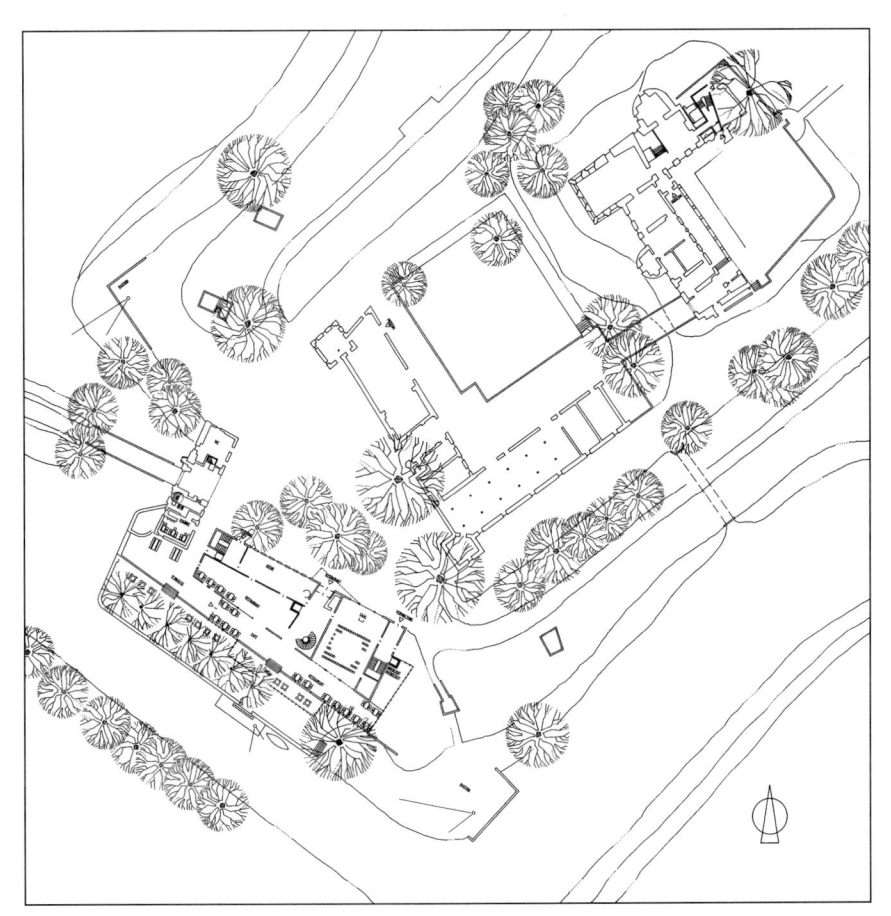

26 Grundriß der Gesamtanlage. Entwurf von Lom

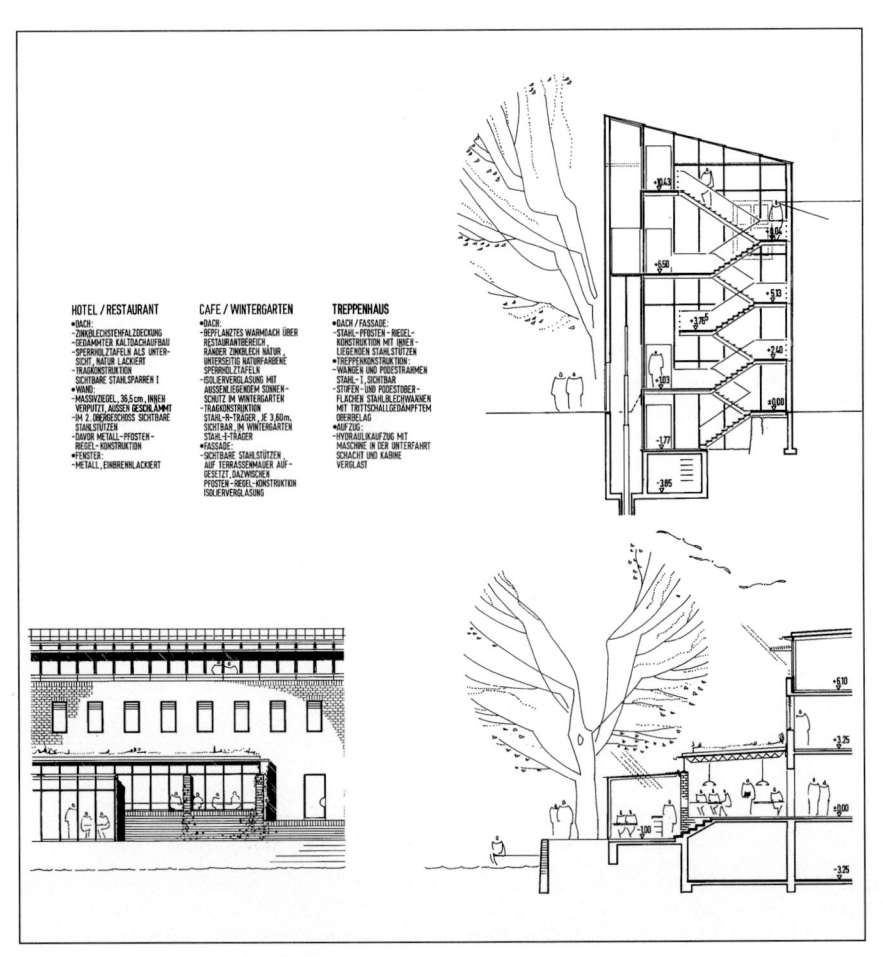

27 Fassadenansicht und Schnitte. Entwurf von Lom

28 Hauptschloß mit neuem Treppenturm. Entwurfszeichnungen von Lom

29 Neuer Treppenturmanbau. Ansicht vom Hof

Eine starke Profilierung des Nur-Glaskörpers durch außenliegende Konstruktionselemente gliedern den neuen Bauteil in ein sich maßstäblich einfügendes Element, insbesondere in den von der Renaissancearkade bestimmten und sehr filigran gegliederten und wohlproportionierten Fassadenteil des inneren Hauptflügels.

Diese leichte Konstruktion ist bis in den Keller geführt, erschließt mit Aufzug und Treppe die drei Museumsgeschosse und bietet dabei für den Besucher willkommene Ausblicke über die Gesamtanlage des Schlosses mit dem spannungsreichen Spiel baulicher und natürlicher Elemente.

Der technisch graue Glasturm, der gelb-ocker-farbige historische Baukörper mit dem halbrunden Turmelement im Äußeren, der Loggia im Inneren und die majestätische Rotbuche in unmittelbarer Nachbarschaft, bilden einen harmonischen, sehr besonderen Dreiklang an dieser wichtigen Stelle der baulichen Gesamtanlage.

Als drittes äußeres Gestaltungselement sei kurz die neue Brücke über den inneren Wassergraben (Abb. 31) und der neue Eingang zum inneren Hof erwähnt. Hier ist aufgezeigt, mit welchen Gestaltungselementen später in dem Bastionsgürtel der Kasematten weitergearbeitet und wie die Verbindung mit den Neubauteilen und der Einrichtungsgestaltung innerhalb der Gesamtanlage hergestellt werden soll.

Im Inneren des Gebäudes wurde mit denselben denkmalpflegerischen Gestaltungsprinzipien gearbeitet wie bei der baulichen gesamtarchitektonischen Ergänzung der Anlage (Abb. 32, 33). Allerdings waren hier vorhandene räumliche Kompositionen nicht zur Disposition gestellt, sondern es fand eine grundlegende Erneue-

30 Neuer Treppenturmanbau. Ansicht von Nordwesten

31 Neue Brücke über den inneren Wassergraben

32 Kellerbereich mit musealer Neugestaltung

33 Neue Inneneinrichtung des Museumsbereichs

34 „Kronleuchter" im Rittersaal und neugestaltete Stahl-Glas-Verbindungstüren

rung substantieller Schwachpunkte statt, bei denen bauphysikalische Notwendigkeiten mit rekonstruktiver Erneuerung – sinnvoll abgestimmt – kombiniert wurde und Umgang mit Geschichte von Situation zu Situation, von Raum zu Raum, neu definiert und entsprechend neue Antworten gefunden werden mußten.

So wurden verschiedene Einbauten – da raumentstellend – entfernt,

- so wurden andere neu entdeckte Teile, insbesondere im Kellerbereich, als sichtbare Bestandteile der Baugeschichte des Schlosses für den Museumsrundgang genutzt;
- so wurden Teile in alter Handwerkstradition wieder ergänzt;
- so wurden neue Teile ganz deutlich in Material und Form vom Bestand abgesetzt.

Mit diesen neuen Elementen wurde der Übergang zu der Gestaltung der Einrichtung des Museums, den „Transportmitteln" geschaffen. Es sind zum Beispiel die neuen Türen, die Beleuchtung, die festen Einbauten und die lose Einrichtung aus demselben Gestaltungs- und Materialduktus entwickelt, der auch schon die äußeren und inneren baulichen Ergänzungen bestimmt. Ziel dabei war, einerseits den historischen Raum wirksam bestimmend zu belassen und nicht zu stören, sich andererseits auch nicht in Konkurrenz zu dem auszustellenden Museumsgut zu begeben. Historischer Raum und auszustellende Museumsstücke sollen den

35 Neugestaltete Vitrinen

36 Einbettung der Gesamtschloßanlage in die Landschaft

Besucher fesseln, dabei sollen sich die neuen Elemente zurücknehmen, aber in Niveau und Anspruch ihrer Gestaltung nicht neben den anderen beiden wirksamen Gestaltungsfaktoren abfallen.

Dies ist oft eine schwierige Gratwanderung geworden, so bei den „Kronleuchtern" im Rittersaal oder bei den Stahl-Glas-Verbindungstüren der einzelnen Räume (Abb. 34) oder auch bei Vitrinen (Abb. 35) oder der notwendigen Sicherung von Ausstellungsgut.

Diesem Prinzip wurde auch die grafische Gestaltung der notwendigen Information im Haus unterworfen. Dieses Prinzip soll sich bis in die Art der Bespielung des Hauses hinein entwickeln, damit das Haus sich nicht nur als einmalige historische Gesamtsituation, sondern auch als in diesem Charakter weiter geformtes und in diesem Sinne der Kombination von Neu und Alt bei den Besuchern als lebendiges Museum verfestigt.

Hierzu bieten sich im Äußeren wie im Inneren noch viele Entwicklungsmöglichkeiten an. Man denke nur an die Aktivierung der Kasematten im Bastionenkranz oder die Nutzung der verschiedenen Innenhöfe, bei denen der entwickelte Gesamtanspruch nicht verändert werden sollte.

Das Museum mit seinen erweiterten Aktivitäten, die gastronomische Bewirtschaftung der einzelnen Gebäude- und Hofteile, die herrliche landschaftliche Einbettung der qualitätvoll angelegten Gesamtschloßanlage der Bauten, der Bepflanzung in der niederrheinischen Weite (Abb. 36) bietet einen Kultur-, Bildungs- und Freizeitwert, der – in jeder Beziehung schonend weiterentwickelt – als reizvolle Besonderheit des Niederrheins sich weiter etablieren muß.

Schloß Rheydt und die öffentliche Meinung

Wolfgang Löhr

Noch heute ist auffällig, wie weit Schloß Rheydt vom Zentrum der späteren Stadt entfernt liegt. Selbst in der Aufbauphase nach dem 2. Weltkrieg wuchsen das Schloß und seine Parkanlagen nicht mit dem Zentrum eng zusammen. Sicher haben dabei städtebauliche Überlegungen eine bedeutende Rolle gespielt: Man wollte die Einbettung des Schlosses in seine grüne Umgebung erhalten. Doch besteht diese Trennung von Stadt und Schloß schon seit vielen Jahrhunderten und geht in jene Zeit zurück, als Rheydt noch eine kleine Siedlung war. Diese wurde vom Schloß aus oft mit starker Hand regiert, so daß es mit der wenig beliebten Herrschaft gleichgesetzt wurde. Die Abneigung war gegenseitig. Noch zu Ende des 18. Jahrhunderts verglich der letzte Herr auf Rheydt, Karl Kaspar von Bylandt, die Rheydter Bauern mit jenen Rebellen in Amerika, die sich gegen die britische Krone auflehnten und die Unabhängigkeit forderten. Diese Einschätzung der Herrschaft, deren Druck die Bewohner von Rheydt ausgesetzt waren und deren Überlegenheit sich im Schloß manifestierte, änderte sich im 19. Jahrhundert grundlegend. Als 1897 das neue Rheydter Rathaus feierlich eingeweiht wurde, ließen es sich die Rheydter Bürger nicht nehmen, den nur sehr weitläufig mit der regierenden Familie verwandten Grafen Wilhelm Carl von Bylandt mit großer Begeisterung zu ehren. Er ergriff, ohne daß es im Programm vorgesehen gewesen wäre, das Wort und pries den kirchlichen Geist und den Patriotismus der Rheydter.

Das Schloß gehörte der Familie damals längst nicht mehr. Es wurde deshalb von Graf Wilhelm Carl mit keinem Wort erwähnt und spielte damals auch noch keine große Rolle im städtischen Selbstbewußtsein. Freilich wurden in der rechtzeitig zum Fest der Einweihung des Rathauses erschienenen Rheydter Chronik immerhin in deren erstem Teil zwei gute Fotos des Amateurfotografen H. Witzmann mit der südlichen und nördlichen Ansicht von Schloß Rheydt abgedruckt. Vor allem die nördliche Ansicht zeigt übrigens deutlich, daß das Gebäude damals restaurierungsbedürftig war.

Erst im 20. Jahrhundert rückte das Schloß so stark in den Vordergrund, daß es schließlich zum Markenzeichen der Stadt Rheydt wurde. In zahlreichen städtischen Broschüren erschien nun das Schloß als kunsthistorischer Glanzpunkt und wurde so etwas wie ein bildliches Synonym für Rheydt und als Visitenkarte für die Stadt verstanden.

Die einhellige Begeisterung der gesamten Stadt für den Erhalt dieses wertvollen Gebäudes, dessen Gefährdung 1988 überall bekannt wurde, kam für viele überraschend. Die kommunale Neuordnung, die Mönchengladbach, Rheydt und Wickrath zu einer Stadt zusammengeschlossen und drei in Geschichte und Mentalität unterschiedliche Gemeinwesen vereinigt hatte, lag erst zwölf Jahre zurück. Umso erstaunlicher, daß sich schon ein gesamtstädtisches Bewußtsein gebildet hatte, denn sonst hätten nicht so viele Mönchengladbacher für den Wiederaufbauverein Rettet Schloß Rheydt gespendet. Ob aus Neuwerk, Giesenkirchen oder sonstwo: Aus allen Stadtteilen kam Hilfe bei dieser Bürgeraktion, sagte Oberbürgermeister H. Feldhege bei der Wiedereröffnung von Schloß Rheydt im Jahr 1994, und die Lokalausgabe der Rheinischen Post verfaßte die Schlagzeile Mönchengladbach hat Rheydt das Schloß geschenkt. Dies gefiel einem Leserbriefschreiber überhaupt nicht, und er meinte: Gladbach kann Rheydt kein Schloß schenken, weil es Schloß Rheydt ist und bleibt. Daß es einmal als Sitz einer feudalen Herrschaft verstanden worden war, davon sprach ohnehin niemand mehr seit Ende des 18. Jahrhunderts.

Durch ein geschickt arrangiertes Schloßfest vom 29. bis 31. Juli 1994 wurden etwa 60.000 Besucher in das Schloß gelockt, die sich das wiederhergestellte Gebäude ansehen wollten. Im ersten Härtetest versagte der Aufzug im neuen Treppenturm, der als Zubau im Blickpunkt stand und ebenso eingehend diskutiert wurde wie der Neubau des Schloßrestaurants.

Die Rheinische Post begründete in ihrer Sonderbeilage vom 28. Juli 1994 den Treppenanbau aus Glas als eine notwendige Ergänzung, weil der Landeskonservator den alten, historischen Treppenaufgang im Schloß gerettet wissen wollte, der nicht mehr benutzbar sei. Der Glasanbau ist bewußter Kontrast zur historischen Bausubstanz, fuhr sie fort und sagte viele Diskussionen voraus. Ähnlich äußerte sich auch die Schloßfest-Zeitung der Westdeutschen Zeitung vom 28. Juli 1994, die von einer provokanten, aber sicherlich auch ehrlichen Lösung für den modernen Zusatz eines historischen Gebäudes sprach und feststellte, daß der gläserne Treppenturm nach den Plänen von Walter von Lom … den Blick auf alte Bäume und historische Mauern freilasse, ohne Historie vorzugaukeln. Das neue Restaurant wurde als Zeitdokument für die Sparsamkeit charakterisiert. Ferner war von einer simplen Bauweise die Rede, was immer damit gemeint war.

Die in den Niederlanden erscheinende Zeitung De Limburger ging in ihrer Ausgabe vom 23. Juli 1994 mit dem gläsernen Treppenhaus viel kritischer als die lokalen Zeitungen um und meinte, es sei umstritten und ein Dorn im Auge vieler Menschen, die das gläserne Bauwerk neben dem alten Kastell abscheulich fänden.

Einige Monate zuvor hatte sich die Lokalausgabe der Westdeutschen Zeitung vom 26. Mai 1994 recht positiv zum Schloßanbau geäußert und von einem Konzept betont moderner Funktionalität berichtet und dabei auch das Schloßrestaurant mit einbezogen, dessen heller Putz nicht die Farben der anderen Gebäude aufnehme, um sich deutlich von der historischen Umgebung abzuheben. Die Westdeutsche Zeitung räumte aber ein, das sei für das Auge sicherlich gewöhnungsbedürftig. Doch sei diese Lösung insgesamt aber ehrlicher.

Allgemein war die Begeisterung für die freigelegte Decke im Schloß. Schon Ende des Jahres 1993 hatte die Lokalausgabe der Rheinischen Post vom 18. Dezember die bei den Restaurierungsarbeiten entdeckte prächtige Renaissance-Decke hervorgehoben und vom Blattgold für Ottos (von Bylandt) Glanz und Glorie geschwärmt.

Sieht man die öffentliche Meinung über das neue Schloß Rheydt durch, so überwiegen bei weitem die zustimmenden Zeitungsartikel, und auch in den Leserbriefspalten ist keine heftige Diskussion über die Neugestaltung ausgebrochen, an die sich inzwischen die Mönchengladbacher aus allen Stadtteilen gewöhnt zu haben scheinen.

Ergebnisse der archäologischen Untersuchungen im Schloß Rheydt

Claus Weber

1. Vorwort

Schloß Rheydt, am östlichen Stadtrand von Mönchengladbach in der Niersniederung gelegen, besitzt eine der am besten erhaltenen Befestigungsanlagen des 16. Jahrhunderts im Rheinland. Das Haupthaus schmückt eine kunsthistorisch bedeutende renaissancezeitliche Fassade. Im Haus befindet sich mit Unterbrechungen seit 1922 das „Städtische Museum Schloß Rheydt". Jedoch mußte 1988 das Haupthaus wegen akuter Gefährdung geschlossen werden. Bald darauf begannen die Überlegungen, wie das bedeutende Denkmal gerettet und weiterhin genutzt werden könne.

Da Schloß Rheydt auf mittelalterliche Burganlagen zurückgeht, war sicherzustellen, daß bei den notwendigen Bodeneingriffen die zu Tage kommenden Bodendenkmäler dokumentiert und zumindest auf dem Papier der Nachwelt erhalten bleiben konnten. Zudem erhoffte man sich wichtige Aufschlüsse über die Frühzeit der Anlage.

Dementsprechend wurde Schloß Rheydt 1990 im Einvernehmen mit der Stadt Mönchengladbach als Bodendenkmal unter Schutz gestellt. Bei den Planungen stellte sich heraus, daß die Bodeneingriffe auf das unbedingt notwendige Maß beschränkt werden konnten. Daraufhin entschloß sich die Außenstelle Xanten des Rheinischen Amtes für Bodendenkmalpflege zu einer baubegleitenden Untersuchung. Die Arbeiten begannen im Winter 1990 mit Anlage der Baustraße,[1] ab Frühjahr 1991 wurde im Haupthaus gearbeitet.

Durch die begrenzt zur Verfügung stehende Zeit, den Umfang der Eingriffe und die Unterschutzstellung als Bodendenkmal war es nicht möglich, vollständige Ausgrabungen vorzunehmen. Es wurden allein die Bereiche untersucht und dokumentiert, die durch die notwendigen Baumaßnahmen tangiert waren. Dadurch können nicht alle Fragen beantwortet werden, die sich vor, während und nach den Untersuchungen gestellt haben. Die hier vorgestellten Ergebnisse sind nur als vorläufig anzusehen; neue Untersuchungen mit gezielten Fragestellungen können weitere und genauere Erkenntnisse erbringen.

Eine erste Auswertung kam bereits 1994 zur Neueröffnung des Museums heraus[2]. Der vorliegende Beitrag beruht im wesentlichen auf diesen Ergebnissen, wurde jedoch erweitert und die neuen Ergebnisse der Baustellenbeobachtungen seit 1993 eingefügt (Abb. 37).

Ich möchte mich bei der Stadt Mönchengladbach, besonders den Herrn Mularski, Becker, van der Weyden, Dr. Schumacher, Sonnenschein, Aretz und Ende, den ehemaligen und amtierenden Mitarbeitern des Museums Schloß Rheydt, besonders den Damen Dr. Brues, Dr. Schwinzer, Dr. Zangs und Herrn Dr. Sternberg, allen Beteiligten auf der Baustelle sowie den Mitarbeitern der Fa. Schleif bedanken. Sie unterstützten unsere Arbeiten in vollem Umfang, auch wenn sie die Notwendigkeit unserer Untersuchungen und Auflagen nicht immer direkt verstehen konnten.

Die hier vorgestellten Ergebnisse wären nicht vollständig, wenn sie nicht in enger Zusammenarbeit mit dem Rheinischen Amt für Denkmalpflege diskutiert und überprüft worden wären. Hier sind besonders Frau Dr. Fannei und Herr Dr. Thiel von der Abteilung Praktische Denkmalpflege sowie Herr Dr. Nußbaum von der Abteilung Dokumentation, Referat Bauforschung, zu nennen. Ihnen danke ich für die hervorragende Zusammenarbeit.

Die Grabungen der Außenstelle Xanten des Rheinischen Amtes für Bodendenkmalpflege wurden unter der örtlichen Leitung der Grabungstechniker D. Koran, H. Berkel, W. Sengstock und Dr. C. Bridger durchgeführt; Mitarbeiter waren Frau E. Bauer und die Herren H. Deden, W. Tiedens, W. Lenders, J. Brüker, H. Becker, S. Kaslowski, A. Weiss, T. Könings, G. Lill. Allen sei für ihre Bemühungen, auch unter ungünstigen Bedingungen, gedankt.

Zu danken ist weiterhin der Fa. ACA-Archäologie Consulting Aachen für die Überlassung der Rechte der Auswertung ihrer Grabungen.[3] Bedingt durch die Personalsituation in der Außenstelle Xanten hatte sie mehrfach Baustellenbeobachtungen und Grabungen übernommen. Die vorläufige Auswertung der Ergebnisse werden in diese Arbeit eingearbeitet.

2. Forschungsgeschichte

Gezielte archäologische Ausgrabungen zur Erforschung der Geschichte von Schloß Rheydt haben bislang nicht stattgefunden. Dennoch wurden bei zahlreichen Baumaßnahmen immer wieder Fundamente angeschnitten und freigelegt, die zumindest teilweise dokumentiert worden sind. Dadurch ergeben sich zahlreiche Hinweise auf ältere Bauphasen, aber auch die Notwendigkeit gezielter archäologischer Untersuchungen, da die meisten der älteren Dokumentationen eine archäologische Auswertung nicht zuließen. Dennoch ergaben sich wertvolle Hinweise für das Gesamtbild der Geschichte von Schloß Rheydt.

Der bisherige Erkenntnisstand ging auf die umfassenden Untersuchungen zur Baugeschichte, unter Berücksichtigung der schriftlichen Quellen, durch D. Herkenrath zurück.[4] Da sie nur in sehr beschränktem Maße auf archäologische Untersuchungen zurückgreifen konnte, fand sie ihre Erkenntnisse auf kunsthistorisch-baugeschichtlichen Wegen. So postulierte sie den Nordwestturm als ältesten erhaltenen Teil und den Südwestturm als mittelalterlich. Zugleich erkannte sie den geschlossenen Burghof mit mindestens drei umbauten Seiten, der wohl auf mittelalterliche Bauformen zurückging. Weiter erschloß sie den hochmittelalterlichen Palas und die spätgotische Winkelanlage mit Eckturm. Auf Grund ihrer Erkenntnisse gelang es, die baugeschichtliche Entwicklung seit dem 15. Jahrhundert herauszuarbeiten.

Die älteren Phasen blieben ihr wegen fehlender Grabungserkenntnisse verborgen, sie beschrieb hier die allgemeine Entwicklung des Burgenbaues im Rheinland. Damit kam sie weit über den bis dahin gültigen Forschungsstand hinaus, der sich weitgehend auf die Ergebnisse von P. Clemen und anderen stützte.[5] Dieser erkannte den ehemaligen Vierflügelbau und die spätgotischen Bauphasen, weitere ältere Perioden konnte er nicht herausarbeiten.

Intensiv hatte sich der Leiter des Städtischen Museums Schloß Rheydt, Otto Kempff, mit der Geschichte der Burg beschäftigt. Von ihm ist ein Wiederherstellungsversuch publiziert, er sich in zahlreichen Details bestätigt hat.[6] Eindeutig geht er auf die Federzeichnung um 1585 zurück, aber auch Ergebnisse von örtlichen Untersuchungen scheinen in den Plan eingeflossen zu sein.

Zur Eröffnung des Schlosses Rheydt 1994 nach den Restaurierungen erschien eine umfangreiche Publikation.[7] Darin werden unter verschiedenen Aspekten die Geschichte von Burg, Schloß und Museum behandelt. Besonders für die Auswertung der archäologischen Befunde sind zwei Aufsätze heranzuziehen: Ch. Zangs berichtete über die Geschichte des Museums im Schloß;[8] P. Priemsch erarbeitete ausführlich die Gartengeschichte von Schloß Rheydt.[9] Dabei berücksichtigte sie besonders die bekannten Darstellungen der Anlagen auf Karten, Zeichnungen und Gemälden. Wertvolle Hinweise gab sie zudem zu den Maßnahmen des 19. und 20. Jahrhunderts.

2.1 Grabungen im Innenhof des Herrenhauses von 1927

D. Herkenrath verwies auf Grabungen, die 1927 im inneren Schloßhof stattgefunden hatten, deren Ergebnisse jedoch weitgehend verloren gegangen sind. Die dabei freigelegten Mauern ließen auf eine allseitige Umbauung eines annähernd quadratischen Innenhofes schließen.[10]

2.2 Neubauten von Kellern des Restaurants in der Torburg 1951

Für das Restaurant in der Torburg errichtete man 1951 neue Keller sowohl am Torhaus als auch im Bereich des Innenhofes. Dabei traf man auf umfangreiches Mauerwerk, das zumindest zeichnerisch dokumentiert wurde. Photos sind bislang nicht bekannt.[11]

2.3 Freilegung der Nordwestbastion 1964

Im Mai 1964 legte man Teile der Nordwestbastion frei.[12] Der Anlaß und der Veranlasser sind nicht mehr bekannt; es ist jedoch davon auszugehen, daß diese Maßnahme unter Aufsicht der Stadt Rheydt stattfanden. Von den freigelegten Kasematten existieren Photographien, die die gut erhaltenen gewölbten Gänge und offenen Kammern zeigen. In einem der Schießräume hatten sich die Schießscharten erhalten, in der für Rheydt typischen Form von zwei Reihen übereinanderliegender Nischen.

2.4 Baustellenbeobachtungen im Hof der Vorburg 1971

Am 24. Februar 1971 wurde am Südwestflügel der Wirtschaftsgebäude der Vorburg ein Schnitt angelegt. Die Ursache dieser Maßnahme war nachträglich nicht mehr feststellbar.[13] Unmittelbar vor dem Tor in das Wirtschaftsgebäude, zwischen Tordurchfahrt und modernem Eingang zum Museum, legte man einen überdeckten Gang frei. Die Breite des Ganges betrug 1,67 m; die Höhe wurde nicht erfaßt, da der Innenraum eine Schuttverfüllung aufwies. Deutlich erkennbar band der Gewölbebogen aus senkrecht gestellten Ziegeln in das Fundament des Wirtschaftsgebäudes ein und war damit eindeutig jünger. Dagegen schien die gegenüberliegende Wand zeitgleich mit dem Gewölbe zu sein; allerdings waren weder Zeichnungen noch Photos in diesem Punkt eindeutig. Nach Südosten (zur Tordurchfahrt) verjüngte sich die Breite des Ganges auf etwa 1,3 m. Ein Ende des Ganges wurde auf keiner Seite festgestellt.

Da ein Großteil des Gewölbes eingestürzt war, sicherte man diesen Bereich durch Stahlträger. Deutlich erkennbar waren die Fundamente des Wirtschaftsgebäudes breiter als das heute Aufgehende. Ob sich hierin chronologische Unterschiede zu erkennen gaben, vermag man auf der Grundlage der vorhandenen Unterlagen nicht zu entscheiden.

Auf dem Plan von Schloß Rheydt von 1918[14] ist in diesem Bereich ein Gebäude eingetragen, daß eine Verbindung mit dem aufgedeckten Befund haben könnte.

2.5 Suchschnitte im Hof des Herrenhauses 1980

Im Jahre 1980 erhielt die damalige Bezirksstelle Niederrhein des Rheinischen Landesmuseums Bonn den Hinweis, daß die Stadt Mönchengladbach auf dem Schloßhof Aushubarbeiten vorgenommen hatte. Bei einer Ortsbesichtigung stellte sich heraus, daß auf Grund einer günstigen finanziellen Situation der Stadtkasse eine Suchgrabung vorgenommen worden war, um festzustellen, ob das Herrenhaus einst ein geschlossenes Geviert gebildet hatte.[15] Es waren vier Schnitte angelegt worden: zwei an der Südostseite (Schnitte 1 und 2), einer an der Nordostseite (Schnitt 3) und einer an der Nordwestseite (Schnitt 4); ausgehoben per Hand hatten sie eine Breite von 0,5–0,6 m bei Tiefen von 0,8 bis 1,2 m. In allen Schnitten kamen Befunde zutage. Die Fundamentierungen waren flach und schmal und deuteten darauf hin, daß die Gebäude, die sie zu tragen hatten, nicht allzu massiv ausgeführt waren. Es sah eher danach aus, daß der Hof von einer Säulenhalle oder einfachen Remisen umgeben war.

Schnitt 1 direkt an der Durchfahrt durch das Haupthaus erfaßte mehrere Mauern, die im einzelnen nicht zuzuordnen waren. Dazu gehörten sowohl die Außenmauern der Steinbauphase III als auch Fundamentmauern der Hofbebauung. Das gleiche galt für Schnitt 2 in der Mitte der Südostseite. In diesem Schnitt zeigte sich deutlich ein Fundament der Außenmauer, gekennzeichnet durch eine nach innen weisende Vorlage. Eine Zuordnung zu den damals bekannten Bauphasen war jedoch nicht möglich.

Schnitt 3 an der Nordostseite belegte ein durchlaufendes Fundament, das zur Innenseite des Hofes wies; von diesem zweigte ein flaches Fundament zur Grabenseite hin ab. In dieses hinein wurde offenbar ein Brunnen aus Liedberger Sandsteinen gesetzt; allerdings verdeutlich-

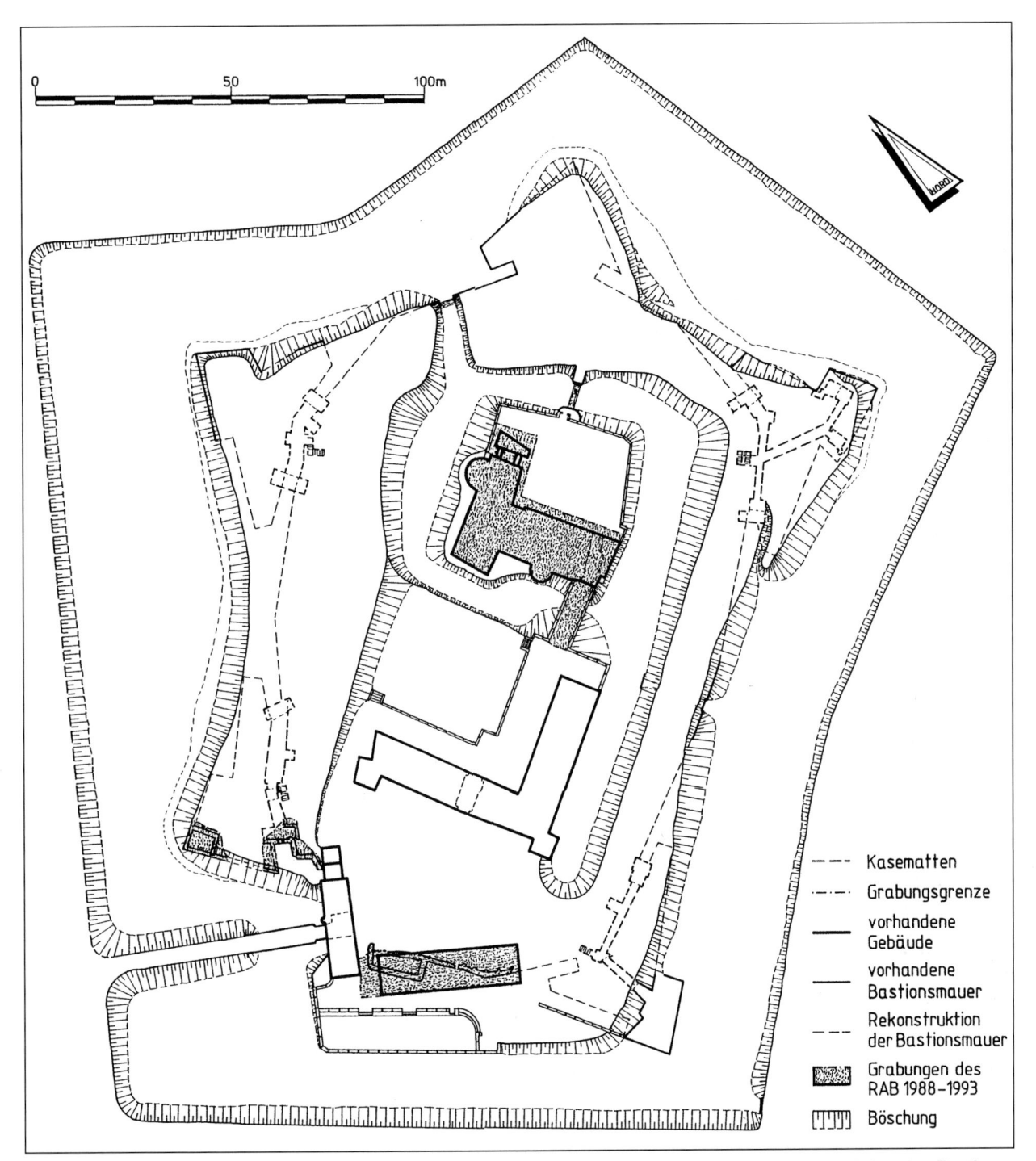

37 Schloß Rheydt, Gesamtplan, Eintragung der untersuchten Bereiche und Versuch der Rekonstruktion der Bastionsanlagen. Zeichnung G. Lill, G. Otto, Rheinisches Amt für Bodendenkmalpflege; auf der Grundlage von Plänen der Stadt Mönchengladbach.

ten weder Zeichnungen noch Photographien die Zuordnungen zu den Bauphasen. Der Brunnen hatte einen lichten Durchmesser von rund einem Meter und eine Tiefe von rund 4,5 m; im Brunnenschacht stand Grundwasser an. Die Oberseite war von einer konischen Haube aus Ziegeln überdeckt. In Vergleich mit den anderen Brunnen im Schloß Rheydt ließ sich rekonstruieren, daß der untere Teil des Brunnens eher den mittelalterlichen/frühneuzeitlichen Bauphasen angehört. Die Haube aus Ziegeln wie auch das Pumpenrohr, das noch im Brunnen steckte, gehörten zu einer Nutzung mit mechanischer Pumpe im 19. Jahrhundert.[16] Wie die Katasterkarte von 1819/20 zeigt, war dieser Bereich des Hofes mit schmalen Gebäuden bestanden, in die der Brunnen integriert wurde.

Die Fortsetzung der Außenwand des Palas vermutete man in Schnitt 4; dies stellte sich bei den späteren Grabungen als Irrtum heraus. Der Gewölbeansatz gehörte zu dem im 17. Jh. angebauten Keller. Eine flache Ziegelschicht eines Bodenbelages wies in den Hof hinein; diese war durch eine Mauer begrenzt, deren Bedeutung nicht zu erkennen war.

Die Befunde photographierte und dokumentierte das Hochbauamt der Stadt Mönchengladbach, Herr Grundmanns. Anschließend wurden die Schnitte wieder verfüllt.

Insgesamt bestätigten und erweiterten die späteren Grabungen die Ergebnisse dieser Suchschnitte im Innenhof. Der Brunnen sollte ursprünglich in die Gestaltung des Hofes integriert werden; das Konzept des Gartenbauarchitekten Wörner sah dies jedoch nicht vor. Der Brunnen ist mit Kies verfüllt und abgedeckt.

2.6 Grabungen des Rheinischen Amtes für Bodendenkmalpflege 1988–1995 (Abb. 37)

Der Umfang der Grabungen der Jahre 1988 bis 1995 war durch die umfangreichen Sanierungsarbeiten vorgegeben. Am 9. März 1988 erhielt die Außenstelle Xanten den Hinweis, daß die Stadt Mönchengladbach einen Umbau am Schloß Rheydt für ein neues Treppenhaus plant. Erste Gespräche ergaben, daß eine bauvorgreifende Grabung von einem Monat Dauer (!) die Fundamente soweit freilegen sollte, daß ihre Substanz und Konstruktion erfaßt werden konnten. Es wurde auf die bekannten Pläne und Suchschnitte der Stadt von 1980 verwiesen.[17]

Weitere Aufschlüsse über das Vorhandensein von Bodendenkmälern erhielt man durch die Schürfungen anläßlich der Baugrunduntersuchungen. Hierbei wurden die Fundamente in kleineren Abschnitten freigelegt, dabei kamen weitere Mauerzüge, aber auch Funde wie Keramik u. ä. zu Tage.[18]

In der Zeit vom 24. Mai 1988 bis 27. Juni 1988 wurde ein Suchschnitt im Bereich des geplanten Treppenturmes angelegt. Er erbrachte zahlreiche Mauerfundamente, Ziegelböden und Gewölbeansätze, die zum damaligen Zeitpunkt in ihrer Bedeutung nicht zu erklären waren. Dennoch konnte ein erster Plan gezeichnet werden, der die Bedeutung der Bodendenkmäler für die zukünftigen Bautätigkeiten belegte und damit das Verständnis für unsere Tätigkeiten schärfte.[19]

Zwischenzeitlich waren die Planungen soweit fortgeschritten, den Fußboden im Herrenhaus herauszunehmen, tieferzulegen und einen neuen Fußboden einzubauen. Hierbei wurde bereits die Außenstelle frühzeitig eingebunden, um die notwendigen Grabungen durchführen zu können. Durch die Ergebnisse der Baugrunduntersuchungen hatte man die Notwendigkeiten von langfristigen Ausgrabungen erkannt. Das gleiche betraf die Außenbereiche der Schloßanlage, die ebenfalls großflächig umgestaltet werden sollten; auch hier waren die Belange der Bodendenkmalpflege zu berücksichtigen.

Die Zufahrt zur Baustelle konnte nicht über die vorhandene Brücke durch das Torhaus erfolgen, sondern es mußte eine gesonderte Zufahrt mit dammartiger Überbrückung der Gräfte geplant werden. Bei den Bauarbeiten im Herbst 1990 wurden bauvorgreifende und baubegleitende Ausgrabungen durchgeführt, die zur Freilegung von Teilen der Westbastion führten.

Bei der Tieferlegung des Kellerbodens kamen umfangreiche Bodenfunde zu Tage, die frühzeitig zur Überlegung führten, die Funde in die zukünftige Museumskonzeption aufzunehmen. Der ursprüngliche Plan des Architekten von Lom wurde ständig den Erfordernissen des Erhaltes von Bodendenkmälern angepaßt, was nicht nur die Museumskonzeption, sondern auch den Einbau der notwendige Technik, wie Versorgungsleitungen, Verteilerstationen, Toiletten, usw. betraf.

Nach dem Brand des Restaurants 1989 kam ein weiterer Bereich archäologischer Grabungen hinzu. Durch Vorgaben des Rheinischen Amtes für Denkmalpflege waren Baugrenzen festgelegt, die eine großflächige Bebauung der Torburg ermöglichten.[20] Wiederum würden Bodendenkmäler tangiert werden, so daß bei einer Realisierung der Planungen langfristige Grabungen einzuplanen gewesen wären. Voruntersuchungen sollten sowohl die Mauern im Bereich südlich des ehemaligen Restaurants als auch die sog. Scheune südöstlich der Torburg erfassen. Diese Suchschnitt erbrachten die Begrenzungsmauer der Torburg, die auffallenderweise Spolien im Fundament zeigte.[21] Dagegen fanden sich keine Fundamente, die auf ein größeres Gebäude im Bereich der sog. Scheune verwiesen. Die Grabungen führten dazu, daß die Belange der Bodendenkmalpflege in das Gutachterverfahren zum Neubau des Schloßrestaurants mit Hotel und Museumsverwaltung frühzeitig eingebracht werden konnten.

Dieses Gutachterverfahren hatte zur Entscheidung für den Entwurf des Architekten von Lom, Köln geführt. Der Entwurf bot zusätzlich zu anderen Vorzügen die geringsten Eingriffe in das Bodendenkmal.[22]

Der Neubau des Restaurants wurde so verkleinert, daß ein Großteil der Bodendenkmäler in diesem Areal erhalten werden konnte. Durch eine geschickte Planung wurden die vorhandenen Keller einbezogen, ein neu zu errichtender Keller stark verkleinert, so daß Bodendenkmäler nur in der Höhe der Fundamentierung abgetragen werden mußten. Die Dokumentation der freigelegten Befunde erfolgte Ende 1992 bis Anfang 1993.

In den Jahren 1990 bis 1995 wurden in zahlreichen Gesprächen, Ortsterminen und Jours-fixes die unterschiedlichen Belange der Planer, Nutzer, Bauausführenden und der Bodendenkmalpflege/Denkmalpflege immer wieder, zuweilen auch kontrovers, diskutiert. Von allen Beteiligten erforderte dies ein hohes Maß an Verständnis für den anderen, aber auch an Kompromißbereitschaft. Im Laufe dieser langen Zeit baute sich jedoch ein Vertrauensverhältnis auf, da alle Beteiligten bereit waren, sich mit dem jeweiligen Partner auseinanderzusetzen und zu lernen. Die Erfahrungen, die hier auf allen Seiten gesammelt werden konnten, sind unschätzbar, da sie für das einvernehmliche Zusammenarbeiten so unterschiedlicher Interessen unabdingbar waren und in Zukunft ihre Spuren hinterlassen werden. Auch insofern kann die Maßnahme „Restaurierung Schloß Rheydt" als ein seltener Glücksfall für die Archäologie angesehen werden.

2.7 Baustellenbeobachtungen in der Vor- und der Torburg 1993–1994

Verlegungen von Versorgungsleitungen in der Vorburg und der Torburg erforderten baubegleitende archäologische Maßnahmen. Bedingt durch einen Personalengpaß in der Außenstelle Xanten des Rheinischen Amtes für Bodendenkmalpflege führten diese die Fa. ACA-Archäologie Consulting Aachen aus.[23]

2.8 Grabungen in der Nordostkasematte 1995

Bei der Sanierung der Nordostkasematte im Jahre 1995 wurden die Abdeckungen der Gänge und Kasematten freigelegt. Dabei kamen, wie im Schloß Rheydt nicht weiter überraschend, neue Befunde zu Tage, die ursprünglich nur notdürftig dokumentiert werden sollten.

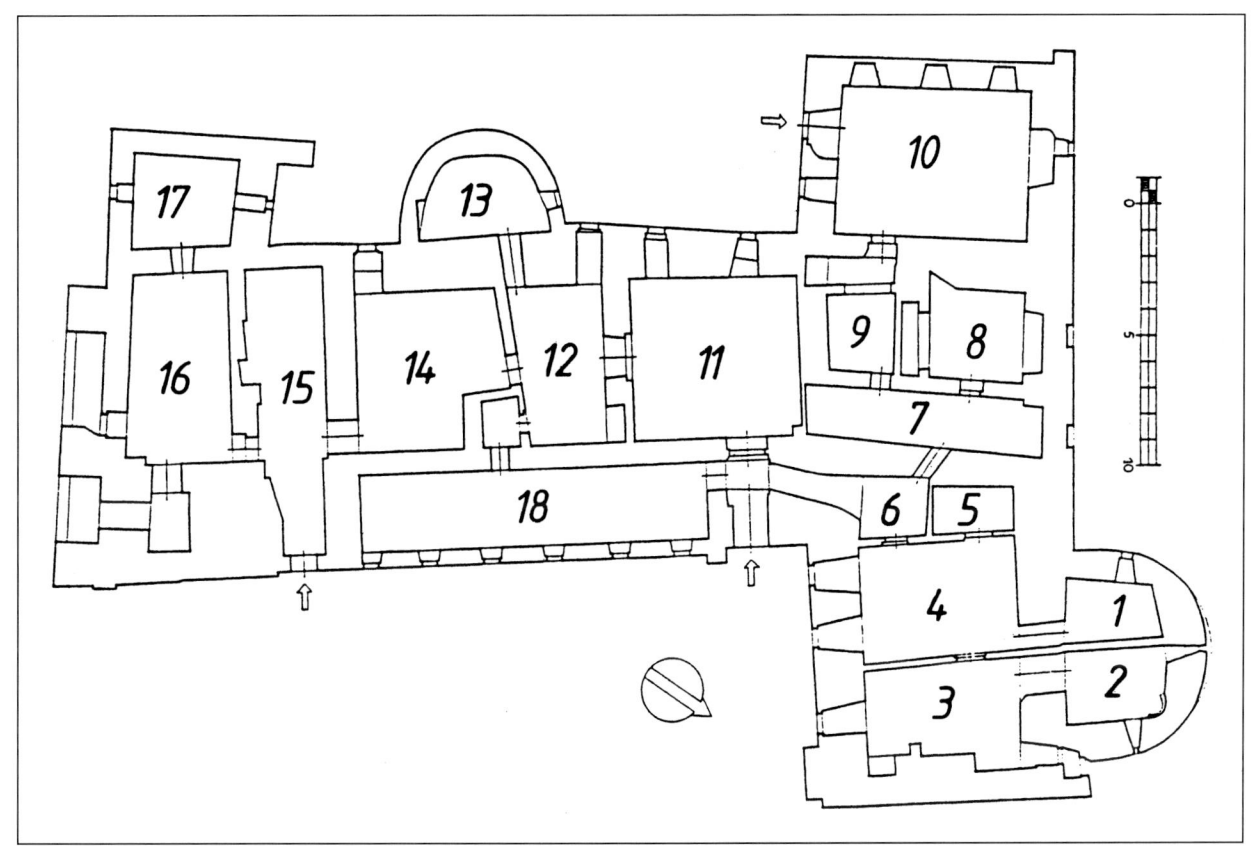

38 Herrenhaus. Grundriß des Kellers vor Beginn der Baumaßnahmen, mit Eintragung der Raumnummern. Ergänzt nach: C. W. Clasen, Rheydt. Die Denkmäler des Rheinlandes, 1964

Durch die große Bereitschaft des Vereins „Rettet Schloß Rheydt" konnte jedoch eine Grabungsfirma engagiert werden, die die freigelegten Befunde dokumentierte.[24]

2.9 Grabungen in der Südwestbastion 1996

Den bisherigen Abschluß der archäologischen Maßnahmen bildete die baubegleitende Untersuchung in der Südwestbastion. Während des Abbaues der Baustraße, der Neuanlage von Wegen und Versorgungskanälen sowie der Gestaltung der Grünanlagen kamen archäologische Befunde zutage, die sich zumeist in die vorhandenen Pläne einpaßten. Aber auch hier konnten neue Befunde freigelegt und dokumentiert werden.[25] Diese Arbeiten beschränkten sich jedoch auf die Freilegung der bereits dokumentierten Mauern sowie den Nachweis des Verlaufes der Face, ohne weitergehende Untersuchungen vornehmen zu können.

3 Haupthaus

Im Herrenhaus, als Hauptgebäude des Museums Schloß Rheydt genutzt, war als weitgehendste Maßnahme der Restaurierung bzw. Umnutzung der vorhandene Fußboden zu entfernen und rund einen Meter tiefer zu legen sowie die Einbauten der letzten größeren Baumaßnahme in der Mitte des 20. Jh. weitgehend zu entfernen. Dies gab den Anlaß für die umfangreichen Grabungen, da man von Anfang an mit der Aufdeckung von Bodenfunden rechnete. In das zwischenzeitlich umgestellte Museumskonzept konnten die aufgedeckten Bodenfunde der älteren Fundamente integriert werden. Reste der Vorgängerbauten sind in den Museumsräumen 1 (Räume 1–9[26]), 2 (Raum 10), 3 (Raum 11) und 4 (Räume 12–14) erhalten und zu besichtigen (Abb. 38).

Auf der Grundlage der baubegleitenden Untersuchungen in den Kellern des Haupthauses ließ sich bislang folgende Bauabfolge erkennen:[27]

Frühmittelalterliche Funde und Befunde	bis 13. Jahrhundert
Steinbauphase I	Ende 13./Anfang 14. Jahrhundert
Steinbauphase II	Mitte 14. Jahrhundert
Steinbauphase III	2. Hälfte 15. Jahrhundert
Steinbauphase IV	1500/1525
Steinbauphase V	1533/1549
Steinbauphase VI	um 1560/1590
Nachrenaissancezeitliche Phasen	16.–20. Jahrhundert

3.1 Frühmittelalterliche Funde und Befunde (bis Ende 13./Anfang 14. Jh.)

Schloß Rheydt ging vermutlich auf eine mittelalterliche Motte zurück. Die Annahme von L. Schmitz,[28] daß zwei fränkische Saalhöfe als Ausgangspunkt für Schloß und Stadt Rheydt anzusehen seien, war bislang nicht zu beweisen, da weder im Schloß noch in der Stadt Rheydt

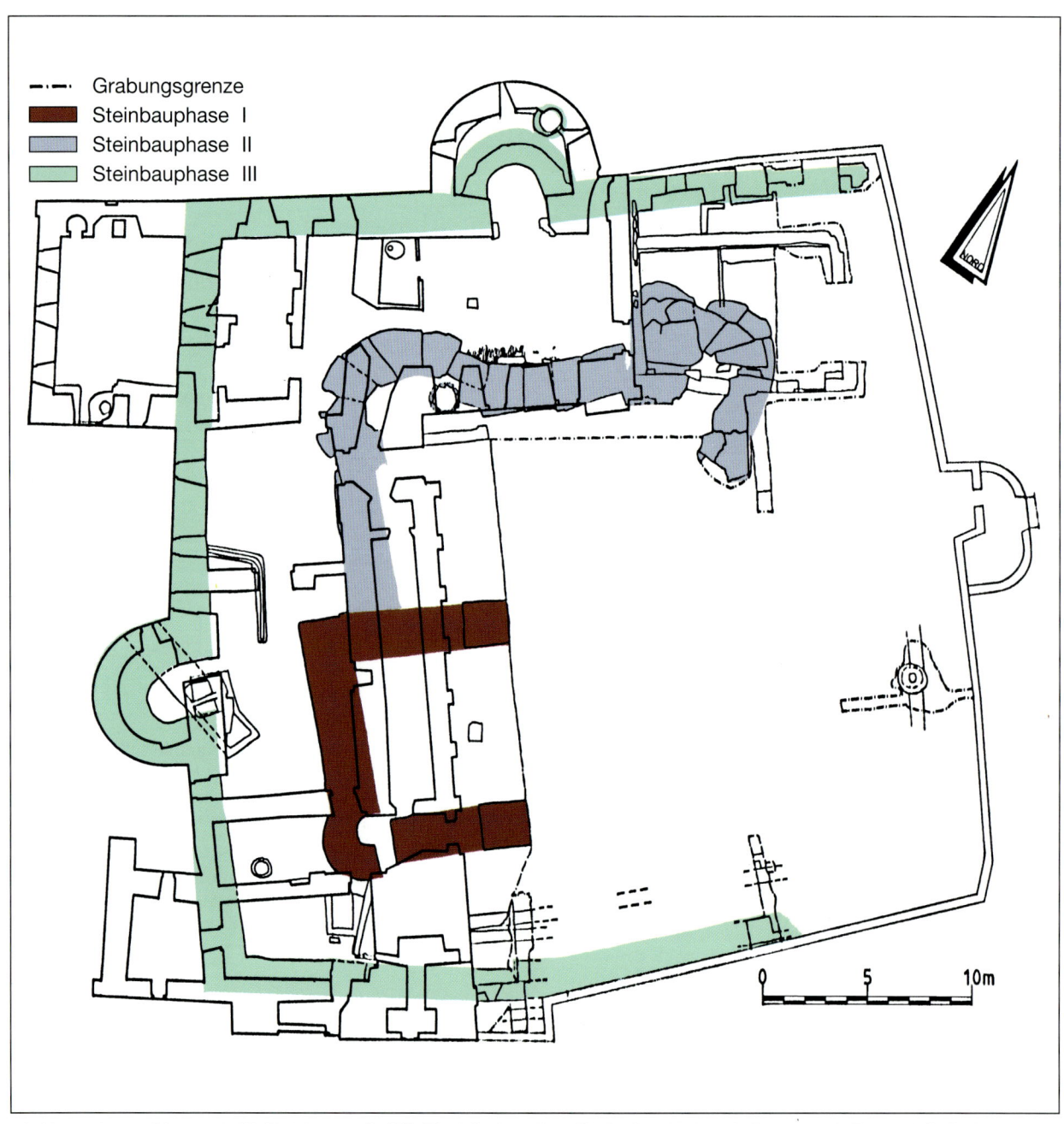

39 Herrenhaus. Phasen I–III. Zeichnung G. Lill, Rheinisches Amt für Bodendenkmalpflege; nach Entwurf C. Weber

fränkische Funde zu Tage kamen.²⁹ Die älteste Erwähnung im 10. Jahrhundert zählte Rheydt als Besitzung der Abtei Gladbach in deren Gründungsgeschichte auf.³⁰

Auf der Grundlage der allgemeinen Entwicklung des Burgenbaues im Rheinland ging man davon aus, daß Rheydt als Motte begann. Diese gründeten in der Regel auf natürlichen, meist sandigen Erhebungen in Niederungen den Donken und waren zusätzlich durch einen künstlichen Graben gesichert. Bei den Grabungen in Rheydt konnten Reste einer natürlichen Sandschicht angeschnitten werden, die sich unter dem Westturm der Bauphase II fand und in Richtung Osten, auf den Schloßhof fortsetzte. So ist anzunehmen, daß Reste der Motte im Bereich des jetzigen Schloßhofes zu suchen sein werden.

Der Burggraben wäre demnach im Bereich des Südwestflügels des Haupthauses zu vermuten. Reste von Gräben waren durch kleine Suchgräben angeschnitten worden. Diese lagen im Vorfeld der Fundamente der Bauphase II, in den Kellern unter dem Nordwest- sowie dem Südwestflügel. Der hier angeschnittene Graben gehörte sicher zur Phase II. Durch seine Lage im Vorfeld der Sanderhöhung bestand die Möglichkeit, daß er bereits zur Zeit der Motte hier verlief. Den Nachweis kann nur eine Ausgrabung der Motte erbringen.

Hinweise auf ältere Phasen vor dem 13. Jh. boten allein die wenigen Funde, die zudem nicht aus geschlossenen Befunden stammten, sondern allesamt Streufunde waren. Darunter fielen größere Mengen von Scherben mehrerer Gefäße, sogenannter Reliefbandamphoren auf, die in das 9./10. Jahrhundert datierten. Sie stellten neben wenigen, verschleppten römischen Ziegel- und Keramikfragmenten die ältesten Funde dar. Allein die Menge schloß aus, daß es sich um herantransportierte Funde handelte.

Zur mittelalterlichen Keramik, die insgesamt nur einen geringen Anteil am Fundaufkommen besaß, zählten

40 Herrenhaus. Räume 12/14; auf der linken Seite das Fundament der Phase I, an der Stirnwand das Fundament der Phase V und auf der rechten Seite die Abwasseranlage der Phase VI

weiter Grauwaren, rot bemalte Pingsdorfer Waren sowie Siegburger Frühsteinzeug, insgesamt in die Zeit 10.–13. Jahrhundert zu datieren.

3.2 Steinbauphase I (Ende 13./Anfang 14. Jh.)

Steinbauphase I bezeichnete einen 12,5 m breiten Bau (Abb. 39) mit Mauern aus Feldbrandziegeln[31] von 2,1 m Stärke im Fundament, die in einem sandigen Mörtel verlegt waren. Teile dieses Baues schienen in den Wänden des späteren Schlosses noch mehrere Meter hoch erhalten zu sein. Somit mußten diese Teile zumindest im Fundament und in Abschnitten des Aufgehenden noch bis zur Errichtung der Bauphase V erhalten geblieben sein.

Wie in einem Suchschnitt an der erhaltenen Langwand festgestellt werden konnte, stand die südwestliche Wand des Baues der Phase I in Abschnitten nicht auf anstehendem Sand, sondern auf einem dunklen humosen Boden, der als 'Teichboden' angesprochen wurde.[32] Warum der Bau der Phase I im unsicheren Baugrund ausgeführt worden war, blieb ungeklärt.

Wie die Auswertung der erhaltenen Höhen ergab, lag die Unterkante der Fundamente auf 43,70–43,90 m ü. NN, damit gingen sie zumindest in Teilbereichen bis auf die Höhe des anstehenden Sandes. Die Berme hatte einen Laufhorizont auf 44,30–44,50 m ü. NN. Da die Innenflächen nicht ergraben wurden bzw. bereits zerstört waren, verboten sich Angaben zum Aufbau im Inneren der Anlage.

Die südwestliche Langwand konnte in ganzer Länge aufgefunden werden (Abb. 40). Die Breite war unterhalb des aufgehendes Kellergewändes an mehreren Stellen zu erfassen. Sie verjüngte sich zum Turm hin von 2,15 m auf 1,8 m Breite unmittelbar am Ansatz des Südturmes. Dieser Übergang wurde später von den Fundamenten der Phase V überbaut. An der nördlichen Ecke der südwestlichen Langmauer kragte im Mauerverbund jede zweite Lage vor, als sollte hier eine weitere Mauer eingepaßt werden.

Die Unterkante des Fundamentes fand sich auf 43,90 m ü. NN; gegründet in anstehendem Sand auf einer Schicht Ziegelschutt von 0,20 m Stärke. Die unterste Lage kragte um 0,35 m vor, die nächsten sechs Ziegellagen sprangen um jeweils 0,14–0,04 m zurück. Das aufgehende Mauerwerk begann bei 44,30 m ü. NN.

Das anschließende Erdprofil belegte, daß der dunkle humose Boden, der an das Fundament anstieß, eingebracht wurde und nicht natürlich entstanden war. Bei der Auffüllung des offenen Grabens in der Phase III sackte der Boden am Fundament der Phase I ein, so daß die entstandene Senke mit Bauschutt zusätzlich verfüllt werden mußte. Der darauf liegende Fußboden der Phase VI hatte eine Oberkante bei 45,60–45,70 m ü. NN. Im Bereich der Anschüttungen war dieser Fußboden wiederum eingesunken. Der Fußboden der vorletzten Nutzungsphase aus flach verlegten Ziegeln lag auf 45,72–45,64 m ü. NN; der letzte Fußboden aus Beton hatte eine Oberkante bei 45,78 m ü. NN. Von den jeweiligen Laufhorizonten ausgehend wurden Kanäle für Versorgungsleitungen eingetieft.

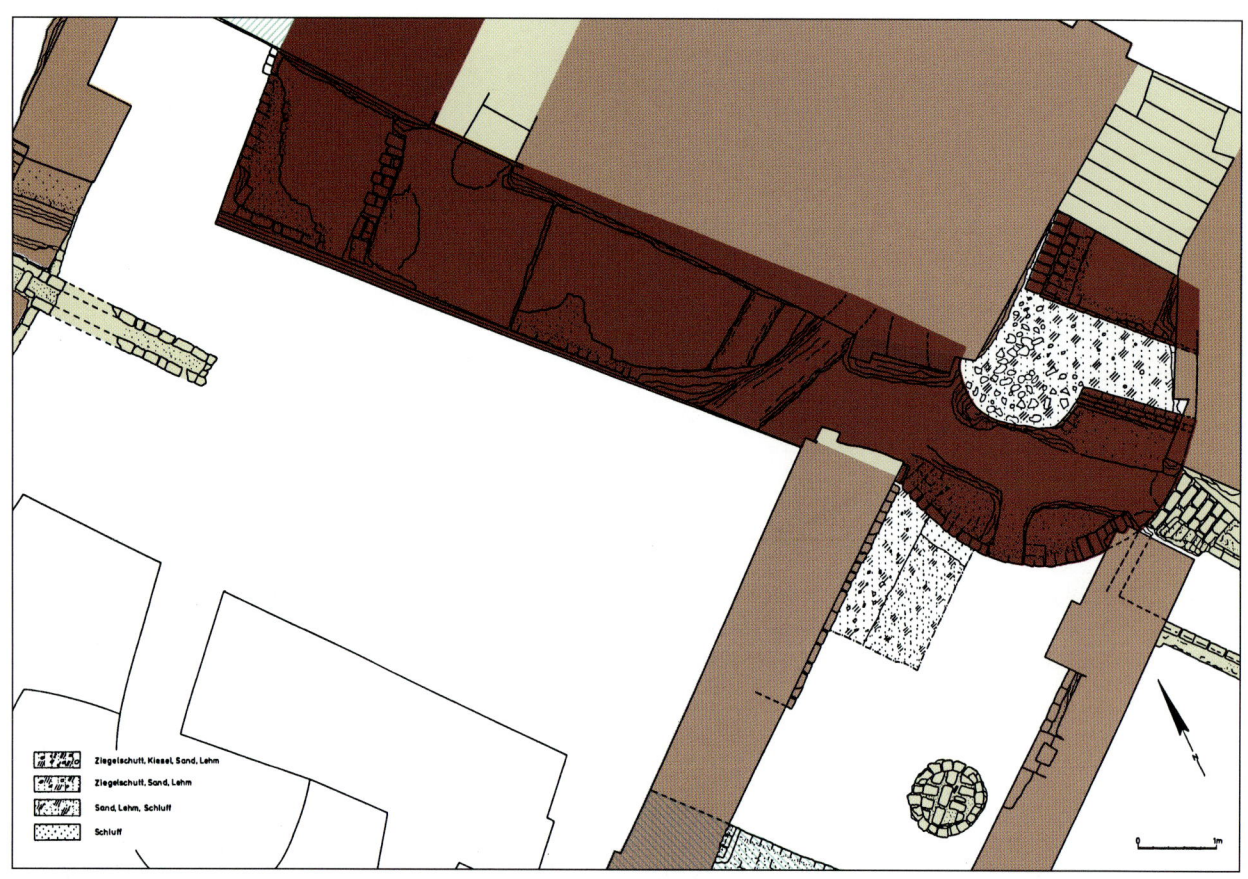

41 Herrenhaus. Phase I, Grundriß. Bauphase I = Dunkelbraun; Bauphasen II + III = Schraffur; Bauphasen V + VI = Mittelbraun; Jüngere Bauphase = Hellgrau. Zeichnung T. Könings, G. Otto, Rheinisches Amt für Bodendenkmalpflege; nach Feldzeichnungen von H. Deden, D. Koran, Rheinisches Amt für Bodendenkmalpflege

Der Einbau eines Schachtes in Raum 12, unmittelbar am Durchgang zu Raum 11, erbrachte den dunklen humosen Boden, durchsetzt von zahlreichen Holzfragmenten und zugespitzten Balkenresten. Die Höhe des Befundes lag bei 43,73–44,08 m ü. NN. Damit korrespondierten diese Funde mit der Sohle des Fundamentes von Phase I und gaben den Horizont des anstehenden Bodens an. Da einige der Balken eindeutig bearbeitet waren und rund 0,5 m tiefer lagen als der Laufhorizont im Vorfeld der Mauern der Phase I, mußten sie in offenes Gewässer gelangt sein. Somit deuteten sie den Graben an, der vor dem Fundament der Phase I angenommen werden mußte. Jedoch ließen sich durch den kleinen Ausschnitt keine weiteren Details untersuchen.

Im Süden schloß sich ein Rundturm von 4,5 m äußerem Durchmesser bei einer Breite der Fundamentmauern von 1,7 m ohne Fugen an die südwestliche Langwand an (Abb. 41). Die Außenseiten des Turmfundamentes waren unregelmäßig: während der innere Bogen einen Durchmesser von ca. 1,6 m hatte, wies der äußere einen von annähernd 4 m auf. Die Breite des Fundamentes vergrößerte sich von West nach Süd von 1,4 m auf 1,5 m, an der breitesten Stelle 1,8 m. Aufgehendes Mauerwerk hatte sich nicht erhalten (Abb. 42).

Nach Südosten führte ein überwölbter Kanal von 0,8 m Breite in die Gräfte, dessen genaue Funktion (Abwasser?) nicht erkannt werden konnte (Abb. 43); ebensowenig anzunehmende Einbauten wie Absperrungen gegen eindringendes Wasser. Dabei handelte es sich um eine reguläre Unterbrechung des Turmfundamentes, die Gewölbedecke hatte sich in den nicht abgetragenen Resten des Aufgehenden erhalten. Ein Ausbruch des Turmfundamentes, etwa für den späteren Einbau eines Durchstiches, war nicht erkennbar; beide Enden des Fundamentes hatte man sauber abgemauert. Über dem flachen, aus ganzen Ziegeln gesetzten Gewölbe hatte sich aufgehendes Mauerwerk erhalten. Der Kanal war vollständig mit lehmigem Sand verfüllt.

Im Inneren des Turmes fand sich eine Verfüllung aus Kieseln, Bruchsteinen, Ziegelfragmenten und lehmigem Sand, die jedoch nicht weiter untersucht wurde, da sie durch die Baumaßnahmen nicht tangiert wurde (Abb. 44). Die Gegenseite des Kanals, in der Südwestwand der Phase I, war durch die Einbauten der Phase V überformt worden, so daß sich die Fortsetzung des Turmfundamentes nicht mehr erkennen ließ. Als Fundamentierung für die Phase V diente ein großer Sandsteinblock, nach Osten schloß sich eine Ziegelmauer an, die bereits zum Aufgehenden der Phase V gehörte. Daran setzten weiter im Osten die Betonfundamente des Luftschutzkellers an. Im Fundament unterhalb der Kellertreppe gut zu erkennen war auf 1,1 m Länge die südöstliche Langwand der Phase I mit einer Breite von max. 2,35 m. Im Aufgehenden schien es nach einer Fundamenthöhe von rund 1,7 m eine Verjüngung auf eine Mauerbreite von etwa 1,9 m zu geben; dies könnte jedoch mit jüngeren Abtragungen zusammenhängen. Diese Mauer war dann überbaut worden durch die Treppe zum Hof, deren Bauzeit nicht eindeutig nachzuweisen war. Sie bezog sich in der letzten Nutzung auf den Fußboden des Luftschutzkellers und besaß noch zwei weitere Stufen, die nicht mehr erhalten waren.

42 Herrenhaus. Phase I, Draufsicht Turm, Außenseite

43 Herrenhaus. Phase I, Kanalprofil

44 Herrenhaus. Phase I, Draufsicht Turm, Innenseite

Die Mauern der Bauphase I wurden zum größten Teil auf eine Höhe von 45,50–45,90 m ü. NN abgetragen. Im Bereich des Südturmes der Phase I (Raum 15) war die erhaltene Höhe der Fundamente bei 45,00 m ü. NN, also rund einen Meter tiefer als im Raum 14.

Ausschachtungen im Hof an der Außenwand der Loggia ergaben keine unmittelbaren Anschlüsse der Mauern, da hier alle Fortsetzungen durch die Baugrube des Luftschutzkellers im Zweiten Weltkrieg zerstört worden waren. Jedoch fanden sich zwei Mauerstümpfe, die mit den Mauern im Keller fluchteten. Deren nördliche bzw. südliche Außenseite hatte man sauber abgemauert, während die Westkante abgeschrotet worden war. Die Fortsetzungen nach Osten, im Hofbereich, wurden nicht ergraben, somit auch nicht die anzunehmende nordöstliche Langwand. Der Zwischenraum zwischen den Mauern im Gebäudeinnern und denen im Hof betrug rund 5,5 m. Das erhaltene Mauerfundament besaß eine Länge von 2,3 m bei einer Breite von 2,2 m. Damit ergab die Rekonstruktion der nordwestlichen Wand eine Länge von 10,1 m.

3.3 Holzfunde

Unterhalb der Südwand des Nordwestflügels, Segmente 63, 169, 168, 167 (Raum 4) wurden Holzreste freigelegt, die sich stratigraphisch unter dem Fundament der Bauphase II befanden (Abb. 45). Die Hölzer lagen im dunkelbraun-schwarzen, schluffig-humosen Boden, der keine Funde enthielt. Die untere Lage bildeten annähernd Nord-Süd orientierte gerade Äste von 0,06–0,09 m Durchmesser. Die Längen betrugen etwa 0,8 m, wobei vollständig erhaltenen Hölzer nicht nachzuweisen waren. Die Äste besaßen keine Verbindung untereinander, die Abstände maßen 0,09–0,01 m. Zuspitzungen konnten nicht beobachtet werden. Im Norden bildeten sie eine annähernd gerade Flucht, die sich jedoch nach Westen und Osten auflöste.

Auf diesen Ästen lagen, Ost-West orientiert, mindestens zwei Balken (Abb. 46). Der westliche hatte eine Länge von rund 2,2 m, der östliche eine von 0,8 m; dieser wurde allerdings nicht vollständig ergraben. Die Durchmesser der beiden Balken maßen 0,24 m. Beide waren bearbeitet, wie die Spuren von Zuarbeitungen zeigten. Verbindungen zu den darunter befindlichen Ästen gab es keine, obwohl die Balken direkt auflagen.

Unterhalb des östlichen Balkens wurde ein Suchschnitt auf 43,90 m ü. NN abgeteuft. Tiefer als der Balken lagen nur wenige kurze Astfragmente, die sich ebenfalls im gesamten Schnitt gezeigt hatten. Die Oberkante des anstehenden hellgelben Sandes fand sich auf 43,90 m ü. NN.

Das Segment Bef. 169 der Bauphase II stand unmittelbar auf dem westlichen der beiden aufliegenden Balken; mit einer Unterkante bei 44,12 m ü. NN war dieses deutlich tiefer als die anschließenden Segmente Bef. 168 und 167 (Unterkanten bei 44,40 m ü. NN). Damit wiesen diese deutliche Zwischenräume von 0,20–0,07 m zu den Hölzern auf. Ein funktioneller Zusammenhang war mit diesem Ergebnis nicht herzustellen.

Die Überbauung der Hölzer durch die Fundamente der Bauphase II bietet den einzigen stratigraphischen und damit chronologischen Beleg für die Einordnung der Hölzer. Wie alt und zu welcher Phase gehörend, war nicht nachzuweisen.[33] Es handelte sich um kurze, abgesägte

45 Herrenhaus. Raum 4, Holzfragmente

46 Herrenhaus. Raum 4, Holzfragmente, Ansicht der Balken

Stücke größerer Baumstämme und zahlreiche kleine Äste. Senkrechte Pfähle fanden sich nicht. Hinweise auf eine Pfahlgründung waren im gesamten Haupthaus nicht zu erbringen.[34] Die Holzreste waren auf einer Länge von rund drei Metern erhalten, wobei sie nicht mit den Fundamenten der Phase II fluchteten, sondern nach Nordwesten abwichen. Auffallenderweise fand sich das Holz unter einem der Fundamentsegmente des Westturmes und unter zwei Fundamentsegmenten der Langwand. Fortsetzungen unter den anderen Segmenten fehlten dagegen.

Eine Diskussion der Befunde ergibt bislang folgendes Bild:
- die Hölzer gehörten zu einer älteren Phase (Phase I oder älter) und damit zu einer Uferrandbefestigung. Dies setzte voraus, daß die Motte/Burg etwa im Bereich der westlichen Ecke des Schloßhofes lag;
- die Hölzer waren von dem humosen Boden überdeckt, in den hinein sie gelegt wurden. Dies sprach gegen eine Uferrandbefestigung, die Überdeckung konnte jedoch auch mit den Grabenverfüllungen zusammenhängen;
- die Hölzer dienten als Wegebefestigung, da sie direkt auf dem anstehenden hellgelben Sand auflagen;
- die Hölzer dienten als Unterfangung der Segmente der Phase II und wurden in den feuchten, nicht tragfähigen Untergrund gelegt. Dagegen sprach die fehlende Verbindung der Hölzer untereinander sowie die Überdeckung mit dem humosen Boden.

Ein Abschnitt der Holzfunde wurde auf Veranlassung des Museumsleiters, Herrn Dr. Sternberg, abgegossen, abgeformt und in einer Vitrine in der Nähe des Fundortes in den Boden eingelassen.[35]

Die Holzfunde in Raum 4 lagen um durchschnittlich 0,4 m höher als die in Raum 12. Letztere korrespondierten mit der Oberkante des anstehenden Sandes und könnten auf den Grund eines offenen Gewässers gesunken sein. Die Holzfunde in Raum 4 dagegen fanden sich rund 0,2 m höher als der anstehende Sand und können somit nicht in unmittelbare Verbindung mit dem Graben gebracht werden.

3.4 Steinbauphase II (Mitte 14. Jh.)

Die *Steinbauphase II* stellt die Erweiterung des Baues I in nördlicher Richtung dar (Abb. 2). Zumindest teilweise bezog man dabei die natürliche Sanderhöhung (Donk) mit ein. So stand der Westturm abschnittsweise auf Sand, während er besonders im Nordwesten wieder auf dem humosen Boden gründete. Dabei zeigte ein Profil eines Suchschnittes am Turm den Abfall der Sandschicht nach Süden und die Verfüllung des ehemaligen Grabens mit 'Teichboden'.

Die Untersuchung der Unterkanten belegte, daß die nordwestliche Außenwand um bis zu einen Meter höher fundamentiert war als die südwestliche Außenwand. Nach Süden stieg das Fundament wieder um über

47 Herrenhaus. Raum 11, Segmente des Fundamentes der Phase II unterhalb der Gewölbe der Phase VI (weiß gekalkt)

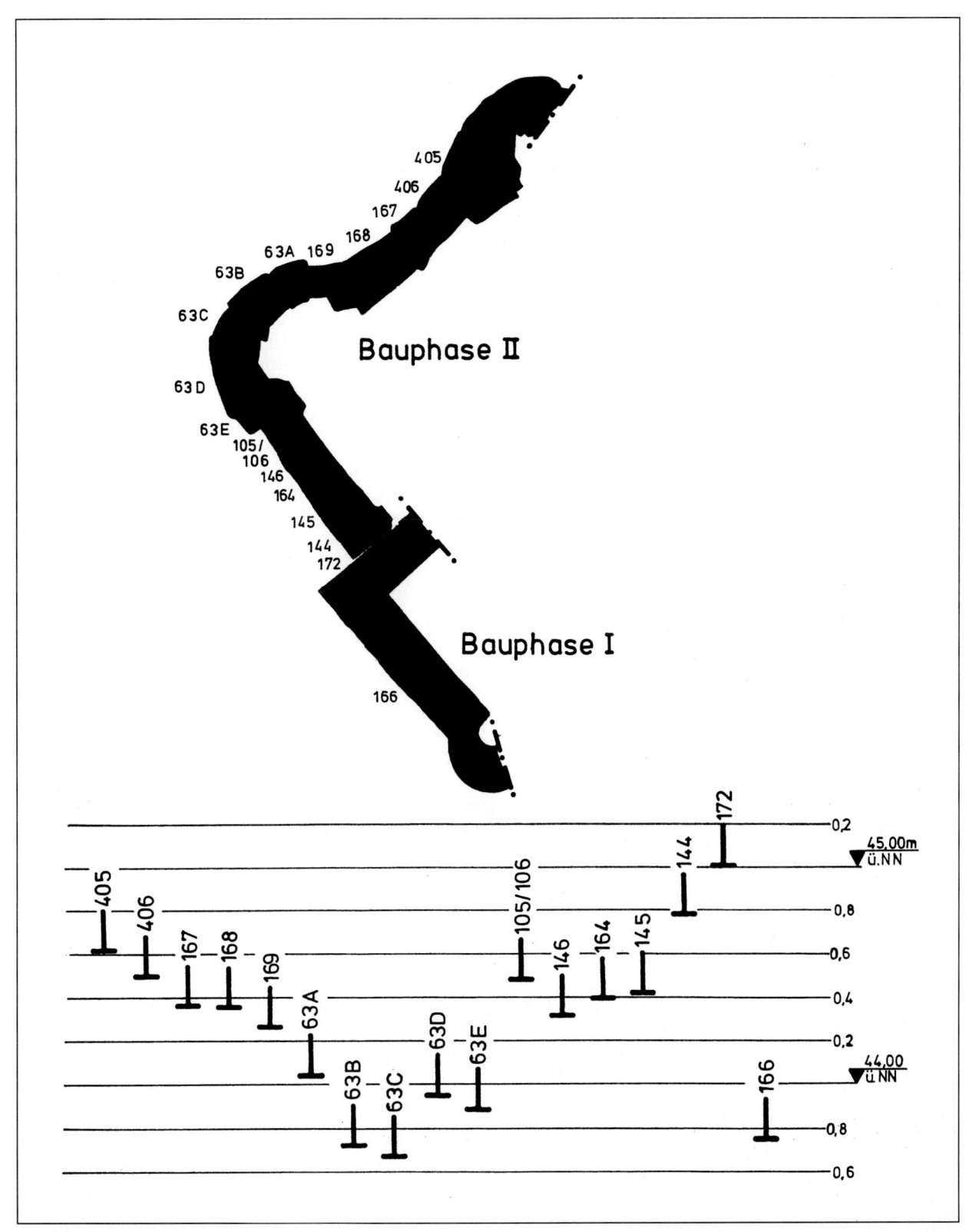

48 Herrenhaus. Phase II, Gründungstiefen einzelner Segmente. Zeichnung G. Lill, G. Otto, Rheinisches Amt für Bodendenkmalpflege; nach Entwurf C. Weber

einen Meter Höhenunterschied an. Ein Wert für den Laufhorizont der äußeren Berme maß mit 44,60 m ü. NN nur unwesentlich höher als der der Phase I.

In dem vor den Fundamenten liegenden Bereich mußte der Graben der Phase II angenommen werden. Eindeutige Belege dafür in Form von charakteristischen Grabenprofilen, Einbauten, Füllschichten konnten nicht erbracht werden, aber die Verfüllungen vor den Fundamenten der Phasen I und II sprachen für das Vorhandensein eines solchen Grabens, bzw. dessen Verfüllung. Als Unterkante konnte nur die erhaltene Oberkante des anstehenden Sandes angenommen werden: danach befand sich die Sohle des Grabens rund einen Meter tiefer als der angenommene Laufhorizont. Allerdings lagen keine Werte für die Fußböden im Inneren der Anlage vor.

Die Lage des Palas konnte an der südwestlichen Seite zwischen dem Südturm (Bergfried) und dem Westturm angenommen werden. Seine Form blieb unbekannt, ein Gebäude aus Fachwerk war zu erwarten.

Die südwestliche Langwand setzte mit einer Fuge und rund 2,5 m versetzt an die Mauer der Phase I an; die Abschnitte des Baues II waren alle in Feldbrandziegeln gleichartig erbaut worden. Es ergab sich eine Ausdehnung von 25,7 m x 21,9 m in den Fundamenten. Die Stärke der Mauern betrug durchschnittlich zwei Meter, nachgewiesen an der Nordwestwand, die in voller Breite als Fundament für die Bauphase IV wiederverwendet wurde.

Um die Unterschiede der Gründung und dadurch bedingte Setzungen auszugleichen, errichtete man die Fundamente in einzelnen Segmenten, die nicht miteinander verzahnt waren (Abb. 47). Entlang den Fugen konnten die einzelnen Blöcke die Setzungen abfangen, dementsprechend zeigten die einzelnen Segmente unterschiedliche Gründungstiefen. So entstand schließlich ein Fundament mit einheitlicher Oberkante.

Einzelne Segmente konnten eingehender untersucht werden: besonders an der nordwestlichen Langwand wurden beide Seiten erfaßt, sowohl die westliche im Innern des Kellers als die östlich im Fundamentgraben an der Außenseite des Herrenhauses (Abb. 48).

Da an den beiden Langwänden und im Turmbereich Teile der Bauphase II im Aufgehenden erhalten waren, mußte davon ausgegangen werden, daß man einige der Mauern der Phase II während der Phase III weiter verwendete. Dies betraf besonders die Südwestwand, da sich an diese Wand wohl der Palas anschloß. Dessen Südwestwand fand beim Bau der Phase III ihre Wieder-

49 Herrenhaus. Raum 7, Fundament des Westturmes der Phase II

50 Herrenhaus. Raum 11, Grabenprofil

51 Herrenhaus. Raum 11, Erdprofil unterhalb des rezenten Fußbodens mit Resten des Holzpfahles

verwendung, während von den übrigen Gebäuden der Bauphase II bislang kein Nachweis gelingen konnte. Belege für die Lage des Palas der Phase II ergaben sich aus dem erhaltenen aufgehenden Mauerwerk in der Wand des Südwestflügels der Phase V, dem breiten Zugang zum Westturm im Gegensatz zum schmalen Zugang zum Nordturm und dem Brunnen im Westturm der Phase II, der sicher in den Palas integriert war.

Der innere Durchmesser des Fundamentes des Westturmes betrug etwa 3,5 m, der äußere rund 8 m, wobei jener nicht runde, sondern entsprechend der Segmentbauweise gerade Kanten besaß (Abb. 49). Ebenso wie bei den Langwänden hatte dieses Fundament keine einheitliche Unterkante, sondern sie schwankten analog zu den Setzungen der einzelnen Elemente. Besonders im Turmbereich war das Mauerwerk noch bis Erdgeschoßhöhe erhalten.

Ein Erdprofil vor dem Westturm der Phase II in Raum 11 (Abb. 50) belegte die Unterkante des Segmentes Bef. 146 auf 44,30 m ü. NN, in tonig-lehmig-schluffigem Boden mit vereinzelten Wurzelresten stehend. Die Unterkante dieses Bodens lag bei 43,70 m ü. NN, darunter stand Sand an, dessen Unterkante nicht ergraben wurde. Über dem Schluff zeigte sich eine (künstliche?) Abschrägung mit Steigungen zwischen 10° und 50°. In diese Schräge waren bläuliche Tonbatzen eingelagert, die sich in stehendem Wasser gebildet hatten; ein weiterer Beleg für den Graben. Über dem Sand stand tonig-lehmiger Boden an, mit vertorften Holzresten, in den der Graben eingetieft worden war; die Oberkante lag bei 44,64 m ü. NN. Darüber befanden sich Erdschichten mit torfigen Einschlüssen, in die sich die Segmente des Westturmes der Phase II eingetieft hatten. Oberhalb fanden sich Verfüllschichten, die die Verlandung des Grabens belegten: tonig-lehmiger Schluff, vertorfte Holzreste, Muschelschalenfragmente, Knochenreste, Holzkohlepartikel. Offenbar reichte der Graben bis an das Fundament der Phase II heran und wurde später für Abfall genutzt.

Zwei weitere Suchschnitte nordöstlich des vorhergehenden zeigten ein deutlich sanfteres Abfallen des Grabenprofils (etwa 10°–15°). Der anstehende Sand hatte eine Oberkante bei 43,80 m ü. NN im Bereich der Wehrmauer der Phase III. Darauf lag tonig-lehmiger Schluff und darüber die tonig-lehmige Ablagerung. Diese Schichten strichen alle nach Süden. In diesem Boden stand in einem Abstand von 1,4 m vor der Mauer der Phase II ein Pfostenloch bzw. ein zugespitzter Holzpfahl. Die Oberseite war von dem Fußboden abgeschnitten worden, der mit der Phase III zusammenhing. Das Holz hatte eine Unterkante bei 44,94 m ü. NN. Es stand etwa mittig im Raum 11.

In der Südecke von Raum 11, etwa 4 m vom Fundament der Phase II entfernt, fand sich ein weiterer Holzpfahl, Unterkante bei 44,78 m ü. NN (Abb. 51). Ein Kontext zu den anderen Holzresten war nicht herzustellen, zumal der tonig-lehmige Schluff nach Süden wieder leicht ansteigt, mit einer Oberkante bei 45,20 m ü. NN.

Weitere Holzreste fanden sich in Raum 12. Da nur einige wenige Holzpfosten ergraben wurden, verboten sich Spekulationen über Palisaden oder Brücken.

Vor den Segmenten des Westturmes konnte keine Baugrube und keine Berme festgestellt werden. Der anstehende Sand hatte eine horizontal geschichtete

52 Herrenhaus. Phase II, Brunnen

Oberkante bei 43,58 m ü. NN. Darauf lag der humustorfige Boden bis auf 44,14 m ü. NN, knapp 0,6 m stark. Darüber fanden sich Verfüllschichten mit Bauschutt. Die Fundamentierung der Phase II setzte man also nur in den humos-torfigen Boden und erreichte damit den anstehenden Sand nicht.

Im Inneren des Westturmes, an die Nordseite versetzt, saß ein gut erhaltener Brunnen aus Sandsteinquadern, der noch beim Bau der Phasen IV–VI Berücksichtigung fand. Da der Turm der Phase II auf den Brunnen Bezug nahm, wird er gleichzeitig mit diesem errichtet worden sein. Das Fundament der Phase II hielt einen Abstand von 0,1 m zum Brunnenrand; eine Einbindung war nicht feststellbar. Der Brunnen besaß einen lichten Durchmesser von 1,05–1,1 m, die Breite der Sandsteinblöcke betrug 0,18–0,22 m; die Unterkante wurde nicht erfaßt. Er blieb bei den jetzigen Baumaßnahmen erhalten, wenn auch aus statischen Gründen nicht sichtbar (Abb. 52).

Die Segmente des Westturmes im Bereich des Sandsteinbrunnens waren auffallend schmal, da man Bezug aufeinander genommen hatte; durch die gegenseitige Rücksichtnahme war die gleichzeitige Planung ersichtlich. Im Aufgehenden fand der Brunnen weiterhin Berücksichtigung, in diesem Zusammenhang war der Hohlraum zu sehen, der sich in der Wand südwestlich des Brunnen befand.

Der Innenraum des Turmes hatte eine Breite von 2,4 m im Bereich der (späteren) Trennwand zu Raum 6. Der im Plan so massiv aussehende Mauerklotz innerhalb des Turms der Phase V war innen hohl; allerdings ließ sich nicht feststellen, ob der Hohlkörper schachtartig durch alle Stockwerke ging. Erst in jüngsten Phasen verschloß man den Hohlkörper mit einer schmalen Mauer, als die Wegeführung im Keller geändert wurde. Den Zwischenraum verfüllte man bis auf eine Höhe von 46,70 m ü. NN mit Erde und verblendete ihn mit einer nur dünnen Mauerschale. Erst darüber gründete massives Mauerwerk.

Ein in Raum 3 angelegtes Querprofil zeigte, daß das Fundament der Phase II (Abb. 53) auf einem schluffigen Boden mit organischen Bestandteilen stand, das als torfiges Material beschrieben werden konnte, es strich nach Westen aus. Darüber zog sich eine Verfüllung mit Ziegelbruch, Mörtelresten und Holzkohlepartikeln, offenbar Reste des Baubetriebes und wohl zur Befestigung der Berme genutzt; die Oberkante lag bei etwa 44,60 m ü. NN. Die Berme hatte hier eine Breite von rund 1,2 m, mit einer Abschrägung im Winkel von etwa 25°. Nach Osten stieß die Verfüllung an das Mauerwerk der Phase II, nach Westen strich es flach aus. Anschließend fanden sich nach Westen Auffüllungen (des ehemaligen Grabens der Phase II?) mit humos-torfig-lehmigem Boden, teilweise mit Bauschuttresten. In diesen Boden setzte man das Fundament der Wehrmauer der Phase III. Diese nach oben sandig-lehmiger werdende Bodenschichtung schloß ein Ziegelboden ab, Oberkante bei 45,10 m ü. NN. Darüber fanden sich weitere Bodenschichten bzw. Schuttlagen, die letzte aus Beton hatte eine Oberkante bei 45,50 m ü. NN.

In der Baugrube für das neue Treppenhaus an der Nordseite des Palas legte man bei den Ausschachtungen den Nordturm der Phase II frei (Abb. 54). Dieser hatte einen Durchmesser von annähernd neun Metern, bedingt durch die Bauweise in Segmenten. Unterhalb der Fundamente fand sich der humose Boden, vermutlich die Verfüllung des ehemaligen Grabens der Phase I. Das Fundament setzte sich aus mehreren Segmenten zusammen: sieben bildeten einen inneren Kreis, dem fünf Segmente vorgelagert waren (Abb. 55). Ein weiteres Segment hatte keine statische Verbindung zum Fundament, dessen Funktion blieb bislang ungeklärt. Der innere Kreis entsprach in etwa der Bauausführung und der Größe des Westturmes der Phase II, mit einem äußeren Durchmesser von 6,5–7,0 m, einem inneren Durchmesser von rund 1,5 m. Die Breite des inneren Fundamentes schwankte zwischen 2,0 bis 2,5 m. Die Anordnung der einzelnen Segmente war jedoch deutlich ungeregelter als beim Westturm. Entsprechend den Ansätzen der Baufugen zueinander konnte davon ausgegangen werden, daß der Bau im Nordosten begonnen und in Richtung Westen-Südwesten weiter gebaut wurde.

Die vorgeblendeten Segmente maßen 1,5–2,0 m Breite und eine erhaltene Tiefe bis zu einem Meter. Sie nahmen eindeutig Bezug auf das inneren Fundament, wurden aber vermutlich bereits während der Setzungen der inneren Segmente angefügt, bevor man das aufgehende Mauerwerk aufbaute.

Im Erdprofil in der Innenseite des Nordturmes zeigte sich, daß das Fundament auf einem lehmigen Boden stand, der keine Funde enthielt. Direkt an das Fundament, Unterkante bei 44,40 m ü. NN, stieß lehmig-humoses Material mit Holzkohlepartikeln an, offensichtlich eingebrachter Boden. Darüber lagen schräg zum Fundament streichende Schichten, bei denen es sich um Verfüllschichten aus lehmigem, sandigem, torfigem oder humosem Material handelte. Ein Laufhorizont war

Segment Befund	Breite	Länge	Unterkante	Beschreibung
405			44,62 m ü. NN	Unterhalb Nordostgiebel; Außenseite abgerundet
406	2,4 m	1,15 m	44,50 m ü. NN	Außenseite bereits abgerundet, geht in Rundung des Turmes über, Innenseite gerade
167	2,4 m	1,4 m	44,36 m ü. NN	bereits aus der Flucht, geht in die Rundung des Turmes über, Innenseite abgeschrägt
168	2,25 m	1,25–1,5 m	44,35 m ü. NN	Segment war innen breiter als außen
169	1,6 m	2,3–2,6 m	44,26 m ü. NN	beide Seiten gerade
63 A	~ 1,6 m	1,2–1,5 m	44,04 m ü. NN	Außenseite abgeknickt, Innenseite abgeschrägt, Übergang zum Turm im Bereich der Segmente Befunde 169 und 63 unklar, offenbar durch weiteres Element hinterfangen. Situation durch Brunnen und aufgehendes Mauerwerk undeutlich
63 B	1,9–2,15 m	1,1–1,9 m	43,72 m ü. NN	Außenseite geknickt, Innenseite auf Brunnen bezogen
63 C	2,3–2,55 m	1,1–2,65 m	43,66 m ü. NN	Sehr unregelmäßig, Außenseite gekrümmt entsprechend dem Turmfundament, Innenseite gerade. Dieses Element wurde später überbaut
63 D	2,4–2,5 m	0,9–1,6 m	43,94 m ü. NN	Nordseite auf Segment Bef. 63 bezogen. Aufgehendes war im Stützbogen noch erhalten, Außenseite gerade, Innenseite gebogen
63 E	2,15–2,4 m	1,1–1,8 m	43,88 m ü. NN	Innenseite gerundet, Außenseite gerade. Südseite ausgebrochen, Mittelabschnitt im Aufgehenden erhalten
105/106	~ 1,9 m	1,25–1,9 m	44,49 m ü. NN	Innenseite gerundet, Außenseite gerade. Nordwestecke ausgearbeitet, Aufgehendes erhalten. Die Innenseite war in der Flucht des Stützbogens abgearbeitet worden. Im Bereich dieses Segmentes wurde der Durchgang vom Turm in den Raum 6 eingebaut, in diesem Zuge war die Vermauerung des Hohlraumes zu sehen
146	1 m (?)		44,30 m ü. NN	Nur Außenseite erkennbar, Innenseite durch Umbauten unklar
164	1,6 m (?)		44,40 m ü. NN	Nur Außenseite erkennbar, Innenseite durch Umbauten unklar
145	1,6 m		44,41 m ü. NN	Nur Außenseite erkennbar, Innenseite durch Umbauten unklar
144	2,3 m		44,78 m ü. NN	Nur Außenseite erkennbar, Innenseite durch Umbauten unklar
172	2,1 m		45,00 m ü. NN	Nur Außenseite erkennbar, Innenseite durch Umbauten unklar. Dieses Segment schloß an das Fundament der Phase I mit deutlicher Baufuge an. Die Trennwand der Räume 12 und 11 war mit Fuge an dieses Element angesetzt worden

Tab. 1. Beschreibung der Segmente der Bauphase II

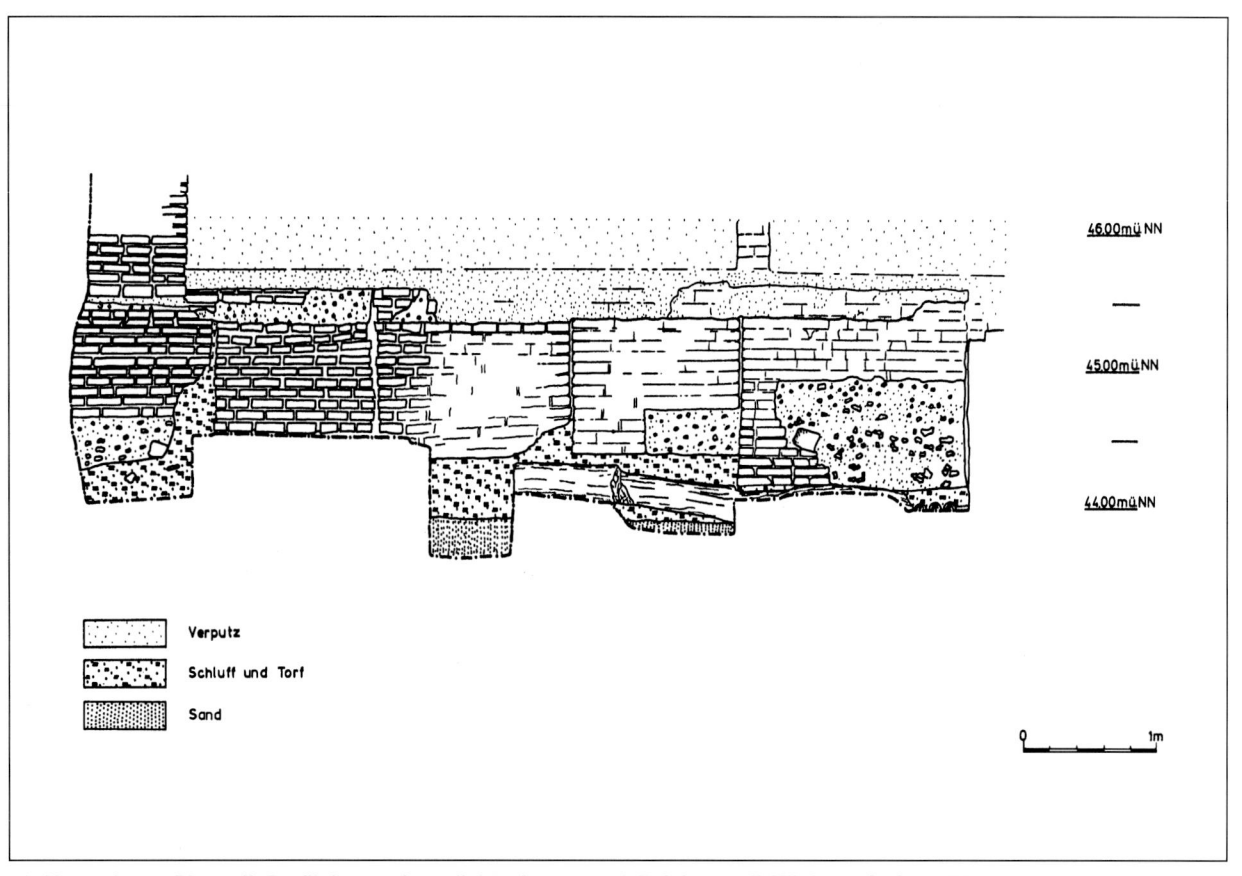

53 Herrenhaus. Phase II, Profil der nordwestlichen Langwand. Zeichnung T. Könings, G. Otto, Rheinisches Amt für Bodendenkmalpflege; nach Feldzeichnungen von H. Deden, Rheinisches Amt für Bodendenkmalpflege

nicht zu erkennen, die Oberkante durch moderne Eingriffe gestört.

Im Turmfundament, noch 2,82 m hoch im Aufgehenden erhalten, zeigte sich auf Höhe 45,45 m ü. NN eine eingelagerte Rollschicht aus Ziegeln. Auf diese Höhe bezog sich eine der schräg anstoßenden Erdschichten. Wahrscheinlich handelte es sich hierbei um eine Baufuge, eventuell um einen Abschnitt beim Bau der Segmente, zur Setzung des Fundamentes.

Ein Erdprofil zwischen dem Nordturm der Phase II und der Wand des Kellers vor dem Nordostgiebel belegte, daß das Turmfundament teilweise auf dem hellgelben, anstehenden Sand stand. Darüber lag sandiger Lehm mit Lehmbatzen und humosen Einlagerungen, nach oben mit stärkeren lehmigen Anteilen. In diesen Boden senkte sich das Fundament, ohne Baugrube. Nach Westen schrägte sich die Schichtung ab und strich nach Westen, hier mit humosem Material verfüllt. Anscheinend handelte es sich hierbei um die Verfüllung des Grabens der Phase I. Darüber lag sandiger Lehm mit humosen und kiesigen Bestandteilen. In diese Schicht setzte man die Wand des Kellers des 17. Jahrhunderts. Es hatte den Anschein, daß vor dem Fundament der Phase II eine Berme von rund 2,5 m Breite stehenblieb, und erst danach der Graben nach Westen einsetzte.

Die Fortsetzung des Erdprofils jenseits der frühneuzeitlichen Kellermauer zeigte die Fortsetzung der humosen Verfüllung (Unterkante nicht ergraben, Oberkante bei ca. 44,00 m ü. NN). Darüber stand der sandige Lehm mit Lehmbatzen, leicht nach Westen streichend. In diesen Boden wurde die Wehrmauer der Phase III ohne Baugrube (Unterkante bei 43,55 m ü. NN) und die nordwestliche Wand des Kellers mit Baugrube gesetzt. Der humose Boden besaß eine horizontal geschichtete Oberkante.

Aufgehendes Mauerwerk erhielt sich an mehreren Punkten, da es nur dort auf die erforderliche Tiefe abgeschrotet wurde, wo in späteren Bauphasen Keller eingebaut wurden. Teile des Aufgehenden des Nordturmes wurden in die Fundamentierung des Palas der Bauphase IV integriert. Unterhalb des Nordostgiebels des Palas blieb das Fundament noch auf einer Breite von ca. 2 m ansichtig, wobei ein Unterschied zwischen Fundament und Aufgehendem in der Breite nicht festzustellen war. Das aufgehende Mauerwerk hatte sich mindestens noch bis zur Höhe des Erdgeschosses erhalten. Das Abtragen der Fundamente der Bauphase II erfolgte vermutlich im Zusammenhang mit der Erbauung des Palas in der Bauphase IV.

Der Zugang in den Nordturm erfolgte von Süden; eine Gestaltung des Zuganges blieb durch die Zerstörungen späterer Bauten nicht erhalten.

Das Abtragen des Turmfundamentes im Bereich des Kellers vor dem Nordostgiebel erfolgte spätestens im 17. Jh. Die Oberkante des jüngeren Fußbodens im Keller lag bei 45,60 m ü. NN, die des älteren bei 45,40 m ü. NN. Bis auf diese Höhe waren die Turmfundamente abgeschrotet worden. Den Keller baute man an das bestehende Fundament des Nordostgiebels an.

Im Vorfeld vor dem Turmfundament erstreckten sich humose, torfig-lehmige Bodenschichten, die offenbar künstlich eingebracht worden waren. Aus diesen Schichten stammten Keramikfragmente von Grauware und Pingsdorfer Ware, die die Verfüllung in das 13./14. Jh. datierten. Diese, sehr unregelmäßigen Verfüllungen gingen bis auf eine Tiefe von 44,00 m ü. NN. Darunter fand sich ein 0,3 m starker, dunkelbraun-torfi-

54 Herrenhaus Phase II, Nordturm

ger Boden, der wiederum dem anstehenden Sand auflag, dessen Oberkante 43,20 m ü. NN maß.
Das Fundament des Nordturmes der Phase II hatte man ohne Baugrube in den aufgefüllten Boden eingetieft. Die unteren drei Lagen der Stickung blieben mörtellos. Die schwarze, torfige Erde wurde dabei nicht erreicht. Der aufgefüllte Boden zeigte eine deutliche Schrägschichtung, die zum Turmfundament anstieg. Dies sprach für eine zumindest teilweise Anschüttung an das entstehende Mauerwerk. Ein deutlicher Graben vor dem Fundament war nicht festzustellen.
Der Nachweis der Fortsetzung des Fundamentes vom Nordturm nach Südosten konnte auf einer Länge von 2,5 m gelingen. Das Mauerwerk blieb hier noch rund zwei Meter hoch erhalten, bei einer Breite von rund 1,0–1,5 m. Die nordöstliche Langwand bestand ebenfalls aus einzelnen Segmenten, verbreiterte sich nach Innen, um in einem annähernd dreieckigen Mauerklotz zu enden. Von diesem ging eine kleine Mauerzunge in der Außenflucht der Langwand ab. Danach brach das Fundament mit einer sauber gemauerten Kante ab; Bohrungen erbrachten in den nicht ausgegrabenen Bereichen keine Fortsetzung. Es handelte sich hier um eine bewußte Unterbrechung des Fundamentes, deren Bedeutung bislang nicht zu klären war.
Die Fortsetzung der Umfassungsmauer und der anzunehmende Ostturm der Phase II liegen, bislang noch nicht untersucht, unter dem Pflaster des Hofbereiches. In den Suchschnitten von 1980 ergab sich in der Flucht der Fundamente nur neuzeitliches Mauerwerk.
Es wird sich bei Bauphase II um eine massive Wehrmauer um einen Innenhof mit Ecktürmen gehandelt haben. Das Wohnhaus (Palas) hatte sich an die Südwestwand und den Turm der Phase I (als Bergfried?) angelehnt. In diesem Bereich dürfte sich der Übergang zur Vorburg befunden haben; ein Nachweis gelang nicht. Eine solche Ringmauer kann allgemein in das 14. Jahrhundert datiert werden.[36]
Der Abriß des Nordturmes der Phase II sollte als hochrangiges Bodendenkmal verhindert werden, er war bedingt durch Vorgaben, an dieser denkmalverträglichen Stelle den notwendigen neuen Treppenturm einfügen zu müssen, erforderlich geworden. Eine Änderung der gesamten Konzeption für das Museum Schloß Rheydt schied aus Zeit- und Kostengründen aus. Die Abwägung zwischen den verschiedenen Belangen führte den Beschluß der Obersten Denkmalbehörde des Landes Nordrhein-Westfalen herbei, die den Abriß unter Auflagen ermöglichte.

3.5 Steinbauphase III (2. Hälfte 15. Jh.)

1464 wird Burg Rheydt zerstört. Danach wird eine provisorische Bewohnung angenommen.[37] Die folgenden Umbauten und Erweiterungen der Burg werden als Steinbauphase III (Abb. 38) bezeichnet. Im Abstand von 6,2 m errichtete man vor den bestehenden und weitergenutzten Anlagen der Phasen I/II eine Wehrmauer von 1,8 m Stärke und treppenförmig sich verbreiterndem Fundament. Die Anlage maß 46 m über alles;[38] in den Langwänden befanden sich etwa mittig Halbrundtürme. Im Außenbereich war das Fundament mit Buckelquaderwerk aus Liedberger Sandsteinen verstärkt,[39] zur Verteidigung dienten Schießscharten für Hakenbüchsen. Von den Halbrundtürmen blieb der Südwestturm mit 7 m Breite noch im Kern des Aufgehenden erhalten, während der Nordwestturm – bislang als ältester

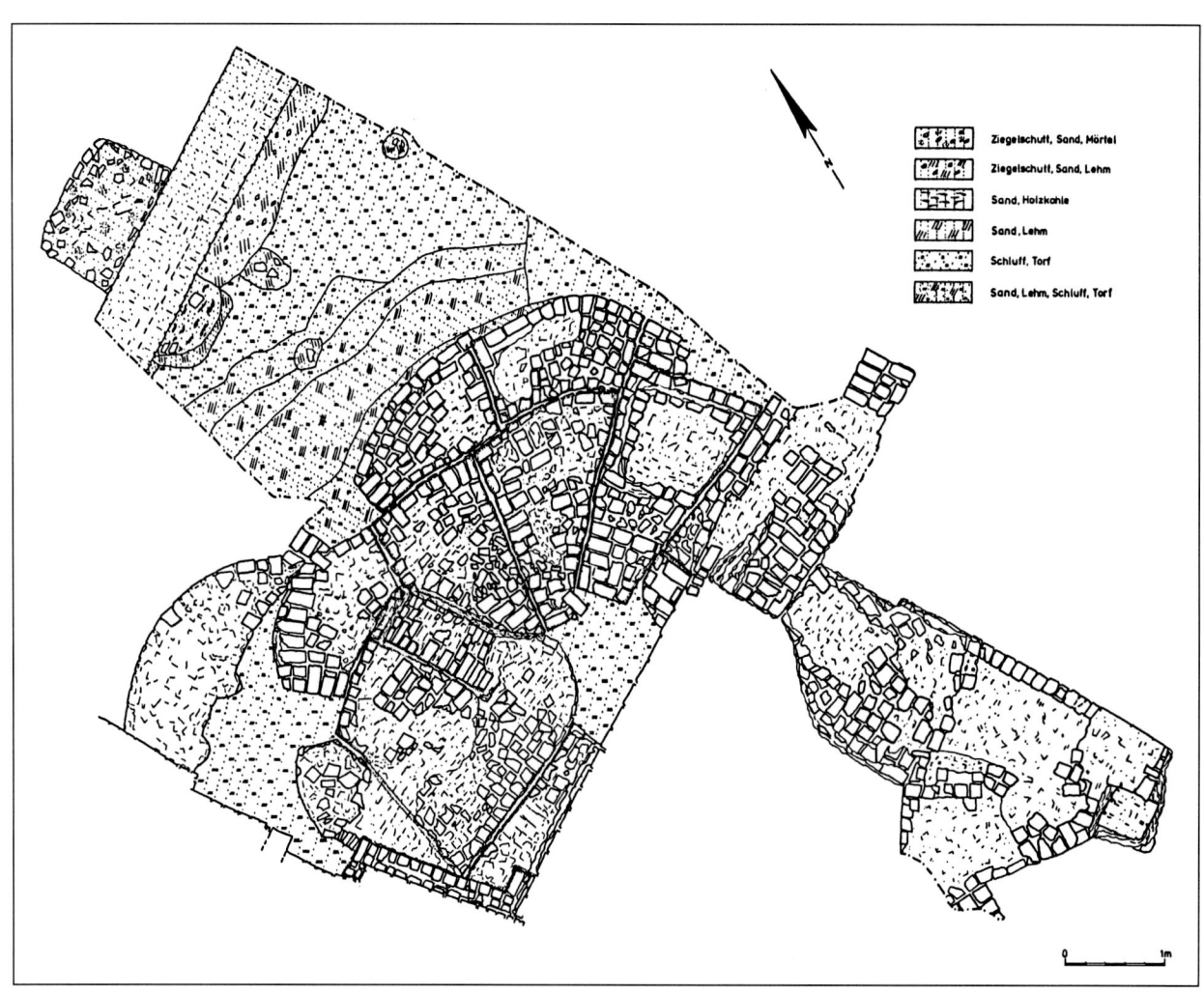

55 Herrenhaus. Phase II, Nordturm. Zeichnung G. Lill, G. Otto, Rheinisches Amt für Bodendenkmalpflege; nach Feldzeichnungen von H. Deden, D. Koran, Rheinisches Amt für Bodendenkmalpflege

Bauteil angesehen – abgebrochen und durch einen Neubau ersetzt wurde. Im Süden behielt die Wehrmauer den Abstand zur Anlage I/II bei und bildete eine südöstliche Front, so daß hier bereits die zukünftige Länge des renaissancezeitlichen Baues vorgegeben wurde. Dieser Bereich schien auf sehr unsicherem Grund zu stehen, wie die starken Vorlagen im Südosten und die hohen Wasserstände in den Kellern im Gegensatz zu den übrigen, trockenen Kellern andeuteten. Vermutlich befand man sich hier in einem nur ungenügend befestigten, ehemals sumpfigen Bereich. Im Osten umgab man den Hof ebenfalls mit der Wehrmauer, die sich bislang allerdings nur im nordöstlichen Wehrturm belegen ließ.

Zur Errichtung der Wehrmauer der Phase III verschüttete man den vorhandenen Graben der Phasen I und II, und zwar mit torfig-humosem Material, das offenbar aus der näheren Umgebung der Burg gewonnen wurde. Die Wehrmauer war deutlich tiefer als die älteren Mauerwerke fundamentiert; die Unterkanten lagen bei 43,32–43,55 m ü. NN. Dabei schien die westliche Ecke die am tiefsten gegründete zu sein. Die nach außen anschließende Berme zum Graben besaß einen Laufhorizont auf 44,20 m ü. NN; ein Wert, der sich nur unwesentlich von den Laufhorizonten der Phasen I und II unterschied. Dies hing sicherlich mit den natürlichen Höhenverhältnissen in der Niersniederung zusammen.

Im Inneren des Baues, also zwischen den Mauern der Phasen I und II und der davor angelegten Wehrmauer wurde ein Laufhorizont auf 45,30–45,50 m ü. NN angelegt. Dabei lagen die Werte im Bereich des späteren Nordwestflügels etwas höher als im späteren Südwestflügel (Meßwerte aus den anderen Gebäudeflügeln sind nicht bekannt). Es blieb unklar, ob nur eine Wehrmauer vorgelagert worden war oder ob auch eine bauliche Einbindung erfolgte, da ein Wehrgang auch innerhalb von Gebäuden fortgeführt werden konnte. Ebenso konnte die Lage des Palas nicht abschließend gesichert werden, die Position im Bereich des heutigen Südwestflügels schien am wahrscheinlichsten zu sein.

Als aufschlußreich erwiesen sich die Höhen der Böden innerhalb der Schartennischen. Diese maßen 44,95–46,35 m ü. NN, wobei allerdings mit Umbauten und dabei erhöhten Böden gerechnet werden mußte. Die Tendenz der Höhenentwicklung verdeutlichte: im nordwestlichen Flügel lagen die Werte höher als im südwestlichen Flügel, also entsprechend den zugehörigen Fußböden. Allerdings zeigten sich keine Unterschiede zwischen den Böden der Schartennischen und den Laufhorizonten.

Die Beschreibung der Wehrmauer geht von den nicht mehr vorhandenen Fronten an Nordost- und Südostseite aus, weiter die Südwestfront bis zur Nordwestseite im Bereich des neuen Treppenturmes.

Bei Erdarbeiten 1995 vor der Umfassungsmauer des Schloßhofes konnte wahrscheinlich ein Teil des Südostturmes der Phase III erfaßt werden, da hier

56 Herrenhaus. Phase III, Schießscharte

Mauerwerk angetroffen, allerdings nicht weiter dokumentiert wurde. Somit kann davon ausgegangen werden, daß die Größe der heutigen Hauptburg mit Schloßhof der Größe der Anlage der Phase III entspricht. Damit korrespondierte in der nordöstlichen Langwand das vorhandene halbrunde Fundament der modernen Brücke über die Gräfte, die in ihrem Ursprung wohl auf den entsprechenden Turm der Phase III zurückgeht. Reste dieses Fundamentes kamen bereits 1919/20 bei den Ausschachtungsarbeiten des inneren Grabens zutage; diese nutzte man für eine hölzerne Fußgängerbrücke, die eine Verbindung zwischen dem Herrenhaus und dem äußeren Wall herstellte.[40]

In einem Schnitt unmittelbar vor dem Durchgang in den Schloßhof war die Fortsetzung der südöstlichen Fundamente der Phase III zu ergraben. Dort fluchtete mit den Resten im Herrenhaus ein Mauerabschnitt mit einer Schießscharte, die im Aufbau den übrigen entsprach (Abb. 56). Sie lag in einem Abstand von rund 7 m zur letzten erfaßten Schießscharte in Raum 16. In Höhe einer zu rekonstruierenden Schießscharte zwischen beiden befand sich ein Durchgang in die Substruktionen des Südostgiebels des Herrenhauses. Somit konnte für diesen Durchgang die Nutzung einer ehemaligen Schießscharte postuliert werden.

Im Suchschnitt vor dem Durchgang hatte das Mauerwerk der Phase III nur eine Stärke von rund 0,85 m. Dies entsprach der Mauerstärke in den Schartennischen innerhalb der Wehrmauer. Unterhalb des Fundamentes konnte jedoch ein weiteres, der Mauertechnik der Phase III entsprechendes Fundament aus Feldbrandziegeln festgestellt werden. Dieses, nur noch auf einer Länge von 1,5 m nachweisbare Fundament entsprach mit hoher Wahrscheinlichkeit dem ursprünglichen Fundament der Phase III, das man später (Phase V/VI ?) durch eine neue Außenmauer ersetzte.

In der südöstlichen Wand der Phase III, im Raum 16 des Herrenhauses, befanden sich zwei Schießscharten, von denen nur noch die nordöstliche erkennbar war. Die südöstliche wurde bei den Umbauten am Südostgiebel des Herrenhauses, besonders bei den Verstärkungen zugebaut.

Im Bereich der nordöstlichen Schießscharte im Raum 16 war das Mauerwerk der Phase III auf einer Breite von 1,7 m vollständig ausgebrochen worden. Offenbar sollte hier ein Durchstich geschaffen werden, um in den Graben zu gelangen, eventuell im Zusammenhang mit der Abwasseranlage im Raum 16. Die Lücke wurde jedoch später mit unterschiedlichen Ziegeltypen vermauert, teilweise mit Entlastungsbögen; nähere chronologische oder funktionelle Zuordnungen gelangen nicht.

Das aufgehende Mauerwerk der südwestlichen Außenwand der Räume 16/17 bestand aus dem Fundament der Phase III sowie diesem vorgeblendetem Mauerwerk.

Das bedeutete, daß die gesamte jetzt sichtbare Außenseite mit dem Buckelquaderwerk nicht der Phase III, sondern den Phasen V/VI zugerechnet werden muß.

In der Mauer der Phase III konnte an der Südecke weder innen noch außen ein Ansatz eines Eckturmes belegt werden. Beide Wände, die südöstliche und die südwestliche, waren miteinander verzahnt. Im Raum 16 besaß das Fundament der Phase III eine Breite von etwa 1,6 m, die Außenseite war leicht ausgebrochen. Um den Raum 16 zu vergrößern, trug man das Fundament der Wehrmauer der Phase III vermutlich in der Phase V auf 0,95–0,8 m Tiefe auf eine Höhe von 45,25 m ü. NN ab.

In der südwestlichen Wand der Wehrmauer der Phase III sind zwischen der Südecke und dem Südwestturm drei Schießscharten zu rekonstruieren. Die Schartennische in der Südwestwand von Raum 16 hielt einen Abstand zur Südecke von knapp drei Metern. Der Boden der Schartennische maß 44,95 m ü. NN.

Nur in der Außenmauer erkannte man die im Raum 15 befindliche Schießscharte, als Ansatz an der Außenwand des Raumes 17. Dem Fundament der Phase III im Raum 15 mit einer Breite von 1,8 m war in Bauphase VI außen eine Ziegelschale vorgeblendet worden.

Die Schießscharte in Raum 14 hielt einen Abstand zum Südwestturm von rund einem Meter. Die Breite des Fundamentes betrug 1,6 m. Die Vorsatzschale der Überwölbung der Phase VI endet an der Schartennische, so daß die Öffnung ihre Funktion behielt. Die Trennwand zwischen den Räumen 14 und 15 befand sich genau in der Flucht der Schartennischenwange; zum Fundament der Phase III zeigte sich eine deutliche Baufuge, Breite der Wand 1,1–1,25 m.

Der Südwestturm der Phase III hatte eine Fundamentstärke von 2,3 m. Der ursprüngliche Innenraum besaß eine Breite von 2,56 m und eine Tiefe von knapp drei Metern. Die innere Rundung war nach Westen verzogen, der Durchmesser betrug ca. 2 m (Abb. 57).

Diesen Südwestturm (Raum 13) höhlte man später aus, die offene Seite wurde zugemauert und außen eine neue Ziegellage vorgeblendet, so daß sich der ursprünglich gotische Zustand nicht mehr erkennen ließ. Dies stand sicherlich im Zusammenhang mit dem Einbau der Abflußanlage in Phase VI.

In der südwestlichen Wand zwischen dem Südwestturm und der Westecke sind sechs Schießscharten zu rekonstruieren, mit untereinander unregelmäßigen Abständen. Einige waren umgebaut bzw. verbaut worden. Zusätzlich wurden die Mauern der Phase III durch jüngere Umbauten ausgebrochen bzw. zugemauert, so daß der ursprüngliche Zustand nicht immer zu erfassen war.

Die in Raum 12 befindliche Schartennische hatte zu der in Raum 11 folgenden einen Mittenabstand von 2,9 m; der Abstand zum Turm betrug 0,5 m. Die Trennwand zwischen den Räumen 12 und 11 (Phase VI) wurde so an die Mauer der Phase III angesetzt, daß die Schießscharte frei blieb, mit erkennbaren Baufugen. Die Wehrmauer der Phase III behielt durchgehend eine Breite von 1,5–1,6 m; die in Phase VI vorgeblendete Ziegelsteinschale besaß eine Stärke von 0,4–0,8 m.

Im Raum 11 fanden sich zwei erhaltene Schartennischen, deren Mittenabstand 3,5 m betrug. Durch die südöstliche Nische wurde im 19. Jh. eine Entwässerungsrinne geführt. Die ergrabene Unterkante der Wehrmauer in Raum 11 maß 43,33 m ü. NN, die Baugrube reichte bis zu einer Tiefe von 43,67 m ü. NN. Sie durchschlug den vorhandenen Bodenaufbau und ging an der Oberkante in den Unterbau des Fußbodens über, Unterkante bei 45,30–45,40 m ü. NN. Ein Ziegelboden als vorletzte Nutzungsphase hatte eine Oberkante bei 45,70–45,78 m ü. NN; darüber stand der jüngste Fußboden bei 45,84–45,78 m ü. NN, jeweils nach Südwesten abfallend.

Ein Querprofil in Raum 11 (Nordwest-Südost) zeigte den annähernd horizontalen Verlauf der Erdschichten, nach Nordwesten zum Westturm der Phase II leicht abfallend. Das Schichtenpaket schloß eine Planierung ab, Unterkante bei 45,38 m ü. NN. Ein Ziegelboden der vorletzten Nutzungsphase lag auf 45,76–45,68 m ü. NN, der der letzten Nutzung auf 45,80 m ü. NN. Diesen Ziegelboden ersetzte man im Zuge des Einbaues von Rohrleitungen durch Beton.

Ein Erdprofil in Raum 9 verdeutlichte in den schräg einfallenden Schichten das Vorhandensein der Donk, auf der der Westturm der Phase II stand. Die Wehrmauer der Phase III wurde mit der Baugrube in den Auffüllhorizont des Grabens der Phase II eingetieft. Der zugehörige Fußbodenaufbau hatte eine Unterkante bei 45,30 m ü. NN, die Oberkante des letzten Ziegelbodens lag bei 45,50 m ü. NN. Die Trennung zwischen den Räumen 8 und 9 bestand aus mehreren Abschnitten. Zugleich wurde damit die Schießscharte der Wehrmauer der Phase III zugesetzt; dies erfolgte, als der Fußboden eine Höhe von 45,50 m ü. NN besaß, also in einer der letzten Bauphasen. Dieser Ziegelboden war jedoch jünger als die Trennwand im Raum 9.

Im Raum 10 konnte die Außenseite der Wehrmauer ergraben werden. Das Fundament kragte um 0,25 m vor zu einer Gesamtbreite von 2,3 m; die Unterkante konnte nicht erfaßt werden. Das Aufgehende hatte eine Breite von 1,85 m und setzte in einer Höhe von 44,20 m ü. NN an, korrespondierend zur Höhe im Innenraum. Durch die Freilegung der durchgehenden Wehrmauer der Bauphase III war zu belegen, daß der Erker an der Westseite ein Anbau war, verdeutlicht durch die Baufugen. Die Wehrmauer mußte bei den Umbauarbeiten für den ebenerdigen Zugang zum Keller des Erkers (Raum 10) auf einer Länge von zwei Metern abgetragen werden, ist im Fundament aber noch vorhanden.

Die Wehrmauer der Phase III zwischen der Westecke und dem Nordwestturm ist im Kern des Fundamentes des Gebäudeflügels noch erhalten, allerdings im Inneren durch die Vorsatzschale der Gewölbe der Phase VI nicht mehr sichtbar. Diese Schale hatte eine Stärke von 0,8–0,36 m, nach Südwesten schmaler werdend. An der Außenseite befindet sich die in der Phase VI vorgeblendete Mauerschale mit dem Buckelquaderwerk.

In der Wand zwischen der Westecke und dem Nordwestturm sind drei Schießscharten zu rekonstruieren, von denen zwei Nischen erhalten und erkennbar waren. Dabei maß die Breite der westlichen Nische (Raum 8) 2,35–2,45 m bei einer Tiefe von 0,77 m; die Vorlagen hatten eine Breite von 1,1–1,2 m, zur Westecke hielt sie einen Abstand von 0,7 m. Die mittlere Nische besaß bei einer Tiefe von 0,65 m eine Breite von 2,2 m, die Lisene zwischen des Nischen eine Breite von 1,1 bis 1,2 m; die Mittenabstände zwischen den Schießscharten betrug 3,4 m. Die Rekonstruktion erbrachte eine weitere Schartennische im Bereich des Raumes 5.

Ein Erdprofil in Raum 7 (Nordwest-Südost) zeigte den anstehenden hellgelben Sand bis auf 43,78 m ü. NN; nach Südosten stieg der darauf liegende humose

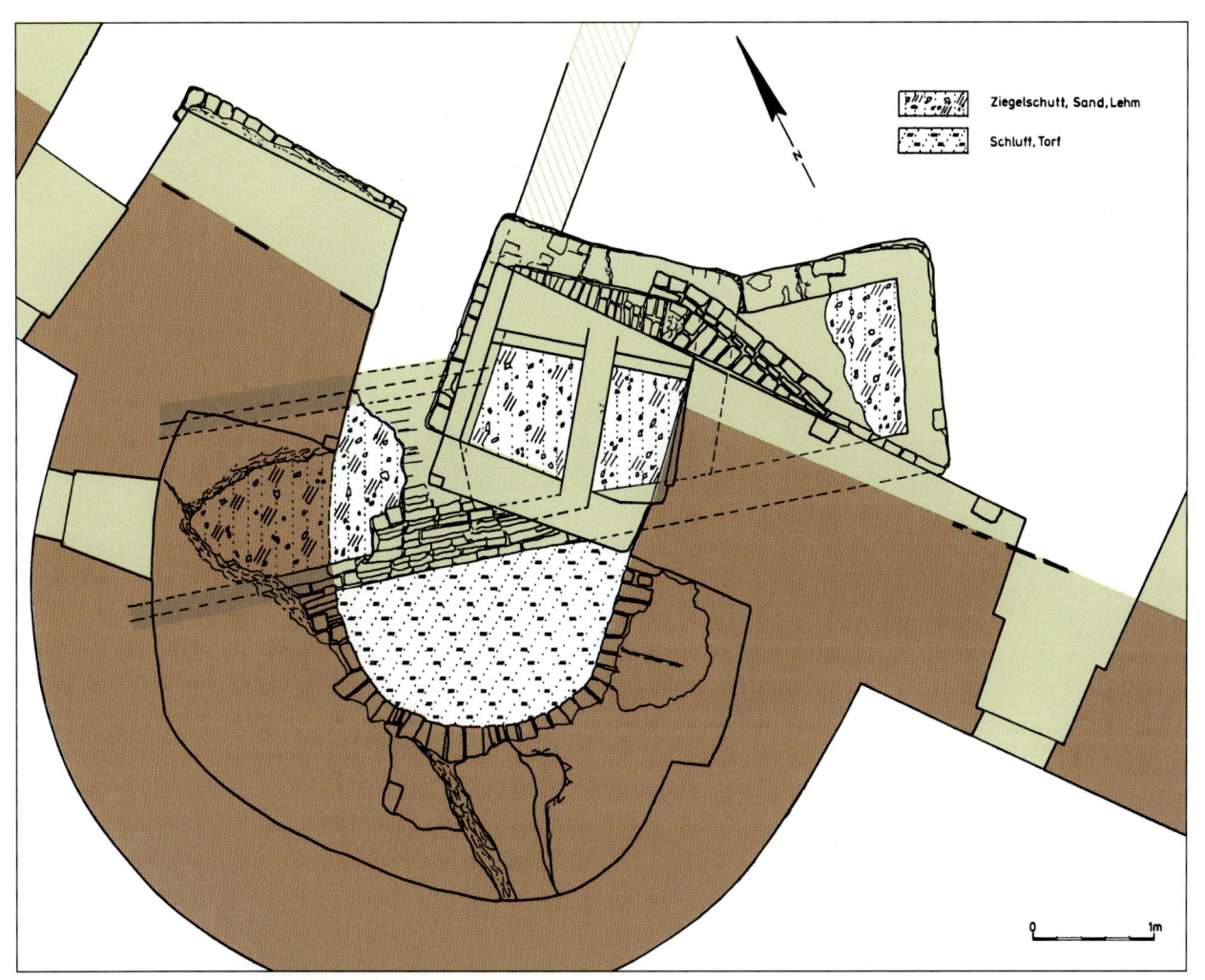

57 Herrenhaus. Südwestturm, Phasen III–VI. Bauphase III = Mittelbraun; Bauphase VI = Mittelgrau; Jüngere Bauphasen = Schraffur. Zeichnung G. Lill, G. Otto, Rheinisches Amt für Bodendenkmalpflege; nach Feldzeichnungen von H. Deden, Rheinisches Amt für Bodendenkmalpflege

Boden entsprechend der Schichtung des Sandes an. Im Nordwesten besaß er eine Stärke von rund 0,2 m (Oberkante 43,78 m ü. NN). Darauf lag angefüllter Boden, der bei 45,25 m ü. NN vom Unterbau eines Fußbodens abgeschlossen wurde. In Höhe der Schießscharte (Oberkante Fußboden 45,40 m ü. NN) schloß sich ein 0,35 m breites Holzbrett an, daran ein Fußboden aus Ziegelhalbsteinen bzw. Ziegelbruch, Oberkante bei 45,45–45,50 m ü. NN. Darüber befand sich der moderne Bodenaufbau bis 45,60 m ü. NN. Auffallend war die Baugrube der Phase III, die sich bis auf den anstehenden Sand verfolgen ließ und an der Oberseite in den Unterbau des oben beschriebenen Ziegelbodens überging; beide gehörten eindeutig zusammen. Die Verfüllung der Baugrube bestand aus Ziegelbruch, Mörtelresten, Schieferbruch und Kieseln. Das Fundament der Wehrmauer der Phase III gründete im anstehenden Sand, darin etwa 0,2 m eingetieft, nach unten in mehreren Stufen um knapp 0,3 m vorkragend.

Die Unterkante der Wehrmauer ergrub man in Raum 7 auf 43,58 m ü. NN; nach innen kragte das Fundament um 0,18 m vor. In einem weiteren Suchschnitt in der Westecke (Raum 8) maß die Unterkante des Fundamentes 43,32 m ü. NN, also 0,26 m tiefer als im Bereich der Langwand (bei Raum 7). Es kragte um 0,35 m vor. Die Stickung, nochmals um 0,07 m auskragend, stand auf anstehendem sandig-kiesigem Boden. Auf einer Höhe von 0,7 m (entsprechend 10 Ziegellagen) sprang das Fundament lagenweise um 0,20 m zurück. Darüber folgten weitere sieben Ziegellagen von 0,5 m Höhe mit gerader Außenkante. Darüber verjüngte sich das Mauerwerk nochmals auf zwei Ziegellagen um 0,08 m. Das bedeutete, daß von einer Fußbodenhöhe der Phase III bei 44,20 m ü. NN im Inneren der Wehrmauer ausgegangen werden mußte.

Diesem Befund entsprach das Erdprofil: anstehender kiesiger Sand auf 43,70 m ü. NN, nach Osten leicht abfallend, darauf der humose Boden. In diesen wurde die Baugrube für die Wehrmauer der Phase III eingetieft, die bis in den anstehenden Kies reichte. In diesem hob man nur die Grube für das Fundament (Höhe vier Ziegellagen, 0,30 m) aus, ohne Baugrube. Die Baugrube im humosen Boden hatte eine Breite von max. 0,55 m und eine erhaltene Tiefe von 0,8 m. Baugrube und humosen Boden schloß eine 0,6 m starke Schicht aus verdichtetem Ziegelschrot ab. Dessen Oberfläche war sehr unregelmäßig, reichte bis auf 44,25 m ü. NN herauf. Damit dürfte diese Schicht mit dem Fußbodenansatz am Fundament der Wehrmauer der Phase III korrespondieren. Über der Schicht aus Ziegelschrot lag Bauschutt.

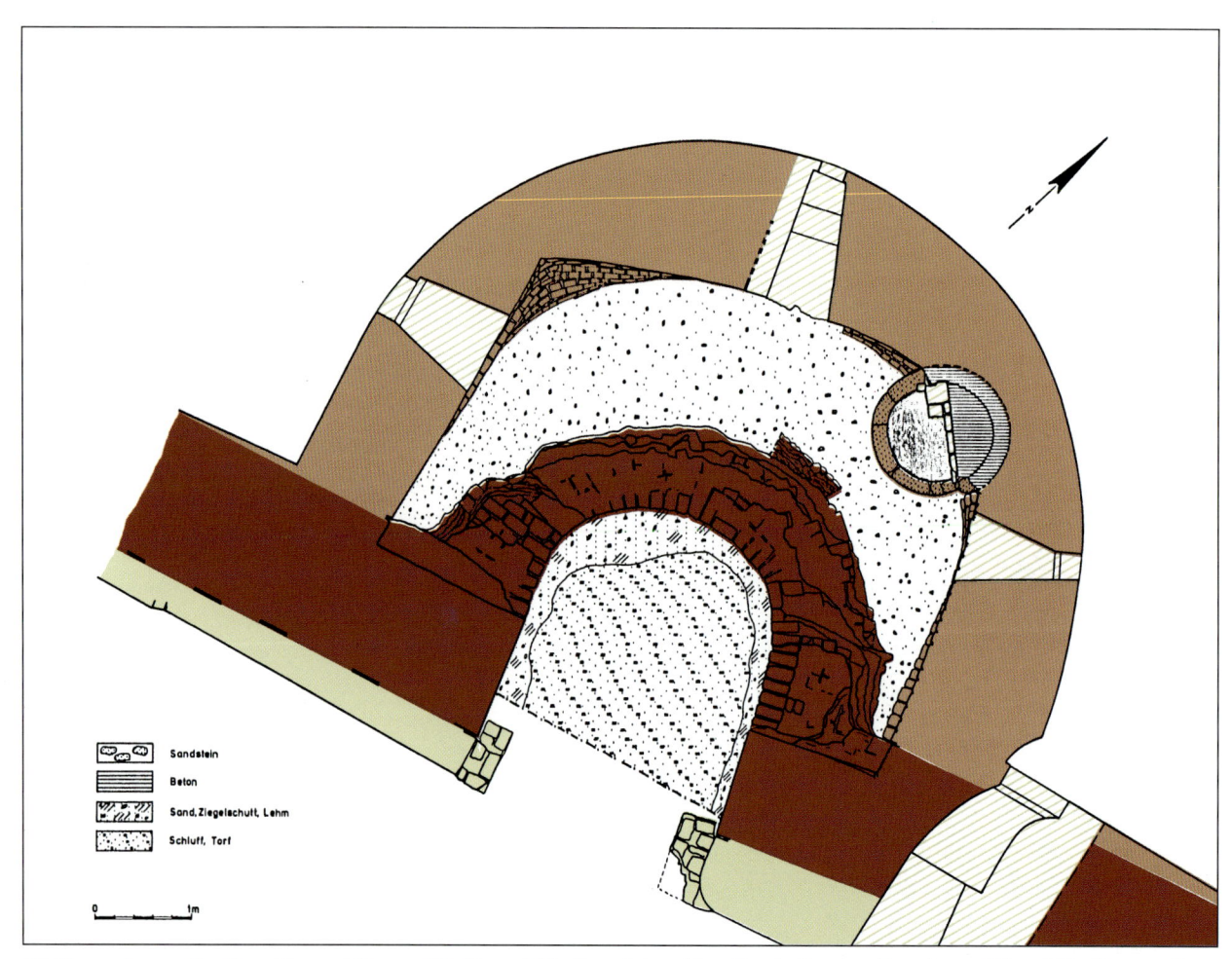

58 Herrenhaus. Nordwestturm, Phasen III, IV und VI. Bauphase III = Dunkelbraun; Bauphase IV = Mittelbraun; Bauphase VI = Hellgrau. Zeichnung G. Lill, G. Otto, Rheinisches Amt für Bodendenkmalpflege; nach Feldzeichnungen H. Deden, D. Koran, Rheinisches Amt für Bodendenkmapflege

Die Zwischenwand der Räume 7 und 8/9 wurde an die vorhandenen Fundamente angesetzt, im Bereich der Wehrmauer der Phase III eine Vorlage nutzend.

Das ältere Turmfundament des Nordwestturmes (Räume 1/2) war an der Außenseite ausgebrochen, im Profil konnte der steile Abfall nachgewiesen werden. Eine Unterkante erreichte man nicht. Durch die abgebrochene Außenseite war nur noch eine max. Breite von 1,3 m feststellbar. Die Ziegelmauerung der gut erhaltenen Innenseite nahm deutlich Bezug auf die gerundete Innenseite (Abb. 58). Die Langseiten des Turminneren hatten eine Länge von 2,94 m, der Bogen besaß einen Innendurchmesser von 2,5 m. Die Breite am Zugang betrug 2,64 m. Bei einer angenommenen Breite des Fundamentes von 1,6 m errechnete sich ein äußerer Durchmesser von 5,7 m bei einer Tiefe von 4,5 m. Damit verlief der äußere Bogen innerhalb des neuen Fundamentes des Nordwestturmes der Phase IV (Abb. 59) und mußte beim Neubau beseitigt werden.

Die Erdprofile zwischen den Fundamenten des älteren und des jüngeren Turmes bzw. zwischen älterem Turm und Brunnen entsprachen typischen Verfüllungen von Baugruben, wobei sich in Inhalt und Schichtung keine Unterschiede zeigten. Offenbar hatte man den Brunnen und den jüngeren Turm zusammen errichtet. Der Zwischenraum wurde mit Schutt verfüllt. Die einheitliche Verfüllung machte es unwahrscheinlich, daß der Brunnen ursprünglich vor dem älteren Nordwestturm außerhalb der Wehrmauer der Phase III gelegen hatte.

Einheitliche Planung und Ausführung belegten die reguläre Position des Brunnens in einer ausgesparten Ecke des Turmes sowie die sauber gearbeiteten Anschlüsse zwischen dem Ziegelfundament und den Sandsteinquadern des Brunnens. Der Brunnen datierte somit in die Bauphase IV.

Das ältere Fundament des Nordwestturmes wurde bis auf eine Höhe von 45,30–45,40 m ü. NN abgetragen. Da sämtliche Reste des Aufgehenden nicht mehr erhalten waren, erübrigte sich die Untersuchung der Frage, ob der ältere Nordwestturm auf dem Fundament überhaupt jemals errichtet worden war. In den erhalten Wänden an den Übergängen zu den Langseiten der Wehrmauer blieben jedoch die Fundamente und das Aufgehende mindestens bis in die Höhe des ersten Stockwerkes erhalten.

Zwischen dem Nordwestturm und der Nordecke der Phase III sind vier Schießscharten zu rekonstruieren. Im Abstand von nur 0,5 m lag östlich des Nordwestturmes der Phase III eine Schießscharte, noch im Inneren des Herrenhauses (Raum 3). Sie deckte die nördliche Seite des Turmes. Durch diverse Umbauten ist diese Schießscharte heute nur noch in Ansätzen als Öffnung erkennbar: dazu gehörten der Neubau des Nordwestturmes in der Bauphase IV, der Durchbau des Kellers in der Bauphase VI, die Erneuerung des Nordostgiebels und moderne Einbauten des 19./20. Jahrhunderts.

Die schräg nach innen verlaufende Hochmauerung der Wehrmauer der Phase III war bei dem dem Turm gegen-

59 Herrenhaus. Ansicht des Nordwestturmes vom Kellerraum 3/4 aus. Vorne das Fundament des Turmes der Phase III, im Hintergrund Brunnen und Turmfundament der Phase IV

überliegenden Abschnitt der Wehrmauer nicht zu erkennen. Offenbar mußte durch das versetzte Fundament ein Meßfehler korrigiert werden, um die Fluchten einhalten zu können.

Die Fortsetzung der Wehrmauer in Raum 3 konnte vom Ansatz des Nordwestturmes bis zum Nordostgiebel verfolgt werden, die Breite von 1,6 m beibehaltend. Heute ist diese Situation durch die vorgesetzte Ziegelsteinschale für die Überwölbung des Kellers in der Bauphase VI nicht mehr sichtbar.

Die Wehrmauer konnte im Bereich vor dem Nordostgiebel der Bauphase IV im Zusammenhang mit der Baugrube für den neuen Treppenturm untersucht werden (Abb. 60). Diese hatte man in denselben Boden eingetieft, wie bereits den Nordturm der Bauphase II. Die Baugrube der Phase III durchschlug die leicht nach Südosten zum Turm der Phase II ansteigenden Schichten, somit mußten diese vor Erbauung der Phase III angelegt worden sein. Die Wehrmauer bestand aus einem durchlaufenden Fundament mit einer Breite von 1,6 m. Im Außenbereich wurde das Fundament bis auf eine Höhe von 45,96 m ü. NN aufgeführt. Oberhalb dieses Laufhorizontes verjüngte sich die Mauerstärke innerhalb der Schartennischen auf 0,8 m. Diese begrenzten die Vorlagen von rund 0,95 m Breite, die in das durchlaufende äußere Mauerwerk eingebunden waren.

Die Schartennischen hatten eine Breite von 2,5 m. Mittig befand sich die Ausnehmung für die Schießscharte mit einer Breite von 0,95 m. Eine spezielle Ausführung der Schießscharte mit schlitzartiger Verengung war an der Nordwestseite der Wehrmauer nicht erhalten; die Schießscharten hatte man später mit Ziegeln vermauert.

Die nach Südwesten anschließende Schartennische lag bereits im Inneren des Herrenhauses (Raum 3). Die sich nach Nordosten anschließende Schießscharte war durch einen Einbau, der im Zusammenhang mit dem Keller stand, zerstört worden. Die Rekonstruktion[41] der Wehrmauer bis in die Nordecke setzte eine Vorlage voraus, zwei Schießnischen und zwei Schießscharten. In der Ecke befand sich demnach eine weitere Vorlage, die die Ecksituation zu tragen hatte; Bohrungen bestätigten das Vorhandensein einer solchen Vorlage.

Nach Nordosten konnte die Fortsetzung des durchgehenden Mauerwerkes festgestellt werden; die jetzige Begrenzung im Norden der Hauptinsel entsprach der Nordecke der Wehrmauer der Phase III.

Das Aufgehende an der Nordwestseite war bis auf Bodengleiche abgetragen worden, so daß die Ausführung der Wehrmauer nur ansatzweise rekonstruiert werden konnte. Vermutlich handelte es sich um einen Wehrgang, über den Schartennischen auf einem Gewölbe geführt.

Die heute sichtbare Außenwand des Herrenhauses war nicht gleichzusetzen mit der der Phase III. In die vorgeblendete, eine Stärke von rund 0,5 m messende Schale hatte man die Buckelquader integriert, die aus der ursprünglichen Lage herausgenommen und neu

60 Herrenhaus. Phase III, Wehrgang

verlegt worden waren. Die neue Verblendung komplettierte man vermutlich in der Phase VI, zusammen mit dem Umbau des Herrenhauses.

Die Erschließung der Anlage III von der Vorburg aus über eine Brücke blieb ungeklärt. Sie befand sich vermutlich an der Südwestwand, südlich des Südwestturmes.

Teile der Bauwerke der Bauphasen I und II müssen während der Phase III weiter bestanden haben, da sie sich im aufgehenden Mauerwerk der Keller erhalten hatten. Offenbar wurde das Wohnhaus wieder im Bereich des Südwestflügels erbaut. Dabei behielt man die ehemalige Außenwand des Wohnhauses der Phase II bei, errichtete jedoch das neue Gebäude zwischen alter und neuer Außenwand, so daß das neue Wohnhaus dort zu liegen kam, wo sich heute der Südwestflügel befindet. Allerdings konnten die Ausmaße dieses Gebäudes nicht untersucht werden. Der Kellerboden dürfte nur wenig tiefer als die späteren Kellerböden gelegen haben, worauf die Höhen der Schießscharten und die fehlenden Eingriffe in den aufgefüllten Boden hinwiesen.[42]

3.6 Steinbauphase IV (1500/1525)

Der Bau des Palas an der Nordwestseite der Burg in der ersten Hälfte des 16. Jahrhunderts wird als *Steinbauphase IV* bezeichnet (Abb. 61). Auf den Fundamenten der Bauphasen II und III errichtete man einen langgestreckten Bau von 10,5 m Breite und wohl 38 m Länge.

In diesem Zusammenhang erbaute man einen neuen Nordwestturm,[43] gemeinsam mit dem Brunnen (Abb. 62). Dieser bestand aus scharrierten Quadern aus Liedberger Sandstein. Einzelne Blöcke besaßen Längen von 0,3–0,45 m, Breiten von 0,17 m und Stärken von 0,2–0,3 m. Der Brunnen selbst hatte einen äußeren Durchmesser von 1,3 m, einen inneren von knapp einem Meter. Im Brunnen steht heute Wasser bis zu einer Höhe von einem Meter unter der alten Krone an (analog zu den Wasserständen in der Gräfte); die Tiefe wurde nicht erfaßt.

Da der Brunnen noch bis ins 20. Jahrhundert genutzt wurde, baute man die Krone mehrfach um. Zuletzt faßte sie ein Überbau aus Beton mit darunterliegendem Eisenband ein, auf dem eine mechanische Pumpe aufgesetzt war. Somit blieb dieser Brunnen rund 500 Jahre in kontinuierlicher Nutzung.

Das Fundament des jüngeren Nordwestturmes nahm den Platz des älteren der Phase III ein, erweiterte diesen jedoch deutlich. Die Ziegel differierten eindeutig vom älteren Mauerwerk. Der Grundriß des Turminneren war nicht rund, sondern annähernd viereckig mit abgerundeten Ecken. Nach innen kragte das Fundament in den Ecken vor, in den Langseiten jedoch nicht. In einer dieser Ecken saß der oben beschriebene Brunnen. Es ergab sich ein Raum von 5,5 m x 4,1 m Größe mit konkaven Langwänden, in denen sich drei Schießscharten befanden, von anderem Typ als in der Wehrmauer der Phase III. Die trapezförmigen Nischen endeten in einem Sandsteinblock mit der Schießscharte. Sie wurden jedoch mehrfach umgebaut und verändert, so daß sich die Grundform heute nicht mehr erkennen läßt. So hatte die Nische in der Nordwestseite ursprünglich eine Breite von 0,9 m, nach der jüngeren Vermauerung noch 0,7 m; damit ging auch ein Teil der Funktionsfähigkeit verloren. Wie die Putzkanten im Inneren des Turmes ergaben, setzte der Fußboden auf einer Höhe von 45,40–45,55 m ü. NN an. Auf dieser Höhe (45,42 m ü. NN) war der Boden im Brunnen angelegt worden.

Wie die untersuchten Bodenverhältnisse zeigten, war der Palas unterkellert, allerdings blieb die Deckengestaltung unklar (flache Balkendecke?). Beim Bau des Palas und dessen Keller behielt man die Fußbodenhöhe bei, die durch den Bau III vorgegeben war; diese Höhe blieb bis zum Beginn der jetzigen Baumaßnahmen im wesentlichen erhalten, wenn auch durch die niedrige Deckenhöhe der Keller nur eingeschränkt nutzbar war.

Die Wand zwischen den Räumen 9 und 11 bestand aus mehreren Phasen, deren älteste zur Phase IV gehörte. Auf die vorhandenen Fundamente der Phasen II und III wurde ein mächtiger Entlastungsbogen als Fundament für den Palas gesetzt, Spannweite 5,4 m, Stärke 0,7 m (zweieinhalb Stein) und Gewölbehöhe etwa 1,3 m. Diesen Bogen verfüllte man mit Mauerwerk, das wiederum auf einem Spannfundament gründete, Unterkante bei 45,45 m ü. NN. Es überdeckte die Baugrube der Phase III, und war somit eindeutig jünger.

In diesen Bogen fügte sich zwischen den Räumen 9 und 11 ein Durchgang ein, der später wieder vermauert wurde. Es war nicht eindeutig, ob dieser Durchgang bereits in der Phase IV angelegt wurde. Da jedoch davon ausgegangen werden mußte, daß im Bereich des späteren Südwestflügels noch Reste der Anlagen der Phasen I–III standen, konnte ein Durchgang bereits in Phase IV bestanden haben. Einen neuen Durchgang zwischen Südwest- und Nordwestflügel des Herrenhauses brach man, zu einem nicht sicher datierten

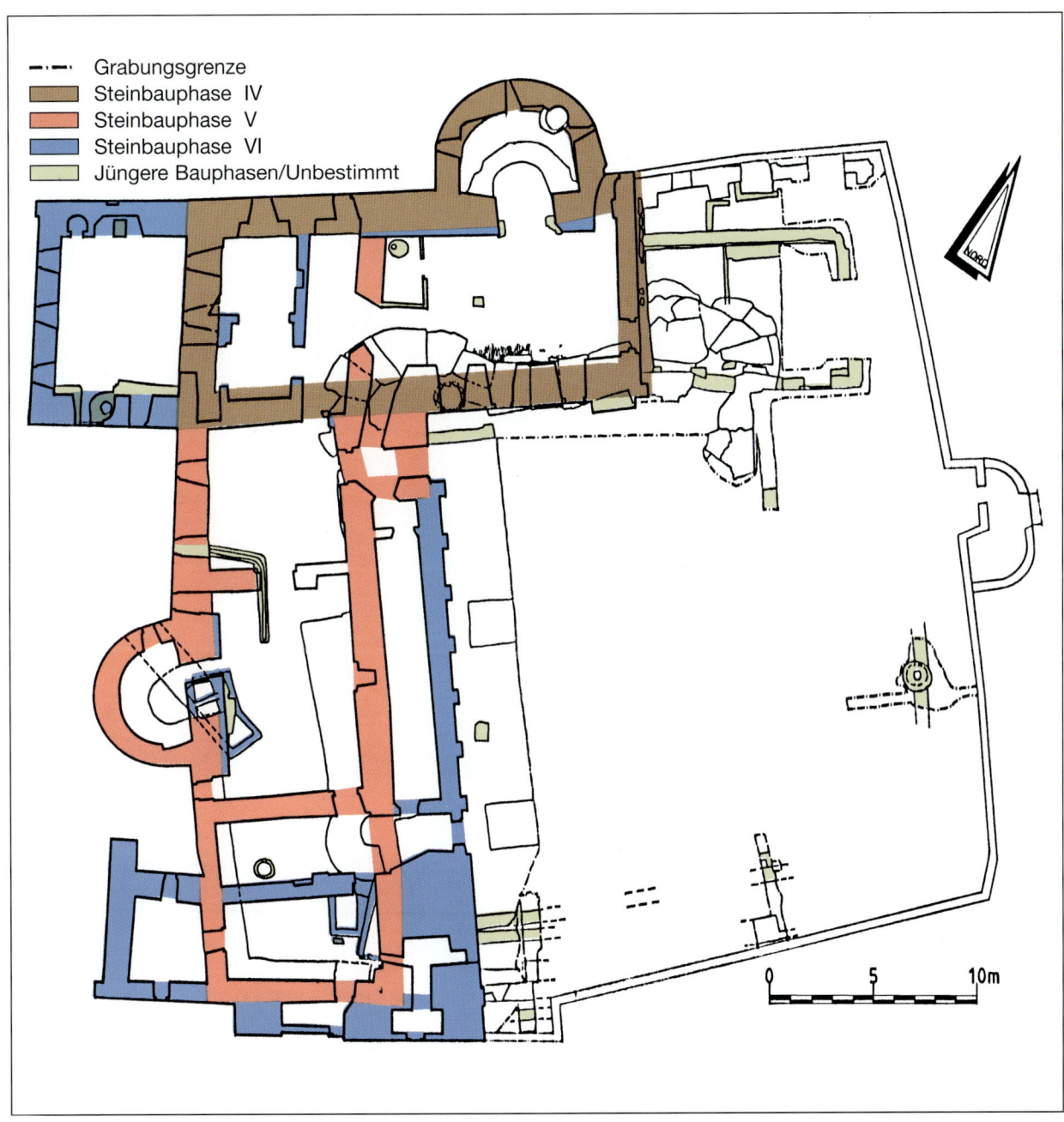

61 Herrenhaus. Phasen IV–VI und nachrenaissancezeitliche Baumaßnahmen. Zeichnung G. Lill, Rheinisches Amt für Bodendenkmalpflege; nach Entwurf C. Weber

Zeitpunkt, zwischen den Räumen 7 und 11, mit Holzgewänden, Fußbodenoberkante bei 45,80 m ü. NN. Auch dieser Durchgang wurde (im 20 Jahrhundert ?) wieder verschlossen, so daß zuletzt die Verbindung über Raum 11, Turm der Phase V und Raum VI blieb. Diese Raumbeziehungen gab man erst beim jetzigen Umbau auf, den Zugang der zweiten Phase wieder rekonstruierend.

Die Fortsetzung des späteren Südwestflügels in Phase IV blieb unklar, zumindest hatten sich Teile der Mauern der Bauphase II und des Gebäudes der Bauphase III erhalten. Wie sie in die Phase IV integriert waren, entzieht sich unserer Kenntnis. D. Herkenrath beschrieb ausführlich, daß der Eckturm der Phase V an der Hofseite vor den Palas der Phase IV gesetzt wurde, die durchgehende Fassadengliederung überschneidend.[44] Im Bereich des Turmes der Phase V war jedoch kein durchgehendes Fundament der Phase IV nachzuweisen. Offenbar verwendete man älteres Mauerwerk der Phase II als Stütze, das erst später (Phase V) auf die Breite des Stützbogens abgearbeitet wurde. Man nahm also auf ältere Bausubstanz Rücksicht und integrierte sie in die Neubauphasen. Die Zwischenräume wurden nicht verfüllt.

Die Fortsetzung des Palas über die jetzige Stirnwand nach Norden konnte nicht nachgewiesen werden, da in diesem Bereich die zahlreichen Um- und Neubauten die ursprüngliche Situation sehr stark verändert hatten. Zudem ergaben sich baustellenbedingte Schwierigkeiten bei der Untersuchung des Mauerwerkes wegen des statisch unsicheren Giebels. Allerdings fanden sich auch keine weiteren Hinweise auf die ursprüngliche Stirnwand des Palas, so daß davon ausgegangen werden mußte, daß sich die ursprüngliche Palasstirnwand in der heutigen Flucht befand. Die heutige Stirnwand ist jedoch ein Neubau, vermutlich des 17. Jahrhunderts.

62 Herrenhaus. Phase IV, Brunnen

3.7 Steinbauphase V (1533/1549)

Unter Adrian von Bylandt erfolgte der Ausbau der spätgotischen Burg, bezeichnet als *Steinbauphase V* (Abb. 61). An den Palas setzte man, auf den noch vorhandenen Fundamenten der Bauphasen I–III, den Südwestflügel mit einer Länge von 28 m an. Die Erschließung erfolgte über einen Eckturm von 4,3 m x 4 m Grundfläche, in dem sich ursprünglich eine Wendeltreppe befand. Zur Hofseite des Südwestflügels nimmt man einen konsolengetragenen Laufgang an.[45] Der vorhandene Südwestturm wurde in den Neubau integriert.

Zur Erschließung des Gebäudes diente der an den Palas angebaute neue Turm. Der Zugang im Keller bestand aus mindestens zwei Phasen. Deutlich erkennbar nutzte der Turm die vorhandenen Fundamente der Phase II. Ursprünglich hatte die nordwestliche Seite des neuen Turmes keine Verbindung mit der Palaswand. Später wurde in das Fundament des Westturmes der Phase II die nordwestliche Wange des neuen Turmes mit einem Entlastungsbogen eingebunden. Somit ergab sich, daß dieser Zugang zum großen Keller unter dem Palas, der bis zuletzt genutzt wurde, eine jüngere Umbauphase darstellte, nachdem der ursprüngliche Zugang über die Räume 7 und 11 verschlossen worden war.

Den Keller unterhalb des Palas unterteilte man durch einen Gewölbebogen, der die Räume 5/6 und 7 voneinander trennte. Dieser Bogen wurde in das vorhandene Mauerwerk der Wehrmauer der Phase III eingepaßt. Er nutzte dabei eine Lisene, die eine der Schartennischen begrenzte. Mit der Nutzung dieses statischen Elementes konnte auch die leichte Schräglage des Gewölbebogens begründet werden, auf der gegenüberliegenden Seite mußte das neu errichtete Fundament des Turmes der Phase V berücksichtigt werden. Zusätzlich blieb die Schartennische weiterhin nutzbar.

Dieser Gewölbebogen setzte auf dem vorhandenen Fundament der Phase II auf (Abb. 63), gleichzeitig auf ein bereits vorhandenes Spannfundament, das den Raum unterteilte. Dessen Oberkante lag bei 45,30 m ü. NN. Die Bogenfüllung fügte man erst später bei der durchgreifenden Änderung der Kellerräume in Phase VI ein.

Der Zugang in die Burg von der Vorburg aus befand sich im neuen Gebäudeflügel in der zweiten Achse von Süden. Hinweise auf eine Zugbrücke fehlten, die Deckung durch den Südwestturm wurde wohl als ausreichend angesehen. Im Erdgeschoß blieb die ursprüngliche Durchfahrt oberhalb der mit Kreuzrippen überwölbten Kellerräume erhalten.[46] In diesem Zusammenhang stehen die beiden Trennwände zwischen den Räumen 14, 15 und 16.

Im Nordwesten gründete die in der Phase V errichtete Wand zwischen den Räumen 14 und 15 auf einem älteren Fundament. Dieses bestand aus Ziegeln und setzte mit einer Baufuge an den Südturm der Phase I an. Es war noch auf einer Länge von drei Metern erhalten, mit einer sauber abgemauerten Kante. Die erhaltene Oberkante lag bei 45,50 m ü. NN. Dieses Fundament kragte um einen Halbstein vor, bei einer Breite von 0,5 m. Das Fundament datierte jünger als die Phase I und älter als die Phase V. Da es in derselben Flucht wie die Brückendurchfahrt der Phase V lag, konnte angenommen werden, daß es entweder zu einem Brückenbauwerk gehörte (Phase I/II ?) oder zu einem bislang unbekannten Gebäude der Phasen III/IV.

63 Herrenhaus. Ansicht des Gewölbebogens der Phase V, auf dem Fundament des Westturmes der Phase II, eingefaßt von Gewölben der Keller der Phase VI

Die zwischen den Räumen 15 und 16 befindliche Trennwand maß 0,9 bis 1,08 m Breite, mit deutlichen Baufugen an die älteren Fundamente angesetzt. Die Wand bestand sowohl aus Sandsteinquadern als auch aus Ziegeln unterschiedlicher Formate. Im Südwesten stand sie auf dem humosen Boden; Unterkante bei 45,00 m ü. NN. Eingepaßt in die Ausnehmungen der Wehrmauer der Phase III, erstreckte sie sich ursprünglich nicht voll bis zur gegenüberliegenden Wand. Im Fundament hatte sie ursprünglich eine Länge von 3,5 m; somit verblieb ein Zwischenraum von rund drei Metern bis zur Nordostwand des Raumes 16. Für die Errichtung der Wand nutzte man ganz offenbar ein älteres Fundament, das eventuell den Rest einer älteren Brücke darstellt.

In die Wand zwischen den Räumen 15 und 16 war ein Kamin eingefügt worden, mit einer Unterkante bei 45,50 m ü. NN, entsprechend der Fußbodenhöhe. Den freibleibenden Zwischenraum zur Südostwand setzte man in einer späteren Phase (Phase VI ?) mit einer Ziegelmauer bis auf einen Durchgang von einem Meter Breite zu. Die Unterkante des Durchganges lag bei 45,50 m ü. NN, also auf der alten Fußbodenhöhe. Diese jüngere Ziegelmauer saß mit einer Kante auf dem Fundament der Phase I auf.

Im Inneren des Raumes 15 trug man das aufgehende Mauerwerk der Phase III teilweise ab, um eine Nische von 0,8 m Tiefe und 2,95 m Breite zu bilden und den Raum 15 damit zu verlängern. Die Oberkante des Nischenbodens bei 45,22 m ü. NN korrespondierte mit der erhaltenen Oberkante des Turmes der Phase I im Raum 15 bei 45,32 m ü. NN. Die Einrichtung des Raumes 15 mit Nische im Südosten und einem Fußboden bei ca. 45,40 m ü. NN erfolgte in einem Zuge in der Phase V.

Der südlich an den Durchgang angrenzende Raum 16 wird der Erschließung des heute nicht mehr vorhandenen Südostflügels gedient haben, dessen Aufbau bislang nicht eindeutig festzulegen war. In einem Schnitt der Grabungen von 1980 fand sich im Abstand von 2,5 m vor dem Fundament der Wehrmauer der Phase III ein Mauerfundament, daß mit dem Südostflügel in Verbindung gebracht werden konnte. Vor diesem Fundament legte man weiteres Mauerwerk frei, das nicht einzuordnen war. Ebensowenig gelang die zeitliche Einordnung eines gewölbten Kellers mit Gegenwand, der direkt vor der jetzigen Stirnwand südlich der Zufahrt durch Grabungen nachgewiesen worden war. Und im Obergeschoß des erhaltenen Südwestflügels zeigte sich der ehemalige Ansatz durch die fehlende Fassadengestaltung.[47] Da der Südostflügel nur eine Tiefe von maximal fünf Metern besessen hatte (gegenüber knapp 10 m des Südwestflügels), dürfte ein nicht allzu massives Gebäude dort gestanden haben. Dem entsprachen die Grabungsergebnisse im Hof, die nur schmale Fundamente erbrachten sowie die Darstellungen auf den Karten des 19. und 20 Jahrhunderts, die ebenfalls ein nur schmales Gebäude darstellten.[48] Danach maßen die beiden nicht erhaltenen Gebäudeflügel eine Breite von etwa 5 m; dies entsprach dem Grabungsergebnis. Die Form war unregelmäßig, den äußeren Konturen der Begrenzung angepaßt; der Innenhof war von geraden Seiten begrenzt und hatte eine Größe von rund 24 m (Nordwest-Südost) auf 21 m (Südwest-Nordost). Auffallenderweise wies auf den

Karten von 1820 und 1863 die heute nicht mehr erhaltene Fortsetzung des nordwestlichen Flügels (heute erhebt sich hier der neue Treppenturm) die gleiche Breite auf wie der erhaltene Palas der Phase IV; dies konnte sich jedoch nur auf das Aufgehende beziehen, da der darunter liegende Keller deutlich schmaler war.

In einem weiteren Suchschnitt unterhalb des Zuganges in den Schloßhof konnte das gegenseitige Fundament des Südwestflügels ergraben werden. Es war sehr unregelmäßig in Ziegelmauerwerk ausgeführt worden und wies einige Baufugen auf, die im Einzelnen nicht mehr zuzuordnen waren. Die Schießscharte, in der Flucht der Wehrmauer der Phase III, entsprach den übrigen Schießscharten der Phase V. Die Nische maß 1,15–1,0 m Breite bei einer Tiefe von rund 0,4 m. Die eigentliche Schießscharte hatte asymmetrische, konisch zulaufende Wangen, von 0,6 m auf 0,2 m verengend. Die Einziehung erfolgte nur auf der rechten Seite des Kombattanten, die linke Wange der Schießscharte zog gerade durch.

Das Fundament des südwestlichen Gebäudeflügels besaß eine Breite von 1,4 m und war sehr unregelmäßig gemauert. Fugen im Fundament des bestehenden Flügels deuteten eventuell auf einen Durchgang in den Keller an, Breite 1,4 m. Dieser führte in der Flucht an der Wehrmauer entlang und wurde zu einem nicht bekannten Zeitpunkt zugemauert. Die Oberseite des Fundamentes trug man ab, um es in einer jüngeren Phase erneut als Rinne wieder aufzumauern.

Unbekannt blieb weiterhin das Aussehen des Nordostflügels. Noch auf den Katasterkarten des 19. Jahrhunderts zeigte sich der Hof von allen Seiten mit Gebäuden umschlossen, allerdings ohne detaillierte Darstellung der Gebäude. Und die Grabungen im Sommer 1980 erbrachten schmale Fundamente aus Ziegeln sowie einen Brunnen aus Sandsteinen. Die Fundamente waren jedoch zu schmal, um einen massiven Bau zu tragen. Der Versuch, die gefundenen Fundamente mit der Wehrmauer der Phase III zu korrelieren, gelang nicht. Zusätzlich störte der Brunnen die Fundamente; dieser hatte im 19. Jahrhundert einen Umbau erfahren, da er eine konisch zulaufende Haube aus Ziegelsteinen für eine mechanische Pumpe besaß.

3.8 Steinbauphase VI (1558/1570)

Am 10. November 1552 wird Adrians Sohn, Otto von Bylandt mit Rheydt belehnt; er starb 1591. Die während seiner Regentschaft erfolgten Umbauten werden als Steinbauphase VI bezeichnet (Abb. 61).

Die Phase VI kennzeichnete hauptsächlich der vollständige Durchbau der Keller mit flachen Gewölben und damit verbunden einem neuen Fußboden im Erdgeschoß. Dies ergab eine Kellerhöhe von knapp zwei Metern. Zum großen Teil wurden vor die vorhandenen Wände neue Schalen aus Ziegeln gesetzt. Die Vorsatzschale gründete im Bereich des Nordwestturmes (Raum 4) in einer Höhe von 44,80–45,00 m ü. NN, also deutlich höher als die Fundamentgründung der Wehrmauer der Phase III. Erkennbar wurde die Vorsatzschale in das ältere Fundament eingepaßt.

Damit verbunden waren neue Fußböden im Kellergeschoß, die Rücksicht auf die neue Kellerhöhe nehmen mußten. Die gemessenen Höhen schwankten zwischen 44,68 m ü. NN und 45,50 m ü. NN. Dabei wiederholte sich, daß der Fußboden im nordwestlichen Gebäudeflügel etwas niedriger lag als im südwestlichen. Weiter nach Süden sank die Fußbodenhöhe wieder stark ab. Dies war sicherlich bedingt durch die vorhandene Bausubstanz, aber auch durch Bodenverhältnisse, die sich besonders im Bereich der Durchgänge bis heute als schwierig erwiesen hatten: hier machte sich der sehr hohe Grundwasserspiegel bemerkbar.

Die Verbindungswand zwischen den Räumen 7 und 8/9, die im Zusammenhang mit den Durchgängen zwischen dem nordwestlichen und dem südwestlichen Gebäudeflügel zu sehen ist, wurde in das vorhandene Fundament der Wehrmauer der Phase III eingebunden. Älter war ein Fundament, das lotrecht auf 2,75 m Länge vom Fundament der Phase III nach Südost verlief. Die Oberkante lag bei 45,10 m ü. NN, also noch unterhalb der Höhe der Schartennische auf 45,50 m ü. NN. Auf dieses Fundament sowie auf den aufgeschütteten Boden zwischen den Mauern der Phasen II und III setzte die Trennwand auf, mit einer Unterkante bei 45,00–45,10 m ü. NN. Das Fundament der Wand bestand aus mehreren Baulosen, deren zeitliche Differenzierung nicht gelang. Beide Durchgänge innerhalb der Trennwand hatten unterschiedliche Fußbodenhöhen, 45,10 m ü. NN im Westen, 45,50 m ü. NN im Osten. Beide wurden jedoch in die letzte Umbauphase (Mitte 20. Jh.) mit einer Fußbodenhöhe von 45,50 m ü. NN integriert.

Im Westen erfolgte der Anbau des Erkers (Raum 10), in den Fundamenten erkennbar an den Baufugen zur Wehrmauer der Phase III. In der südöstlichen Wand des Erkers wurden ältere Fundamente freigelegt, die ebenfalls mit einer Fuge an die Wehrmauer ansetzten. Sie bestanden aus Ziegeln, die jedoch eine Unterfütterung aus Betonresten mit Ziegelbruchstücken besaßen. Die Unterkante der Stickung konnte bei 44,20 m ü. NN festgestellt werden, darunter lag Ziegelgrus. Eine zeitliche Einordnung gelang nicht, ein Zusammenhang mit den Sanierungsmaßnahmen nach dem Einsturz des Erkers in den 20er Jahren war anzunehmen. Eindeutig jünger als die Fundamente erwies sich der in die südöstliche Wand eingefügte Brunnen.

Die Trennwand zwischen den Räumen 11 und 12 wurde nachträglich auf den vorhandenen Fundamenten der Phasen II und III erbaut. Die Erdschichten unterhalb der Wand strichen nach Süden aus, womit sich die angenommene Lage der Donk im Bereich des späteren Westturmes der Phase II erneut belegen ließ. Die Unterkante der Fundamentierung der Trennwand lag bei 44,80 m ü. NN; der Durchgang hatte eine ältere Fußbodenhöhe bei 45,58 m ü. NN, eine jüngere bei 45,80 m ü. NN.

Das Querprofil in Raum 12 (Südost nach Nordwest orientiert) zeigte bei einer Unterkante des Suchschnitts auf 43,10 m ü. NN keinen anstehenden Sand. Der sandig-lehmige Boden hatte eine Oberkante bei 44,80 m ü. NN, nach Südosten und Nordwesten jeweils leicht gewölbt. Darüber lag der dunkle humose Boden, der in Höhe 45,34 m ü. NN abgeschlossen wurde von Fußbodenlagen. In diesen Boden waren nicht zuzuordnende Gruben eingetieft. Erhalten blieben mindestens drei Fußböden, Oberkanten jeweils bei 45,46 m ü. NN, 45,64 m ü. NN bzw. 45,78 m ü. NN (Betonboden).

Den Südwestturm baute man durchgreifend um: die ursprünglich 2,3 m starken Mauern wurden auf 1,1–1,2 m Stärke verringert, der neu entstandene Innenraum von 5 m Breite und 3,12 m Tiefe mit Kreuzgewölben gedeckt; die Fußbodenhöhe lag bei 45,60 m ü. NN (entsprechend dem stehengelassenen Fundament der Phase III).

In die ehemals offene Rückseite des Südwestturmes setzte man einen gemauerten Schacht, der bis in das Dachgeschoß reichte. Dadurch verringerte sich der Durchgang zum Turm von 2,2 m auf 0,8 m Breite. Unten endete der Schacht in einen überwölbten Kanal von mindestens 7,5 m Länge. Dieser führte in angenäherter Ost-West Richtung aus dem Keller heraus, unter dem ehemaligen Außenfundament und dem Turmfundament der Phase III hindurch in die Gräfte (Abb. 64). Die Fundamente wurden in den betroffenen Bereichen vollständig abgetragen und mit einer neuen Mauerschale und Gewölben versehen, in das man das Ende des Schachtes auf komplizierte Weise integrierte. Dieser Abflußkanal entsorgte den Keller im Raum 14 sowie die oberen Stockwerke über den durchgehenden Schacht. Der Auslaß in die Gräfte ist heute nicht mehr sichtbar.

Der Zufluß aus dem Kellerraum 14 bestand aus einem 1,35 m breiten und rund 1,7 m langen, schräg in den Raum hineinreichenden Kasten, der mit der Fußbodenplattierung abgedeckt war (Abb. 65). Ein älterer Ziegelboden hatte ein Niveau auf 45,60 m ü. NN, aus flach verlegten Ziegeln, die die Mauerung des Schachtes übernahmen und somit winklig in den Raum hineinragten.

Auf den unteren, in Raum 14 hineinragenden Kasten (Oberkante bei 45,20 m ü. NN) wurde ein zweiter, U-förmiger gesetzt, mit einer Größe von 2,4-1,9 m, Oberkante bei 45,41 m ü. NN. Dieser diente dem Übergang zwischen dem unteren Kanal und dem darauf lastenden Schacht, der um 30° versetzt dem Kanal aufsaß. Der zweite Schacht hatte lichte Maße von 1,55 m x 0,85-1,08 m. Im Inneren stützten Gewölbebögen den Aufbau, der bis in die oberen Stockwerke führte.

Der nach außen führende überwölbte Kanal maß etwa 3,7 m Länge (ab dem Schacht gemessen) bei einer Breite von 2,7 m über alles. Das Aufgehende besaß eine Breite von 0,24 m, entsprechend den verwendeten Ziegeln, das Gewölbe eine solche von 0,27 m, entsprechend einem Stein bzw. zwei Halbsteinen. Die lichte Breite des Kanals betrug 1,2-1,3 m.

Im Bereich des Durchganges war das Gewölbe des Kanals bzw. der Rest des Turmfundamentes der Phase III eingestürzt. Die Stärke des Fundamentes der Phase III betrug nur noch 0,2 m: von unten hatte man den Kanal eingefügt, mit einer Oberkante bei 45,38 m ü. NN; von oben höhlte man das Fundament für den neuen Raum aus, Unterkante bei 45,58 m ü. NN. Zeitpunkt und genaue Ursache des Einsturzes waren unbekannt.

Eine vermutlich vergleichbare Anlage einer Sickergrube wurde im Raum 16 entdeckt. Ein senkrechter Schacht von 0,66 m x 0,86 m Größe befand sich im Fundament der Wand zwischen den Räumen 15 und 16, mindestens bis ins Erdgeschoß reichend. Er endete in einem gemauerten, leicht trapezoiden Viereck von 1,7 m x 1 m lichten Maßen. Es besaß weder Fußboden noch eine Verbindung in die Gräfte. Sowohl im Mauerwerk des Viereckes als im Aufgehenden der Kellerwand zeigten sich Reste von einer Überwölbung. Die Wandungen hatten eine Stärke von 0,28 m. Die Grube war ursprünglich wohl überwölbt, wie die schräg gestellten Ziegellagen auf den Wandungen belegten; dieses Gewölbe bezog sich zudem eindeutig auf das vorhandene in der Trennwand.

Zu einem nicht bekannten Zeitpunkt richtete man den Durchgang von Raum 15 in Raum 16 ein. Dazu wurde das Gewölbe über der Sickergrube sowie die Ostwand

64 Herrenhaus. Kanal der Phase VI im Südwestturm

65 Herrenhaus. Abwasseranlage in Raum 14

einschließlich des Gewölbes in der aufgehenden Wand beseitigt, der Schacht vermauert und ein neuer Fußboden auf 44,74–44,68 m ü. NN darüber gelegt. Die vorhandene Verfüllung verblieb in der Grube. Das Grundwasser steht sehr hoch an, bis zu 0,2 m unterhalb der erhaltenen Wände der Sickergrube. Ein Suchschnitt bis auf 43,70 m ü. NN Tiefe ergab keine Unterkante der Grube.

Älter als diese Anlage war eine Mauer, die an den Südturm der Phase I anstoßend unterhalb der Nordostwand des Raumes 16 schräg auf den Durchbruch in der Südostwand von Raum 16 verlief. Die erhaltene Länge maß 3,82 m, die Breite 0,32 m. Das südliche Ende war abgeschrotet; davor lag ein Sandsteinquader, der eventuell mit einem nach Osten abzweigenden Fundament aus Ziegeln zusammenhing. Die Funktion dieser Anlage blieb unerkannt.

In der gegenüberliegenden südöstlichen Kellerwand zeigten sich, im Bereich einer ehemaligen Schießnische der Phase III, Reste eines eingebauten und später zugesetzten Durchlasses mit Überwölbung, der mit der Sickergrube fluchtete; ein Vergleich mit der Abflußanlage im Südwestturm bot sich an, konnte jedoch nicht eindeutig bestätigt werden.

Im Bereich der Wand zwischen den Räumen 16 und 17 wurden die Öffnung der Schießscharten aufgenommen und zu einem Durchgang erweitert. Dabei blieb der Boden der Schartennische erhalten, Oberkante bei 44,95 m ü. NN. Für den Durchgang zum Raum 17 mit einer Breite von 0,8 m senkte man den Boden auf 44,65 m ü. NN ab. Das Fundament der Phase III baute man auf eine Höhe von 45,00 m ü. NN ab. Zu den jüngsten Einbauten gehörten Versorgungsleitungen, die eine Oberkante von 45,22 m ü. NN hatten, also mit dem jüngsten Fußboden in Zusammenhang standen. Die Wangen des Durchganges wurden zu einem nicht bekannten Zeitpunkt erneuert.

In die Phase VI gehörten die Vorlagen am Südgiebel des Südwestflügels, zur Verstärkung gegen den unsicheren Baugrund.

Die Durchfahrt durch den Südwestflügel wurde, bedingt durch den Bau der renaissancezeitlichen Loggia im Innenhof, verschwenkt und die jetzt noch vorhandene Brücke erbaut, mit dem darunter liegenden Kellerraum 17. In Verbindung damit konnte die Vermauerung des kreuzgewölbten Kellerraumes stehen, in den die jetzige Kellertreppe führte, unterhalb der Stufen zur Loggia. Wie das Gewölbe zeigte, war der Keller ursprünglich breiter.[49]

Diese Situation ist auch auf einer aquarellierten Federzeichnung von A. Mercator aus der Zeit um 1585 wiedergegeben.[50] Es handelt sich um die älteste bekannte Darstellung von Schloß Rheydt. Auf der Federzeichnung ist zwischen Turm und Brücke in der Front des Langhauses ein bogenförmiger Durchgang eingezeichnet, offenbar verschlossen und ohne Funktion. Dabei handelt es sich mit hoher Wahrscheinlichkeit um die Reste des ehemaligen Zuganges zur Hauptburg. Davon abgesetzt ist die neue Brücke dargestellt.

Der Raum 17 unterhalb der Brücke stand in direktem Zusammenhang mit den Umbauten der Phase VI. Er wurde mit Baufugen an die südöstliche Wand der Phase III angesetzt. Das Buckelquaderwerk an der Südwestwand der Phase III war hinter dem Ziegelmauerwerk des Raumes 17 erkennbar und durch eine Baufuge voneinander getrennt. Die Schildmauer zwischen dem Haupthaus und den Gebäuden der Vorburg bildete die südöstliche Wand. Das an der Innenseite der Südostwand von Raum 17 erkennbare Buckelquaderwerk verwies darauf, daß die Schildmauer ehemals von beiden Seiten Außenwände bildete. Die nordwestliche und die südwestliche Wand waren miteinander verzahnt und gemeinsam an die vorhandenen Mauern des Herrenhauses angefügt worden.

3.9 Neuzeitliche Funde und Befunde (Ende 16.–20. Jh.)

Die nachrenaissancezeitlichen Baumaßnahmen (Abb. 61), insgesamt jünger als Bauphase VI anzusetzen, waren zeitlich meist schwer zu fassen und einzuordnen. Mehrfache Umbauten der Zeit nach 1600 sind durch die dendrochronologischen Untersuchungen des Rheinisches Amtes für Denkmalpflege belegt, diese standen jedoch nicht immer im Zusammenhang mit im Boden erkennbaren Veränderungen.

Über dem an mehreren Stellen nachweisbaren Fußboden der Phase VI waren drei weitere Böden festzustellen. Dabei wurden die unterschiedlichen Höhenverhältnisse innerhalb der Gebäudeabschnitte beibehalten. Die Böden hielten Abstände von rund 0,2–0,1 m untereinander, bedingt durch den Unterbau und die verwendete Pflasterung, zumeist flach verlegte Ziegel. Der letzte Boden bestand aus Beton auf einer Höhe von 45,50 m ü. NN (im nordwestlichen Flügel) bis 45,84 m ü. NN (im südwestlichen Flügel). Er stand in Zusammenhang mit den Umbauten in den Vierziger Jahren des 20. Jahrhunderts.

Den massivsten Eingriff in die vorhandene Bausubstanz bildete die neue Stirnwand des Nordwestflügels (Abb. 66). Deutlich erkennbar war sie eingefügt worden; dies belegten nicht zuletzt die Grabungen unterhalb der Stirnwand. Die Erbauungszeit ist nicht überliefert; am ehesten möchte man sie mit den Zerstörungen des Dreißigjährigen Krieges in Verbindung bringen; Umbauten am Giebeldach sind inzwischen für die Zeit um 1684 belegt. Dabei konnte während der Baustellenbeobachtungen nicht eindeutig geklärt werden, ob das Fundament nicht bereits älteren Bauphasen angehörte. Da eine Abschlußwand des Palas der Phase IV nicht nachgewiesen werden konnte, im Fundament unterhalb des Nordostgiebels aber ältere Fundamentabschnitte eingebunden waren, mußte man davon ausgehen, daß die Abschlußwand des Palas sich ebenfalls in der Flucht des heutigen Giebels befand. Der heute ansichtige Giebel ist jedoch eindeutig eine Umbaumaßnahme, Teile der älteren Fundamente sind in diesen Neubau einbezogen worden. Darauf verwiesen nicht zuletzt Spolien des 16. Jahrhunderts, die im Fundament ergraben wurden.

Vor dem Giebel wurde ein überwölbter Kellerraum errichtet, der im Osten auf den noch erhaltenen Fundamenten der Phase II gründete, im Westen und Norden neue Außenmauern nutzte (Abb. 67). Die Zwischenräume des ursprünglichen Turmfundamentes, insbesondere der Innenraum des Turm, verschloß man mit

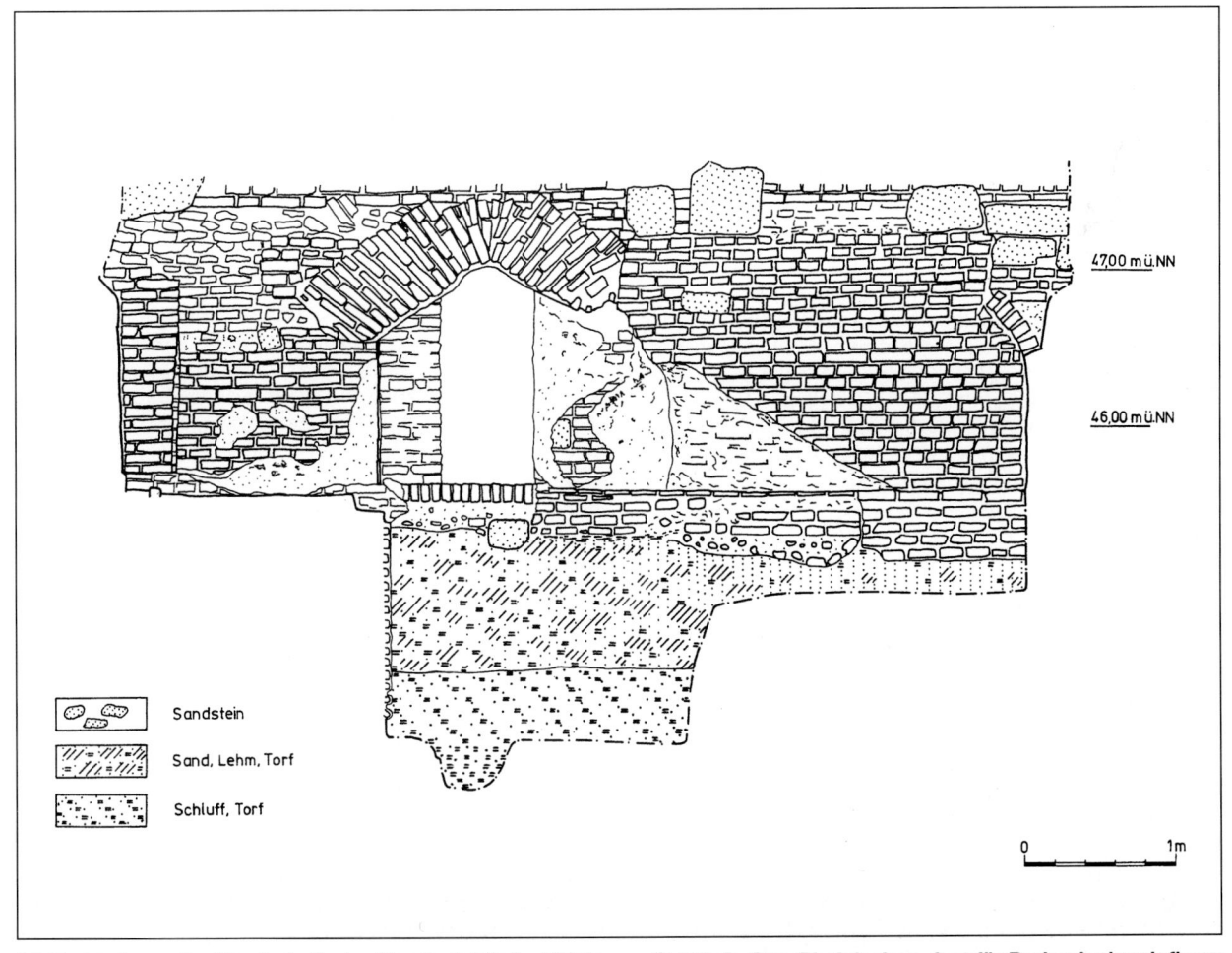

66 Herrenhaus. Profil unterhalb des Nordostgiebels. Zeichnung G. Lill, G. Otto, Rheinisches Amt für Bodendenkmalpflege; nach Feldzeichnungen von H. Berkel, D. Koran, Rheinisches Amt für Bodendenkmalpflege

67 Herrenhaus. Ansicht der Giebelwand und des frühneuzeitlichen Kellers. Die Fundamente des Nordturmes der Phase II sind bereits freigelegt, links im Bild ist noch aufgehendes Mauerwerk des Turmes erkennbar

Ziegelmauern. Der Keller hatte eine Größe von 9,1 m x 6,3 m. Nahe der Ostecke befand sich in der südöstlichen Wand eine Nische, bei der es sich um einen Zugang auf den Hof handeln könnte.

Die nordwestliche Wand war durchgehend neu aus Ziegeln erbaut worden, mit einer deutlichen Baufuge zum Fundament des Palasgiebels. Die Gründung lag nur 0,4–0,5 m unterhalb des Fußbodens, ein Hinweis darauf, daß kein größeres Gebäude vorgesehen war. Das Aufgehende besaß eine Breite von 0,58 m, nach Innen war eine Mauerschale vorgeblendet, die Gesamtstärke der Mauer betrug 0,84 m. Der Durchgang zum Keller des Palas maß nur 1,2 m Breite und ca. 1,5 m Höhe; er wurde durch das Fundament der neuen Giebelwand geschlagen.

Im Keller erkennbar waren mindestens zwei Bauphasen: eine ältere mit dem tieferliegenden Fußboden und der unverputzten Wand unterhalb des Nordostgiebels und eine jüngere, in der ein neuer Fußboden verlegt wurde, gleichzeitig mit einer neuen halbsteinstarken Verschalung der Giebelwand (die heute wieder sichtbar gemacht wurde). In den Kellerboden tieften sich einige Gruben ein, die sich sowohl im Fundament des Nordturmes der Phase II wie im humosen Boden zeigten.

Den Durchgang verkleinerte man wohl aus statischen Gründen durch einen Ziegelpfeiler; es wurden neue Zwischenwände gezogen und ein Schacht in der Nordecke durch die Wehrmauer der Phase III geschlagen, der mit dem Keller in Verbindung stand. Vor dem Schacht fand sich eine Sickergrube mit neuzeitlichen Funden. In den Ecken des Kellers deuteten vorgelagerte Pfeiler auf eine Gewölbedecke.

Unmittelbar neben dem Fundament der Bauphase II lag der mit einem Gewölbebogen überdeckte Durchgang in das Herrenhaus, der an den Bogen zwischen den Räumen 9 und 11 im Keller des Herrenhauses erinnerte. Er besaß gerade Schenkel, die durch einen dreieckigen, keilförmig gesetzten Schluß verbunden waren. Der vergleichbare Gewölbebogen zwischen den Räumen 9 und 11 gehörte in die Phase IV. Dies könnte bedeuten, daß das Fundament des Nordostgiebels des Palas, einschließlich des Durchganges und eines anschließenden Kellers, bereits in der Phase IV errichtet wurde. Somit wäre der ursprüngliche Giebel zumindest im Fundament erhalten geblieben; das Aufgehende des Giebels war eindeutig eine Erneuerung.

Nach Abnahme der Vorsatzschalen aus Ziegeln wurde im Fundament des Nordostgiebels ein älterer Durchgang in das Herrenhaus entdeckt, der zu einem nicht bekannten Zeitpunkt vermauert worden war. Er lag um ca. 2,2 m zum jüngeren Durchgang nach Westen versetzt. Die Bodenhöhe bezog sich auf den zuletzt im Keller genutzten Fußboden. Da die Wand, zu der der Durchgang gehörte, jünger als die nordwestliche Wand des Kellers vor dem Giebel war, könnte es sich auch um eine Nische handeln.

Das Profil des Fundamentes des Nordostgiebels zwischen der Wehrmauer und der Kellermauer zeigte unregelmäßiges Ziegelmauerwerk, das in mehreren Phasen erstellt wurde; diese waren im Einzelnen jedoch nicht mehr zuzuordnen. Im Erdprofil unterhalb des Giebels lag

bis auf eine Höhe von 44,50 m ü. NN eine sandig-lehmig-humose Auffüllung, darunter eine sehr dunkle, humos-torfige Erde (ergraben bis auf eine Tiefe von 43,74 m ü. NN, die Unterkante wurde nicht erreicht). In dieser Erde gründete das Fundament der Phase II. Das Fundament der Giebelwand besaß keine durchgehende Unterkante, im Aufgehenden waren mehrere Baufugen erkennbar. Es hatte den Anschein, ohne daß dies näher überprüft werden konnte, daß die Giebelwand in mehreren Abschnitten errichtet worden war. Nicht mehr eindeutig unterschieden werden konnten ältere Bauphasen (so z. B. die ursprüngliche Palaswand der Bauphase IV).
Eine Gründungstiefe bei etwa 44,60 m ü. NN erbrachte ein Profil unterhalb der Giebelwand im Raum 3. Das Fundament bestand hier aus einem Konglomerat aus Ziegelmauerwerkstücken, Holzbalken, Ziegelbruch und Sandsteinblöcken. Unter letzteren befanden sich Spolien, deren Voluten sich in das 16. Jh. datieren ließen. Damit konnte für die Erbauung zumindest eines Abschnittes ein terminus post quem festgelegt werden, also nach Beendigung der Bauarbeiten für die Phase VI. Vergleichbar hiermit war der Befund in der Torburg: im Fundament der Mauer, die die ursprüngliche Kurtinenmauer ersetzte, fanden sich ebenfalls Spolien des 16. Jahrhunderts verbaut.[51] Insgesamt handelte es sich um Erneuerungsbauten, wohl nach den Zerstörungen im Dreißigjährigen Krieg, als ungenutztes Baumaterial der Phase VI noch zur Verfügung stand. Oberhalb dieser Stickung baute sich durchgehendes Ziegelmauerwerk auf. Der Durchgang in der Nordostecke der Giebelwand war bereits eingeplant, da die Wange durch einen singulär stehenden Sandsteinblock abgefangen wurde, unter dem Durchgang fand sich kein durchgehendes Fundament.

In die vorhandenen Mauerzüge der Bauphasen II und III fügte sich das Fundament des Nordostgiebels ein und stellte ein verbindendes Element dar. Eine Erneuerung des Aufgehenden des Giebels mußte nicht zwangsläufig den Neubau des Fundamentes bedeuten. Allerdings könnte die neue errichtete Nordwestwand des Kellers damit in Zusammenhang stehen. Dies wiederum bedeutete, daß sich bereits in der Phase IV ein Keller im Vorfeld des Palasgiebels befunden hatte. Ob dieser überbaut war, und somit der Palas ursprünglich bis an den Rand der Hauptburg reichte, wie sie im Umfang durch die Wehrmauer der Phase III vorgegeben war, oder ob es sich um einen Erdkeller handelte, mußte offenbleiben. Zumindest die ältesten Karten von Schloß Rheydt gaben eindeutig eine Überbauung des jetzt vom neuen Treppenturm belegten Areals an.

Das Fundament des Nordostgiebels stieß in einem Bereich an die Wehrmauer der Phase III, der durch den Übergang zwischen der Flanke und der Schartennische gekennzeichnet war. Dieser Anschluß eignete sich statisch wenig, da zwar auf vorhandenen Fundamenten aufgebaut werden konnte, die verschiedenen Rücksprünge der Wehrmauer im neuen Fundament jedoch eingepaßt werden mußten. Zudem verlor diese Schartennische ihre volle Funktionsfähigkeit.

Älter als der Bau des Keller war eine Störung der Wehrmauer der Phase III durch einen nachträglichen Einbau. Im Bereich einer ehemaligen Schartennische schuf man einen Durchbruch, wobei die Wehrmauer in diesem Bereich vollständig abgetragen wurde. Nach innen durch ein Mauerviereck erweitert, schloß sich daran ein Raum (?) mit Ziegelboden an. Diesen störte, zumindest partiell, der Einbau des Kellers, einschließlich der dazugehörigen Baugrube.

Den Durchbruch verschloß man in einer jüngeren Phase. Auf einem Horizont aus Aufschüttungsmaterial mit Bauschutt verlegte man zwei Lagen von Sandsteinquadern, Unterkante bei 44,55 m ü. NN; dies korrespondierte mit den Buckelquadern der Außenseite der Wehrmauer der Phase III: entweder wurden die Sandsteinquader nur unwesentlich versetzt oder diese befanden sich noch in situ. Darüber zeigten sich zwei Lagen horizontal gestellter Ziegel, ein Entlastungsbogen und darüber aufgehendes Ziegelmauerwerk. Die verschlossene Nordseite des Durchbruches nahm die Flucht der Wehrmauer wieder auf. Der Fußboden des inneren Raumes aus flachen Ziegeln lag auf 45,74 m ü. NN. Leicht eingesunken, nahm er deutlich Bezug auf den Laufhorizont der Schartennischen auf 45,90 m ü. NN.

Der Zeitraum der Zerstörung des Kellers konnte nicht festgestellt werden. Man hatte ihn mit Bauschutt und neuzeitlichen Funden verfüllt.

Der Raum zwischen dem Neubau des Kellers und der Wehrmauer der Phase III war ebenfalls mit Bauschutt verfüllt. Die Oberkante der Baugrube der nordwestlichen Kellerwand reichte bis zur Höhe des Laufhorizontes der Wehrmauer auf 46,00 m ü. NN; darüber lagen horizontal geschichtete Verfüllschichten aus Bauschutt. In Raum 15 deckte man einen weiteren neuzeitlichen Befund auf. Es fand sich der dunkle humose Boden bis auf eine Höhe (Oberkante) von 44,60 m ü. NN, darüber zogen sich mächtige Auffüllschichten aus Bauschutt, Mörtelbändern und humosem Boden. Ein darauf liegender Laufhorizont besaß ein Niveau auf 45,12–45,22 m ü. NN. Damit im Zusammenhang stand ein rundes Becken aus Ziegeln bzw. Ziegelbruchstücken. Der äußere Durchmesser maß einen Meter, der innere rund 0,7 m; Unterkante bei 44,78 m ü. NN, Oberkante bei 45,18 m ü. NN (Höhe 0,4 m). Das innere Becken bestand aus einem aus Ziegeln gesetzten flachen Boden. Die Funktion blieb unbekannt, der Befund konnte nicht erhalten werden. Über diesem Befund und den älteren Verfüllschichten erstreckte sich eine weitere Verfüllung aus Bauschutt, die eine Baugrube an der Wand zwischen den Räumen 14 und 15 umfaßte. Die Oberkante des zugehörigen Fußbodens befand sich auf 45,46 m ü. NN, darüber lag der Betonboden.

Zur Nutzung des 19. Jahrhunderts gehörten zwei Brunnen, eine Feuerstelle und eine Entwässerungsanlage. Am ehesten wird man diese Nutzung der Zeit ab Mitte des 19. Jahrhunderts. zusprechen können.[52] Den großen Kellerraum 3/4 des Nordwestflügels nutzte man als Küche.

Etwa in der Mitte des Raumes 4 fand sich eine kaminartige Feuerstelle, die jedoch nicht erhalten werden konnte (Abb. 68). Sie war etwa 0,45–0,6 m groß, noch 1,3 m hoch erhalten. Die Unterkante lag bei 44,04 m ü. NN. Man hatte sie bis in die humos-torfigen Schichten eingetieft, deren Oberkante bei 44,40 m lag (Abb. 69). Darüber zog sich eine Verfüllschicht aus Lehm mit Kieseln, Holzkohle, Ziegelsplitt, Mörtelbröckchen und Muschelschalenfragmenten, Oberkante bei 45,20 m ü. NN. Darauf lag das Mörtelband eines Laufhorizontes, der wiederum in den Kamin einband. Damit ließ sich diese Feuerstelle in die letzten Nutzungsphasen mit einer Fußbodenhöhe von 45,50 m ü. NN einordnen.

Jünger als die Feuerstelle war die Unterteilung zwischen den Räumen 1/2 und 3/4, die auf dem Lehmband auf Höhe 45,20 m ü. NN gründete; sie datierte in das 20. Jahrhundert.

68 Herrenhaus. Raum 3, Schacht oder Feuerstelle, Draufsicht

In der Westecke des Raumes 5 befand sich ein Brunnen (Abb. 70), direkt unterhalb der ehemaligen, jetzt beseitigten Kellertreppe. Diese führte in steilem Winkel durch ein jetzt verschlossenes Loch in der Decke von Raum 5. Der Brunnen hielt nur einen Abstand von 0,12 m von der nordwestlichen Wand. Man hatte ihn aus Ziegeln mit einer konisch zulaufenden Überdachung erbaut, Oberkante bei 44,85 m ü. NN. Im Verputz an der höchsten Stelle blieb der sechsseitige Querschnitt des Holzrohres mit einem Durchmesser von 0,23 m erhalten, welches noch im Brunnenschacht lag. Das belegte die Nutzung mittels einer mechanischen Pumpe. Im Brunnenschacht stand noch das hölzerne Pumpenrohr. Der dazugehörige Laufhorizont, erkennbar an der Steinschwelle der Treppe, lag bei 45,60 m ü. NN. Der Brunnen wurde in die verfüllte Erde eingetieft; eine vollständige Ausgrabung erfolgte nicht, da der Brunnen in die Ausstellung integriert werden konnte.

Ein weiterer Brunnen mit ähnlichem Aufbau befand sich im Erker, Raum 10. In einer Erweiterung der südöstlichen Schießscharte hatte man einen Durchgang zum Graben gebrochen, später wurde der Brunnen eingebaut. Vergleichbar mit dem Brunnen in Raum 5 datierte er ebenfalls in das 19. Jh. Er besaß einen äußeren Durchmesser von etwa 1,5 m, der haubenartig sich verjüngende Schacht hatte einen lichten Durchmesser von 0,65 m, Teile der Verkleidung waren ausgebrochen. In dieser Haube steckte das mechanische Pumpenrohr aus Holz. Die heutige Rekonstruktion der Haube ist unhistorisch.

Vermutlich als Ersatz für den Abflußkanal unter dem Südwestturm erbaute man im Keller des Südwestflügels (Räume 11 und 12) einen aus Ziegeln gesetzten Kanal, der durch den Durchgang nach Norden bis zu einer

69 Herrenhaus. Raum 3, Schacht oder Feuerstelle, Profil

70 Herrenhaus. Brunnen in Raum 5, freigelegte Oberseite

ehemaligen Schießscharte geführt wurde, um von hier aus in die Gräfte zu gelangen. Der Kanal hatte einen U-förmigen Querschnitt von 0,2 m Breite, er war direkt unter den Fußboden verlegt worden. Die Unterkante stieg leicht an: in Raum 11 bei 45,27 m ü. NN, am Knick bei 45,28 m ü. NN, das ergab auf einer Länge von 2,4 m eine Steigung von 0,08 m; in Raum 12 stieg die Unterkante auf 45,46 m ü. NN an, auf einer Länge von 3,6 m eine Steigung von 0,18 m. Die Oberseite aus flach verlegten Ziegeln (Oberseite bei 45,54 – 45,60 m ü. NN) war beschädigt, sie ging in den Ziegelboden der letzten Nutzung über. In Raum 12 ließ man die Rinne offenbar offen, da die Randsteine bündig an die Ziegel des Fußbodens anstießen. Innerhalb des Kellerraumes 11 konnte der Befund erhalten bleiben, zudem ein Stück im Durchgang und in der Schießscharte im Original.

Jüngste Einbauten neben den Restaurierungen nach dem Zweiten Weltkrieg waren die nach 1943 erfolgten Maßnahmen. Dazu gehörten vorrangig der Einbau des Luftschutzkellers unter der Loggia. Er bestand aus einem 12,5 m x 2 m großen Aufenthaltsraum und einem 1,2 m x 2 m großem Vorraum. Durch den Einbau wurden besonders die Bauphase I und II zerstört, sowie die dazugehörigen Anschlüsse an die Mauerreste, die im Hof noch feststellbar waren. Weiter gehörten dazu neue Fußböden im Kellerraum, neue Zwischenwände und weitere Einbauten, die inzwischen fast vollständig beseitigt wurden.

4 Brücke zwischen Haupt- und Vorburg

Die Brücke zwischen der Haupt- und der Vorburg wurde im Frühjahr 1992 saniert, d. h. die vorhandene Pflasterung beseitigt, die Gewölbekappen freigelegt, die archäologischen Befunde dokumentiert. Die Brücke bestand aus insgesamt drei Gewölben (Abb. 71). Das östliche, am Haupthaus gelegene überspannte den Kellerraum 17, der in Phase VI an das Haupthaus angebaut worden war. Unter dem mittleren Bogen führte der Wassergraben hindurch, während der westliche Bogen auf der Vorburg lastete. Anscheinend wurde immer nur der mittlere Bogen für die Wasserführung genutzt.

Die Brückenfahrt wies eine Breite von 5,3 m auf, gleichbleibend auf der gesamten Länge. Die Auflieger der Gewölbebögen hatten eine Breite von rund einem Meter. Den östlichen Bogen band man am Herrenhaus in das aufgehende Mauerwerk ein. Die Breite des ersten Gewölbebogens maß 3,5 m bei einer Oberkante von 47,00 m ü. NN. Der zweite Gewölbebogen besaß eine Weite von 4,5 m, war also rund einen Meter breiter als der erste. Die Oberkante lag auf 46,70 m ü. NN, an der südöstlichen Wange befand sich eine Betonplombe.

Die Untersuchung der Gewölbekappen ergab, daß die Gewölbe und die nordwestliche Wange zusammen errichtet worden waren. Dagegen zeigte sich zur südöstlichen Wange eine deutliche Baufuge; zudem unterschieden sich Ziegel und Mörtel voneinander. Offenbar nutzte man beim Neubau der Brücke eine bereits vorhandene Mauer als Brückenwange.

Das Fundament des Raumes 17, unterhalb der Brücke, belegte ein durchlaufendes Mauerwerk mit eingefügten Buckelquadern, die in der Flucht der Südostwand des Herrenhauses bis in den Graben verlief. Die südwestliche und die nordwestliche Wand des Raumes 17 waren an das vorhandene Mauerwerk angesetzt worden; nur diese beiden waren miteinander verzahnt.

Ausbrüche in der Fassade an der Südecke des Herrenhauses verweisen darauf, daß die südöstliche Brücken-

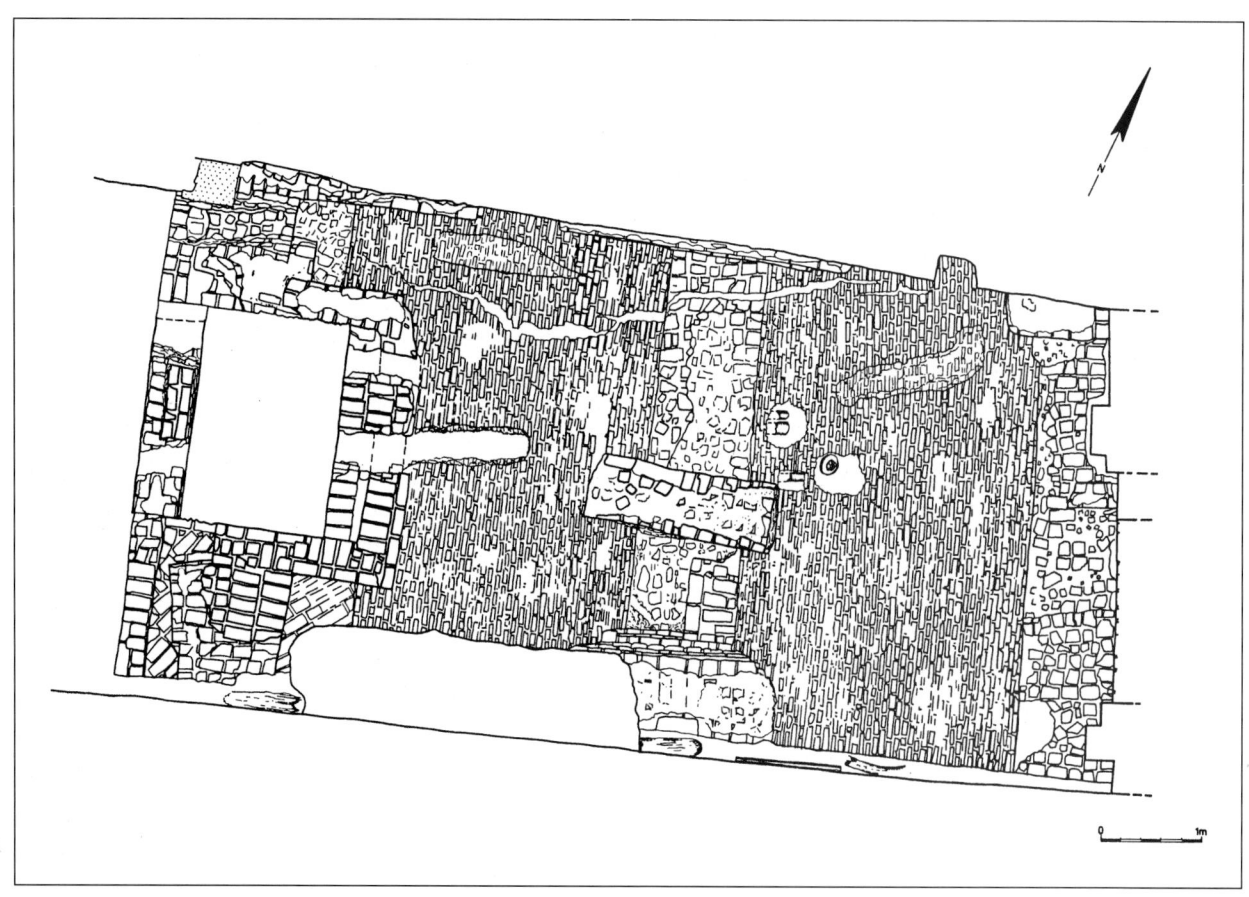

71 Brücke Haupthaus-Vorburg, Grundriß. Zeichnung G. Lill, G. Otto, Rheinisches Amt für Bodendenkmalpflege

wange ursprünglich höher gewesen sein mußte. Zusammen mit den Baubefunden der Brücke konnte eine ursprünglich vorhandene hohe Schildmauer zwischen Vorburg und Haupthaus rekonstruiert werden, die die eigentliche Brücke (um eine Achse nach Norden versetzt und damit unabhängig von der Schildmauer) schützte. Hinzu kam, daß das Wirtschaftsgebäude der Vorburg weiter nach Norden bis an den Graben reichte und sich somit eine leicht zu schließende Lücke im Grabenbereich ergab. Eine Zugbrücke als zusätzliche Sicherung war vermutlich nicht notwendig gewesen, wie es auch keine Hinweise auf eine solche Brücke am Herrenhaus gab. Gegen eine Zugbrücke sprach zudem das renaissancezeitliche Portal.[53]

Auf der bereits erwähnten Federzeichnung um 1585[54] sind viele Details des Haupthauses nur stark verzerrt wiedergegeben, die dem Betrachter zugewandte Außenseite des Südwestflügels ist jedoch deutlich dargestellt. Hier lassen sich unterscheiden: der mittlere Turm, nach links ein Teil des Langhauses und der anschließende renaissancezeitliche Erker, nach rechts der anschließende Teil des Langhauses sowie der Zugang über die Brücke (bei allen abgebildeten Brücken ist nicht eindeutig zu erkennen, ob es sich um Zugbrücken handelt; dies war den Prozeßbeteiligten bekannt und daher der Darstellung nicht wert). Auffallend massiv sind unverputzte Schildmauern hervorgehoben, die Vor- und Hauptburg verbinden und den Grabenabschnitt zwischen beiden von den umgebenden Gräften abschließen. Es war diese Schildmauer an der Brücke, die archäologisch nachgewiesen werden konnte.

Die nördliche Schildmauer zwischen Vorburg und Erker des Schlosses ist bislang weder bauhistorisch noch archäologisch belegt.

Viereckige Ausnehmungen in der Innenseite der Schildwand trugen vermutlich Balken eines hölzernen Wehrganges. Diese haben in der südöstlichen Wange eine Größe von 0,3–0,2 m bzw. 0,35–0,26 m. Drei davon wurden über dem ersten Gewölbe festgestellt, über dem mittleren Bogen befindet sich nur eine Ausnehmung.

Mit diesen Ausnehmungen korrespondierten ebensolche in der nordwestlichen Brückenwange; hier fand sich jedoch eine weitere über dem mittleren Auflieger. Eventuell mit der bankartigen Struktur auf der gegenüberliegenden Wange hing ein Vorsprung am Westende dieser Brückenwange zusammen, der ebenfalls mit Sandsteinblöcken abgedeckt war. Die Oberseite des Vorsprunges bestand aus Sandsteinblöcken bzw. einer Rollschicht aus Ziegeln.

Auf dem mittleren Auflieger befanden sich sowohl im Zentrum der Durchfahrt wie an der südöstlichen Wange Aufmauerungen, die bis knapp unterhalb des alten gepflasterten Weges reichten. Eine entsprechende Aufmauerung an der nordwestlichen Brückenwange fehlte. Die Funktion blieb unbekannt, vielleicht dienten sie der Verstärkung der Pflasterung.

Eine weitere Ziegelmauer überdeckte den südlichen Auflieger. In der Mitte des Weges lag ein 2,1 m x 1,4 m großer Schacht, verfüllt mit stark humoser Erde; diese Verfüllung wurde nicht entnommen. Den Schacht faßte eine eineinhalb Stein starke Ziegelmauerung im Umfang von 2,9 m x 2,7 m ein, offenbar zweiphasig, wobei die jüngere Phase größer ausgeführt wurde als die ältere. Die südliche Vermauerung des Schachtes fügte man später ein, nicht verzahnt mit den übrigen Wänden. Die Aufmauerungen waren nicht mittig zum Weg ausgeführt

worden, sondern nach Nordwesten verschoben (Abstände zu den Brückenwangen 0,96 m bzw. 1,35 m).
Von diesem ummauerten Schacht zogen Spannmauern an die Brückenwangen, im Nordwesten 0,55 m breit, im Südosten 1,25–0,95 m breit.
Im weiteren Verlauf des Brückenweges auf der Vorburg stellte man nur Auffüllmaterial fest, das jedoch nicht abgetragen und weiter untersucht wurde. Im Abstand von etwa 3,4 m vom Schacht lag etwa konzentrisch zum Weg ein Ziegelfundament von 0,75 m Breite; die Länge wurde nicht erfaßt. Auch dieses Fundament hatte man ergänzt bzw. repariert.
Zu den jüngsten Nutzungsphasen der Brücke gehörten Sandsteinblöcke, die in die südöstliche Wange der Brücke eingefügt wurden, um eine Art Bank zu bilden; die Unterkanten wurden nicht erfaßt. Diese und andere Maßnahmen an der Brücke, wie die Sandsteinbänke auf der Brückenmauer, standen im Zusammenhang mit den Nutzungen im 19. Jahrhundert, als die Zufahrt zum Herrenhaus auf der Vorburg durch ein massives Tor mit Sandsteinpfeilern abgetrennt worden war.[55]
Der Durchstich unterhalb des zweiten Gewölbes der Brücke wies eine Breite von rund 2,4 m auf. Zum Schutz der Fundamente blendete man Sandsteinblöcke vor das Ziegelmauerwerk (analog den Sandsteinquadern am Haupthaus). In der westlichen Ecke erweiterte sich die Breite auf 3,4 m. Unterhalb der Schildmauer verringerte sich der Durchgang auf 1,4 m Breite, die Fundamente waren ebenfalls mit Sandsteinblöcken gesichert. An der Nordseite des Durchganges lag ein älteres Mauerfundament, dessen genaue Ausdehnung nicht erfaßt werden konnte. Damit korrespondierte die Erweiterung der nordwestlichen Wand des Raumes 17. Hierbei handelte es sich vermutlich um Reste der älteren Brückenkonstruktion, die um eine Achse nach Nordwesten angelegt worden war.

5 Vorburg

Großflächige Untersuchungen im Bereich der Vorburg sind bislang nicht bekannt. Die bei den großflächigen Abtragungen der heutigen „Turnierwiese" mit Sicherheit aufgetretenen archäologischen Befunde und Funde registrierte und dokumentierte man nicht. Die Tieferlegung erfolgte vermutlich in den 30er Jahren, wohl im Zusammenhang mit den Freilichtaufführungen im Schloß.[56] Ebensowenig sind Befunde und Funde dokumentiert, die bei Sanierungsarbeiten an den Fundamenten und Verlegung von Versorgungsleitungen angetroffen worden waren.
Die baubegleitenden Untersuchungen 1994 in einem Kanal für Versorgungsleitungen in der „Turnierwiese" erbrachte an drei Stellen Befunde: im Bereich des Grabens zwischen der Haupt- und der Vorburg, vor der nordwestlichen Ecke der Vorburg und vor dem Eingang zur Vorburg.
In der „Turnierwiese", im Bereich vor dem Graben zur Hauptburg auf der Seite der Vorburg, wurde eine Ausbruchgrube angeschnitten, deren Breite noch Tiefe in dem Graben zu erfassen waren. Diese hatte man in sandigen Lehm mit Holzkohlepartikeln und darunter liegendem homogenem tonigen Lehm eingetieft; beide Schichten konnten als 'anstehender' Boden angesprochen werden. Da die Ausbruchgrube einen Verlauf parallel zum Graben andeutete, wurde von einer Begrenzungsmauer der Vorburg ausgegangen.

Eine solche Begrenzungsmauer war auf der bereits erwähnten Federzeichnung um 1585 deutlich verzeichnet, in dergleichen Ansicht aus unverputztem Mauerwerk wie die Schildmauern zwischen Haupt- und Vorburg.
Das an der Seite des nordwestlichen, heute verschütteten Grabens der Vorburg gefundene Mauerstück ließ sich nur ungefähr in die Flucht des postulierten Nordwestflügels der Vorburg einpassen. Eventuell handelte es sich um eine neuzeitliche Begrenzungsmauer.
Vor dem heutigen Eingang in die Vorburg, innerhalb der „Turnierwiese", fand sich ein weiteres Mauerstück mit einer Breite von 0,7 m. Dieses fluchtete mit der dem Hof zugewandten Seite des Nordwestflügels. Unter dieser Voraussetzung wäre dieser Flügel in einem Winkel von ungefähr 100° an den vorhandenen Querflügel angesetzt worden. Dies entspricht in etwa der Flucht, die der Westgiebel des Querflügels vorgibt. Die Vorburg hätte dann die Form eines aufgeweiteten U besessen.[57] Zwar hatte man den nordwestlichen Flügel der Hauptburg auf der Federzeichnung um 1585 wiedergegeben, durch die verzerrte Darstellung konnte eine genaue Orientierung dieses Flügels nicht gelingen.
Die Anlage eines weiteren Grabens für Versorgungsleitungen 1993, der quer über den Zufahrtsweg von der Durchfahrt in die Vorburg bis zur Brücke zum Herrenhaus führte, erbrachte weitere Befunde im Bereich der Brücke von der Hauptburg, der nordöstlichen Ecke der Vorburg und am Durchgang zur Torburg.
Quer zur Gräfte zwischen Haupt- und Vorburg konnte die Ausbruchgrube der Begrenzungsmauer der Vorburg erneut in einer starken Anhäufung von Ziegelbruch belegt werden; eindeutige Abgrenzungen ergaben sich nicht.
Im Planum vor dem heutigen Nordostgiebel des Vorburgflügels setzte sich in der Flucht die zum Hof gewandte Wand fort, mit einer Mauerstärke von 0,65 m. Das belegte die ursprüngliche Fortsetzung des Gebäudeflügels bis an die Gräfte; der heutige Giebel und die Vorlagen gehörten somit einer Umbauphase an. Im Inneren zeigten sich eine weitere Mauer bzw. ein Punktfundament mit einem Gewölbeansatz nach Süden. Entweder handelte es sich um ein gewölbtes Spannfundament, einen Entlastungsbogen oder einen Hinweis auf eine Unterkellerung des Vorburgflügels. Nach außen schloß sich ein Fußbodenbelag aus Sandsteinplatten und flach verlegten Ziegen an, Höhe 44,30 m ü. NN.
Dieser Zustand war auf der Federzeichnung dargestellt worden: den Abschluß des Gebäudeflügels bildete ein Turm aus, vergleichbar den noch erhaltenen Ecktürmen am Querhaus der Vorburg.
An der westlichen Ecke des Durchganges ließ sich im Graben der Belag einer Hofpflasterung nachweisen. Weiteres Mauerwerk, wie das bereits 1971 freigelegte Gewölbe, konnten nicht belegt werden. Das Fundament des Querflügels wies zumindest an einer Stelle nahe dem Durchgang einen Entlastungsbogen auf.
Im Profil des Grabens durch das Tor der Vorburg zur Torburg ließen sich bis auf eine quer verlaufende Mauer keine festen Strukturen, sondern nur mehrere Erdschichten nachweisen.

6 Torburg

In der Torburg stand südlich des Torhauses das ehemalige Restaurant, das in den fünfziger Jahren errichtet worden war. Für dieses waren zusätzlich drei Kellerräume erbaut worden. Bei den Ausschachtungen fanden sich Mauerreste, die glücklicherweise durch die Stadt Mönchengladbach dokumentiert worden waren; eine eindeutige Zuordnung konnte damals wegen der geringen Ausschnitte nicht erfolgen.

Nach dem Brand des Restaurants 1988 wollte man an gleicher Stelle einen Neubau errichten, der sowohl Museumsverwaltung als auch ein Restaurant/Café umfassen sollte. Man verzichtete auf eine Unterkellerung des Neubaues. Nur die Gründung der Fundamentplatte war archäologisch zu untersuchen. Und so beschränkte sich die Dokumentation auf die freigelegten Areale.

Wegen der nicht vollständigen Ausgrabung kann hier nur eine grobe Einordnung der Befunde gegeben werden. Als älteste Bauphase erwies sich eine Kasematte mit südlich anschließender Kurtine.[58] Durch jüngere Zerstörungen und Einbauten war der Grundriß nicht mehr vollständig erhalten. Die Kasematte hatte eine innere Fläche von ca. 13 m x 6 m; der Fußboden wurde nicht ergraben. In der Südwand fanden sich Schießscharten in zwei Lagen übereinander. Von hier aus konnte die Kurtinenmauer bestrichen werden, die sich nach Süden an die Schießkammer anschloß.

Die Kurtine konnte auf einer Länge von knapp 24 m verfolgt werden. Sie hatte eine Breite von einem Meter an der Oberseite; die Fundamente verbreiterten sich nach unten, wobei wiederum die Unterkante nicht ergraben worden ist. Zur Innenseite fanden sich (vermutlich acht) Vorlagen, die der Abstützung dienten. Teilweise hatte man die Vorlagen in dem 1953 ergrabenen Bereich des Kellers erfaßt. Nach 16,4 m knickte die Mauer in einem Winkel von ca. 155° nach Südost ab, um an die Südostbastion anzuschließen. Die Fortsetzung wurde nicht ergraben, sie befindet sich unterhalb des vorhandenen Walles.

Bei den Grabungen im Restaurantbereich konnten zahlreiche jüngere Bauphasen belegt werden, die chronologisch nicht näher zuzuordnen waren. Eine Erweiterung um einen überwölbten Raum fügte man südöstlich an den Schießraum an. Er hatte eine Größe von ca. 3,5 m x 8 m mit 1,1 m starken Außenwänden. Dieser lehnte sich an die Kurtine und die Kasematte an. Bemerkenswert war, daß die Schießscharten der Kammer durch den Neubau zugesetzt und damit funktionslos wurden. Es war allerdings nicht mehr feststellbar, ob der neue Raum ebenfalls Schießscharten besaß, da man die Südostwand nicht erfaßte (beseitigt bei den Bauarbeiten 1953 ?). Der Fußboden wurde ebenfalls nicht ergraben. Zu einem nicht bekannten Zeitpunkt tiefte man in diesen Raum einen Brunnen ein, der jedoch keinen funktionellen Kontakt zur Kasematte hatte. Er besaß einen lichten Durchmesser von 0,9 m, die Tiefe wurde nicht erfaßt. Der Brunnen ist im Zusammenhang mit den Umbauten in der Torburg im 19. Jh. zu sehen.[59]

Sowohl bei den Beobachtungen 1953 als auch bei unseren Grabungen zeigten sich weitere Bauphasen. Die Kasematte wurde in zwei Räume von 3,5 m bzw. rund 8 m Länge unterteilt. Im südlichen Raum verlegte man mindestens zwei Fußböden, die als Reste in der nordöstlichen Ecke erhalten blieben. Diese Böden hatten keinen Zusammenhang mehr zum ursprünglichen Fußboden der Kasematte, da sich unter ihnen eine starke Schuttlage fand. In den kleineren Raum wurde ein Ofen eingebaut, vermutlich zum Backen und Kochen. Diesen hatte man ebenfalls auf der schon erwähnten Schuttlage errichtet. Es waren auf den Fundamenten der Kasematten des 16. Jahrhunderts Gebäude errichtet worden, die als Küche für eine Restauration dienten. Diese Bauphasen datierten durch die wenigen Funde von Keramik in die Neuzeit. Ein Zusammenhang mit den Nutzungen des 19. und 20. Jahrhunderts war wahrscheinlich.[60] Bei den Einrichtungen der Sommerwirtschaft ab 1927 nutzte man einen „jahrhundertealten Keller", aus dem ein Bierkeller wurde. Dieser Keller wird wohl mit den ergrabenen Kasematten an der Südostseite der Torburg im Zusammenhang gestanden haben.

Innerhalb der Kurtine fanden sich weitere Fundamente, die sich nicht chronologisch oder typologisch erklären lassen. Östlich der Kurtinenmauer lag ein Ziegelfundament von etwa 35,6 m Länge, das in keinem erkennbaren Kontext zur Kurtine stand; Ziegelmaterial und Mörtel unterschieden sich deutlich. Die Mauer stand auf Punktfundamenten, die mit flachen Gewölbebögen verbunden waren, offenbar Entlastungsbögen. Verbindungen zu den vorhandenen Fundamenten waren durch die Störungen der Baumaßnahmen von 1953 nicht mehr erkennbar.

Bei den Ausschachtungen 1953 wurden im jetzigen Hofbereich der Torburg weitere Mauern mit Vorlagen gefunden und dokumentiert, die auch nach den neueren Grabungen nicht zugeordnet werden konnten. Ebensowenig ließ sich die zeitliche Abfolge der Mauern klären. Bereits 1989 wurden im Bereich der Torburg zwei kleine Suchschnitte angelegt, um vorhandenes Mauerwerk nachzuweisen.[61] Im Schnitt südwestlich des ehemaligen Restaurants fand sich das Fundament einer Mauer, in das man Spolien des 16. Jahrhunderts eingebaut hatte. Dieses Fundament fand seine Fortsetzung zur Südwestbastion in einem Mauerzug, der noch an der ehemaligen „Pferdetränke" sichtbar vorhanden ist. Insgesamt stellte sie eine Begrenzungsmauer der Torburg dar, die wohl im Zusammenhang mit den Umbauten der Torburg im 19./20. Jahrhundert und der „Anlegestelle" an der Südostbastion zu sehen war.[62]

Dem auf der Urkarte von 1820 erkennbaren Gebäude am südlichen Rand der Torburg galt der zweite Schnitt. Es fanden sich jedoch nur verstürzte Mauerreste. Dieses Gebäude ist auf der Flurkarte von 1863 bereits ausgekreuzt, also als beseitigt gekennzeichnet.

Zwischen der Kasematte und dem Torhaus befanden sich zwei nur 0,6 m starke Mauerzüge, die man an die Kasematte mit einer deutlichen Baufuge angebaut hatte. Auch zu den Fundamenten des Torhauses wiesen sie eine Baufuge auf. Das beim Bau eines weiteren Kellers südwestlich des Torhauses 1953 freigelegte Mauerwerk wurde zwar dokumentiert, eine Zuordnung konnte bis heute nicht gelingen. Hierzu bedarf es detaillierter archäologischer und baugeschichtlicher Untersuchungen am Torhaus, die bislang noch nicht ausgeführt wurden.[63]

Auffallend blieb die fehlende Anbindung des Torhauses, wie es auch an der Südwestbastion bemerkt wurde. Die einzigen Mauern, die Kasematte und Torhaus verbanden, datierten eindeutig jünger. Es stellte sich die Frage nach der ursprünglichen Verbindung der Kasematte südöstlich des Torhauses und der Kasematte nordwestlich des Torhauses. Da anzunehmen war, daß sich der Zugang zum Schloß immer im Bereich des jetzigen Torhauses befand, muß von einem ursprünglich anderen Konzept ausgegangen werden. Das jetzige Torhaus stellte somit eine Umbau- bzw. Ergänzungsphase dar.

Für Versorgungsleitungen legte man 1993 einen Graben in der Vorburg an, der vom Durchgang in die Vorburg nach Westen und Süden abknickend quer über den Hof verlief.

Unmittelbar vor dem Durchgang in die Vorburg, im Bereich der heute verschütteten Gräfte, befand sich massives Mauerwerk aus Ziegeln auf einer Länge von 4,65 m, das eventuell mit einer Brückenwange in Verbindung stehen könnte.

In der Flucht des Durchganges lag im Hofbereich eine Nord-Süd verlaufende Mauer in der Breite von 1,1 m. Östlich schloß sich eine Verfüllung (eines Kellers?) aus Ziegelschutt an. Dieses Mauerwerk war im Zusammenhang mit einem Gebäude zu sehen, das auf Plänen und Photos überliefert ist. Dabei handelte es sich um einen im 19. Jahrhundert errichteten Kuhstall und eine Wagenremise.[64] Aber auch auf der Federzeichnung um 1585 waren in diesem Areal Gebäude eingetragen, die bislang im Einzelnen noch nicht zugeordnet werden konnten. Zumindest ein Teil der aufgedeckten Befunde mußte diesen Gebäuden zugesprochen werden.

Parallel zum westlichen Abschnitt des Querflügels zeigte sich eine Ost-West verlaufende Mauer, deren Breite nicht erfaßt werden konnte; die Oberseite war abgetragen worden. Wegen der am Verlauf der Gräfte orientierten Lage ging man von einer Begrenzungsmauer aus. Diese Mauer könnte jedoch auch im Zusammenhang mit dem oben erwähnten Gebäude gestanden haben. Damit zu verbinden waren weitere Nord-Süd verlaufende Mauern (Mauerbreiten 1,1 m bzw. 0,8 m), die man vor dem Eckturm des Querflügels fand. Im Vorfeld des westlichen Eckturmes des Vorburgflügels zeigten sich im Profil zwei Mauern im Abstand von 1,8 m, Mauerstärke jeweils 0,7 m. In dem mit Ziegelschutt verfüllten Zwischenraum fand sich eine Brandschicht mit sehr unregelmäßiger Oberseite. Anschlüsse an das Festungsmauerwerk waren hier nicht zu belegen.

Im Graben vor den heutigen Garagen am Torgebäude festgestellte, Nord-Süd orientierte Mauern mit einer Breite von 0,8–0,9 m gehörten entweder zu Gebäuden auf dem Hof[65] oder zu Begrenzungsmauern. Darauf verwiesen die sehr tiefe Unterkante (42,00 m ü. NN) sowie das breite Fundament, das sich mit drei Rücksprüngen auf die Breite des Aufgehenden verjüngte. Eine weitere Mauer von nur 0,5 m Stärke war sicherlich in Verbindung mit den neuzeitlichen Einbauten zu sehen.

Im Profil unmittelbar vor dem nördlichen Teil der Torburg lag ein Ost-West orientiertes Gewölbe. Nach Süden schloß sich ein mit Ziegelschutt verfüllter Bereich an, der bis fast auf die Höhe der Durchfahrt reichte. Darüber fanden sich neuzeitliche Verfüllschichten und Planierungen für die Hofpflasterung. Solche Gewölbe wurden mehrfach von der Torburg gemeldet, ohne daß bislang eine Funktionszuordnung gelingen konnte.

Im Suchgraben im Bereich des Durchganges durch die Torburg zeigten sich keine Befunde, nur unspezifizierte Auffüllschichten.

Der im Jahre 1994 untersuchte Graben für Versorgungsleitungen führte von der nordwestlichen Ecke des Restaurant-Neubaues in den Hof hinein und knickte dann nach Süden ab. Das im Bereich unmittelbar vor dem Restaurant festgestellte Mauerwerk konnte mit den Mauern aus der Grabung 1992/93 parallelisiert werden: es handelte sich um die rückwärtige Wand der Kasematte. Im Abstand von ca. 4 m vor dem Restaurant-Neubau fand sich massives Mauerwerk aus Ziegeln, das Entlastungsbögen auf kleinen Pfeilern aufwies. Damit stand es in Verbindung mit der Mauer, die bei den Grabungen 1992/93 freigelegt worden war. Eine Übereinstimmung der Fluchten war allerdings nicht festzustellen. Weiteres Mauerwerk im Graben vor dem Restaurant-Neubau ließ sich nicht näher zuordnen.

Für die Torburg bleibt festzuhalten, daß sich bei den jetzt erfolgten Baumaßnahmen die Zerstörungen im kleineren Rahmen hielten. Jedoch belegten Baustellenbeobachtungen von E. Otten in den 60er Jahren[66] sowie die aktuellen Maßnahmen, daß sich noch zahlreiche Befunde im Boden der Torburg befinden.

7 Bastionen

Die frühneuzeitlichen Festungsanlagen von Schloß Rheydt waren bereits mehrfach Gegenstand von Untersuchungen.[67] Dabei wurde darauf verwiesen, daß sie unter dem Einfluß von Jülich entstanden sind und daß derselbe Bauherr, Alessandro Pasqualini bzw. dessen Söhne Maximilian und Johann, in Rheydt gewirkt haben sollen. Die Festungsanlagen entstanden in den Jahren 1560 bis 1580 unter Otto von Bylandt, gleichzeitig mit dem Ausbau des Herrenhauses (Steinbauphase VI). Ältere Bauphasen wurden bislang nicht festgestellt.

Im Abstand von 25–30 m vom alten Burggraben wurde ein zweiter Wassergraben ausgehoben und mit den anfallenden Erdmassen der Wall zwischen den beiden Gräben aufgeschüttet. Alle Wassergräben wurden und werden von der Niers gespeist. Als äußere Begrenzungen des Walles dienten Ziegelmauern, die über das Niveau des Walles hinaus reichten, heute aber nicht mehr vollständig erhalten sind.

Wegen der Bedeutung, Größe und Ausdehnung der bestehenden Anlage von Rheydt wurde eine Festungsanlage mit fünf Bastionen und einer befestigten Torburg errichtet.[68]

Die in den Bastionen eingebauten Kasematten waren isoliert und von getrennten Zugängen vom Wall aus zugänglich; Hinweise auf Verbindungen untereinander fanden sich nicht. Deren Anordnung, so wie sie sich heute darstellt, war unregelmäßig (Abb. 37). Allerdings sind nicht alle Kasematten in ihrer Ausbauform bekannt und die vorhandenen umgebaut und verändert. Die am besten erhaltene und heute zugängliche Nordostbastion besitzt vier Geschützkammern, wobei zwei in Verbindung mit den Bastionsohren stehen. Pieper[69] deutete an, daß die beiden westlichen Bastionen wegen der Lage zur Niers hin unbedeutend waren und daher nicht so aufwendig gebaut waren. Da der komplexe Aufbau der Südwestbastion nachgewiesen werden konnte, ist diese Annahme wohl zu widerlegen.

In der Zeit zwischen dem Ende der Bauarbeiten um 1591 und dem 19. Jahrhundert waren die Gräfte weitgehend verlandet. Diese Situation spiegelte der Plan von Schloß Rheydt um 1918 wieder.[70] Danach waren die äußeren Gräben als „Sumpf", die inneren als „Wiese" gekennzeichnet. Durch die Bemühungen von O. Kempff restaurierte man die Befestigungsanlagen anläßlich der Umbaumaßnahmen in den 20er Jahren.[71] Der äußere Graben wurde vollständig, der innere jedoch nur teilweise geräumt. Ein Durchlaß im Knick der Kurtine zwischen Nordost- und Südostbastion stellte die Wasserverbindung zwischen äußerem und innerem Graben her (einen vorhandenen Durchlaß nutzend?). Weiterhin wurde die Brücke zur Torburg instand gesetzt. Für eine neue Brücke über die Gräfte am Herrenhaus nutzte man das neu entdeckte Turmfundament an der nordöstlichen Seite der Hauptburg. Im Verlaufe des Sommers 1919 legte man die nordwestlichen und nordöstlichen

Kasematten frei. Gut erhalten waren die Gänge, während die Schießkammern mit den Schießscharten überall verschwunden waren. Diese Anlagen stellte man wieder her. Zusätzlich wurde ein Bastionsohr an der Nordbastion geöffnet.

Auf den Grundlagen vorhandener Pläne, insbesondere der Rekonstruktionen von K. Pieper,[72] der Grabungsergebnisse und eigener Beobachtungen wurde der Versuch einer zeichnerischen Rekonstruktion der Festungsanlagen von Schloß Rheydt angelegt (Abb. 37). Dieser weist sicherlich einige Widersprüche bzw. Fehlstellen auf, die sich durch nicht erhaltene bzw. nicht untersuchte Anlagen erklären. Bereits Pieper rekonstruierte die doppelten Bastionsspitzen, aufgrund der vorhandenen und offenen Kasematten und der im Gelände erkennbaren Fluchten. Ebenso verwies er auf die unregelmäßige Gestaltung von Lage und Ausbau der Kasematten sowie Anordnung und Format der Gänge.

Es fallen bei der Rekonstruktion einige Details auf: so schien die West- und Nordseite mit der Torburg, der Südwest- und Nordwestbastion weitaus stärker befestigt zu sein als die östliche und südliche Seite. Ungewöhnlich waren die geknickten Kurtinen zwischen den einzelnen Bastionen. Nahezu ohne Vergleich standen die doppelten Bastionsspitzen dar, nachzuweisen sowohl beid- als auch einseitig an den Facen der Südwest-, der Nordwest-, der Nordost- und der Südostbastionen.

Als Ursprung der Festungsanlagen von Schloß Rheydt galten die Anlagen von Jülich. Zwar fehlen bislang direkte Hinweise der Anwesenheit von Mitgliedern der Familie Pasqualini, doch sprachen bislang die äußere Form und die bisherigen Rekonstruktionen für direkte Vergleiche zwischen den Anlagen von Rheydt und Jülich. Aber gerade die oben erwähnten Details in der Bauausführung lassen an der unmittelbaren Mitwirkung der Pasqualinis zumindest Zweifel aufkommen, da sie beispielsweise an den Festungsanlagen in Jülich an keiner Stelle nachzuweisen waren. Andererseits stellte die Anlage von Rheydt innerhalb der Festungswerke am Niederrhein eine große Ausnahme dar, so daß sicherlich bekannte Architekten das Grundgerüst der Planungen gelegt haben dürften. Die Details wurden dann den jeweiligen Besonderheiten und Gegebenheiten angepaßt. Nähere Untersuchungen der Festungsanlagen konnten, in Abhängigkeit von den jeweiligen Bauarbeiten, an insgesamt drei Stellen durchgeführt werden: in der Südwestbastion, in der Nordostbastion und im Bereich der Torburg.

7.1 Südwestbastion

Die Ergebnisse der Grabungen bei der Anlage der Baustraße 1990 wurden bereits vorgestellt;[73] sie sind hier kurz zusammengefaßt. Zwischen Torhaus und Bastionsspitze lag eine 2,3 m x 8,4 m große Schießkammer (Abb. 72), von der sowohl Torhaus wie Kurtine bestrichen werden konnte. Diese war um 7,8 m nach innen versetzt. In der Bastionsspitze befand sich ein überwölbter Keller von 4,5 m x 6,2 m Größe (Abb. 73). Darüber erhob sich ein Turm auf 3 m x 3 m Grundfläche,[74] sicher zur zusätzlichen Absicherung der Zufahrt (Abb. 74). Auffallend ist die unorganische Anbindung des Torhauses im Bereich der jetzigen Garagen, die scheinbar keinen Bezug auf das heutige Torhaus hat.

Anläßlich der Wiederherstellungsarbeiten der Grünanlagen auf den Wällen der Befestigungsanlagen konnten abschließende Untersuchungen durchgeführt werden.[75] Dabei legte man das fehlende Zwischenstück der Face frei. Die Mauer bestand aus Feldbrandziegeln in

72 Südwestbastion, Kasematte

einer Breite von 0,9 m. Nach außen hatte man eine Schale aus halben Ziegeln vorgelegt, sicherlich eine Erneuerungsphase der zerstörten Außenschale der Festungsmauer. Die Außenseite wies eine Schräge auf, die jedoch nicht gemessen werden konnte.

Am Bastionsohr, parallel zur Flanke und um etwa fünf Meter nach Norden versetzt, fand sich eine in die Außenmauer eingebundene Quermauer. Ein Innenraum ließ sich aufgrund der Vorgaben der Grabungen nicht feststellen. Entweder handelte es sich bei dieser Mauer um den Rest einer Vorlage oder um eine Rückwand einer Schießkammer.

An das vorhandene Fundament der Face wurde, getrennt durch eine Baufuge, ein weiterer Raum (?) angesetzt. Erkennbar war noch ein U-förmiges Mauerwerk aus Ziegeln, das sich deutlich von der älteren Mauerungstechnik unterschied. Funktion und Zeitstellung blieben unerkannt.

Etwas nordöstlich der Bastionsspitze konnte ein weiterer Befund dokumentiert werden. Von einem Ringfundament hatten sich noch zwei Schenkel erhalten, 2–3 Lagen aus Feldbrandziegeln (Format 26 m x 14 m x 7 cm; Kalkmörtel). Eine der Außenseiten trug Verputz. Die Gründung erfolgte auf angeschüttetem Boden, eine Baugrube war nicht zu erkennen. Bei den Fundamenten handelte es sich um die Reste eines Pavillons, der sich auf der südwestlichen Bastion als Teil der Gartengestaltung befand.[76]

7.2 Nordwestbastion

Die Beschreibung der Nordwestbastion kann nur auf der Grundlage der vorhandenen Pläne und Begehungen im Gelände erfolgen. Danach ließen die Fluchten eine auf beiden Facen zurückspringende Spitze vergleichbar der Nordostbastion erwarten. Dadurch bedingt mußten in der Rekonstruktion die Bastionsohren asymmetrisch angeordnet werden. Dies war zusätzlich durch die Orientierung der vorhandenen Geschützkammern bedingt, die in ihrer quer zum Gang liegenden Form nur die Kammern für die Bastionsohren darstellen konnten. Das vorhandene, ansichtige Mauerwerk stellt Erneuerungen des 20. Jahrhunderts dar.

7.3 Nordbastion

Untersuchungen über den Aufbau und die Defenceanlagen innerhalb der Wälle der Nordbastion waren nicht bekannt. Die Rekonstruktion aufgrund der vorhandenen Fluchten ergab eine einfache Bastion mit geraden Facen und zwei Bastionsohren.
Die offen liegende Westseite mit dem Bastionsohr ist in der heute ansichtigen Form eine Erneuerung bzw. ein Neubau des 20. Jahrhunderts.

7.4 Nordostbastion

Die Nordostbastion wird in ihrer Funktion so verändert, daß sie für Ausstellungszwecke genutzt werden kann. Dies bedingte sowohl Voruntersuchungen als auch umfangreiche Dokumentationen während der Bauausführung.

Da der vor Baubeginn angetroffene Boden der Gänge und Kammern aus einer Schutt- und Schlammschicht bestand, wünschte man einen festen, begehbaren Fußweg einzubauen. Zuvor mußte der ursprüngliche Laufhorizont archäologisch geklärt werden. In keinem von

73 Südwestbastion, Bastionsspitze, Detail

drei Suchschnitten wurde ein ursprünglicher Bodenbelag festgestellt. In 0,20 m Tiefe fand sich die originale Fußbodenhöhe, angedeutet durch einen befestigten Boden. Die darunter liegenden Schuttschichten gehörten zur Bauphase bzw. Anschüttung innerhalb der Wälle und den Defensionsgängen. Schon Pieper nahm hier keinen besonderen Fußbodenbelag an.[77]

Die weiteren Untersuchungen ergaben, daß die Kasematten im 20. Jahrhundert durchgreifend umgebaut und dem Zeitgeschmack angepaßt worden waren. Dies erschwerte die Bestimmung der einzelnen Bauphasen und die Zuordnung der Bauelemente.

Aufgrund der Grabungen und Untersuchungen konnte bislang ein provisorischer Grundriß der Anlage des 16. Jh. rekonstruiert werden. Die Bastionsspitze mit zwei Geschützkammern hatte insgesamt eine Größe von 18 m x 14 m; die südwestliche Kammer eine von 3,5 m x 4,5 m, die nordöstliche von 3,5 m x 7 m. In den deutlich schräg gestellten Außenwänden zu den Gräften befanden sich zwei Reihen übereinanderliegender Schießscharten ohne ausgeprägte Schartennischen: bei der südwestlichen Kammer nur in der Südseite und in der nordwestlichen in der Nord- und Ostseite. Dies ergab unterschiedliche Defencelinien, zum einen allein entlang der Face (Südwestkammer), zum anderen entlang der Face und der Flanke an der Nordostkammer. Offenbar bildete diese Bastion eine besondere Art der Spitze, indem die nordöstliche Face durch einen Rücksprung unterteilt wurde; dieser wurde durch die zusätzlichen Schießscharten gesichert. Den Übergang zwischen Geschützkammer und Face schützte man zusätzlich durch eine kleine, gesonderte Feuerstellung. Eindeutig zu belegen war dies nur an der Nordseite, da hier die Face mit den typischen Vorlage für die Stützpfeiler nachgewiesen werden konnte. Die Fortsetzung der Face bis zum Bastionsohr kannte man bereits durch ältere Beobachtungen.

An der Südseite fehlten weitergehende Untersuchungen zur abschießenden Klärung des Aufbaues dieser Bastionsface. Jedoch ergaben die bisherigen Ergebnisse nur eine gerade Face ohne zusätzlichen Rücksprung. Damit wäre diese Bastion asymmetrisch.

74 Südwestbastion, Bastionsspitze

In der nordöstlichen Geschützkammer waren die Innenseiten durch Vorsatzschalen aus Ziegeln sowie Verblendungen des originalen Mauerwerkes sehr stark gestört. Dies war in den Schießkanälen deutlich nachzuweisen, indem das mittlere, originale Mauerwerk des 16. Jahrhunderts sowohl nach innen als auch nach außen mehr oder weniger starke Vermauerungen aufwies; allein die Verläufe der Schießkanäle waren beibehalten worden. Die Außenseite der nordöstlichen Kammer wies Verblendungen aus sorgfältig gesetzten Ziegeln auf. Die ehemals vorhandenen gewölbten Decken fehlten. Dadurch ergibt der heutige Zustand ein Bild, das eher den romantischen Vorstellungen des 20. Jahrhunderts als den verteidigungstechnischen Notwendigkeiten des 16. Jahrhunderts entspricht.

Der Gang in die Bastionsspitze hatte eine Breite von rund 2 m, die Überwölbung war weitgehend erhalten, wenn auch stark überarbeitet. Es gab Hinweise, daß auch diese Gewölbe nicht mehr dem Ursprungszustand entsprachen.

Der Zugang in die südliche Geschützkammer war bis auf eine Durchgangsbreite von 1,8 m zugesetzt worden. Diese Zumauerung stützte zugleich die ursprünglich vorhandene, jetzt teilweise wiederhergestellte Gewölbedecke. Die ursprünglichen Wände an der Südwest-, Nordost- und Südostseite konnten noch nachgewiesen werden, wenn auch durch Restaurierungen überformt. Dazu gehörten besonders die Einbauten in der Südecke; dadurch war auch die ursprüngliche Fortsetzung der Face zum Bastionsohr nicht mehr nachzuweisen. Aufgrund der Fluchten ist ein Rücksprung eher unwahrscheinlich, wenn auch nicht auszuschließen. Dies bedeutete, daß die Spitze der Nordostbastion asymmetrisch aufgebaut wäre: zur Nordostseite hin mit geteilter Face und Bastionsohr, zur Südwestseite hin mit einfacher Face und Bastionsohr.

Die Spitze der Bastion war durch einen weiteren Raum zusätzlich gesichert.[78] Die beiden inneren Mauerzüge banden in die Bastionsfacen ein. Dabei saß die Westecke auf dem gewölbten Gang vor der nordöstlichen Kammer ohne Verzahnung auf. Der Raum, von dem ein Fußboden nicht nachgewiesen werden konnte, besaß eine Größe von 3,2 m x 4,1 m.

Auf diesen älteren Bauphasen des 16. Jahrhunderts wurden zu einem nicht näher bestimmbaren Zeitpunkt neue Fundamente aufgesetzt, die die gesamte Bastionsspitze in einem Umfang von 12 m x 14 m einfaßten. Dabei handelte es sich um 0,9 m breite Mauern, die auf den älteren Mauern und Gewölben ohne Verzahnung aufgebaut wurden. Bedingt durch den Baugrund wurde die Westmauer auf Entlastungsbögen ausgeführt, die auf kleinen Pfeilern ruhten. Diese gingen jedoch nicht bis auf die Tiefe des anstehenden Grundwassers (auf 44 m ü. NN) herunter. Im Gegensatz dazu gründeten die älteren Mauern (nachgewiesen an der nordöstlichen Kammerwand der Geschützstellung) unterhalb der Grundwasserlinie.

Da das aufgehende Mauerwerk der neueren Bauphasen abgetragen worden war, blieben die Einbindung der Aufmauerung über der nordöstlichen Geschützkammer (nach Entfernung der ursprünglichen Gewölbedecke) in den entstandenen neuen Raum sowie die Aufteilung und Funktion der neuen Bastionsspitze ungeklärt. Aufgrund der verwendeten Baumaterialien möchte man die Umbauten vor die Mitte des 19. Jahrhunderts datieren. Zu den Restaurierungen der 20er und 50er Jahre gehörten Betonreste und die Aufmauerung der Südecke der südlichen Geschützkammer.

In die beschriebene Bastionsspitze der Nordostbastion führte ein rund 17 m langer gewölbter Gang. Dieser zweigte von einem Quergang ab, der die beiden Geschützkammern an den Bastionsohren erschloß. Kurz vor der nördlichen Geschützkammer bog der Gang im Bereich einer Vorratskammer ab.

Der heutige Zugang entspricht nicht dem ursprünglichen; dieser konnte jedoch nicht eindeutig festgestellt werden. So blieb unklar, ob die Defensionsanlagen in den Bastionen mit schwerem Gerät (Geschützen) zu befahren waren. Allerdings machte das Fehlen von eindeutigen Zufahrtsrampen und von Befestigungen der Wege innerhalb der Gänge und Kammern dieses eher unwahrscheinlich. Den vorhandenen Eingang hatte man im Zuge der Restaurierungsarbeiten im Sommer 1919 im Bereich vorhandener, aber eingestürzter Luftschächte angelegt. Ob sich die ursprünglichen Eingänge an den Innenseite der Wälle befanden, konnte bei den Untersuchungen nicht belegt werden.[79]

7.5 Südostbastion

Untersuchungen innerhalb der Südostbastion wurden während der Restaurierungsarbeiten nicht durchgeführt. Nur ein Teil der Defensionsanlagen innerhalb der Bastion waren bekannt. Der gewölbte Zugang zur neuzeitlichen „Anlegestelle" ging auf einen originalen Defencegang zurück; lediglich das ansichtige Mauerwerk stellte eine Erneuerung dar.

Die Kurtine zwischen der Nordost- und der Südostbastion konnte auf der Grundlage der vorhandenen Aufmaße rekonstruiert werden. Im Bereich der bestehenden Poterne im Wall war der Knick im Verlauf der Kurtine anzusetzen, um von dort die beiden Bastionsohren zu erreichen. Die Geschützkammer und der Zugang am östlichen Bastionsohr der Südostbastion blieb erhalten.

An der Westseite der Südostbastion, und damit der Verbindung zur Toranlage, mußte eine sehr kurze Face mit kleinem Bastionsohr rekonstruiert werden. Dies war bedingt durch die Ergebnisse der Grabungen unterhalb des neuen Restaurants, bei denen die geknickte Kurtine in ihrem Verlauf eindeutig festgestellt werden konnte und den damit vorgegebenen Fluchten.

Der Zugang zur „Anlegestelle" implizierte, daß er zu weiteren Geschützkammern führte, die heute im Aufgehenden nicht mehr erhalten sind. Diese zweigten vergleichbar der Nordostbastion von dem Gang ab und bildeten Geschützkammern an den Facen der Bastionsspitze. Das bedeutete, daß der heute erkennbare Grundriß der „Anlegestelle" den Grundriß der Bastionsspitze widerspiegelt. Lediglich die ansichtigen Mauern sind Werke des 20. Jh.

Innerhalb der Wälle der Südostbastion sind weitere Gänge und Geschützkammern zu erwarten, Hinweise liegen jedoch bislang nicht vor.

8 Zusammenfassung und Ausblick

Die baubegleitenden archäologischen Untersuchungen anläßlich der Umbaumaßnahmen von Schloß Rheydt haben sechs Jahre in Anspruch genommen. Dabei konnten zahlreiche Erkenntnisse gewonnen werden, die die Geschichte von Burg und Schloß Rheydt erheblich erweiterten.

Es war nicht möglich, und auch nicht Ziel der archäologischen Maßnahmen, alle Fragen zu beantworten. Die vollständige Auswertung der umfangreichen Grabungsdokumentation kann erst die Zukunft bringen. Unerläßlich wird es sein, die Ergebnisse der Bauforschung des Rheinischen Amtes für Denkmalpflege mit denen der Bodendenkmalpflege zu korrelieren. Besonders die dendrochronologischen Daten der Holzuntersuchungen sind in die im vorliegenden Aufsatz herausgearbeiteten vorläufigen Datierungen und Bauabfolgen einzupassen.

Erst das Ergebnis dieser Zusammenarbeit wird der Bedeutung von Schloß Rheydt gerecht werden können. Die Notwendigkeit der frühzeitigen Einbindung der Bodendenkmalpflege hat sich bei den Baumaßnahmen in Rheydt überaus bewährt, wie die reichen Ergebnisse belegen können. Nicht zuletzt stellen die neuen, in die Ausstellung integrierten Bodenfunde einen zusätzlichen Anziehungspunkt für das Museum, das Schloß Rheydt und die Stadt Mönchengladbach dar.

Anmerkungen

1) E. Otten / C. Weber, Archäologische Nachrichten aus Mönchengladbach 1990. In: Rheydter Jahrbuch, 19, 1991, S. 150 ff.
2) C. Weber, Baubegleitende archäologische Untersuchungen von Schloß Rheydt, Rheydter Jahrbuch, 21, 1994, S. 83–113.
3) Herr H.-G. Schardt M.A. im Schreiben vom 8.1.1996.
4) D. Herkenrath, Schloß Rheydt. In: Rheydter Jahrbuch, 4, 1961. Die historischen Daten in vorliegenden Beitrag wurden hauptsächlich dem Aufsatz von D. Herkenrath entnommen.
5) P. Clemen, Die Kunstdenkmäler der Städte und Kreise Gladbach und Krefeld. Die Kunstdenkmäler der Rheinprovinz, Bd. III Tl. 4, Düsseldorf 1896, S. 88 ff. (mit älterer Literatur); H. Schmidt, Das Schloß Rheydt. Rheinische Kunststätten, Reihe I Nr. 8, Düsseldorf 1937; C.W. Clasen, Rheydt. Die Denkmäler des Rheinlandes, Düsseldorf 1964, S. 14 ff.; E. Brües, Schloß Rheydt in Mönchengladbach. Rheinische Kunststätten, Heft 205, 1978.
6) O. Kempff, Schloß Rheydt. Ein geschichtlicher Überblick zugleich ein Führer durch die Burg, Mönchengladbach und Rheydt 1917.
7) Rheydter Jahrbuch für Geschichte, Kunst und Heimatkunde, hrsg. von der Otto von Bylandt-Gesellschaft, Bd. 21, 1994.
8) Ch. Zangs, Die Geschichte des Museums im Baudenkmal „Schloß Rheydt". In: Rheydter Jahrbuch, 21, 1994, S. 11–26.
9) P. Priemsch, Die Gartengeschichte von Schloß Rheydt, Rheydter Jahrbuch, 21, 1994, S. 127–171.
10) Herkenrath (wie Anm. 4), S. 42.
11) Stadt Rheydt, Hochbauamt, Schloß Rheydt, Gaststätte, Bauaufnahme alter Fundamente; Zeichnung 9.7.1951; Maßstab 1:50. Aufmaß altes Mauerwerk auf der Terrassenseite der Schloßgaststätte; Zeichnung 28.1.1955; Maßstab 1:50. Aufmaß altes Mauerwerk im Hof der Schloßgaststätte; Zeichnung 28.1.1955; Maßstab 1:50.
12) Unterlagen des Hochbauamtes Stadt Mönchengladbach: Schloß Rheydt, West-Bastion: Photos Mai 1964.
13) Unterlagen des Hochbauamtes Stadt Mönchengladbach: Schloß Rheydt, überdeckter Gang zwischen Südwestflügel Vorburg und Turnierwiese: Photos und Plan 28. Februar 1971.
14) Priemsch (wie Anm. 9), S. 145 Abb. 17.
15) H.-H. Wegner, Vermerk: Versuchsgrabung auf dem Schloßhof von Rheydt (Xanten 4.9.1980). Bericht im Ortsarchiv des Rheinischen Amtes für Bodendenkmalpflege Bonn, Ortsarchivnummer 1992/005. Stadt Mönchengladbach, Hochbauamt, Schloß Rheydt, Arkadenhof. 4 Suchgräben historischer Fundamente; Zeichnung 1.8.1980; Maßstab 1:100; Photographien 24./25.7.1980.
16) Priemsch (wie Anm. 9), S. 165.
17) Auszug Katasterkarte 1820; Auszug Katasterkarte 1863; Schloß Rheydt, Arkadenhof Herrenhaus, Suchgräben historischer Fundamente: Photos und Lageplan 24./25. Juli 1980. Unterlagen des Hochbauamtes (Grundmanns) der Stadt Mönchengladbach.
18) W. Müller / N. Müller, Gutachten über die Baugrundverhältnisse im Bereich des Schlosses Rheydt, Herrenhaus, Krefeld 1988; N. Müller, Gründungssanierung historischer Gebäude im Lockergestein Schadensursache, Sanierungstechniken, Fallbeispiele. In: Burgen und Schlösser. Zeitschrift der Deutschen Burgenvereinigung e.V. für Burgenkunde und Denkmalpflege, 35, 1994, S. 191–194.

19) Schloß Rheydt, Herrenhaus. Plan der Grabungsergebnisse der Voruntersuchungen 1988; Zeichnung Rheinisches Amt für Bodendenkmalpflege; Maßstab 1:50. Entwurf C. Weber; Zeichnung H. Berkel (beide RAB).
20) Plan von Schloß Rheydt, mit Eintragung durch das Vermessungsamt nach der Katasterkarte von 1819/20 eines Gebäudeteils im südöstlichen Bereich der Torburg sowie mögliche maximale Baugrenzen des Schloßrestaurants, bis zu denen die neue Baukörperstellung teilweise ausgeweitet werden kann, Aufmaß TH Aachen sowie Auswertung vom Luftphoto Stand 1980; gezeichnet 31.10.1988; Maßstab 1:1000.
21) E. Otten / C. Weber, Archäologische Nachrichten aus Mönchengladbach 1989. In: Rheydter Jahrbuch, 18, 1990, S. 71 f. Abb. 5.
22) U. Mainzer, Das Glashaus von Schloß Rheydt. In: Denkmalpflege im Rheinland, 11 Nr. 4, 1994, S. 151–155.
23) U. Schoenfelder, Bonner Jahrbücher, 194, 1994, S. 440.
Die ersten Untersuchungen wurden von der Fa. ACA-Archäologie Consulting Aachen unter der Leitung von Dr. Uwe Schoenfelder zwischen dem 22.6. und 27.11.1993 im Bereich der Torburg und der Vorburg durchgeführt. Die Dokumentationen werden unter den Ortsarchivnummern 1992/005 bzw. der Aktivität Ni 92/219 im Rheinischen Amt für Bodendenkmalpflege, Bonn aufbewahrt.
Die weiteren Untersuchungen fanden von der Fa. ACA-Archäologie Consulting Aachen unter der Leitung von Hans-Georg Schardt M.A. zwischen dem 11.5. und 18.5.1994 im Bereich des Restaurant-Neubaues und der Turnierwiese statt. Die Dokumentationen werden unter den Ortsarchivnummern 1992/005 bzw. der Aktivitäten Ni 94/1007 und Ni 94/1008 im Rheinischen Amt für Bodendenkmalpflege, Bonn aufbewahrt.
24) Diese Arbeiten wurden von der Fa. ACA-Archäologie Consulting Aachen unter der Leitung von Hans-Georg Schardt M.A. vom 4.9.–21.9.1995 durchgeführt. Die Dokumentationen werden unter der Ortsarchivnummer 1992/005 bzw. der Aktivität Ni 95/1017 im Rheinischen Amt für Bodendenkmalpflege aufbewahrt.
25) Die Arbeiten wurden von der Fa. ACA-Archäologie Consulting Aachen unter der Leitung von Hans-Georg Schardt MA. ausgeführt. Die Dokumentationen werden unter der Ortsarchivnummer 1992/005 bzw. der Aktivität Ni 96/1031 im Rheinischen Amt für Bodendenkmalpflege aufbewahrt.
26) Die Numerierung der Räume bei der Beschreibung der Befunde geht auf die ursprüngliche Bezeichnung für die Bauaufnahme zurück, vgl. Abb. 2.
27) Die Datierungen gehen auf die Korrelation der relativen Bauabfolge, wie sie bei unseren Grabungen aufgestellt werden konnte, und bekannten historischen Ereignissen zurück. Direkte Datierungen der Bauphasen, wie stratifizierte Funde oder naturwissenschaftliche Untersuchungen, fehlen. D. Koran-Wirtz / C. Weber, Baubegleitende Untersuchungen in Schloß Rheydt. In: Archäologie im Rheinland 1991, 1992, S. 129–132; C. Weber, Baubegleitende archäologische Untersuchungen von Schloß Rheydt. In: Rheydter Jahrbuch, 21, 1994, S. 83–113. – Vgl. auch den Beitrag von N. Nußbaum, Beobachtungen zur Baugeschichte des Herrenhauses, S. 91–100.

28) L. Schmitz / W. Strauss, Rheydter Chronik. Geschichte der Herrschaft und Stadt Rheydt, Bd. I, 1897; Herkenrath (wie Anm. 4), S. 15.
29) C. Weber, Mönchengladbach in römischer Zeit und im Mittelalter. Dörfer und Städte, Ausgrabungen im Rheinland '85/86, Köln 1987, S. 188; U. Francke, Die Franken im Raum Mönchengladbach. In: Loca Desiderata: Mönchengladbacher Stadtgeschichte (Hrsg. W. Löhr), Bd. I, Köln 1994, S. 269–275.
30) Herkenrath (wie Anm. 4), S. 15.
31) Die Ziegel hatten kein einheitliches Format, teilweise wurden gebrochene Ziegel wiederverwendet.
32) Untersuchungen von Frau Dr. J. Meurers-Balke, Köln werden hier genauere Angaben ermöglichen.
33) Naturwissenschaftliche Untersuchungen konnten wegen des schlechten Zustandes des Holzes nicht durchgeführt werden; eine absolut-chronologische Datierung kann somit nicht angegeben werden.
34) Im Gegensatz dazu: Zangs (wie Anm. 8), S. 70.
35) Die Arbeiten wurden von D. von Brandt, Aachen ausgeführt.
36) A. Steeger, Zur Baugeschichte früher Niederrheinischer Burgen, Krefeld nach 1952, S. 8 Abb. 7.
37) Herkenrath (wie Anm. 4), S. 47.
38) Bei der Messung wurde von der Symmetrie der Anlage ausgegangen, also von je einem Halbrundturm in jeder Langwand.
39) K.-H. Schumacher, Das Herrenhaus von Schloß Rheydt und seine Baumaterialien. In: Denkmalpflege im Rheinland, 11 Nr. 4, 1994, S. 145–150.
40) Priemsch (wie Anm. 9), S. 167.
41) Für die Rekonstruktion wurden folgende Maße angenommen: Abstände der Vorlagen von 2,5 m, Breite der Vorlagen von 0,95 m, Mittelabstände der Schießscharten von 3,4 m.
42) Direkt unter dem jüngsten Fußboden fanden sich Schichten, in die schon die Bauphase I gesetzt worden war.
43) Herkenrath (wie Anm. 4), S. 47 ff.
44) Herkenrath (wie Anm. 4), S. 48 Abb. 10.
45) Herkenrath (wie Anm. 4), S. 51.
46) Freundlicher Hinweis von Herrn Dr. Nußbaum, Rheinisches Amt für Denkmalpflege.
47) Herkenrath (wie Anm. 4), S. 80 f. Abb. 18.
48) Tranchot-Karte, aufgenommen von 1806-1807, Geometrischer Plan von 1814, Urkarte von 1819–1820: Priemsch (wie Anm. 9), S. 152–162 Abb. 5 7. Auf der Flurkarte von 1863 ist das Schloß noch als vierflügelige Anlage eingetragen, aber die Begrenzungen des nordöstliche, südöstlichen und eines Teils des nordwestlichen Flügels sind bereits ausgekreuzt, also als zu beseitigen oder bereits beseitigt gekennzeichnet.
49) Herkenrath (wie Anm. 4), S. 80.
50) W. Löhr, Rheydt im Mittelalter. In: Loca Desiderata: Mönchengladbacher Stadtgeschichte (Hrsg. W Löhr), Bd. I, Köln 1994, S. 397 Abb. S. 398-399; Priemsch (wie Anm. 9), S. 138-146 Abb. 1; C. Weber, Flurkarte von Schloß Rheydt. In: E. Alshut / G. von Büren / M. Perse (Hrsg.), Ein Schloß entsteht... Jülicher Forschungen Bd. 5, 1997, S. 331–337.
Im folgenden Text wird diese Zeichnung als Federzeichnung bezeichnet.

51) Otten / Weber (wie Anm. 21), S. 71 f. Abb. 5.
52) Priemsch (wie Anm. 9), S. 164–166.
53) Freundlicher Hinweis von Dr. N. Nußbaum.
54) Vgl. Anm. 50.
55) Priemsch (wie Anm. 9), S. 164 166 Abb. 13. 14. 30.
56) Priemsch (wie Anm. 9), S. 168 Abb. 28. 29; Zangs (wie Anm. 8), S. 19 f.
57) K. Pieper, Die Verteidigungsanlagen von Schloß Rheydt. In: Rheydter Jahrbuch, 19, 1991, Abb. S. 168 (mit älterer Literatur). Die allgemeinen Beschreibungen entstammen dem Aufsatz von K. Pieper.
58) Weber (wie Anm. 2) S. 106 112 Plan 5.
59) Priemsch (wie Anm. 9), S. 165 f.
60) Priemsch (wie Anm. 9), S. 165; Zangs (wie Anm. 8), S. 12. 19 f.
61) Otten / Weber (wie Anm. 21), S. 71 f. Abb. 5.
62) Priemsch (wie Anm. 9), S. 167 f. Abb. 32. 33.
63) Zur photogrammetrischen Dokumentation des Torhauses s. zuletzt: G. Knopp / N. Nußbaum / U. Jacobs, Bauforschung, Dokumentation und Auswertung. In: Arbeitshefte der rheinischen Denkmalpflege, Bd. 43, Köln 1992, S. 64 ff.
64) Priemsch (wie Anm. 9), S. 165 Abb. 11 (Plan von 1893); Abb. 15; Abb. 17 (Plan um 1917).
65) Priemsch (wie Anm. 9), S. 165 Abb. 11.
66) Freundliche Auskunft von E. Otten, Mönchengladbach. Die Unterlagen sind zur Zeit nicht auffindbar.
67) Pieper (wie Anm. 57), S. 165–171.
68) Um eine einheitliche Terminologie der Bastionen zu erreichen, werden sie von der Zugangsbrücke aus folgendermaßen bezeichnet: Südwest-, Nordwest-, Nord-, Nordost- und Südostbastion. Dies entspricht nicht genau der Orientierung gemäß den Himmelsrichtungen; dies wurde jedoch in der Vergangenheit ebenfalls nicht immer einheitlich gewertet. Die von Pieper angenommene sechste Bastion im Bereich der ehemaligen Gaststätte in der Torburg ließ sich in der beschriebenen Form nicht eindeutig nachweisen; vgl. jedoch das Modell in der Ausstellung in der Nordostkasematte.
69) Pieper (wie Anm. 57), S. 167 f. Abb. S. 168.
70) Priemsch (wie Anm. 9), S. 166 Abb. 17.
71) Zangs (wie Anm. 8), S. 15 Abb. 2. 3; Priemsch (wie Anm. 9), S. 166–168 Abb. 20. 22 26. 32. 35.
72) Pieper (wie Anm. 57), S. 165 171 Abb. S. 168.
73) Otten / Weber (wie Anm. 1), S. 150 f.; Weber (wie Anm. 2) 106 Plan 4.
74) Vgl. die Darstellung der Bastionsspitze auf der Federzeichnung um 1585; vgl. Anm. 50.
75) Die Arbeiten wurden wiederum durch die Fa. ACA ausgeführt. Die Ergebnisse konnten nicht mehr in den Plan übernommen werden.
76) Kempff (wie Anm. 6),; Priemsch (wie Anm. 9), S. 166 Abb. 16; 17. Den Hinweis verdanke ich Frau Petra Priemsch, Mönchengladbach durch ein Schreiben vom 3. Februar 1993.
77) Pieper (wie Anm. 57), S. 168.
78) Vgl. hierzu die Anlage in der Südwestbastion.
79) Kempff (wie Anm. 6), S. 72; Priemsch (wie Anm. 9), S. 167.

Beobachtungen zur Baugeschichte des Herrenhauses

Norbert Nußbaum

Schon vor Beginn der Umbaumaßnahme am Herrenhaus begann das Referat für Bauforschung am Rheinischen Amt für Denkmalpflege eine stichprobenartige Untersuchung bauhistorisch ungeklärter Partien, um Grundlagen für die Beantwortung der mit dem Umbau verbundenen denkmalpflegerischen Fragen zu schaffen. Diese im Vorfeld erfolgten Befunderhebungen wurden später auf die im Baufortgang freigelegten Flächen ausgedehnt. So entstand eine durch ganz unterschiedliche Substanzeingriffe veranlaßte, von 1986 bis 1992 allmählich angewachsene Dokumentation, deren Ergebnisse im folgenden zusammengefaßt werden sollen.

Einen wichtigen Beitrag zur Erforschung des Herrenhauses lieferte das Referat mit einem 1986 völlig neu erarbeiteten Grundriß des Untergeschosses (Abb. 75), der die bis dahin verfügbaren, im Detail ungenauen Grundrisse ersetzte und sowohl für die Erforschung wie für den fachgerechten Umbau des Gebäudes eine verläßliche Grundlage bildete[1]. Nicht zuletzt die in diesem neuen Aufmaß ablesbaren Achsenbrüche und Winkelabweichungen gaben 1987 Anlaß zur genaueren Inaugenscheinnahme der Untergeschoßwände. Die aus diesen Untersuchungen entwickelten Hypothesen waren mit der von Dorothea Herkenrath etablierten Periodisierung der bestehenden Burg und ihrer Vorgängerbauten teilweise unvereinbar[2]. Sie führten zu ersten Ansätzen einer neuen Bauchronologie[3], wiesen voraus auf die späteren Bodenfunde der Archäologie und flossen mit in deren Wertung ein. Hinzu kamen baubegleitende Untersuchungen in den Hauptgeschossen und in den Dachräumen, deren Ergebnisse 1992 zusammengefaßt wurden[4].

Die folgenden Erläuterungen geben einen Überblick der gewonnenen Erkenntnisse in Anlehnung an die nunmehr neu interpretierte Bauabfolge.

Steinbauphase II

Während die Relikte der ersten Steinbauphase ausschließlich durch Grabungen im Untergeschoß nachgewiesen wurden, hinterließ die zweite Phase auch

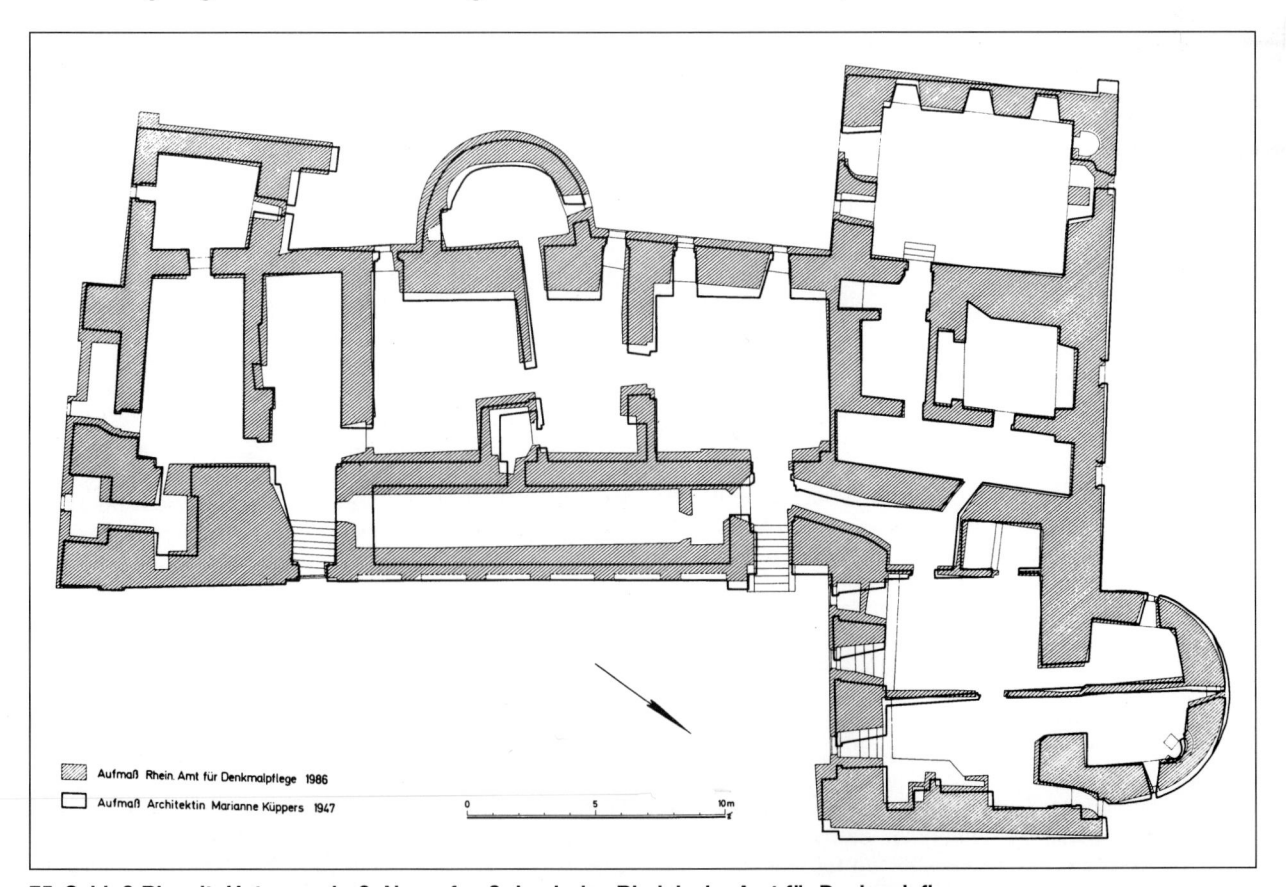

75 Schloß Rheydt, Untergeschoß, Neuaufmaß durch das Rheinische Amt für Denkmalpflege

76 Erdgeschoß, Reste der ursprünglichen Außenfassung

Mauerwerk, das weit in das Erdgeschoß hineinragt. So blieb die ehemalige Südwestmauer der Burg in ihrem nördlichen, die Flucht des ersten Baus verlängernden Abschnitt mindestens bis in Höhe der heutigen Erdgeschoßdecke erhalten und wurde in die späteren Umbauten integriert. Sie bildet heute die Nordhälfte der hofseitigen Südwesttraktmauer und dient der Renaissancelaube als Rückwand[5]. Im angrenzenden Erdgeschoßraum fand sich unter dem Innenputz die ursprüngliche, auf Außenansicht berechnete Oberflächenbehandlung der Mauer (Abb. 76). Die Backsteinflächen waren unverputzt, die kalkweißen Fugen sorgfältig mit dem Kehlfugeisen nachgezogen, so daß der ohne erkennbare Systembildung gemauerte Steinverband mit den hellen Fugen lebhaft kontrastierte. Der somit in Rheydt schon für die Mitte des 14. Jahrhunderts nachzuweisende Verzicht auf Außenputz zugunsten einer unmittelbaren, den kräftigen Farbton des Feldbrandes unterstreichenden Materialwirkung blieb kennzeichnend auch für die Steinbauphasen III–V, als man die Eigenfarbigkeit des Backsteins durch roten Farbanstrich steigerte und gelegentlich die Unregelmäßigkeiten des Verbandes durch einen idealisierenden Fugenstrich überspielte[6].

Sogar ein Erdgeschoßfenster der Steinbauphase II ließ sich in der Laubenrückwand noch nachweisen. Es wurde durch das nördliche Fenster der Rückwand überbaut, über dessen Werksteinsturz die segmentbogig gewölbte und mit feinem Innenputz geglättete Laibung der ehemaligen Fensternische sondiert werden konnte. Die zugehörigen Werksteingewände auf der heutigen Innenraumseite sind ausgebrochen. Deren Lagerflächen und die Kontur der Fensternischen legen nahe, daß es sich um ein hohes Quersprossenfenster handelte, dessen Höhenlage recht genau den heutigen Erdgeschoßfenstern entspricht. Die Position dieses aufwendigen Fensters bekräftigt die Annahme, daß der Südwestflügel der zweiten Burg repräsentative Räume aufnahm und möglicherweise als Palasflügel ausgebildet war.

Steinbauphase III

Der vermutlich nach der Zerstörung von 1464 erfolgte Umbau erweiterte die Burg in ihre Grabenzone hinein und schuf eine vierseitige Anlage, deren Umfang die Kontur der heutigen Hauptburginsel bestimmte. Auf voller Länge im überkommenen Bestand verborgen ist allein der Südwestflügel. Nordwest- und Südostfront sind nurmehr in ihren Westhälften greifbar, die nordöstliche Wehrmauer völlig untergegangen. Die beiden nachgewiesenen Schalentürme der Nordwest- und Südwestfront lassen an eine ehemals symmetrische Anlage mit turmbewehrten Frontmitten denken. So könnte sich die halbrunde Ausbuchtung der Burginsel in der Mitte ihrer Nordostflucht auf die Fundamentreste eines weiteren, untergegangenen Turmes beziehen. An der Südostflucht findet sich ein solch direkter Hinweis nicht, wohl aber eine markante Abwinklung der Fluchtlinie in der Mitte der Front, wie sie auch an der Südwest- und Nordwestseite infolge ungenauer Anschlüsse der Wehrmauer an die Türme zu beobachten ist. Für Ecktürme, wie sie aus bautypologischen Gründen zu erwarten wären, fehlen am Bestand die Hinweise.

Einiges über den Typ der Halbrundtürme verrät das Innere des Südwestturmes auf Untergeschoßniveau. Ursprünglich schnürten hier kurze Mauerzungen den Turmzugang beidseitig ab. Sie dienten als Widerlager zweier an den Turmflanken entlanggespannter Bögen, welche den inneren Geschoßrücksprung für eine Balkendecke trugen. Die Lager der Bögen im Turmscheitel sind verloren, da das Turmuntergeschoß unter Adrian von Bylandt kräftig ausgehöhlt wurde, um nach der Aufgabe seiner wehrtechnischen Nutzung Lagerraum zu gewinnen. Das Turmuntergeschoß war dreiseitig mit Schießöffnungen ausgestattet. Sie verjüngten sich nach außen trichterförmig über waagerechten Bänken. Die wohl mehrfache Außenverschalung des Turmes macht die später umgebauten Öffnungen außen unsichtbar.

Zwischen den Türmen waren die Wehrmauern im Untergeschoß mit Schießkammern ausgestattet. Darüber zirkulierte ein Wehrgang auf spitzbogigen Arkaden. Der Achsabstand der Schießkammern betrug etwa 3,80 m[7]. Die mit ungeschrägten Laibungen eingenischten, etwa 0,90 m breiten Kammern waren segmentbogig gewölbt, ihre sich trichterförmig verjüngenden Schießöffnungen mit giebelförmig aufgestellten Backsteinen gedeckt[8]. Die vermutlich werksteingerahmten Mündungen der Öffnungen sind nirgends in situ erhalten geblieben[9]. Der von hohen, in Phase IV zugesetzten Arkaden[10] getragene obere Wehrgang verlief in Höhe des heutigen Obergeschosses. Einziger Rest des Wehrganges ist eine verbaute Scharte der nordwestlichen Wehrmauer in nahezu unmittelbarem Anschluß an die Westecke der ehemaligen Anlage (Abb. 77).

Im Südwestflügel gelang der Nachweis des in Phase III angelegten Torganges. Als dessen Flankenmauern entpuppten sich die beiden heute noch aufrecht stehenden Quermauern zwischen dem Schalenturm und der Südecke[11]. Die südliche der beiden Mauern enthält die Fragmente spitzbogiger Blendnischen[12] (Abb. 78), wie sie für spätmittelalterliche Torraumflanken der Region charakteristisch sind[13]. An der nördlichen Mauer scheinen die Nischen durch eine in Phase V vorgemauerte

77 Untergeschoß, freigelegte Schießscharte a. Innenseite   b. Außenseite

78 Erdgeschoß, Südwestflügel, spitzbogige Blendnische am ehemaligen Torgang

Backsteinschale geschlossen und verdeckt. 4,05 m über dem heutigen Erdgeschoßboden bildet die nördliche Torflankenmauer einen Geschoßrücksprung aus. Der Torgang wurde in dieser Höhe von einer Balkendecke überspannt. Noch in der Steinbauphase V war diese hofseitig vermutlich in voller Gangbreite geöffnete Toranlage in Gebrauch[14].

Die dem Torgang abgewandte Seite der nördlichen Torflankenmauer weist sich überlagernde Kaminstellungen auf, die als einzige die Nutzungskontinuität des Südwesttraktes zwischen den Steinbauphasen III und VI belegen. Von der ältesten Feuerstelle der Steinbauphase III zeugt allein noch der Laibungrest einer breiten Kaminnische, die in zwei Umbaumaßnahmen der Phasen V und VI sukzessive verengt wurde. Der Wandkamin beweist, daß die jenseits der Wand plazierte Toranlage im Sinne eines sogenannten Gebäudetores vollständig in den Südwestflügel integriert war und nach außen nicht in einer eigenen Silhouette in Erscheinung trat. Zugleich läßt der Kamin eine Verwendung des Südwestflügels als Wohnbereich der Burg vermuten. Die klimatisch günstige Ausrichtung zumindest eines Teils der Wohngemächer nach Südwesten scheint somit für die Phasen II und III gleichermaßen kennzeichnend.

Steinbauphase IV

Als man an der Nordwestseite der Burg einen neuen Trakt errichtete, scheint der Südwestflügel der vorausgehenden Phase zumindest in seiner nördlichen Partie ruinös oder für den Abbruch vorgesehen gewesen zu sein, denn die hofseitige Traufmauer des neuen Traktes ist in gesamter Breite als freistehende Front konzipiert,

79 Im Dachgeschoß erkennbare Obergeschoßblende der ehemaligen Hofseite des Nordwestflügels

die mit einem Anschluß des Südwestflügels nicht rechnet. Die schon von Dorothea Herkenrath beobachtete Erstreckung der Obergeschoßblenden über die sichtbare Frontpartie hinaus in den Anschlußwinkel hinein konnte an mehreren Stellen bestätigt werden, und eine Oberflächenbehandlung der Backsteinflächen als Sichtmauerwerk mit schräg nach unten gestellten, geglätteten und mit Kalk nachgezogenen Fugen ließ sich über die gesamte Höhe der eingebauten Wandpartien belegen (Abb. 79). Eine dem Umbau vorausgehende vollständige Zerstörung des Südwestflügels scheint ausgeschlossen, da hier Mauerwerk der Phasen II und III bis in erhebliche Höhe erhalten blieb. Wahrscheinlicher ist ein geplanter und vielleicht nie in die Tat umgesetzter Teilabriß des Flügels zugunsten des freistehend konzipierten Neubaus an der Nordwestflanke.

Der gleichzeitig neu und mit größerem Durchmesser errichtete Nordwestturm nahm die Geschoßniveaus des Neubaus auf und kommunizierte im Erdgeschoß durch eine weitgespannte segmentbogige Öffnung mit dem Nachbarraum. Der Turm war also anscheinend dem Raumprogramm des Neubaus integriert und seine Wehrfunktion nurmehr rudimentärer Natur.

Decken, innere Querteilungen und Dachwerk des neuen Nordwesttraktes sind vollständig verloren. Die Umbauten in den Phasen V und VI kommen einer Entkernung gleich und lassen kaum mehr Rückschlüsse auf das Innere zu.

Steinbauphase V

Mit den Baumaßnahmen unter Adrian von Bylandt betreten wir erstmals sicheren Boden bei der zeitlichen Einordnung der Bauphasen. 1533 versichern die Untertanen dem Herrn von Rheydt, zum Bau des Schlosses nach Kräften ihren Frondienst zu leisten und schließen die Bitte an, daß Adrian sie für diese Aufgabe nicht über Gebühr in die Pflicht nehme[15]. Die dendrochronologischen Untersuchungen am Dachwerk und an den Geschoßdecken der Hauptburg erlauben es nun, diese Baunachricht zweifelsfrei auf eine konkrete Baumaßnahme zu beziehen.

Das mit einer Neigung von genau 60° recht steile Dachwerk des Nordwestflügels (Abb. 80) zeigt eine unspektakuläre, in den Niederlanden, am Niederrhein und in Westfalen zwischen dem 15. und 18. Jahrhundert überaus beliebte Bauweise[16]. Eine zweigeschossige Stuhlkonstruktion aus Knicksäulen und den Säulen aufgezapftem und durch mächtige Kopfbänder verstrebtem Spannriegel trägt zwei Pfettenlagen, auf welche die Sparren gelegt sind. Den First stützt eine mittlere, dem oberen Spannriegel aufgeständerte Stuhlsäule, die von gebogenen Fußstreben gesichert wird. Drei der Stuhlgebinde sind aus Hölzern konstruiert, die im Winter 1534/35 gefällt und zweifellos nach allgemeiner Konvention des zeitgenössischen Baubetriebes in der auf die Fällung folgenden trockenen Jahreszeit verzimmert wurden[17]. Ein Gratsparren und eine Pfette des östlichen Walms wurden aus 1685 gefällten Eichen gesägt[18]. Der schlecht gezimmerte Anschluß des Walmes an das Hauptdach bestätigt, daß das Hauptdach sich ehemals weiter nach Osten erstreckte und erst nachträglich verkürzt und abgewalmt wurde. Deutlicher noch als an den Bodenbefunden zeigt sich also im Dach, daß der Nordwestflügel ursprünglich weiter nach Osten reichte. Als Datum für die Schließung des Baukörpers an der heutigen Stelle drängt sich aus der Datierung der Bauhölzer das Jahr 1686 auf. Vorausgegangen war vermutlich die Zerstörung der Ostpartie zur Zeit des

Dreißigjährigen Krieges, als Schloß Rheydt wiederholt von Truppen besetzt war und seine Verteidigungsanlagen geschleift wurden[19]. Danach scheint der Nordwestflügel auf Jahrzehnte in teilzerstörtem Zustand verblieben zu sein. Seine Reparatur in verkürztem Bestand ist nach Auskunft der Dendrodaten Florenz Otto Heinrich von Bylandt zuzuschreiben, der 1684 die Nachfolge seines Vaters Rolman von Bylandt antrat und am 12. Dezember 1686 mit Rheydt belehnt wurde[20]. Der Helm des Nordwestturmes könnte die Zerstörungen des 17. Jahrhunderts überdauert haben. Er wurde nach Ausweis der Jahrringdaten 1785 vollständig neu gezimmert[21].

Zum Bestand des Umbaus im Jahr 1534 zählt im Nordwestflügel die einzige innere Quermauer. Sie ist als massive Kaminmauer ausgelegt. Auf ihr ruht, mit der Mauerkrone baueinheitlich verbunden, ein Gebinde des Dachwerkes. Die Mauer weicht deutlich aus der Querachse des Flügels aus. Andernfalls hätte sie entweder die Zugänge zum gleichzeitig mit ihr errichteten Treppenturm im Winkel zwischen den beiden Flügeln oder aber eine ehemalige Schießscharte der Bauphase III in der grabenseitigen Mauer des Nordwestflügels verbaut, die dem Untergeschoß Licht spendet. Gemeinsam mit der Errichtung der Quermauer wurden die Geschoßdecken des Nordwestflügels neu eingezogen. Dafür bietet ein Balken der Erdgeschoßdecke den Beleg, der aus einer um 1531 gefällten Eiche gearbeitet wurde[22].

Alle Untergeschoßräume der beiden neu verbundenen Flügel scheinen balkengedeckt gewesen zu sein. Die Höhenlage der Decken im Südwestflügel läßt sich an jener Quermauer ablesen, die gleichzeitig die Nordflanke des Torganges von Phase III bildet. Hier wurde der alte Wandkamin des Erdgeschosses durch eine neue Feuerstelle ersetzt, deren flach ausgenischte Rückwand ca. 0,30 m unter dem Scheitel der in Phase VI eingezogenen Tonnengewölbe ansetzt. Die Balkendecke des Untergeschosses lag demnach deutlich tiefer als die sie ersetzende Tonne[23].

Das Obergeschoß des Südwestflügels war in einer für den rheinischen Burgenbau des Spätmittelalters ganz üblichen Weise über den Winkelturm und einen hofseitig auskragenden Laufgang erschlossen, von dem aus Rundbogenpforten in die Obergeschoßräume führten (Abb. 81). Die südlichste dieser in Haustein gearbeiteten mit schwarzem Renaissancedekor auf grauem Grund gefaßten Pforten konnte im Obergeschoß der unter Otto von Bylandt hofseitig vorgesetzten Laube freigelegt werden. Der sicher über Auslegern in Holz konstruierte Laufgang ist verloren. Etwaige Wandanschlüsse werden durch die Gewölbe der Renaissancelaube verdeckt.

Eine den Obergeschoßeingängen gleichgebildete Pforte führte in das Erdgeschoß des umgebauten Südwestturmes (Abb. 82). Auch sie wurde vorzüglich erhalten in vermauertem Zustand vorgefunden. Die genaue Ausrichtung der Pforte auf das mit einer Altarnische ausgestattete Südende des Turmraumes läßt darauf schließen, daß der Raum bereits unter Adrian von Bylandt als Kapelle diente.

Die Flankennischen des alten, jedoch weitergenutzten Torganges wurden unter Adrian von Bylandt vermauert, die neuen, bis in eine Höhe von 4,55 m über dem heutigen Erdgeschoßboden nachgewiesenen Backsteinschalen mit einem Ziegelmehlanstrich und weiß nachgezogenen Fugen farbig gefaßt. Diese Maßnahme erfolgte offensichtlich erst in der Spätzeit Adrians, denn ein in den alten Geschoßrücksprung der Toranlage eingelegter und mit der neuen Backsteinschale verbauter Balken ließ sich dendrochronologisch um das Jahr 1547 bestimmen[24]. Die von Adrian veranlaßten Umbauten erstreckten sich also über größere Zeiträume und lassen den Übergang zur Baumaßnahme seines Sohnes Otto nahezu fließend erscheinen.

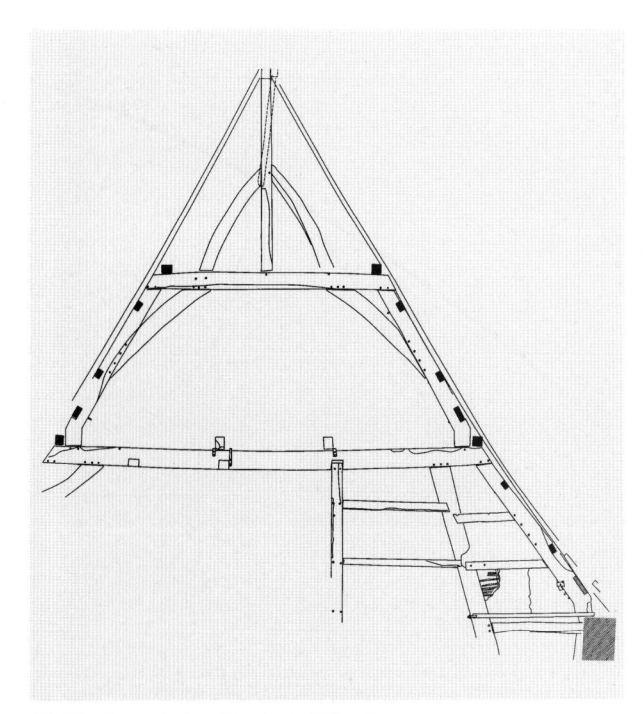

80 Dachwerk des Nordwestflügels

Steinbauphase VI

Das Renaissanceschloß Ottos von Bylandt wurde von Dorothea Herkenrath gründlich erforscht und der Rang seines Außendekors ins rechte Licht gerückt[25]. Reste der ehemaligen Innenausstattung kamen indessen erst während des jüngsten Umbaus zutage. Sie bieten Einblicke in die Wohnkultur des Schlosses und werden von Ulrike Heckner in einem eigenen Beitrag behandelt.

Trotz der architekturgeschichtlichen Bedeutung des Renaissancebaus konnten bisher kaum historische Nachrichten sicher auf ihn bezogen werden. Rechnungen von 1577 bis 1585 und Auseinandersetzungen von 1572 um die für den Bau geforderten Spanndienste[26] müssen nicht die Arbeiten an der Hauptburg betreffen, sondern können ebensogut durch die Baumaßnahmen an den Außenanlagen veranlaßt sein, die zweifellos eine längere Bauzeit beanspruchten. So liegt der Baubeginn am Herrenhaus im Dunkeln. Weil Otto von Bylandt zwar bereits 1552 mit Rheydt belehnt wurde, jedoch erst 1558 dort seinen Sitz nahm, gilt eine Aufnahme der Bautätigkeit um 1560 als wahrscheinlich[27].

Paul Clemen berichtet von inzwischen nicht mehr auffindbaren Jahreszahlen 1567 und 1568, die an einer nicht näher benannten Stelle des Außenbaus eingemeißelt waren[28]. Zu dieser Inschrift passen die Daten 1566 und 1567, die in Formsteine von aufgedeckten

81 Obergeschoß, Südwestflügel, vermauerte Rundbogenpforte im Laufgang
 a. wärend der Freilegung   b. in restauriertem Zustand

Kaminrückwänden im Obergeschoß des Herrenhauses eingeprägt sind. Anders als die ohne direkten Bezug bleibenden Archivalien deuten die inschriftlichen Daten also auf eine Umgestaltung des Herrenhauses in den 60er Jahren des 16. Jahrhunderts. Dendrochronologische Untersuchungen im Südwestflügel bestätigten diese Hinweise in eindrucksvoller Übereinstimmung.

Ein in Höhe des Südwestturmes quergespannter Deckenbalken des Erdgeschosses konnnte mit einem Fälldatum von 1561 jahrgenau datiert werden. Dies beweist, daß frühestens 1562 im Erdgeschoß die Decken eingezogen wurden[29]. Vom Dachwerk und den über die Laube gespannten Zwerchhäusern konnten insgesamt elf Hölzer bestimmt werden, die allesamt keine Waldkante aufweisen und daher nur ungenau der Zeit zwischen 1556 und 1566 zuzuordnen sind[30]. Setzt man einen geregelten, geschoßweisen Baufortgang voraus, so dürfte das Dach folglich zwischen 1562 und 1566 gezimmert worden sein.

Gleichzeitig waren die Arbeiten am gänzlich neu entstehenden Erkerbau in vollem Gange. Dessen ungewöhnlich mächtige Deckenbalken sind aus vollen Stämmen gebildet, von denen einer nachweislich 1565 gefällt wurde. Zwei weitere Balken konnten um 1566 bzw. um 1568 datiert werden[31].

Das Dachwerk des Südwestflügels ist dem Hauptdach des Nordwesttraktes typengeschichtlich eng verwandt, offenbart jedoch durch deutlich geringere Holzquerschnitte und eine auf 55° zurückgenommene Neigung seine spätere Entstehungszeit. Der Aufbau aus zwei

82 Erdgeschoß, Südwestflügel, vermauerte Rundbogenpforte

83 Erdgeschoß, Südwestflügel, vermauerte, kannelierte Kaminwange
a. Gesamtaufnahme b. Detail

liegenden Stuhlgeschossen und einem stehenden Firststuhl entspricht dem etwa 30 Jahre älteren Dach, doch sind die Stuhlsäulen mit Fußstreben versteift, und die Kopfbänder füllen knaggenartig die Winkel zwischen den Stuhlköpfen und den ihnen aufgezapften Spannriegeln. Allein die unteren Stühle sind als Knicksäulen ausgebildet und rückwärtig durch kurze Riegel mit den Drempelmauern verbunden.

In den 80er Jahren des 18. Jahrhunderts, gleichzeitig mit der Erneuerung des Nordwestturmhelmes, unterzog man dieses Dachwerk einer umfangreichen Reparatur. Fünf der sieben Gebinde erhielten neue Stuhlkonstruktionen, deren Bauart sich dem Altbestand anpaßt. Lediglich im Detail – etwa in der Aufgabe der Knicksäulen und der knaggenartigen Kopfbänder – läßt sich die Auswechslung erkennen. Zusammen mit dem queraussteifenden Tragwerk wurde der Südwalm erneuert[32]. Die ursprünglichen Dächer des Südwestturmes und des Erkerbaus sind nicht überliefert, der Zeitpunkt ihres Umbaus undatiert.

Die Kenntnis des Renaissancebaus wurde unverhofft bereichert durch die Entdeckung von fünf vermauerten Kaminstellungen, unter ihnen ein Doppelkamin im Obergeschoß des Südwestflügels, dessen plastische Ausstattung in Teilen noch nachvollzogen werden kann. Vor dem Hintergrund der dendrochronologisch gesicherten Datierung des Herrenhausumbaus in die 60er Jahre des 16.Jahrhunderts gewinnen diese Funde an Bedeutung für die Erforschung der dekorativen Renaissanceplastik am Niederrhein[33]. Neben den Doppelkamin treten zwei übereinander angeordnete Kamine an der Nordwestwand des Erkerbaus[34] und ein zweiter Umbau des Kamins in der nördlichen Torflankenmauer, von dem noch eine kannelierte Wange vorgefunden wurde (Abb. 83). Die Vermehrung der Kaminstellungen scheint bezeichnend für das Umbaukonzept Ottos von Bylandt, mit dem die mittelalterliche Burg zu einem auf Repräsentation und komfortables aristokratisches Wohnen ausgerichteten Renaissancebau umgebildet wurde.

Dorothea Herkenrath betrachtet auch die Podesttreppe im Nordwestflügel als einen integralen Bestandteil jenes Konzeptes (Abb. 84). Die gleichzeitige Aufgabe einer Wendeltreppe in dem unter Adrian von Bylandt errichteten Hofwinkelturm voraussetzend, wertet sie die Entscheidung für den modernen italienischen Treppentyp als wichtiges Argument für eine mögliche Rolle Maximilian Pasqualinis als Architekt des Umbaus. Die geraden Treppenläufe des 1549 nach Plänen von Maximilians Vater Alessandro Pasqualini begonnenen Jülicher Schlosses sollen für die Rheydter Podesttreppe Pate gestanden haben[35]. Die These Herkenraths hielt indessen einer näheren Untersuchung der Treppe nicht stand, die sich in allen Teilen als ein Einbau des 18. Jahrhunderts erwies.

Eine Einordnung der Treppe in die relative Bauchronologie des Schlosses hat ihren Gesamtbestand vom Untergeschoß bis in den Dachraum zu berücksichtigen, denn alle Läufe scheinen einheitlich entstanden. Der untere, vom Untergeschoß einarmig hinaufführende Treppenlauf war zwischen der unter Adrian von Bylandt errichteten inneren Querwand des Nordwestflügels und einer eigens für die Treppe eingezogenen Zwischen-

84 Erdgeschoß, Nordwestflügel, barocke Treppe

wand plaziert. In halber Höhe wurde der Lauf durch eine mit der Zwischenwand in Verband stehende Wange gegen den Rückraum abgeschottet. Zwischenwand und Wange waren stumpf gegen die über ihnen samt Putzauftrag und Tünche durchbindende Tonne gemauert, die wie die übrigen Untergeschoßgewölbe unter Otto von Bylandt geschlossen wurde. Der untere Treppenlauf muß folglich nach der Vollendung des Gewölbes eingebaut worden sein und kann dem Renaissanceumbau nicht angehören. Diese Untergeschoßtreppe wurde samt Zwischenwand und Wange der neuen Museumsnutzung geopfert und abgebrochen. Der vom Erdgeschoß zum Obergeschoß führende Lauf ist aufgrund der größeren Geschoßhöhe mit einem Wendepodest ausgestattet und war an seiner Ostflanke in eine Fachwerkwand eingehangen. Diese Wand stand auf einem unter ihr fortgeführten ornamentierten Keramikboden, welcher der Schüttung des Untergeschoß-

gewölbes aufliegt und einheitlich mit diesem entstand. Auch der mittlere Treppenlauf kann demnach nicht dem Renaissanceumbau angehören. Der obere, zum Dachraum aufsteigende Lauf glich in seiner technischen Ausführung dem mittleren Lauf. Auch hier stützte sich der untere Treppenarm auf eine Fachwerkwand. Wie die Untergeschoßtreppe wurde dieser Treppenabschnitt im Rahmen der jüngsten Umbauplanung aufgegeben.

Das Erdgeschoßpodest mit dem ehemaligen Treppenabgang zum Untergeschoß und dem Aufgang zum Obergeschoß wird im Erdgeschoß durch eine hölzerne Doppelarkade akzentuiert, die von flachen Spiegelpilastern und einem weit ausladenden Gesims gerahmt wird. Die Bogenzwickel sind mit Blattrosetten dekoriert. Die Arkatur ist vermutlich an dieser Stelle zweitverwendet[36]. Wie die spätbarocken Formen der Arkatur deuten die großenteils ursprünglich erhaltenen Balusterbretter des mittleren Treppenlaufes auf einen Einbau der Treppe gegen Mitte des 18. Jahrhunderts[37]. Sie scheint Bestandteil zahlreicher Veränderungen des Schloßinterieurs während der Barockzeit, welche die Wohnkultur dieses ländlichen Adelssitzes dem Stand der Zeit anpaßten.

Überblickt man die Baugeschichte des Herrenhauses, so exemplifiziert sie auf typengeschichtlich geradezu klassische Weise den Ausbau eines mittelalterlichen Wehrbaus zur frühneuzeitlichen Residenz. Die Bauuntersuchungen verdeutlichen zugleich, daß adliges Bauen in hohem Maße ökonomischen Erwägungen Rechnung trug. So ist das Bauen im Bestand ein Leitthema der Geschichte von Schloß Rheydt, in dessen Mauern sich die Reste sechs umfangreicher Steinbauphasen erhalten haben.

Anmerkungen

1 Vorgestellt in: Denkmalpflege im Rheinland, Heft 2, 1987, 15–17; Knopp, Gisbert, Norbert Nußbaum und Ulrich Jacobs: Bauforschung. Dokumentation und Auswertung. Köln 1992, 50–53 (= Arbeitsheft der Rheinischen Denkmalpflege. 43)

2 Herkenrath, Dorothea: Schloß Rheydt. Mönchengladbach 1961, 42–53 (= Rheydter Jahrbuch für Geschichte, Kunst und Heimatkunde. 4)

3 Befundberichte des Verfassers vom 10.4., 24.6., 31.7. und 16.11.1987 im Archiv des Rheinischen Amtes für Denkmalpflege, Brauweiler. Vgl. ferner den unpublizierten Vortrag des Verfassers im Rahmen des Bonner Kolloquiums: „Neue Ergebnisse der Bauforschung im Rheinland. Untersuchungen an den Schlössern Rheydt und Moyland." Bonn, 12.12.1988.

4 Befundbericht des Verfassers vom 12.3.1992. Archiv des Rheinischen Amtes für Denkmalpflege, Brauweiler.

5 Der südlich anschließende, dem Stumpf des Vorgängerbaus aufgesattelte Mauerabschnitt läßt sich auf Erdgeschoßniveau nicht mehr nachweisen, ist aber offenbar im Sockelbereich noch erhalten. In die ehemals vom Wasser des Burggrabens umspülten Sockellagen sind Sandsteinquader eingebaut – eine auch für die späteren Bauphasen typische Materialwahl. Die gesamte Sockelzone wurde beim Einrichten der Untergeschoßräume in Phase III grob und bis zur Unkenntlichkeit abgeschrotet, um die als Innenwand wiederverwendete ursprüngliche Außenfläche einzuebnen.

6 Die Untersuchungen der Außenfassungen am Herrenhaus sind zusammengefaßt in einem Aktenvermerk der Restaurierungswerkstätten des Rheinischen Amtes für Denkmalpflege vom 3.3.1992 (Hohmann).

7 Meßbar an den beiden im Kern überlieferten, jedoch nahezu vollständig in den nachfolgenden Umbauten aufgegangenen Kammern zwischen dem Nordwestturm und dem Erkerbau und an den beiden ähnlich verbauten Kammern der südöstlichen Wehrmauer.

8 Nahezu vollständig erhalten an einer der aufgegebenen Schießkammern der südöstlichen Wehrmauer.

9 Die in das Untergeschoß des Erkerbaus weisenden Schießöffnungen der ehemaligen Südwestfront mit ihren Werksteinfassungen sitzen nicht mehr in ihrer ursprünglichen Position. Die Wehrmauer weist hier zwei vorgemauerte Schalen auf, die in den Steinbauphasen IV und V die Außenwand verstärkten. Mit den Schalen wurden auch die Werksteingewände nach außen vorgeschoben. Die nördliche dieser beiden Scharten besitzt einen Widerlagerbalken für Hakenbüchsen, der somit gleichfalls erst nachträglich eingelegt wurde. Sichere Rückschlüsse auf die ursprüngliche Gestalt der Scharten lassen diese Befunde nicht zu.

10 Die Stirnseiten der zugesetzten Arkaden zeichneten sich nach Entfernen von Innenputzen an verschiedenen Stellen der südwestlichen und nordwestlichen Wehrmauer ab. Ihre Scheitel lagen mindestens 1,50 m über dem heutigen Erdgeschoßboden des Nordwestflügels.

11 Herkenraths Annahme, der älteste Torweg der Burg habe sich unmittelbar neben der Südecke der Hauptburg befunden, wird durch diese Funde widerlegt. Herkenrath, op.cit. 51

12 Von ehemals wohl drei etwa 1,40 m weiten und 0,45 m tiefen Nischen sind zwei in zugesetztem Zustand nachweisbar, eine von ihnen mit dem Ansatz eines Blendbogens.

13 Im niederrheinischen Burgenbau des mittleren 14. Jahrhunderts vom Verfasser zuletzt nachgewiesen für die Hauptburg von Schloß Moyland. Befundbericht von 1995, Archiv des Rheinischen Amtes für Denkmalpflege, Brauweiler. Frühe Beispiele in den benachbarten Niederlanden: Heusden (Vorburg), Ende 13. Jh.; Medemblik, um 1290; Brederode, Anf. 14. Jh. Vgl. Janssen, H. L.: The Archaeology of the Medieval Castle in the Nederlands. Results and Prospects for Future Research. In: Besteman, J. C., J. M. Bos und H. A. Heidinga (hg.): Medieval Archaeology in the Nederlands. Studies presented to H.H. van Regteren Altena. Assen-Maastricht 1990, 219–264

14 Die ehemaligen Torflankenmauern stehen nicht in Verband mit der hofseitigen Mauer des Südwesttraktes. Die Hofmauer ist den anscheinend zurückgearbeiteten Flanken vorgemauert. Sie stammt aus der Phase VI.

15 Hauptstaatsarchiv Düsseldorf, RKG B 4182/1165 I, fol. 40v, 42v: „aver des bauws halber so der herr von Reidt jetzt furgenomen hat wollen die untertanen auf des herren von reidt gesinnen innen nach irem vermogen mit dienst nit verlassen doch das sie damit over ir vermugen nit beschwert werden."

16 Zu den niederländischen Dachwerken vgl. zusammenfassend mit sehr instruktiven typologischen Übersichten Janse, H.: Houten kappen in Nederland 1000–1940. Delft 1989, bes. 105–111 (= Bouwtechniek in Nederland. 2); zu den westfälischen Beispielen Binding, Günther: Das Dachwerk auf Kirchen im deutschen Sprachraum vom Mittelalter bis zum 18.Jahrhundert. München 1991, 172–183.

Das Referat für Bauforschung des Rheinischen Amtes für Denkmalpflege untersuchte zahlreiche niederrheinische Dachwerke dieser Art, von denen etliche dendrochronologisch bestimmt wurden.

17 Ein weiteres, gleichzeitig gefälltes Holz wurde in dem 1782/83 datierten Abbund des Südwalms über dem Südwestflügel zweitverwendet. Es stammt vermutlich aus dem Dachwerk des Nordwestflügels. Diese und alle folgenden Daten beziehen sich auf die dendrochronologischen Gutachten von Lutger Verlage, Bielefeld (12.2., 15.10., 27.11.1992).

18 Der Sparren weist eine Waldkante von 1685 auf, an der Pfette ließ sich der äußere von 18 erhaltenen Splintringen auf 1684 datieren.

19 1623 wurden die Festungsanlagen von spanischen Truppen geschleift, 1647 von den Hessen zerstört hinterlassen. Vgl. hierzu Herkenrath, op.zit. 19

20 Hauptstaatsarchiv Düsseldorf, Jülicher Lehen Nr. 199, 9

21 Ein Helmsparren besteht aus einem im Winter 1784/85 gefällten Holz. Drei weitere Sparren weisen wahrscheinlich das gleiche Fälldatum auf. Im selben Abbund wurden zwei Hölzer des untergegangenen Erkerbaudaches oder des ältesten Hauptdachwerkes über dem Südwestflügel wiederverwendet, das zu dieser Zeit durchrepariert wurde.

22 Ein um 1591 datierter Balken wurde aus der Erdgeschoßwand zwischen der mittleren und östlichen Fensterachse der Hofwand entnommen. Die Wand erwies sich als nachträglicher Einbau, in den der Balken in Zweitverwendung integriert wurde. Ähnlich muß die Datierung eines Balkens aus der Erdgeschoßdecke des Nordwestturmes auf das Jahr 1588 gedeutet werden. Der Deckenaufbau stellte sich im ganzen so uneinheitlich dar, daß mit jüngeren Reparaturen und Verstärkungen zu rechnen ist.

23 Die Kaminnische war zunächst aus Backstein gemauert. Später wurde sie durch zwei große Sandsteinplatten verkleidet, die fortan eine solidere Rückwand bildeten. Die starken Abplatzungen auch an diesen Platten lassen einen intensiven Gebrauch der Feuerstelle vermuten.

24 Die Probe wies keine Waldkante, jedoch 19 Splintringe auf. Ein wesentlich späteres Fälldatum als 1547 ist daher unwahrscheinlich.

25 Herkenrath, op.cit. 106-147

26 Hauptstaatsarchiv Düsseldorf, RKG B 1164/4181; 1166/4183, fol. 277v., 280v. Teilabdruck bei Herkenrath, op.cit. 148–152

27 Herkenrath, op.cit. 57–58; Clasen, Carl-Wilhelm: Rheydt. Düsseldorf 1964, 16 (= Die Denkmäler des Rheinlandes); Brües, Eva: Schloß Rheydt in Mönchengladbach. Neuss 1978, 3 (= Rheinische Kunststätten. 205)

28 Die Kunstdenkmäler der Städte und Kreise Gladbach und Krefeld, bearb. von Paul Clemen. Düsseldorf 1896, 95 (= Die Kunstdenkmäler der Rheinprovinz III.4)

29 Zwei weitere Deckenbalken des Erd- und Obergeschosses ließen sich lediglich ungefähr um 1563 (-3/+9) bzw. um 1565 (-9/+9)

bestimmen, ein weiterer wies keine Splintringe auf und kam daher für eine nähere Bestimmung nicht in Betracht.

30 Diese Zuordnung beruht auf Mittelwerten, die eine mögliche Streuung der Werte zwischen 1556 und 1575 theoretisch möglich erscheinen lassen.

31 Die möglichen Toleranzen betragen bei diesen Proben 1566–1572 und 1561–1574.

32 Eine Stuhlsäule des Walmes wurde aus einem 1782 gefällten Holz gefertigt. Sieben Proben aus den neu errichteten Quergebinden weisen als jüngste Splintringe ebenfalls den Wert 1782 auf. Wahrscheinlich fehlt an diesen Hölzern allein die Waldkante.

33 Zur Einordnung der Fundstücke vgl. den Beitrag von Ulrike Heckner.

34 Die beiden Kamine waren zwischen den beiden Fensterachsen angeordnet. Vom Erdgeschoßkamin ließ sich allein die Rückwand nachweisen, vom Obergeschoßkamin auch der konsolartig aus der Wand kragende Unterbau der Feuerstelle.

35 Herkenrath op.cit., 96–98

36 Der mittlere Pilaster ist nach rechts aus der Achse versetzt. Infolge dieser Verschiebung besitzt die zum Obergeschoß führende Treppe nur links einen Geländeranfänger, während rechts der Rahmenpilaster der Arkatur die Funktion des fehlenden Anfängers übernimmt. Auch der Treppenaustritt im Obergeschoß scheint nicht einheitlich durchkonstruiert. Es fehlte offenbar von Beginn an der linke Geländeranfänger.

37 Die Kontur der Balusterbretter läßt sich sehr gut vergleichen mit jener der von Norbert Stannek gesammelten bergischen Beispiele. Die ältesten bergischen Bretter stammen aus den 30er Jahren des 18. Jahrhunderts und zeigen wie die Rheydter Exemplare deutlich ihre Ableitung aus dem Repertoire barocker Vollbaluster. Stannek, Norbert: Die Treppen des Bergischen Landes. Gestalt und Technik. Diss. masch. Aachen 1990, 109–114

Die Renaissance-Ausstattung von Schloß Rheydt

Ulrike Heckner

Schloß Rheydt führt das eindrucksvolle Bild einer Renaissancearchitektur vor Augen, die hinsichtlich ihrer künstlerischen Qualität und ihres Erhaltungszustandes im Rheinland von herausragender Bedeutung ist. Dies gilt zumindest für das Äußere des Baus, denn in weit stärkerem Maße wurde das Innere im Laufe der Jahrhunderte nicht nur beeinträchtigt, sondern nahezu vollständig verändert. Dem Besucher präsentieren sich die neu gestalteten Räume des Museums mit weiß gestrichenen Wänden und moderner Einrichtung in auffallendem Kontrast zu dem historischen Gebäude, dessen originale Ausstattung bis auf wenige Reste verloren ist. Einige Fragmente kamen bei der jüngsten Restaurierung zum Vorschein. Sie ergeben kein geschlossenes Bild, können aber ausschnittartig die einstige prachtvolle Ausgestaltung des Inneren verdeutlichen, die ebenso wie das Äußere zum Erscheinungsbild des Renaissanceschlosses gehörte.

Kamine

Von der reichen Kaminausstattung des Renaissanceschlosses zeugen wiederaufgefundene plastische Teile und Bruchstücke, die mehreren ehemaligen Steinkaminen des Schlosses zugeordnet werden können. So wurden in einer Zwischenwand im ersten Obergeschoß des Südwestflügels (heutige Museumsräume 15 und 16) bei den Renovierungsarbeiten 1992 zwei vermauerte Kaminzüge entdeckt (Abb. 85 und 86).[1] Bei ihrer Öffnung fanden sich zahlreiche Bruchstücke von Gesimsen, Reliefs und Skulpturen, die zumindest teilweise zu aufwendigen Renaissancekaminen gehörten (Abb. 87). Die noch vorhandenen Feuerstellenböden bestehen aus hochkant gestellten, ornamental verlegten Schieferplättchen, die Rückwände sind mit gebrannten Formsteinen ausgekleidet.[2] Drei verschiedene Terracotta-Formsteine (14 x 10 x 8 cm) mit je zwei Wappen ergeben einen rundbogigen Spiegel in Raum 15 und einen spitzbogigen in Raum 16. Sie werden von Backsteinmauerwerk mit hellroter Fassung und weißem Fugenstrich eingefaßt. Einer der Kaminsteine zeigt das Reichswappen und das Wappen des Lütticher Fürstbischofs Gerhard von Groesbeek (1563–1580) zu Seiten einer Säule, die den „Perron", die Lütticher Freiheitssäule, darstellt (Abb. 88). Die Buchstaben L G neben der Säule gehören ebenso wie der Perron zum Lütticher Stadtwappen. Außerdem findet sich am oberen Rand die Aufschrift „MAX IMP DILIGE" (Kaiser Maximilian II., 1564–1576) und unten die Jahreszahl 1566. Der zweite Kaminstein mit der Jahreszahl 1567 verbindet ein bisher nicht eindeutig bestimmtes Lilienwappen mit dem Wappen des Jülicher Territorialherren, Herzog Wilhelm des Reichen (1539–1592), und zeigt ebenfalls den Lütticher Perron in der Mitte. Beim dritten Kaminstein

85 Kamin im ersten Obergeschoß, Südwestflügel (Raum 15), nach der Restaurierung mit neuaufgestelltem Neptun-Relief

86 Kamin im ersten Obergeschoß, Südwestflügel (Raum 16), bei der Öffnung 1992

101

mit den Wappen von Otto von Bylandt und seiner Frau, Maria von Bongart, sowie der Jahreszahl 1567 fehlt die Säule.³ Schon Paul Clemen deutete die Wappen auf den Kaminsteinen 1896 als „die Wappen der Schlossherrschaft, des Lehnsherren und des Kaisers".⁴ Dies wurde präzisiert durch Karl-Heinz Schumacher und Gerd Lamers, die den Bezug zur Stadt Lüttich, einer wichtigen Produktionsstätte für Terracotta-Formsteine, herausarbeiteten, wo die Rheydter Exemplare offensichtlich hergestellt wurden.⁵ Mit Modeln gefertigte Kaminsteine waren im Lütticher und Antwerpener Raum sowie in den angrenzenden Gebieten vor allem zwischen 1550 und 1650 weit verbreitet.⁶ So scheint es möglich, daß der Stein mit dem Reichswappen und dem Wappen des Lütticher Fürstbischofs ebenso wie der mit dem Territorialwappen, die beide mit dem Lütticher Perron versehen sind, zur gängigen Produktion gehörten,⁷ während der Stein mit dem Bylandt-Wappen eigens für Schloß Rheydt gefertigt wurde. Damit wird die Aussagekraft der Jahreszahl 1567 unterstrichen, denn sie markiert vermutlich den Zeitpunkt des Auftrages. Es ist also wahrscheinlich, daß die Kamine in diesem Jahr oder nur wenig später entstanden. Die Jahreszahl stellt einen wichtigen Fixpunkt für die offensichtlich sehr reiche plastische Ausgestaltung der ehemaligen Kaminhauben und damit für die innere Gestaltung des Schlosses durch Otto von Bylandt dar, die im Zuge des Umbaus durchgeführt wurde.

Die Kaminaufbauten sind willkürlich zerschlagen worden und fielen vermutlich den barocken Modernisierungsmaßnahmen zum Opfer, da sie dem Zeitgeschmack nicht mehr entsprachen. Im späten 19. Jahrhundert, als Paul Clemen das Schloß inventarisierte, erwähnte er lediglich noch einen einfacher gestalteten Renaissancekamin, der sich an der Treppenhauswand des Saales im ersten Obergeschoß des nördlichen Flügels befand (Raum 14). Er ist durch eine zeichnerische Aufnahme von Joh. Schüller, 1918 (Abb. 4), und durch ein Foto dokumentiert.⁸ Zwei Balustersäulen auf Postamenten tragen die Kaminhaube mit einem mehrfach gestuften Architrav und Kranzgesims. Die Rückwand der Feuerstelle war ebenfalls mit den erwähnten Wappensteinen versehen.⁹ Dieser Kamin wurde offensichtlich erst 1942/43 beim Umbau zum „Gästehaus" von Joseph Goebbels durch Emil Fahrenkamp entfernt.¹⁰ Da wesentliche Teile noch

87 Bruchstücke von Skulpturen aus den vermauerten Kaminzügen (Foto 1992)

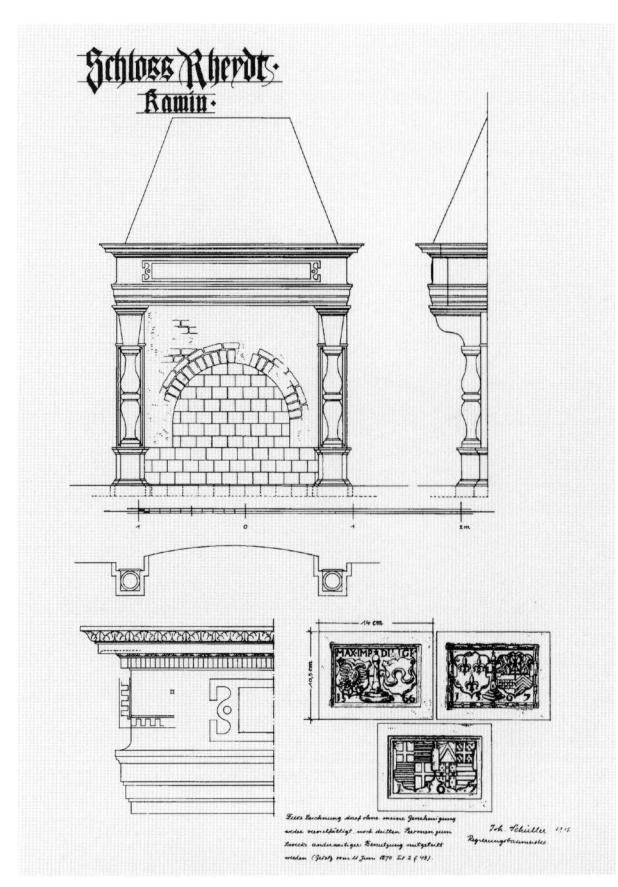

88 Joh. Schüller, Kamin im großen Saal des Obergeschosses, Nordflügel (Raum 14), zeichnerische Aufnahme von 1918

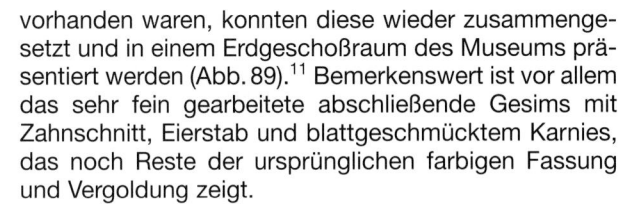

89 Teile des 1942 entfernten Kamins aus dem großen Saal des Obergeschosses in neuer Aufstellung

vorhanden waren, konnten diese wieder zusammengesetzt und in einem Erdgeschoßraum des Museums präsentiert werden (Abb. 89).[11] Bemerkenswert ist vor allem das sehr fein gearbeitete abschließende Gesims mit Zahnschnitt, Eierstab und blattgeschmücktem Karnies, das noch Reste der ursprünglichen farbigen Fassung und Vergoldung zeigt.

Bruchstücke der Kaminskulptur, deren genaue Zuordnung zu einem bestimmten Kamin nicht mehr möglich ist, werden heute innerhalb des Museums präsentiert. Ein von Pilastern und Voluten flankiertes Neptunrelief mit Volutenbekrönung, das offensichtlich als Kaminaufsatz diente, konnte aus mehreren Fragmenten zusammengefügt werden (Abb. 85 und 90). Das Relief besteht, ebenso wie der Großteil der Bauplastik von Schloß Rheydt,[12] aus Savonnières-Kalkstein und zeigt noch große Partien der originalen Farbfassung. Die mittlere Relieftafel mit den flankierenden Pilastern und der linken Volute sind aus einem Stück gearbeitet. Die rechte Volute, die bis auf ein kleines Bruchstück heute fehlt, war ebenso wie der Architrav schon ursprünglich als separates Teilstück angefügt, wie die gleichmäßige Ansatzkante zeigt. Die Pilaster mit schwarzgrundigem Schaft, der durch ein vergoldetes Arabeskenornament geschmückt ist, und die Volute mit hellblauem Grund und pflanzlichem, schwarz und golden gefaßtem Ornament in Flachrelief zeigen eine sehr feine, differenzierte Ausarbeitung. Dies gilt ebenso für die architektonische Gestaltung des Architravs, der über den Pilastern verkröpft ist. Auf dem blau gefaßten mittleren Streifen, der von goldenen Leisten gerahmt wird, waren ursprünglich fünf vergoldete Löwenköpfchen an der Vorderseite und je eins an den Schmalseiten appliziert, wovon die Klebestellen zeugen. Ein noch vorhandenes Köpfchen konnte in der Mitte wieder angebracht werden. Die obere Volutenbekrönung in Schwarz und Gold faßt eine hellblaue Kalotte ein, vor der sich ursprünglich eine Girlande spannte, wie an dem Ausbruch zu erkennen ist. Sie war anscheinend zwischen zwei Voluten durchgesteckt und endete in zapfenartigen Früchten. Auch in der Mitte der Volutenbekrönung befand sich noch ein Aufsatz, wie ein Abriß dokumentiert.

Das leicht hochrechteckige mittlere Relieffeld zeigt ein unbekleidetes, stehendes Paar. Die Männerfigur, durch den Dreizack als Neptun gekennzeichnet, legt den Arm um die Frau, der ein Putto zur Seite steht. Offensichtlich handelt es sich um eine Darstellung von Neptun und Amphitrite. Das Relief wird durch einen leicht plastisch hervortretenden Rahmen eingefaßt. Der obere Abschluß mit der rechten oberen Ecke fehlt ebenso wie die Köpfe Amphitrites und des Putto, während der Kopf Neptuns lediglich beschädigt ist. Auch das Relief hat noch in größeren Partien die ursprüngliche Farbfassung. Vor dem „steinfarbenen", hellgrau gefaßten Hintergrund hebt sich die Rosafärbung der Körper – in kräftigem Ton bei Neptun, zarter bei Amphitrite und dem Putto – deutlich ab. Bart- und Kopfhaar tragen ebenso wie der Dreizack, das Band der Amphitrite, der Flügel des Putto und die innere Leiste des Rahmens eine Vergoldung.

Die Komposition und die Darstellung der Körper, insbesondere der Oberkörper, die frontal mit deutlich herausgearbeiteten Muskeln und Konturen wiedergegeben sind, zeigt antikisierende Züge. Wesentlich schwächer sind dagegen die Gliedmaßen mit großen unbeholfenen Händen und grob schematisierten Füßen gestaltet. Eine überzeugende Wiedergabe des Standmotivs mit der

103

90 Neptun-Relief, ehemals Kaminaufsatz, Detail

erforderlichen perspektivischen Verkürzung ist dem Bildhauer nicht gelungen. Stattdessen sind die Füße auf dem unteren Rahmen wie aufgereiht dargestellt. Die Überschneidung des Rahmens zeugt von dem ungeschickten Versuch, räumlichen Bezug und Tiefe zu erreichen.

Stilistisch erinnert das Relief in der frontalen, statuarischen Darstellung der unbekleideten Körper an Bildformen des frühen 16. Jahrhunderts, die vielfach von Dürers Adam-und-Eva-Kupferstich (1504) ihren Ausgang nahmen. Vielleicht hat der Bildhauer eine ältere druckgraphische Vorlage benutzt. Ikonographisch ist die Wiedergabe von Neptun und Amphitrite als stehende Figuren ungewöhnlich. Die Nereide war vor der Liebeswerbung von Neptun geflohen, wurde jedoch von einem Delphin aufgespürt und zurückgebracht, so daß Neptun sie zur Frau nehmen konnte, was häufig in einem Triumphzug auf dem Meer wiedergegeben ist. Das Relief dagegen reduziert die Darstellung auf die beiden Hauptpersonen und verzichtet mit Ausnahme des Dreizacks auf Attribute. Die Präsenz des Putto kann als Hinweis auf das Liebespaar verstanden werden, jedoch werden auch die Figuren von Amphitrite und Venus nicht immer scharf getrennt.[13] Ikonographisch zu vergleichen ist die Darstellung von Neptun und Amphitrite, die Jan Gossaert 1516 im Auftrag Philipps von Burgund für Schloß Souburg in der Nähe von Middelburg malte und die das Paar in einer Säulenarchitektur stehend zeigt (Abb. 91).[14] Das Rheydter Relief entspricht diesem nicht so häufigen Typus. Ein weiteres der von Jan Gossaert für Schloß Souburg gemalten Bilder weist gewisse Parallelen in der Haltung der Figuren auf. Die kleinformatige Darstellung von Herkules und Deianira (1517) ist in der Präsentation der Oberkörper, ihrer Wendung zueinander und der Armhaltung ähnlich, obwohl das Paar sitzend wiedergegeben ist.[15] Die Bedeutung der Darstellung von Neptun und Amphitrite in Rheydt läßt sich nicht genau bestimmen, da der einstige Zusammenhang verloren und das Relief heute isoliert ist. Möglicherweise stand die Präsentation des Liebes- und Ehepaares im Vordergrund der thematischen Konzeption, was auf die Auftraggeber, Otto von Bylandt und seine Frau Maria von Bongart, hinweisen könnte, deren Wappen sich auf den Kaminsteinen finden.

Die Diskrepanz zwischen dem retardierenden figürlichen Relief von mäßiger Qualität in der Mitte und den gekonnten architektonischen Schmuck- und Ornamentformen ist auffallend. Die fein gearbeiteten Ornamente und der architektonische Aufbau mit Pilastern, Voluten und Kalotte entsprechen den in der zweiten Hälfte des 16. Jahrhunderts geläufigen Schmuckformen, wie sie als Aufsätze von Portalen oder auch bei Epitaphien zu finden sind.¹⁶ Sicherlich gehörte das Relief als bekrönender Kaminaufsatz in einen größeren Zusammenhang.

Zu den weiteren Stücken von Kaminskulpturen in Schloß Rheydt zählen die Fragmente einer weiblichen und einer männlichen Karyatide, zwei Konsolen von Kaminwangen mit Rosettenfries und Ansätzen ionischer Kapitelle, Bruchstücke eines Konsol- und eines Wappenfrieses („Brempt" und „Palant") sowie eines Gesimses mit Zahnschnitt und Palmetten. Die Teile, die im „Rittersaal" des Erdgeschosses in neuer Zusammenstellung präsentiert werden, gehören mindestens zu zwei Skulpturenkaminen und zeigen eine gekonnte, präzise Bearbeitung sowie buntfarbige Fassung und Vergoldung (Abb. 92). Die sichere Gestaltung der architektonischen Elemente, die feine Durchführung der Ornamentik und die plastische Ausarbeitung der Hermen verdeutlichen die hohe Qualität. Natürlich waren nicht alle Kamine des Schlosses in gleicher Weise aufwendig gearbeitet, wie etwa die Reste eines Kaminvorbaus im Erdgeschoß des Südwestflügels verdeutlichen, von dem eine einfache kannelierte Wange erhalten blieb.¹⁷ Die Gestaltung war jeweils abhängig von der Nutzung und dem repräsentativen Charakter der Räumlichkeiten.

Vergleichsbeispiele verdeutlichen, welche Pracht und skulpturale Fülle Renaissancekamine im 16. und frühen 17. Jahrhundert entfalten konnten. Niederländische Vorbilder sind hier von Bedeutung, wie etwa der von Colyn de Nole 1545 vollendete Kamin im Rathaus von Kampen.¹⁸ In der zweiten Hälfte des 16. Jahrhunderts sind Prunkkamine auch im Rheinland, in Westfalen und im Gebiet der Weserrenaissance zu finden. Drei reich geschmückte kölnische Steinkamine befanden sich ehemals im Kunstgewerbemuseum Köln: Der Kamin mit der Geschichte Jakobs im „Kölnischen Zimmer" besaß einen von Karyatiden getragenen Kaminsims mit reliefiertem Fries.¹⁹ Der Kamin in der Eingangshalle (1595) mit den Ahnenwappen des Wilhelm von Stommel und der Johanna Raitz von Frentz aus dem Stommelner Hof am Griechenmarkt verfügte über einen von Karyatiden getragenen Aufbau mit mittlerem Aufsatz.²⁰ Karyatiden und einen hohen dreizonigen Aufbau zeigte ein weiterer Kamin mit Wappen und Figuren.²¹ Im Aufbau und in der Gestaltung sehr deutliche Verwandtschaft mit den Rheydter Stücken lassen die Kamine der Burg Binsfeld (Abb. 93) und der Burg Konradsheim erkennen, die beide von Hermen getragene, weit ausladende Konsolen und ein Kamingesims mit Wappenfries besitzen.²²

Allein acht Skulpturenkamine wurden in den sechziger Jahren des 16. Jahrhunderts für die Ausstattung von Schloß Horst (Gelsenkirchen) gefertigt, wie durch Rechnungen belegt ist. Der Küchenkamin mit einer Auferstehungsszene befindet sich noch am Ort, während der Kain-und-Abel-Kamin, der Lot-Kamin (1560) und der Troja-Kamin (1578) nach Schloß Hugenpoet (Kettwig) verbracht wurden. Von weiteren Kaminen mit römischen Historien, allegorischen und mythologischen Darstellungen sind noch mehrere Relieftafeln vorhanden. Die bildhauerischen Arbeiten werden mit Ausnahme des späteren Troja-Kamins Heinrich Vernukken und seinem Sohn Wilhelm aus Kalkar zugeordnet.²³ Weder die routinierten Arbeiten der Vernukken noch die elegante Formensprache des Troja-Kamins lassen sich jedoch mit den Rheydter Stücken vergleichen.

91 Jan Gossaert, Neptun und Amphitrite, 1516

92 Bruchstücke von Kaminskulpturen in neuer Aufstellung

105

93 Burg Binsfeld, Renaissancekamin in der Eingangshalle

Ein prächtiger Steinkamin von 1613 befindet sich in Haus Vlassrath am Niederrhein (Straelen). Er zeigt einen von Säulen getragenen Wappenfries und darüber einen dreiteiligen, etwas unsystematisch wirkenden Aufbau mit von Karyatiden flankierten Reliefs, Rollwerk-Kartuschen und Dreiecksgiebel mit Figuren. Die Darstellungen beziehen sich auf den Waffenstillstandsvertrag im spanisch-niederländischen Krieg, der 1609 in Antwerpen geschlossen wurde. Der Boden der Feuerstelle besteht, ebenso wie in Rheydt, aus ornamental verlegten Schieferplättchen.[24]

Einige weitere Beispiele aus Schlössern der Weserrenaissance vervollständigen das Bild. Eindrucksvoll gestaltet mit Karyatiden, figürlichem Fries und großem Wappenaufsatz sind zwei Kamine von 1576 des flämischen Bildhauers Arend Robin im Stadthagener Schloß. Sie haben die Darstellung der vier Elemente und der vier Jahreszeiten zum Thema.[25] Einen vergleichbaren Aufbau, hier mit Wappenfries und figürlichem Reliefaufsatz (Auferstehungsszene), zeigt ein steinerner Kamin von 1606 im Schloß Schwöbber.[26]

Die angeführten Beispiele weisen einige charakteristische Gemeinsamkeiten auf, die Rückschlüsse auf den Aufbau der Rheydter Kamine erlauben: Die offene Feuerstelle wird von Karyatiden oder Säulen flankiert, die das Gebälk der vortretenden Kaminhaube, häufig mit einem Wappen- oder Figurenfries, tragen. Darüber folgt meist noch ein skulptierter Aufbau. Das Rheydter Neptun-Relief diente offensichtlich als Aufsatz auf einem Kamingesims, ähnlich den Beispielen in Stadthagen und Schwöbber, oder als obere Bekrönung eines größeren Aufbaus wie in Kampen, Straelen oder dem heute zerstörten Kamin des Kölner Kunstgewerbemuseums aus dem Stommelner Hof in Köln. Die Rheydter Kamine, nur noch anhand der wenigen Fragmente faßbar, lassen sich den aufwendigen Prunkkaminen der Renaissance zuordnen. Eine Datierung um 1567, orientiert an der Jahreszahl der Kaminsteine, liegt auch stilistisch nahe. Die Fundstücke stellen – neben den Fruchtschnüren des Erdgeschoßgewölbes im Südwestturm[27] – die einzigen Reste der plastischen Innenausstattung des Schlosses dar, die offensichtlich in ihrem Reichtum nicht hinter der architektonischen Gestaltung des Renaissanceschlosses zurückstand.

Decken- und Wanddekorationen

Im Erdgeschoß des Südwestflügels (Raum 8) wurde 1992–94 eine bemalte Holzbalkendecke freigelegt, restauriert und ergänzt (Abb. 94). Der Raum nimmt die gesamte Breite des Flügels ein. Die Balkendecke besteht aus Eichenholz. Ein mächtiger Unterzug erstreckt sich von Außenwand zu Außenwand und stützt die Deckenbalken, die seitlich auf den Zwischenwänden aufliegen.[28] An der Nordseite zeigt sich eine Auswechslung (ca. 80 x 130 cm). Hier befand sich ursprünglich eine Steinausfachung als Unterbau für die Feuerstelle des darüberliegenden Kamins im ersten Obergeschoß. Eine weitere, schmalere Auswechslung markiert den heute geschlossenen Abzug der Feuerstelle des Erdgeschoßraums. Die Balken und Spiegel der Decke sind mit einem ca. 15 mm dicken Unterputz aus Lehm mit Stroh und gespleisten Hölzern versehen, auf dem eine ca. 5 mm dicke Kalkputzschicht mit Kälberhaar liegt. Diese Feinputzschicht dient als Träger der Malerei, die in Secco-Technik mit Ölfarben ausgeführt ist.[29] Der zweischichtige Aufbau gleicht die Unregelmäßigkeiten des Holzes aus, verdeckt die Bretterlagen und schafft einen gleichmäßigen Malgrund. Dies trägt dem Repräsentationsanspruch der Decke innerhalb des Schloßbaus Rechnung, denn üblicherweise wurde die Malerei direkt auf das lediglich grundierte Holz aufgebracht.[30] Die Rheydter Decke verbirgt dagegen zunächst jeglichen Materialcharakter des Holzes, der dann jedoch durch die Malerei in geschönter Form neu hervorgerufen wird.

Die gemalte Dekoration verbindet eine stilisierte Holzmaserung mit Maureskenornamentik. Die fingierte Maserung bestimmt die kräftige Farbigkeit der Decke. Auf ockerfarbigem Fond ist sie wellenförmig in rötlichem Ton aufgemalt und teilweise mit hellen Glanzlichtern versehen. Zwischen einer dunkleren Tonlage auf den Balken und einer helleren auf dem mittleren Unterzug und den Spiegeln wird unterschieden. Das Mauereskenornament erstreckt sich darauf netzartig als fortlaufendes regelmäßiges Muster. In reduzierter Formgebung ist ein verschlungenes Band, schwarz mit weißem Innenstrich, über die Unter- und Seitenflächen der Balken sowie auf die dazwischenliegenden Spiegel gelegt, das Kartuschen in verschiedener Form und Größe bildet. Größere Kartuschenfelder sind im jeweils anderen Farbton der Maserung abgesetzt. Runde, ovale, eckige und mehrfach gestufte Formen sind alternierend angeordnet und durch die Flechtbänder zu einem ornamentalen Netz verbunden. Hinzu kommt ein Wandfries, der das Muster des Unterzuges wiederholt. Die Kartuschen verfügten über runde oder quadratische Applikationen, wie anhand von Fehlstellen zu erkennen

94 Bemalte Holzbalkendecke im Erdgeschoß, Südwestflügel (Raum 8), restaurierter und ergänzter Zustand

war. Offensichtlich wurden sie entfernt, als man die Decke weiß überstrichen hat. Nur ein beschädigtes Zierplättchen befand sich noch in situ. Die quadratische Applikation (6,5 x 6,5 cm), aus Pappe geprägt, war mit Kitt an der Decke befestigt. Sie zeigt eine vergoldete Bordüre am Rand und eine nur noch in Ansätzen vorhandene dunkelbraune Erhebung in der Mitte, die vermutlich einen Ziernagel imitieren sollte.[31] Bei der Restaurierung der Decke wurden die Applikationen in vereinfachter Form als vergoldete Holzplättchen neu gefertigt.

Trotz der Einfachheit des Dekors ruft die wiederhergestellte Deckenbemalung einen höchst prachtvollen Raumeindruck hervor, der in großem Kontrast zu dem neutralen Weiß der übrigen Räume steht. Exemplarisch wird hier deutlich, welchen Stellenwert die historische Gestaltung für das Erscheinungsbild und die Wirkung der Schloßräume hatte, welche Rolle der farbigen, durch Vergoldungen zusätzlich geschmückten Deckenbemalung zukam. Daß auch weitere Räume ehemals in gleicher Weise ausgestattet waren, läßt sich an einer zweiten bemalten Holzdecke im südlich benachbarten Raum des Erdgeschosses nachweisen. Die stark fragmentierten Malereien mußten hier jedoch aufgrund der erforderlichen Erneuerung der Decke abgenommen werden. Die Decke war hinsichtlich Konstruktion und Malschicht identisch aufgebaut (Balkenlage in Längsrichtung zum Gebäudetrakt mit mittigem Unterzug, Lehmunterputz, Kalkputz mit Kälberhaar).[32] Eine größere Malereipartie, die das Prinzip der Dekoration verdeutlicht, zeigte sich an der Seitenfläche des Unterzugs (Abb. 95). Auch hier bildete eine imitierte Holzmaserung, in rötlicher Zeichnung auf ockerfarbigen Fond gesetzt, das Grundmuster. Darauf waren mit schwarzen und roten Konturstrichen runde Medaillons und langgestreckte Prismen gemalt, die als illusionistische Diamantknöpfe eine plastische Wirkung erzielen sollten. Beschlagwerkornamentik füllte das Medaillonfeld und die Dreiecksfelder der Prismen.

Einfache unverkleidete Holzbalkendecken wie in Rheydt boten sich besonders für eine ornamentale Bemalung an, die teilweise unter Verwendung von Schablonen als rapportartiges Muster die langgestreckten Balkenflächen und Zwischenfelder füllen konnte. Art und Ausführung des Ornaments hängt vom Zeitgeschmack ab, orientiert sich oft an geläufigen Mustervorlagen, wie sie für viele Bereiche des Kunsthandwerks zur Anwendung kamen. Große Beliebtheit und vielfältige Ausprägung in Form von Grotesken und Ranken, Roll- und Beschlagwerk, Arabesken und Mauresken erreichte der Ornamentschmuck in der zweiten Hälfte des 16. und im frühen 17. Jahrhundert. Gedruckte Musterbücher dienten der Verbreitung und richteten sich oft explizit an die ausführenden Künstler und Handwerker. Das relativ einfache Ornament in Rheydt läßt sich vermutlich nicht auf eine konkrete Vorlage zurückführen, als Mauresque und Beschlagwerk gehörte es zum gängigen Repertoire, das durch gedruckte Muster angeregt wurde. Mauresquenfolgen wurden etwa in den Niederlanden von Balthasar van den Bos (1554) herausgegeben, Beschlagwerkornamentik und Diamantknöpfe vor allem durch die Musterbücher von Hans Vredeman de Vries verbreitet.[33] Die streifenartigen Ornamentmuster, die als Schmuckbordüren vielfältige Verwendung fanden, waren für eine Adaption auf Holzdeckenbalken sehr gut geeignet. Bemalte Holzdecken mit Mauresken- und Beschlagwerkmotiven aus dem späten 16. oder 17. Jahr-

95 Bemalte Holzbalkendecke, ehem. im Erdgeschoß, Südwestflügel (Raum 10), Umzeichnung der Malerei auf dem Unterzug

96 Kalkar, Haus Kesselstr. 20, bemalte Holzbalkendecke im Erdgeschoß

hundert lassen sich in Antwerpen und in den Niederlanden, so in Deventer, in der Provinz Zeeland (Middelburg, Vlissingen) und in Groningen nachweisen.[34] Die Motive besaßen jedoch eine allgemeine Beliebtheit und Verbreitung, finden sich in Norddeutschland ebenso wie im süddeutschen und schweizerischen Raum.[35] In besonderem Maße entsprach diese Art der ornamentalen Dekoration der Mode und dem Zeitgeschmack.

Das Maureskenornament in Rheydt ist sehr vereinfacht. Frei von floralen Elementen entspricht es einem sehr reduzierten Band- oder Flechtwerk. An die Stelle der abstrahierten Rankenmalerei als füllender Hintergrund tritt die stilisierte Holzmaserung, die sich auf das Material der Balkendecke bezieht. Die schlichte Form der unverkleideten Holzbalkendecke wird durch aufwendigen Verputz und durch die Malerei in leuchtenden Ölfarben nobilitiert. Die Kombination von Ornament und stilisierter Maserung erreicht im Zusammenspiel mit dem abgestimmten Farbwechsel und den applizierten Goldplättchen einen mit einfachen Mitteln erzielten, kostbaren Gesamteindruck.

Die bemalte Holzbalkendecke in Schloß Rheydt gehört im Rheinland zu den wenigen noch erhaltenen Beispielen dieser einst so verbreiteten Gattung. Viele der hölzernen Decken in privaten oder öffentlichen Gebäuden waren bemalt oder farbig gefaßt, was dem Bedürfnis nach Schmuck und repräsentativer Ausstattung Rechnung trug. Den Rheydter Decken steht die Bemalung von zwei Holzbalkendecken im Haus Kesselstr. 20 in Kalkar stilistisch nahe (Abb. 96). Auf den Unterzügen findet sich auf ockerfarbenem Grund rote Rankenornamentik mit runden und länglichen Kartuschen im Wechsel, die durch graue Bänder gebildet werden. Die Deckenbalken sind mit hellen Ranken auf rotem Grund, die Spiegel bei einer der beiden Decken ebenfalls mit Kartuschen verziert. Die Dekorationen, die in der zweiten Hälfte des 16. Jahrhunderts anzusetzen sind, werden auch hier durch einen Wandfries begleitet.[36] Auch in einem weiteren Haus in Kalkar, Kirchplatz 2, ist eine Holzbalkendecke mit Rankenmalerei erhalten, ebenso in der Alten Kellnerei in Rheinberg (um 1630).[37] Derartige Funde stehen heute jedoch vereinzelt. Gelegentlich sind zerstörte Dekorationen noch in Fotos überliefert, so eine mit Ranken bemalte gotische Balkendecke aus dem Haus „Zur Landskron"[38] und eine weitere aus dem Haus Minoritenstr. 25 in Köln.[39]

Besonders großes Gewicht besaß die repräsentative Ausstattung im herrschaftlichen Schloßbau, doch gerade hier sind im Umkreis kaum noch vergleichbare Deckenbemalungen zu finden, wofür geänderter Geschmack, wechselnde Nutzung und vielfältige Zerstörung die Gründe sind. Manchmal sind es nur kurze zufällige Notizen, die von der Existenz bemalter Decken berichten. So heißt es etwa anläßlich des erwarteten kaiserlichen Besuchs in Jülich 1555/56, daß die zwei Gemächer im Ostflügel des Jülicher Schlosses, deren Decken „mit farben bemahelet" sind, vorbereitet werden sollen.[40] Bei den Restaurierungsarbeiten im Schloß

97 Schloß Horst, bemalte Deckenbretter

Horst (Gelsenkirchen) wurden zweitverwendete Fragmente von Deckenbrettern mit ornamentaler Bemalung entdeckt,[41] die davon zeugen, daß sich auch hier einst prachtvoll bemalte Holzdecken befanden, die mit Flechtwerk, Ranken und stilisierter Holzmaserung den Rheydter Beispielen offensichtlich sehr ähnlich waren (Abb. 13). Noch bis in barocke Zeit waren bemalte Holzbalkendecken im Schloßbau üblich, wie die Deckenmalereien der Schlösser Ringenberg und Moyland aus den 60er Jahren des 17. Jahrhunderts belegen.[42]

Die bemalten Decken gehörten zur Ausstattung des durch Otto von Bylandt ausgebauten Renaissanceschlosses. Ihre Entstehungszeit läßt sich durch die dendrochronologischen Datierungen von Deckenbalken und Dachwerk des Südwestflügels in die 60er Jahre des 16. Jahrhunderts festlegen.[43] Darüberhinaus berücksichtigt die Balkenlage der Decke durch eine Auswechslung schon den im ersten Obergeschoß liegenden Kamin. Die Jahreszahlen 1566 und 1567 auf den Kaminsteinen lassen sich also auch auf die Decke und ihre Bemalung beziehen. Diese frühe Datierung verdeutlicht, daß der Bauherr auch bei der „Modernisierung" der Innenräume höchst aktuelle Zeitströmungen aufzugreifen wußte. Bemerkenswert ist die enge Verwandtschaft zu den leider nur in wenigen Fragmenten erhaltenen Deckenmalereien von Schloß Horst (Abb. 97), die trotz der weiten Verbreitung des Motivs auf einen engeren Zusammenhang schließen lassen können. Neuere Forschungen haben gezeigt, daß für die Innendekorationen in Horst vermutlich der Maler Joist de la Court verantwortlich war, der in den Bautagebüchern 1562–65 genannt wird.[44] Richard Klapheck hatte ihn irrtümlich als Bildhauer und Architekten angesehen und ihm die Urheberschaft mehrerer Skulpturenkamine sowie eine maßgebliche Stellung bei der Errichtung von Schloß Horst und von Schloß Rheydt zugeschrieben.[45] Vielleicht hat Joist de la Court, nachdem er Horst offen-

98 Joh. Schüller, Wandtäfelung in Schloß Rheydt, zeichnerische Aufnahme von 1919

sichtlich im Sommer 1565 verließ, tatsächlich in Rheydt gearbeitet und war jedoch auch dort nicht als Architekt, sondern als Maler für die in dieser Zeit entstandene Innendekoration verantwortlich, wofür die stilistische Verwandtschaft der Deckenmalereien sprechen könnte. Die spärlichen bekannten Quellen zum Schloßbau sagen hierzu nichts aus, aber immerhin ist in einer späteren Notiz im Rheydter Lagerbuch 1580 von „Joist dem Maler von Dusseldorff" die Rede. Da er 5 Gulden zur Kindtaufe erhält, hat er vermutlich bereits seit längerem für Otto von Bylandt gearbeitet.[46]

Durch den Kontrast, den die bemalte Decke des 16. Jahrhunderts zur heutigen neutralen Weißfassung der übrigen Decken und der Wände darstellt, wird der Verlust der Renaissanceausstattung besonders augenfällig. Sicherlich sind auch als Schmuck der Wände reiche Dekorationen, Malereien, Vertäfelungen oder Wandteppiche vorzustellen. Eine Zeichnung von Joh. Schüller, die zu der Bauaufnahme des Schlosses von 1918/19 gehört, zeigt noch den Rest einer Wandtäfelung mit Pilastern und ornamentierten Spiegeln, die jedoch nicht erhalten ist und auch nicht genauer zugeordnet werden kann (Abb. 98). Erst späteren Datums sind dagegen die Malereien neben der Treppe, die bei den jüngsten Restaurierungsarbeiten in dem kleinen niedrigen Vorraum des ehemaligen Kellerabganges im Bereich der Supraporte und der Decke aufgedeckt wurden. Die Fachwerkkonstruktion von Wand und Decke, die den nach oben führenden Treppenlauf verkleidet,

99 Phantasievedute, Malerei der Supraporte im Nebenraum der barocken Treppe zum ersten Obergeschoß (Nordwestflügel)

100 Gemalte Wappen (Luise von Dohna und Florenz Otto Heinrich von Bylandt) im Nebenraum der barocken Treppe zum ersten Obergeschoß

gehört zum barocken Treppeneinbau. Sie ist mit einem Unterputz aus mit Stroh versetztem Lehm und einem feinen Kalkputz versehen, auf dem die Malerei in Ölfarben ausgeführt wurde.[47] Die Supraporte zeigt eine Landschaft mit einer ruinösen Architektur im Vordergrund, daneben ein Gewässer mit anlegenden Schiffen und Berge im Hintergrund (Abb. 99). Kleine Figuren sind püppchenartig in die Szenerie eingefügt, die von einem gemalten Rahmen mit Marmorimitation eingefaßt wird. Die dilettantische Malerei im Stil der Ruinenromantik ist dem späten 18. oder dem 19. Jahrhundert zuzurechnen, ein später Nachklang der beliebten Veduten und Phantasieansichten, wie sie beispielsweise aus Schloß Alfter aus der ersten Hälfte des 18. Jahrhunderts bekannt sind.[48] An der Decke sind zwei Wappenschilde unter einer Adelskrone dargestellt (Abb. 100). Die untere Malschicht, die freigelegt wurde, zeigt das Allianzwappen von Luise von Dohna und Florenz Otto Heinrich von Bylandt (Heirat 1665, Belehnung mit Rheydt 1686). Diese Wappen waren übermalt mit dem Allianzwappen von Anna Maria von Ingelheim (1687–1760/64) und Arnold Christoph von Bylandt (Belehnung mit Rheydt 1701, Heirat 1703/4, gest. 1730).[49] Heraldische Unkorrektheiten und die Form der Wappenschilde können auch hier auf eine Entstehung im 19. Jahrhundert hindeuten.[50] Es bleibt unklar, warum die Allianzen Bylandt/Dohna und Bylandt/Ingelheim dargestellt wurden, allerdings ist auch hier der wenig sorgfältigen Malerei in dem kleinen Nebenraum – vielleicht nach wechselnder Vorlage gearbeitet – nur nachgeordnete Bedeutung zuzumessen.

Fußboden

Großflächige Reste eines Fliesenbelages des 16. Jahrhunderts wurden im Erdgeschoß des Nordflügels, im heutigen Eingangsbereich des Museums, entdeckt. Der Plattenmosaikboden besteht aus kleinen glasierten Tonfliesen (ca. 3 x 3 cm), die in einem diagonalen Quadratmuster verlegt sind: Schwarze Fliesen bilden ein Raster, weiße füllen die Felder. Als Schmuckform dient eine große Rosette mit mittlerem Sternornament, die aus dreieckigen, rautenförmigen und quadratischen Plättchen zusammengesetzt ist. Der neue Steinfußboden des Museums überdeckt das Fliesenmosaik, lediglich der Bereich der Rosette bleibt durch Plexiglasplatten sichtbar (Abb. 101).

Mosaikfußböden aus gebrannten Tonfliesen sind seit dem Mittelalter im Sakralbau weit verbreitet, wobei Rosetten besonders früh (ab der Mitte des 12. Jahrhunderts) und häufig im nördlichen Rheinland und in Köln zu finden sind.[51] Die Böden waren über lange Zeit hinweg noch intakt und dienten als Vorbild für Profanarchitektur. In Kölner Patrizierhäusern und bei der Neuausstattung von Burgen der Umgebung ist eine

101 Plattenmosaikfußboden im Nordwestflügel, Rosette unter Plexiglasplatten

späte Blütezeit gemusterter Fliesenböden, oft mit geprägtem Relief, in der zweiten Hälfte des 15. und der ersten Hälfte des 16. Jahrhunderts festzustellen.[52] Der Rheydter Fliesenboden ist demgegenüber schlicht mit einfachen glatten Plättchen, steht aber noch in der Tradition der kölnischen und rheinischen Böden.[53] Im Vergleich zu den mittelalterlichen Böden fallen in Rheydt die Größe der Rosette und die geringen Maße der Plättchen auf. Letzteres ist insbesondere für niederländische Tonmosaikböden typisch und könnte auf einen entsprechenden Einfluß hindeuten.[54] Der Rheydter Boden entspricht einer traditionellen Form, auch wenn schlichte Quadratmuster mit einfacher Felderfüllung im Profanbau der Renaissance noch häufiger zu finden sind.[55] Eine Datierung in die zweite Hälfte des 16. Jahrhunderts wird schon durch den baulichen Zusammenhang mit dem darunterliegenden Kellergewölbe aus dieser Zeit vorgegeben.[56] Der Fliesenboden zählt also – wie die Kamine und bemalten Decken – zur Ausstattung des Schlosses, die durch Otto von Bylandt unternommen wurde. Die traditionelle Formgebung könnte in der Funktion des Raumes begründet sein, der wohl nicht repräsentativen Zwecken diente, sondern vielleicht zum Wirtschaftstrakt gehörte und daher zwar immer noch schmuckvoll, aber nicht nach der neuesten Mode ausgestattet war.

Im 16. Jahrhundert wurden bestehende mittelalterliche Burganlagen vielfach durch eingreifende Baumaßnahmen zu repräsentativen fürstlichen Wohnsitzen umgestaltet. Otto von Bylandt legte in Rheydt großen Wert auf eine Gestaltung des Renaissanceschlossses, die durch ihr äußeres Erscheinungsbild mit Erkerbau, Loggia und reichem plastischem Schmuck seiner herrschaftlichen Stellung Ausdruck verleihen konnte. In gleichem Maße war er offensichtlich an der inneren Ausstattung interessiert, die dem Bedürfnis nach Wohnkomfort und Repräsentation entsprach, wie sich anhand der noch vorhandenen Fragmente von aufwendigen Skulpturenkaminen und bemalten Decken nachvollziehen läßt. Sie wurden in direktem Zusammenhang mit der baulichen Fertigstellung des Schlosses um 1566/67 ausgeführt. Ausstattung und Architektur in aktuellen Renaissanceformen ergänzten sich zu einem geschlossenen Geamteindruck, der den Ansprüchen des Bauherrn Rechnung trug und ein wichtiges Beispiel höfischer Architektur des 16. Jahrhunderts am Niederrhein darstellt.

Anmerkungen

1 Karl-Heinz Schumacher und Gerd Lamers, Kaminsteine aus dem Herrenhaus von Schloß Rheydt. In: Rheydter Jahrbuch für Geschichte, Kunst und Heimatkunde, 21, 1994, S. 69–79. S. auch den Beitrag von Norbert Nußbaum, S. 97 f.
2 Der Feuerstellenboden mit sternförmigem Muster im Raum 15 stammt jedoch aus dem nebengelegenen Saal (Raum 14). In Raum 15 befand sich ursprünglich ein Boden mit einfachem Quadratmuster. Dieser wurde bei der Neuaufstellung des Kamins in Raum 7 des Erdgeschosses verwendet (Abb. 5). Der Feuerstellenboden im Raum 16 befindet sich an originaler Stelle.
3 Zur Deutung der Motive und Wappen: Schumacher/Lamers (wie Anm. 1), S. 72–78.
4 Paul Clemen, Die Kunstdenkmäler der Städte und Kreise Gladbach und Krefeld. Düsseldorf 1896 (= Die Kunstdenkmäler der Rheinprovinz, Bd. 3, IV), S. 531.
5 Schumacher/Lamers (wie Anm. 1), S. 72–78.
6 Sabina Gierschner, Christina Notarius, Haus Te Gesselen und seine Wandkamine. In: Denkmalpflege im Rheinland, 6, 1989, Nr. 2, S. 5–9.
7 Ein identischer Kaminstein mit Territorialwappen befindet sich im Museum Haus Koekkoek in Kleve, was für die nicht nur an einen Auftrag gebundene Verbreitung dieses Motivs spricht: Land im Mittelpunkt der Mächte. Die Herzogtümer Jülich, Kleve, Berg. Ausst. Kat., Kleve 1984, Katalognr. M 29, S. 511. – Schumacher/Lamers (wie Anm. 1), S. 74.
8 Clemen (wie Anm. 4), S. 531: „Im nördlichen Flügel befindet sich ein großer Kamin aus grauem und farbigem Marmor mit leichter Vergoldung. An ihm die Wappen Ottos von Bylandt und der Maria von Bongart, des Herzogs Wilhelm von Jülich und seiner Gemahlin und des Kaisers Maximilian und seiner Gemahlin, also die Wappen der Schlossherrschaft, des Lehnsherren und des Kaisers vereinigt." Das Foto des Kamins gehörte zu einer Postkartenserie von Schloß Rheydt. Ein Exemplar befindet sich im Rheinischen Amt für Denkmalpflege. Die Zeichnung von Schüller ist Teil einer umfassenden Bauaufnahme des Schlosses aus den Jahren 1918/19, die im Planarchiv des Rheinischen Amtes vorhanden ist (Nr. 4164).
9 Otto Kempff, Führer durch das Schloß-Museum der Stadt Rheydt. Ein Beitrag zur Geschichte und Kultur des Niederrheins. Rheydt 1923, S. 54: „Durch einen gewölbten Durchgang gelangen wir in die „Kemenate", das geräumige Kaminzimmer, so benannt nach einem prächtigen Marmorkamin der Renaissancezeit (Nr. 63). Die Feuerung desselben ist mit Kacheln zugemauert, welche mit je zwei Wappen geschmückt sind und die Jahreszahl 1567 tragen, die Zeit der Schloßerbauung. Drei verschiedene Arten von Kacheln sind zu unterscheiden: die einen tragen die Wappen des Schloßbauers, Otto von Bylandt und seiner Gemahlin Maria von Bongard; die anderen die Wappen des Landesherrn, des Herzogs und der Herzogin von Jülich; die dritten die Wappen des Deutschen Kaisers und der Kaiserin." Die Wappen sind, ebenso wie bei Clemen, offensichtlich nicht ganz richtig identifiziert.
10 Zum Umbau: Manfred Wittmann, Das „Gästehaus" – eine Episode in der Geschichte von Schloß Rheydt 1917–1945. In: Rheydter Jahrbuch für Geschichte, Kunst und Heimatkunde, 21, 1994, S. 27–68. S. auch: Christiane Zangs, Pasqualini und Schloß Rheydt. Neue Erkenntnisse zur Baugeschichte von Schloß Rheydt. In: Günter Bers, Conrad Doose (Hrsg.): Der italienische Architekt Alessandro Pasqualini (1493–1559) und die Renaissance am Niederrhein. Kenntnisstand und Forschungsperspektiven. I. Jülicher Pasqualini-Symposium am 30. Oktober 1993 in der Zitadelle Jülich. Tagungshandbuch, Jülich 1994, S. 105–122, hier S. 117. Der von Fahrenkamp neu eingebaute Kamin im Rittersaal, der bei den jüngsten Umbaumaßnahmen entfernt wurde, orientierte sich in der Formgebung an dem Renaissancekamin (Dokumentation im Rheinischen Amt für Denkmalpflege).
11 Ein Einbau am ursprünglichen Standort im Obergeschoß war aus statischen Gründen nicht möglich, daher entschied man sich für eine museale Präsentation im Erdgeschoß. Der Feuerstellenboden stammt aus Raum 15 des Obergeschosses (vgl. Anm. 2).
12 Außerdem: Karl-Heinz Schumacher, Das Herrenhaus von Schloß Rheydt und seine Baumaterialien. In: Denkmalpflege im Rheinland, 11, 1994, Nr. 4, S. 145–150.
13 Zur Ikonographie s.: Jane Davidson Reid with the assistance of Chris Rohmann, The Oxford Guide to Classical Mythology in the Arts, 1300 – 1900s. Vol. 1, New York/Oxford 1993, S. 95-98 (Stichwort „Amphitrite").
14 Öl auf Holz, 191 x 128,5 cm, Berlin, Staatliche Museen; s.: Le siècle de Bruegel. La peinture en Belgique au XVI siècle. Bruxelles 1963, Kat. Nr. 107, S. 101 f. Sadja Herzog, Tradition and Innovation in Gossart's 'Neptune and Amphitrite' and 'Danae'. In: Bulletin Museum Boymans-van Beuningen, 19, 1968, S. 25-41.
15 Öl auf Holz, 36,5 x 26 cm, Birmingham, Trustees of the Barber Institute of Fine Arts. Le siècle de Bruegel (wie Anm. 14), Kat. Nr. 108, S. 102 f.
16 Zu vergleichen etwa: Arnheim, St. Eusebius, Epitaph des Joost Sasbouth, gest. 1546 (Richard Klapheck, Die Meister von Schloß Horst im Broiche. Das Schlusskapitel zur Geschichte der Schule von Calcar. Düsseldorf 1915, Abb. 93, S. 137). Xanten, St. Viktor, Epitaph Ingenwinkel, um 1559 von Heinrich Vernukken, und Epitaph Ludgeri, 1552 von Arndt von Tricht (Alfred Kamphausen, Die niederrheinische Plastik im 16. Jahrhundert und die Bildwerke des Xantener Doms. Ein entwicklungsgeschichtlicher Versuch. Düsseldorf 1931, Abb. 57 und 62).
17 Vgl. den Beitrag von Norbert Nußbaum, S. 97 f.
18 Robert Hedicke, Cornelis Floris und die Florisdekoration. Studien zur niederländischen und deutschen Kunst im XVI. Jahrhundert. Berlin 1913, S. 218 f. und Tafel XLV. Kamphausen (wie Anm. 16), S. 87, 90 f. und Abb. 91.
19 Von Falke, Führer durch das Kunstgewerbe-Museum der Stadt Cöln, Köln 1904, S. 29; Edmund Renard, Köln. Leipzig 1923, S. 152, Fig. 150; Rheinisches Bildarchiv, Nr. 64660, 65350. Alle drei Kamine wurden im zweiten Weltkrieg zerstört.
20 Von Falke, (wie Anm. 19), S. 34; Kunstgewerbemuseum Köln. Die großen Stifter des Kunstgewerbemuseums, Köln 1981, Abb. S. 7.
21 Rheinisches Bildarchiv, Negativ Nr. 45838, 45840, 45541.
22 Paul Clemen, Edmund Renard, Die Kunstdenkmäler des Kreises Euskirchen (Die Kunstdenkmäler der Rheinprovinz, Bd. 4 IV). Düsseldorf 1900, S. 656 (Konradsheim). Hans Haas, Der Renaissance-Wappenkamin aus Burg Konradsheim in Schloß Adendorf. In: Bonner Geschichtsblätter, Bd. 29, 1977, S. 116–130. Marianne Hack, Burg Binsfeld in der Gemeinde Nörvenich bei Düren (Rheinische Kunststätten, Heft 349). Köln 1990, S. 14, Abb. 16.
23 Alshut, Elmar, Das ikonographische Programm des Horster Troja-Kamins. In: Beiträge zur Renaissance zwischen 1520 und 1570 (Materialien zur Kunst- und Kulturgeschichte in Nord- und Westdeutschland. Bd. 2). Marburg 1991, S. 77–101. Die von Klapheck angenommene Urheberschaft von Joist de la Court für den Troja-Kamin (wie Anm. 16, S. 86–105) konnte durch die neuere Forschung, wonach dieser Künstler als Maler und nicht als Bildhauer tätig war, zurückgewiesen werden. S. auch S. 61.
24 Rainer Schiffler, Gisbert Knopp, Stadt Straelen. Berlin 1987 (= Die Bau- und Kunstdenkmäler von Nordrhein-Westfalen, I, Rheinland, Bd. II.13), S. 107 f. und Abb. 215-217. Kamphausen (wie Anm. 16), S. 126 f.
25 Herbert Kreft, Jürgen Soenke, Die Weserrenaissance. Hameln 6. Aufl. 1986, S. 314–316 und Abb. 84, 85.
26 Ebenda, S. 313 f. und Abb. 96.
27 Dorothea Herkenrath, Schloß Rheydt. Rheydter Jahrbuch für Geschichte, Kunst und Heimatkunde, 4, 1961, S. 99 f. In einem Inventar von 1718 werden auch Marmorstatuen Kaiser Karls V. und Maximilians II. im großen Saal des Obergeschosses erwähnt (Clemen, wie Anm. 4, S. 95). Diese heute nicht mehr vorhandenen Stücke haben vermutlich ebenfalls zur Renaissanceausstattung gehört.
28 Der Unterzug mißt ca. 35 x 35 cm, die Deckenbalken 15 x 15 cm. Sie sind im Abstand von 23–25 cm angeordnet.
29 Alle Angaben zu Material und Technik aus: Dokumentation der Fa. Maul-Beumling, Köln, 1995.
30 Zur Maltechnik bei Holzbalkendecken: Peter Königfeld, Wolfgang Fünders, Elke Behrens, Zur Technologie der Dekorationsmalerei. In: Raumkunst in Niedersachsen. Die Farbigkeit historischer Innenräume. Kunstgeschichte und Wohnkultur. Hrsg. von Rolf-Jürgen Grote und Peter Königfeld, München 1991, S. 27–41.
31 Untersuchungsbericht des Rheinischen Amtes für Denkmalpflege, Restaurierungswerkstatt I, vom Februar 1996 (A. Wolf).
32 Angaben zu Material und Technik aus: Dokumentation der Fa. Maul-Beumling, Köln, 1995.
33 Carsten-Peter Warncke, Die ornamentale Groteske in Deutschland. Bd. 1, Berlin 1979, S. 55 und Abb. 443-445 (van den Bos). Hans Mielke, Hans Vredeman de Vries. Verzeichnis der Stichwerke und Beschreibung seines Stils sowie Beiträge zum Werk Gerard Groennings. Diss., Berlin 1967.
34 Inge Breedveldt Boer, Deckenbemalungen in den Niederlanden von 1400 bis 1700. In: Hausbau in den Niederlanden. Bericht über die Tagung des Arbeitskreises für Hausforschung in Utrecht vom 6. bis 10. Juni 1988, Marburg 1990 (=Jahrbuch für Hausforschung, Bd. 39), S. 127–146, hier bes. S. 136–138.
35 Zu norddeutschen Beispielen s. Raumkunst in Niedersachsen (wie Anm. 30). Der hier veröffentlichte Beitrag von Doris Krystof („Vom gotischen Laubwerk zur Jugendstilranke – Ornamentgeschichtliche Betrachtung zu den Holzdeckendekorationen", S. 113–131) gibt einen Überblick über die stilistische Entwicklung (hier, S. 123–126, zum Roll- und Beschlagwerk sowie zu Maureskenornamenten und Arabeskendekoration). Außerdem: Heiko K.L. Schulze, Bericht über neue

Ergebnisse der Bauforschung des Landesamtes für Denkmalpflege 1991–1994. In: Nordelbingen, Bd. 64, 1995, S. 179–223, hier S. 210 f. (mit Beschlagwerk bemalte Deckenbalken des Herrenhauses Dollrott, 1609). Ders., Die „Persianische Decke" in Schloß Gottdorf. Zur Wiederentdeckung bemalter Holzdecken des 16. und 17. Jahrhunderts. In: DenkMal! Zeitschrift für Denkmalpflege in Schleswig-Holstein, 3, 1996, S. 60–64. Zu süddeutschen, schweizerischen und sächsischen Beispielen s. Ulrich Schiessl, Bemalte Holzdecken und Täfelungen. Bern/Stuttgart 1987. Außerdem: Johannes Cramer, Farbigkeit im Fachwerkbau. Befunde aus dem süddeutschen Raum, München 1990, S. 118–122.

36 Die bemalten Decken befinden sich im vorderen Raum des Erdgeschosses und im rückwärtigen Raum des ersten Obergeschosses. Im vorderen Raum des Obergeschosses ist außerdem eine Rankenmalerei aus der Mitte des 17. Jahrhunderts erhalten. Die Malereien wurden Mitte der 70er Jahre restauriert. Fotos und Dokumentation befinden sich im Rheinischen Amt für Denkmalpflege.

37 Rheinberg – Farbige Holzdecken in der Alten Kellnerei. In: Denkmalpflege im Rheinland, 6, 1989, Nr. 2, S. 17–20. Die Dokumentation zum Haus Kirchplatz 2 in Kalkar befindet sich im Rheinischen Amt für Denkmalpflege.

38 Richard Klapheck, Die Baukunst am Niederrhein. 1. Bd. Von der Baukunst des Mittelalters bis zum Ausgange des siebzehnten Jahrhunderts. Düsseldorf 1915/16, S. 258 f., Abb. 268.

39 Gerhard Dietrich, Museum für Angewandte Kunst Köln. Chronik 1888–1988. Museum, Kunst und Stadt im Spiegel der Presse, Köln 1988, Abb. Zum Jahr 1911 (o. S.)

40 „Gedenken, was gegen ankunfft Römischer Key. und Kon. Mtt. uff dem hauß Gulich zu bestellen" (HStA Düsseldorf, Kleve-Mark Akten 40, Bl 36–42, ohne Datum, verm. 1555/56), zitiert nach Günter Bers, Neue Hinweise zur Tätigkeit Alessandro Pasqualinis und zu seinem Umfeld. In: Bers/Doose (wie Anm. 10), S. 49–66, hier S. 52.

41 Elmar Alshut, Guido von Büren, Marcell Perse (Hrsg.), Ein Schloß entsteht... Von Jülich im Rheinland bis Horst in Westfalen. Handbuch zur Ausstellung im Stadtgeschichtl. Museum Jülich. 24.10.1996–2.3.1997. Jülich 1997.

42 Harald Herzog, Hamminkeln, Schloß Ringenberg, Eine bemalte Holzdecke des 17. Jahrunderts. In: Denkmalpflege im Rheinland, 9, 1992, Nr. 3, S. 114–117. Die Deckenmalereien in Schloß Moyland sind nicht mehr erhalten.

43 Vgl. den Beitrag von Norbert Nußbaum, S. * (13 f.)

44 Klaus Gonska, Die Bautagebücher des Rütger von der Horst (1519–1582). In: Beiträge zur Renaissance zwischen 1520 und 1570 (= Materialien zur Kunst- und Kulturgeschichte in Nord- und Westdeutschland, Bd. 2). Marburg 1991, S. 53-60, hier S. 56. S. auch Alshut, von Büren, Perse (wie Anm. 41).

45 Klapheck (wie Anm. 16), S. 205-232.

46 Herkenrath (wie Anm. 27), S. 69.

47 Angaben zur Technik aus: Restaurierungsbericht der Fa. Maul-Beumling, Köln.

48 Zu Schloß Alfter s. Angelika Schyma, Zur baugeschichtlichen Entwicklung Alfters. In: Beiträge zur Geschichte von Alfter, Alfter 1989, S. 19–62, hier S. 53. Eine Datierung der Rheydter Malerei ins 16. Jahrhundert, wie von Dr. Christiane Zangs (wie Anm. 10, S. 111 f.) vorgeschlagen, ist schon aufgrund des baulichen Zusammenhangs mit der Barocktreppe und auch aus stilistischen Gründen nicht möglich. Die Äderungen der Marmorierung können nicht als Jahreszahl gedeutet werden.

49 Die Wappen wurden von Dr. Christiane Zangs identifiziert (wie Anm. 10, S. 114–117).

50 Stellungnahmen von Dr. Karl-Heinz Schumacher, Untere Denkmalbehörde Mönchengladbach, vom 28.12.93 und von Lothar Müller-Westphal, Düren, vom 18.3.1994.

51 Hiltrud Kier, Der mittelalterliche Schmuckfußboden unter besonderer Berücksichtigung des Rheinlandes (Die Kunstdenkmäler des Rheinlandes, Beiheft 14). Düsseldorf 1970, S. 36 f. und 194 f. Beispiele: Köln, St. Severin (Mitte 12. Jh.), St. Pantaleon (2. H. 12. Jh.), St. Gereon (1190/91), Merten, Augustinerinnenklosterkirche (um 1160/70), Brauweiler, Benediktinerabteikirche, Krypta (4. Viertel 12. Jh.), Knechtsteden, Prämonstratenserabtei, Kapitelsaal (nach 1170/80).

52 Eleonore Landgraf, Ornamentierte Bodenfliesen des Mittelalters in Süd- und Westdeutschland 1150–1550. 3 Bde, Stuttgart 1993, Textband, S. 160, Fundortkatalog, S. 43 (Burg Blankenheim), S. 76 (Burgen in Erftstadt-Erp und -Friesenheim), S. 136–143 (Kölner Kirchen und Häuser), S. 270 (Schloß Türnich).

53 Neben den genannten Kölner Beispielen ist der Boden der Liebfrauenkirche in Hadamar mit Rosetten und Quadratraster zu erwähnen (um 1379); s. Kier (wie Anm. 51), Abb. 261 und 262; Landgraf (wie Anm. 52), S. 149 f.

54 Landgraf, (wie Anm. 52), S. 175.

55 Hiltrud Kier, Schmuckfußböden in Renaissance und Barock (Kunstwissenschaftliche Studien, Bd. 49). München 1976, S. 63 (Beispiele aus dem französischen Schloßbau).

56 Vgl. den Beitrag von Norbert Nußbaum, S. 98.

Das Herrenhaus von Schloß Rheydt, seine Baumaterialien und ihre Herkunft

Karl-Heinz Schumacher

Vorbemerkungen

In der versumpften Niersniederung liegt nordöstlich des Stadtkerns von Rheydt das gleichnamige Wasserschloß. Die Anlage geht vermutlich auf das 9./10. Jh. zurück, während die ältesten, im Rahmen der letzten Sanierungsmaßnahme aufgefundenen Bauteile in das 13./14. Jh. datieren.[1] Schloß Rheydt stellt sich als dreiteilige, von Gräften umgebene Anlage dar, die im wesentlichen auf die Um- und Ausbauten des 16. Jh. zurückgeht. Sie besteht aus der äußeren Torburg, der heute zweiflügeligen Vorburg – ihr postulierter dritter Flügel ist zu einem unbekannten Zeitpunkt untergegangen – und dem Herrenhaus, einem heute zweiflügeligen Bau, der durch die Umbauten Ottos von Bylandt während der Mitte des 16. Jh. sein prägendes Erscheinungsbild erhielt. Fortifikatorisch herausgehoben wird die Gesamtanlage durch ein annähernd fünfeckiges Graben-Wall-System, dessen mehrfach veränderte und baulich gesicherte Kasematten und Bastionen Zeugnis ablegen von der ehemaligen Bedeutung der im 16. Jh. im Grenzgebiet zwischen Kurköln und dem Herzogtum Jülich ausgebauten Grenzfestung.

Hauptbaumaterial des Herrenhauses und der ehemaligen Wirtschaftsgebäude ist der für das gesamte Niederrheingebiet typische, sicherlich vor Ort gebrannte und in unterschiedlichen Formaten verbaute Feldbrandziegel. Die Verwendung von Natursteinen nimmt demgegenüber einen mengenmäßig als gering zu bezeichnenden Stellenwert ein, stellt jedoch sowohl aus statisch-konstruktiven, ästhetisch-gestalterischen als auch wirtschaftshistorischen Gründen einen wichtigen und aussagekräftigen Bauaspekt dar, wurden aus verschiedenen Gesteinsarten doch steinmetzmäßig und bildhauerisch aufwendig bearbeitete Architekturgliederungen und plastischer Bauschmuck hergestellt.

Sanierungsgeschichte

Gesicherte Erkenntnisse über den baulichen Zustand der Fassaden des Herrenhauses lagen vor Beginn der Sanierungsmaßnahme weder dem planenden Architekten noch den Denkmalpflegeämtern vor. Im Verlaufe des 20. Jh. war es zwar mehrfach zu baulichen Eingriffen in den Originalbestand des Herrenhauses gekommen, die für die Sanierungsgeschichte so wichtigen Sanierungsdokumentationen wurden jedoch in den vergangenen Jahrzehnten nicht angefertigt. So sind die Ergänzungen, die nach dem partiellen Einsturz der Kellergeschoßaußenwand und -decke des Renaissanceerkers ab 1931 durchgeführt wurden[2], sowie die Veränderungen, die Emil Fahrenkamp (1885–1966) seit dem Anfang der 40er Jahre des 20. Jh. im Rahmen des Umbaus zu einem Gästehaus für Joseph Goebbels durchführen ließ, nur nachrichtlich überliefert.[3] Das Hochbauamt der Stadt Mönchengladbach ließ letztmals 1978/79 umfangreiche Arbeiten an den gliedernden Naturwerksteinteilen und dem plastischen Bauschmuck ausführen, leider existieren auch darüber mit Ausnahme einiger Fotos keine aussagekräftigen bildlichen oder textlichen Unterlagen, die Aufschluß über Art und exakten Umfang der Fassadensanierung hätten geben können.

Natursteinverwitterung – ein Überblick

An Bauwerken und Monumenten aus Naturstein entstehen Jahr für Jahr unabsehbare ideelle und materielle Schäden.[4] Ursache des Steinzerfalls ist keineswegs die zwar hohe, aber letztendlich begrenzte Lebensdauer von Natursteinen[5], zeichneten sich in der Vergangenheit doch besonders Bauwerke aus mineralischen Baustoffen trotz der ständigen Einwirkung von Wind, Regen, Frost und Sonneneinstrahlung „... durch eine hohe Beständigkeit und niedrigen Instandhaltungsaufwand ..." aus.[6] Im Verlauf des letzten Jahrhunderts sind jedoch Kulturdenkmäler aus Naturstein einer progressiv ansteigenden Belastung ausgesetzt, die mit ihren dramatischen Zerstörungsschüben das endgültige Aus für alle der direkten Bewitterung ausgesetzten Steinobjekte bedeuten kann: dem „Sauren Regen".[7]

Bei allen Natursteinschäden ist unter mitteleuropäischen Klimabedingungen die Feuchtigkeit die entscheidende Kraft der Verwitterung. Tiefgreifende, substanzzerstörende Verwitterung ist die Folge des Zusammenwirkens von Feuchte (Niederschläge: z. B. Tau, Nebel, Regen, Graupel, Schnee; Stau-, Grund-, Sicker-, Kapillarwasser) und bauschädlichen Salzen (Chloride, Nitrate, Sulfate). Sie beeinflussen durch Quell- und Schrumpfungsvorgänge (Dilatation, Kontraktion, Salzsprengung) das Gesteinsgefüge so stark, daß dieses seinen Zusammenhalt verliert und makroskopisch sichtbare, irreversible Schäden entstehen.

Mineralbestand, Bindemittel und Porenraum des Natursteins bestimmen die Intensität der Verwitterung. Zu den Mineralien, die durch Sauren Regen und Hydrolyse leicht angegriffen werden, zählen insbesondere Carbonate und Silikate (hier: Feldspäte). Ebenso ist die Bindung der Körner von Bedeutung, ein dicht gepackter Kornverband ist verständlicherweise stabiler als ein Gefüge, dessen gut gerundete Körner sich nur punktuell berühren. Die Art des Bindemittels ist ebenfalls für die Verwitterungsresistenz eines Gesteines von großer Bedeutung. Eine stabile Bindung bieten z.B. Quarzanwachssäume und amorphes Kieselgel, wie es bei Steinfestigungsverfahren durch Kieselsäureester künstlich in das Gefüge eingebracht wird. Carbonatische Bindemittel werden dagegen sehr leicht durch Sauren Regen angegriffen, während tonige Bindemittel unter der Einwirkung von Feuchtigkeit infolge Quellens und Schrumpfens den gesamten Kornverband schädigen.

Die biogene Besiedlung von Steinoberflächen beeinträchtigt durch die Stoffwechselproduktion der Organismen (biogene Säureproduktion) und infolge der Verdichtung der oberflächennahen Schichten den Feuchtehaushalt ebenso nachhaltig wie Ruß- oder Staubablagerungen.

Darüberhinaus führen auch andere Umwelteinflüsse (physikalische Verwitterung: Insolationsverwitterung; Frostsprengung: Frost-Tau-Wechsel; Windschliff) zu beträchtlichen Substanzschäden.

Grundlagen der Fassadenkartierungen

Die Erhebung möglichst vielfältiger und aussagekräftiger Daten zur Baugeschichte und zum Bauzustand eines Gebäudes bilden die Grundlage wirksamer Schutzbemühungen und Instandsetzungsmaßnahmen. Neben archivalischen Quellen zur Bau- und – bestenfalls – Sanierungsgeschichte sowie den aus der Literatur stammenden Daten lassen sich vor allem durch eine umfassende und systematische Bauwerkskartierung, für die allerdings die freie Zugänglichkeit der Fassaden von einem Gerüst aus zwingende Voraussetzung ist, wichtige Kenndaten z.B. zu den verbauten Natursteinen, ihrer Verteilung am Bauwerk, dem gesteinsspezifischen Erhaltungs- und Verwitterungszustand, evt. zu Bauphasen und anderen sanierungsrelevanten Aspekten gewinnen. Erst diese Daten geben Richtung und Umfang der Sanierung vor. Sie bilden einerseits die Basis für eine qualifizierte Massenermittlung und Ausschreibung, bieten andererseits aber auch bessere Planungs- und Kostensicherheit für den Bauherrn.

Während der Sanierungsmaßnahme „Herrenhaus Schloß Rheydt" bestand erstmals 1992 im unmittelbaren Vorfeld der Fassadensanierung die Möglichkeit,

1. durch eine Lithologische Kartierung die Baumaterialverwendung an einem niederrheinischen Schloß in ihrer Genese über einen Zeitraum von nahezu 700 Jahren detailliert und nahezu vollständig zu dokumentieren

sowie

2. durch Erarbeitung eines Sanierungskonzeptes die Voraussetzungen für eine werk- und materialgerechte Sanierung zu legen.

Die Bauwerkskartierung erfolgte – in Anlehnung an das von FITZNER[8] vorgeschlagene Klassifikationsschema – in mehreren objektspezifisch auf das Projekt „Herrenhaus Schloß Rheydt" abgestimmten und schlüssig aufeinander aufbauenden Teilkartierungen. Sie umfaßten

102 Schloß Rheydt. Südwestliche Fassade während der Sanierungsarbeiten

- eine Befundstellenkartierung
- eine Lithologische Kartierung und
- eine Schadenskartierung,

die durch

- eine Kartierung der Fenstervergitterung

ergänzt wurde. Erheblich erschwerend wirkten sich jedoch die fehlende Steinsichtigkeit der Fassaden und Naturwerksteinelemente sowie der große Zeitdruck aus, unter dem das Sanierungskonzept zu erarbeiten war.

Befundstellenkartierung

Kenntnisse über

- Art, Umfang und flächenmäßige Verteilung der verbauten Natursteine (Gesteinsinventar)
- den aktuellen Verwitterungszustand und
- Umfang und Verteilung der auftretenden Schäden

waren nicht vorhanden.

Ursache des äußerst lückenhaften Kenntnisstandes waren sowohl die noch mehrfach seit etwa der Mitte des 20. Jh. erneuerten Außenanstriche (fehlende Steinsichtigkeit) als auch das in der Denkmalpflege immer wieder festzustellende Fehlen jeglicher Sanierungsdokumentationen. Infolgedessen waren weder die Materialvielfalt der Fassaden noch der inhaltliche Umfang früherer Sanierungsarbeiten bekannt.

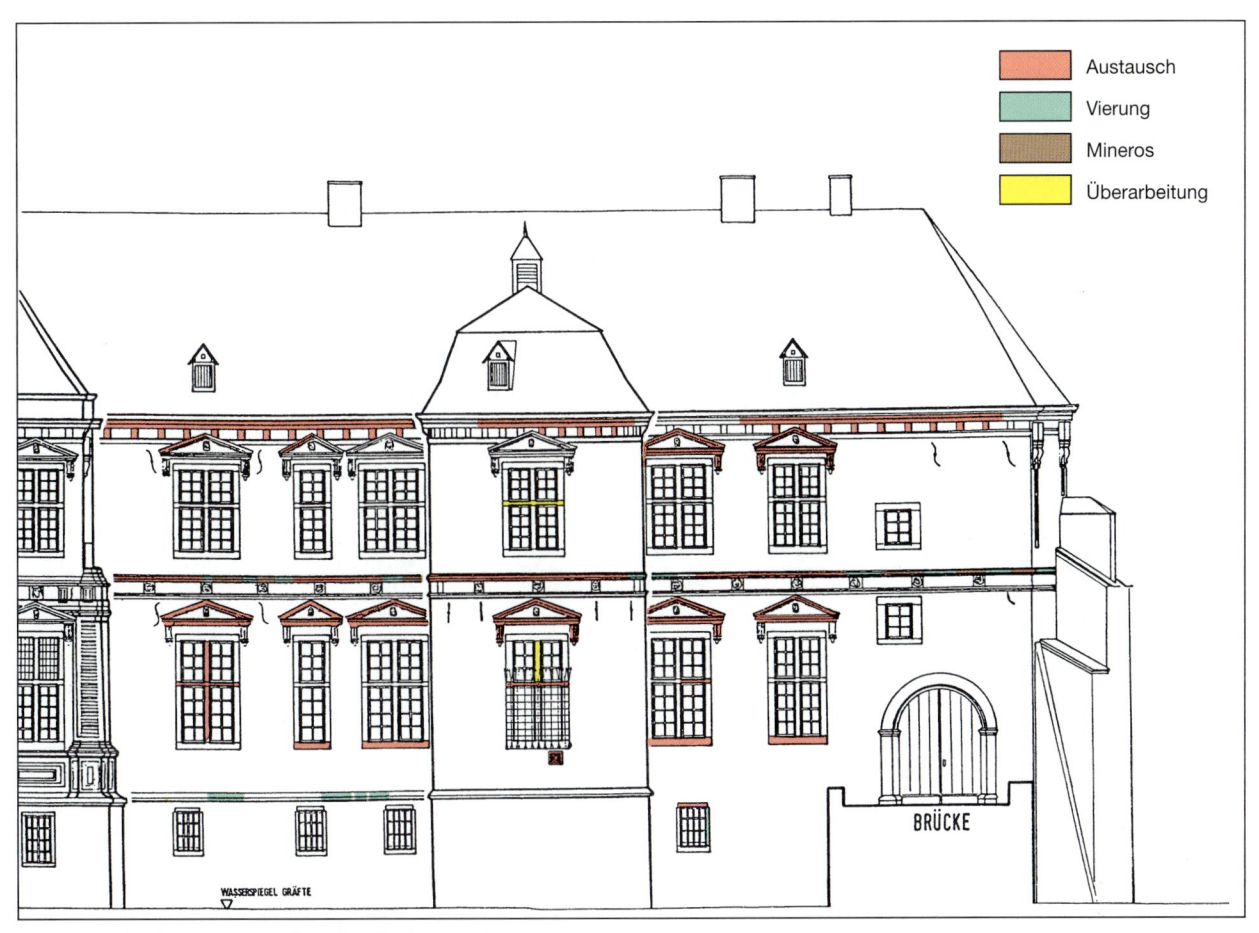

103 A 4 – Maßnahmenkatalog des Steingutachtens

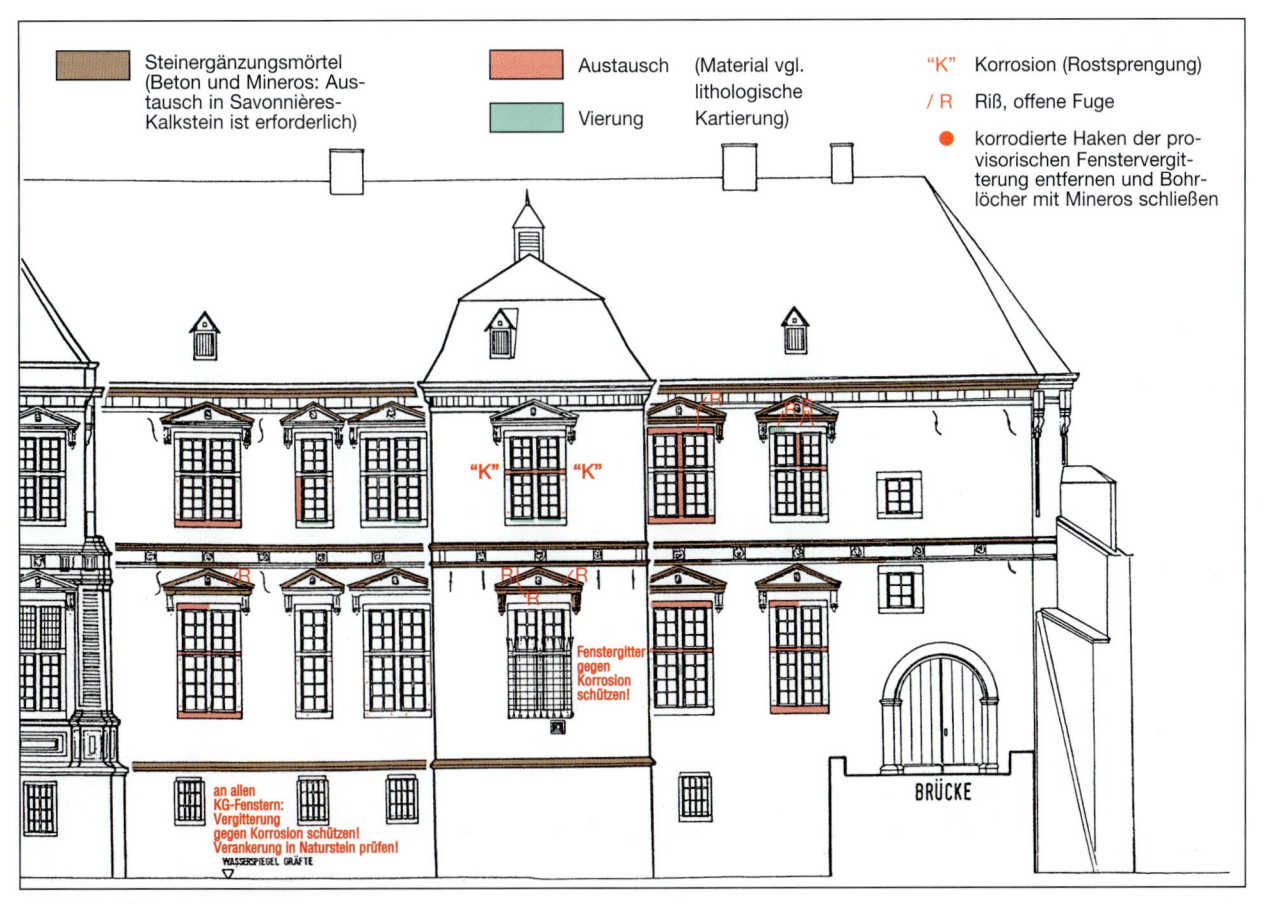

104 A 6 – Schadenskartierung

117

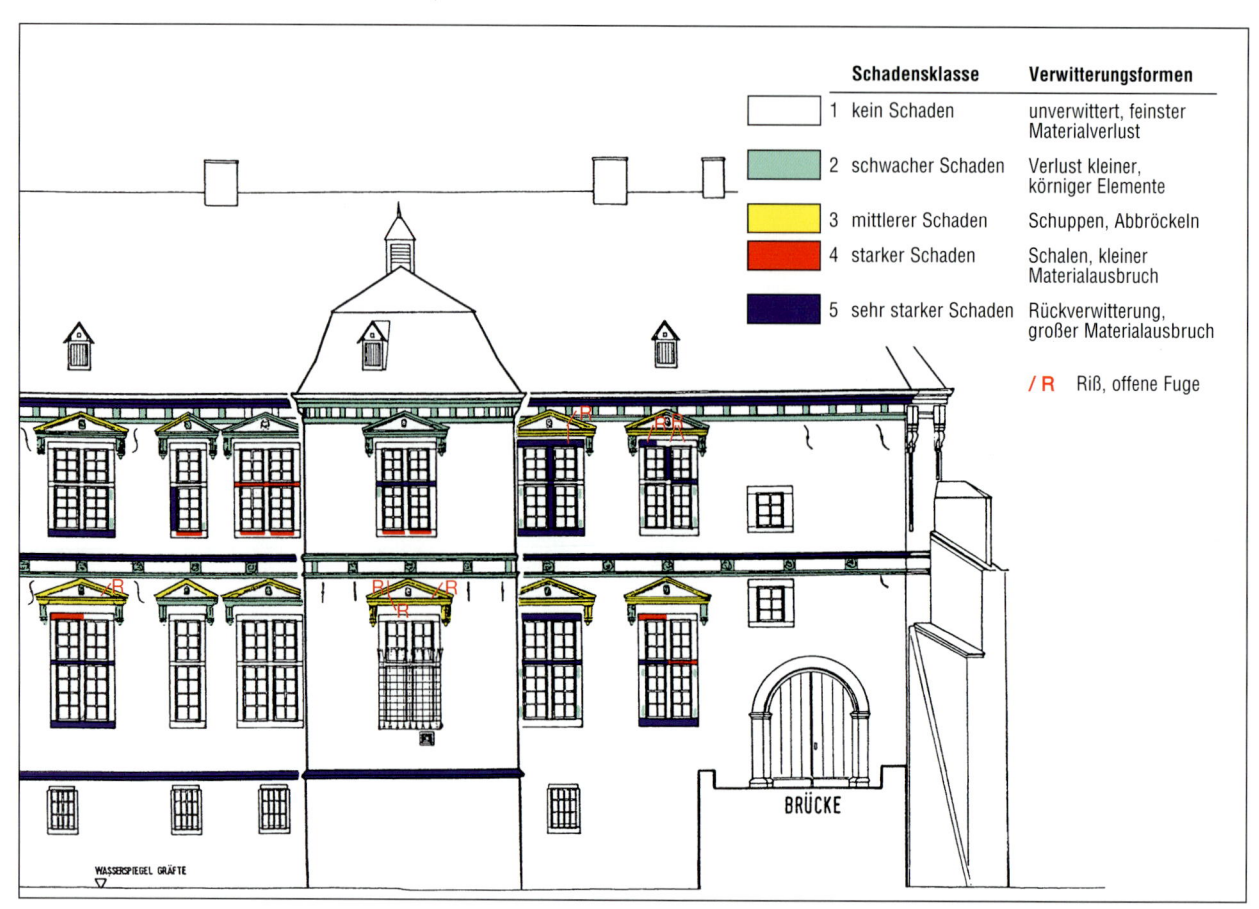

Schadensklasse	Verwitterungsformen
1 kein Schaden	unverwittert, feinster Materialverlust
2 schwacher Schaden	Verlust kleiner, körniger Elemente
3 mittlerer Schaden	Schuppen, Abbröckeln
4 starker Schaden	Schalen, kleiner Materialausbruch
5 sehr starker Schaden	Rückverwitterung, großer Materialausbruch
/ R	Riß, offene Fuge

105 A 6.1 – Schadensklassifikation

Austausch in:
- Blaustein
- Savonnières-Kalkstein
- Udelfanger Sandstein
- ⊙ Vierung aus Blaustein
- ⊙ Mineros

106 A 7 – Lithologische Bestandskartierung (nach Austausch)

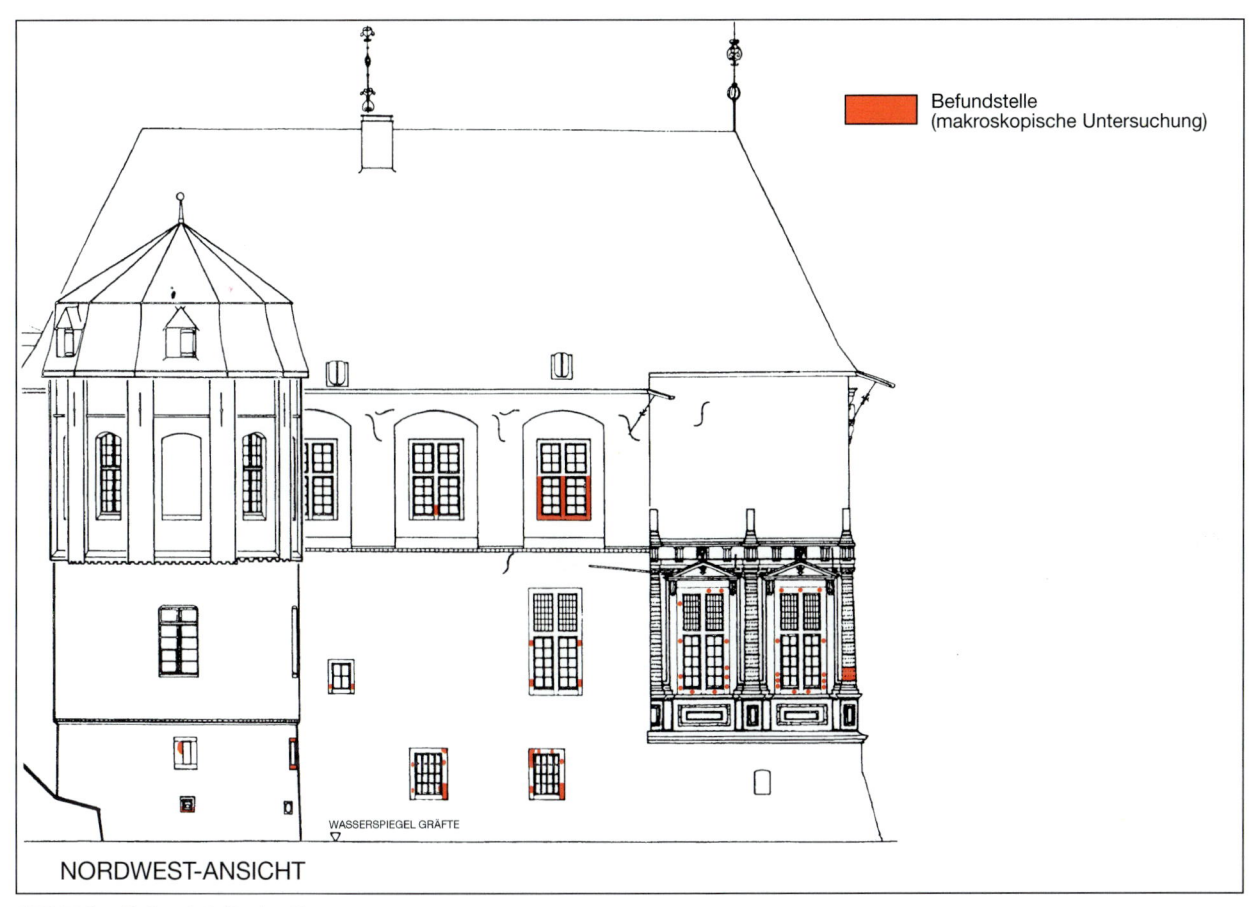

107 E 1 – Befundstellenkartierung

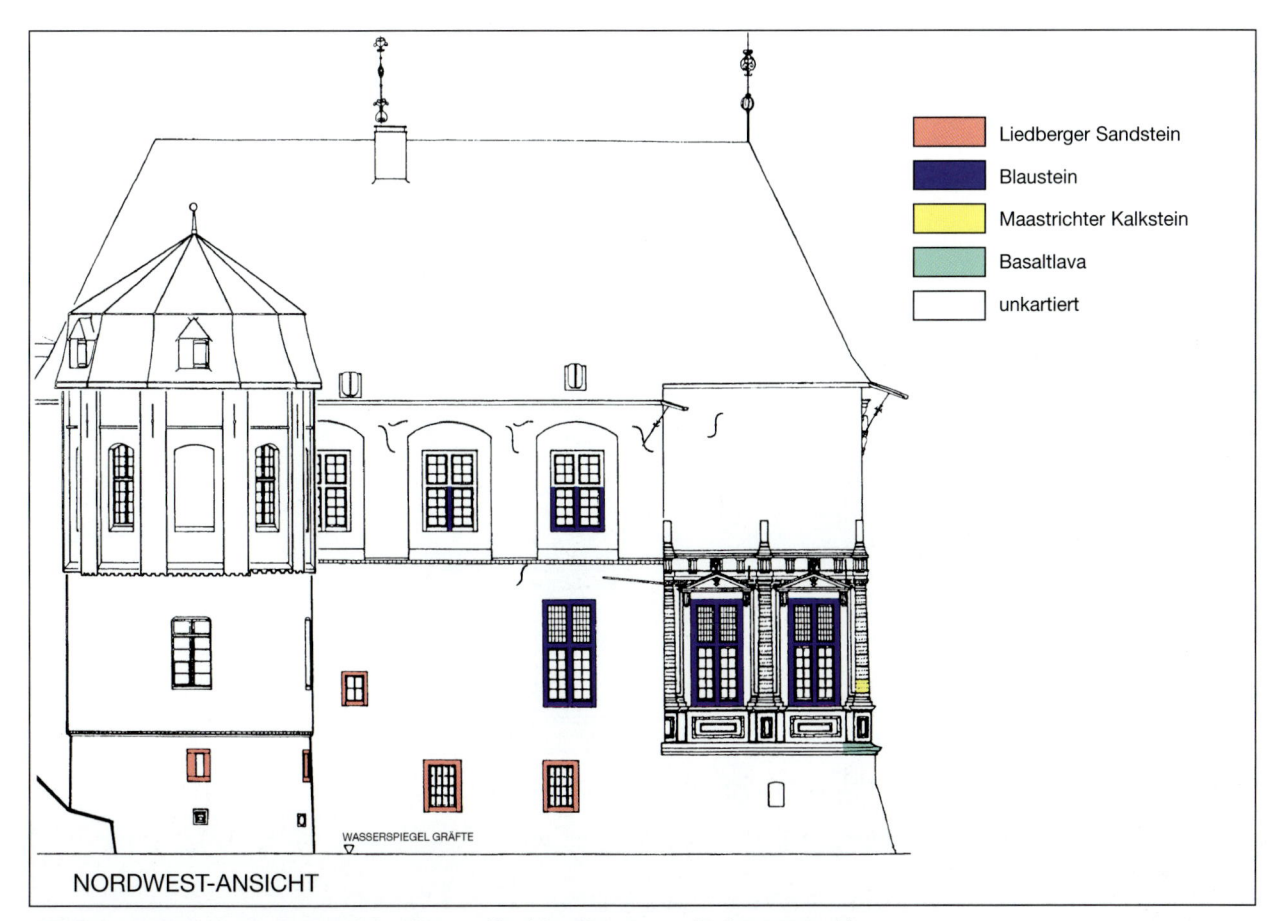

108 E 2 – Lithologische Bestandskartierung (Grobkartierung vor Steinaustausch)

119

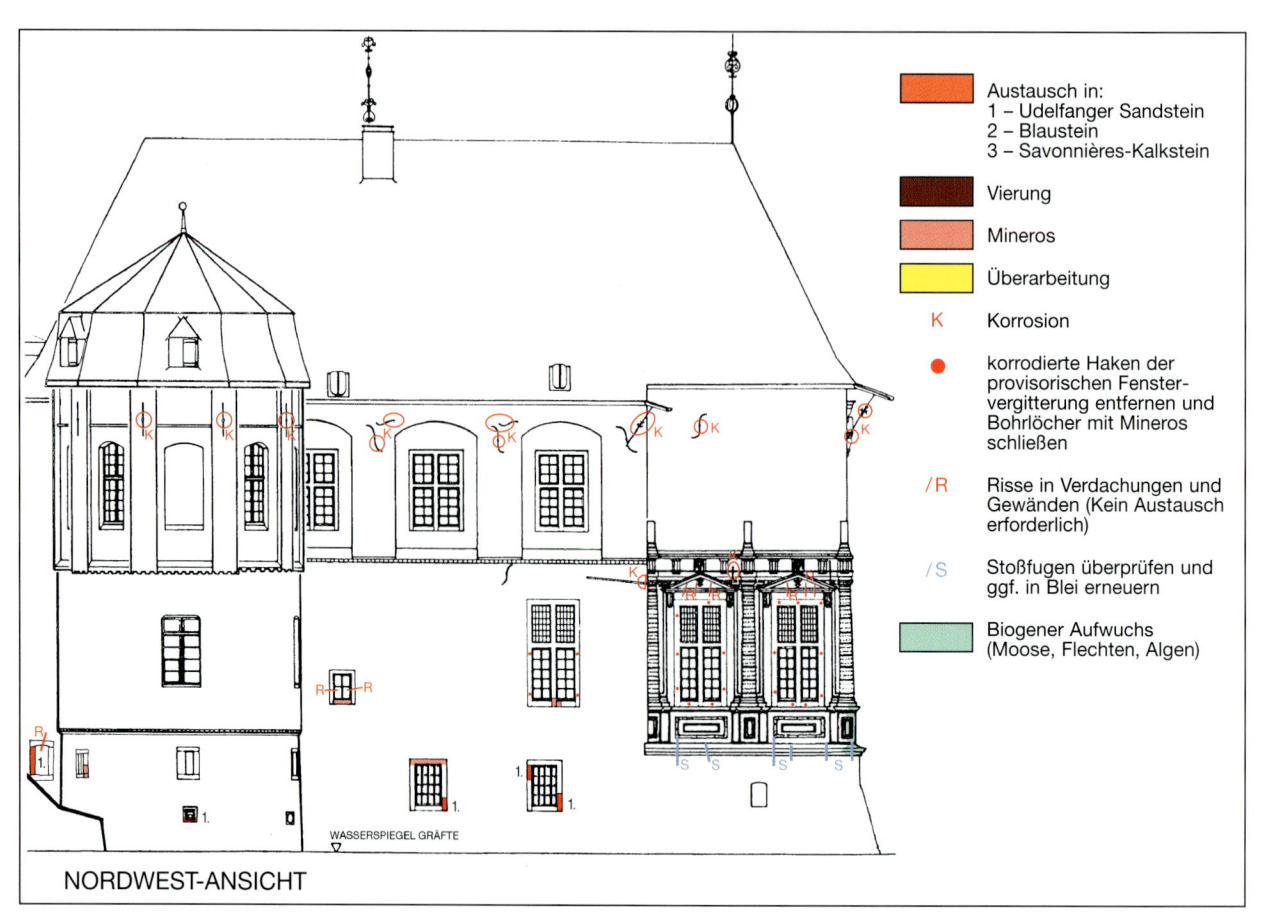

109 E 6 – Schadenskartierung

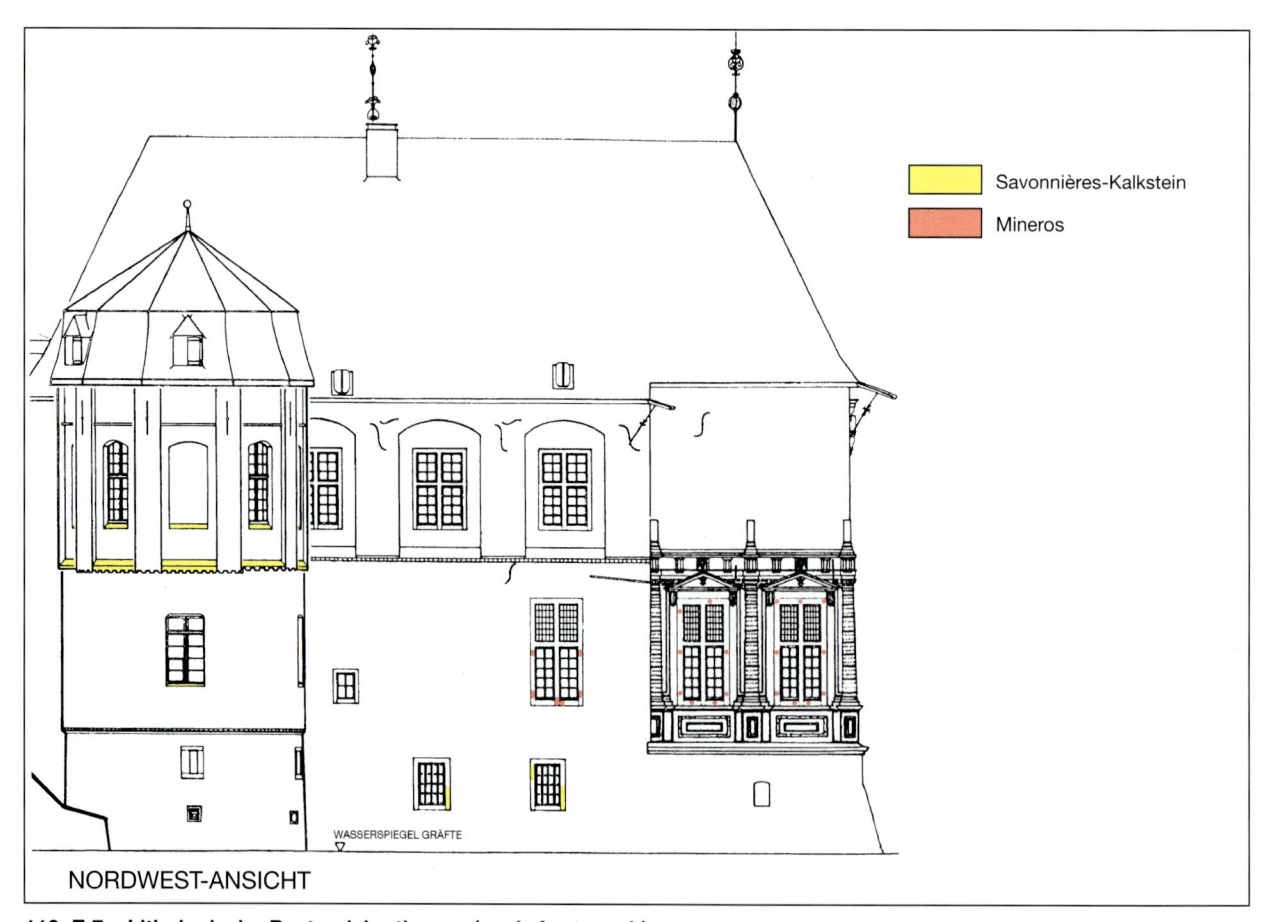

Austausch in:
1 – Udelfanger Sandstein
2 – Blaustein
3 – Savonnières-Kalkstein

Vierung

Mineros

Überarbeitung

K   Korrosion

●   korrodierte Haken der provisorischen Fenstervergitterung entfernen und Bohrlöcher mit Mineros schließen

/R   Risse in Verdachungen und Gewänden (Kein Austausch erforderlich)

/S   Stoßfugen überprüfen und ggf. in Blei erneuern

Biogener Aufwuchs (Moose, Flechten, Algen)

NORDWEST-ANSICHT

WASSERSPIEGEL GRÄFTE

110 E 7 – Lithologische Bestandskartierung (nach Austausch)

Savonnières-Kalkstein

Mineros

NORDWEST-ANSICHT

WASSERSPIEGEL GRÄFTE

NORDOST-ANSICHT

Legende:
- Liedberger Sandstein
- Blaustein
- Maastrichter Kalkstein
- Basaltlava
- Weiberner Tuff
- Udelfanger Sandstein
- Ergänzungen (Mineros)
- unkartiert

111 F 2 – Lithologische Bestandskartierung (Grobkartierung vor Steinaustausch)

Da weder aus zeitlichen noch finanziellen Aspekten an eine Freilegung hinreichend großer Befundflächen zu denken war, entschied man sich aufgrund der fehlenden Steinsichtigkeit und zur Vermeidung unnötig großer Verluste an der Originalsubstanz der architektonisch hochwertigen Renaissancefassaden zu einer probeweisen Untersuchung und Dokumentation der bereits baubedingt entstandenen Ausbrüche und Fehlstellen im Außenanstrich der Natursteingliederungen. Diese sollten als „Geologische Fenster" dienen und einen Einblick in die Materialverwendung geben. Sie ließen durch ihre unerwartet große Anzahl erfreulicherweise eine hinreichend genaue petrographische Identifizierung der verwendeten Baumaterialien nach phänomenologischen Kriterien zu. Ergänzt wurden die so gewonnenen Daten je nach Bedarf durch das zusätzliche Freilegen kleinster Partien mittels Skalpell, wodurch zusätzliche Einblicke in die Materialverwendung und den Erhaltungszustand der Natursteine gewonnen wurden. Lediglich in Bereichen, die bereits eine irreparable Schädigung des Gesteins zeigten, erlaubte man sich ein großflächigeres Freilegen von Befundflächen. Dies diente vorrangig zur Kontrolle und ggf. Verifizierung der schon vorliegenden Kartierungsergebnisse (Lithologische und Schadenskartierung).

Kartierung der Vergitterung

Baubefunde an Fenstern des Erd- und Obergeschosses gaben Hinweise auf eine frühere Vergitterung zahlreicher Fensteröffnungen. Leider war die Mehrzahl der ca. 20 x 20 mm messenden Eisenstäbe zu einem unbekannten Zeitpunkt – vielleicht während der Ausbauphase zu einem Gästehaus zu Beginn der 40er Jahre – herausgesägt worden, so daß sich nur noch Reste der mit Blei vergossenen Traljen in Sohlbänken und Stürzen nachweisen ließen.

Infolge des erforderlichen Austausches zahlreicher Sohlbänke und Stürze, die durch die Korrosion der Traljenreste in erheblichem Umfang aufgerissen waren, stand zu befürchten, daß diese Baubefunde undokumentiert verlorengehen würden. Daher wurde eine Kontrolle sämtlicher Fensteröffnungen durchgeführt und die rudimentär erkennbaren Zeugnisse einer früheren Vergitterung einschließlich ihrer maßlichen Dimensionen dokumentiert.

Lithologische Kartierung

Ziel der Lithologischen Kartierung war die Bestandsaufnahme der verwendeten Gesteine bzw. Lithotypen in ihrer flächenmäßigen Verteilung. Die fehlende Steinsichtigkeit und der durch den Baufortschritt verursachte Zeitdruck erschwerten allerdings die Kartierung des Natursteinbestandes partiell deutlich, die daraus resultierenden Schwierigkeiten ließen sich jedoch durch die Einbeziehung der Ergebnisse aus der systematischen Befundstellenkartierung in zufriedenstellendem Umfang ausgleichen. Eine genaue petrographische Ansprache der Gesteine oder Lithotypen einschließlich der Angabe der Herkunftssteinbrüche ist zwar grundsätzlich wünschenswert, insbesondere letztere Forderung war im praktischen Baubetrieb unter den zugrundeliegenden projektspezifischen Rahmenbedingungen nicht zu leisten. Steinbruchrecherchen erweisen sich außerdem als äußerst komplex und sehr schwierig[9]. Daher konnte nur das Herkunftsgebiet der verwendeten Natursteine ermittelt werden. Nach der Bestandsaufnahme in Wort, Bild (Fotodokumentation) und Plan sowie der petrographischen Beschreibung erfolgte die Kartierung der flächenmäßigen Verteilung der genutzten Gesteine. Somit wurde – unter Einbeziehung archäologischer und bauhistorischer Untersuchungsergebnisse – auch die Ausweisung von Baueinheiten verifizierbar. Nicht durchgeführt wurden – prinzipiell wünschenswerte – Laboruntersuchungen anhand von Bohrkernen oder Handstücken zur quantitativen Bestimmung der Mineralzusammensetzung und des Steingefüges.

Schadenskartierung

Ziel der Schadenskartierung war eine – unter den projektspezifischen Parametern zu erarbeitende – Bestandsaufnahme der Verwitterungsformen, anhand derer eine Schadensklassifikation als Grundlage des Sanierungskonzeptes erarbeitet werden sollte. Wegen der fehlenden Steinsichtigkeit und umfangreicher Ergänzungen mit Restaurierungsmörtel an den Architekturgliederungen entschied man sich zu einem vereinfachten Klassifikationsschema[10], dessen qualitativ gute Ergebnisse ein differenzierteres Kartierungsverfahren überflüssig machten. Als aussagefähige Fassadenbereiche wurden die gräftenseitigen Südwest- und Nordwestfassaden exemplarisch bearbeitet, wobei sich die Ergebnisse auf das gesamte Objekt übertragen lassen. Da die Verwitterungsformen als Ergebnisse der Verwitterungsprozesse Hinweise auf Verwitterungsfaktoren und damit auch Ursachen der Steinschäden geben, ließ sich mit ihrer Hilfe der Erhaltungszustand und Sanierungsbedarf der Fassaden erstmals qualitativ und quantitativ hinreichend genau ermitteln. Eine Fotodokumentation sowie die Beschreibung und Ausarbeitung von Bauwerksplänen waren Bestandteil der Schadenskartierung.

Sanierungskonzept

Die Ergebnisse der Lithologischen Kartierung und Schadenskartierung legten die Prinzipien für Art und Umfang des erforderlichen Steinaustausches in einem Sanierungskonzept fest. In ihm wurden die erforderlichen Maßnahmen beschrieben (Text), insbesondere enthielt es detaillierte Angaben zum Umfang und zur flächenmäßigen Verteilung des zu verwendenden Austauschmaterials (Plan).

Dem Steinmetzen konnten durch Vorlage des Sanierungskonzeptes fest umrissene Angaben zum Arbeitsumfang gemacht werden, wodurch sich letztlich auch die Übereinstimmung zwischen denkmalpflegerisch gefordertem Arbeitsumfang und baupraktischer Umsetzung wesentlich leichter kontrollieren ließ.

Lithologische Bestandskartierung nach Austausch / Abschlußkartierung

Nach erfolgtem Steinaustausch wurde eine Abschlußkartierung durchgeführt. Diese hatte den Zweck, aktualisierte Plandokumentationen – auch im Hinblick auf künftige Sanierungsmaßnahmen – zu erstellen.

Die Bauphasen des Herrenhauses und ihre Baustoffe

Einleitung

Das Niederrheinische Tiefland und die Kölner Bucht weisen keine nennenswerten Vorkommen an Festgesteinen auf, die sich zu baulichen Zwecken verwenden lassen.[11] Dennoch wurden seit dem Mittelalter – zuerst und vorrangig für Klerus und später für den Adel[12] – repräsentative Gebäude errichtet, für deren Bau man in unterschiedlichem Umfang auf frachtkostenintensive Natursteinimporte zurückgriff. Gründe dafür können sowohl repräsentative, gestalterische, aber auch technische oder bearbeitungsspezifische Aspekte gewesen sein. Da Natursteine wegen ihrer schwierigen und gefahrvollen Gewinnung (oberirdischer Abbau in Steinbrüchen oder Untertagegewinnung), ihres kostenträchtigen Transportes (Fluß- und Landtransport) und der früher zahlreich erhobenen Zölle[13] sehr wertvoll waren, spielten einerseits eine günstige Erreichbarkeit der Steinvorkommen eine nicht unwesentliche Rolle bzw. mußte andererseits jedes verfügbare und für den jeweiligen Bauzweck verwendbar erscheinende Material genutzt werden, um einen raschen und erfolgreichen Baufortschritt zu gewährleisten. Dies erklärt die häufig an historischen Gebäuden zu beobachtende Vielfalt an verbauten Gesteinsarten. Da die Fassaden früher in der Regel durch Schlämmen oder Putze geschützt und farbig gefaßt waren, ließen sie die Unterschiedlichkeit der jeweiligen Gesteine in Struktur und Farbe weniger deutlich in Erscheinung treten, als wir dies heute als Ergebnis eines durch romantische Strömungen des 19. Jh. getragenen Diktates über eine absolute Steinsichtigkeit gewohnt sind. Andererseits sind auf diese weitverbreitete Praxis z. T. auch Bauschäden infolge des Einsatzes nicht hinreichend geeigneter Steinqualitäten zurückzuführen.

Die bauliche Verwendung von Naturstein am Herrenhaus Schloß Rheydt läßt drei voneinander abgrenzbare Phasen mit zeittypischer Materialauswahl erkennen. Als Phase 1 – hier nicht im Sinne von Aus- oder Umbauphasen, sondern i. e. S. als materialspezifische Nutzungsphasen zu verstehen – soll die Epoche vom Ende des 13. / Anfang des 14. Jh. (Steinbauphase 1) bis zum Ende des 16. Jh. (Steinbauphase 6) verstanden werden. Phase 2 umfaßt die im Zuge des Aus- und Umbaus durch Emil Fahrenkamp während der 30er / 40er Jahre des 20. Jh. erfolgten Eingriffe, Phase 3 die letzte Sanierungsmaßnahme von 1990 bis 1994.

Phase 1 (13./14. – Ende 16. Jh.)

Phase 1 umfaßt die archäologisch nachweisbaren sechs Steinbauphasen von der Wende 13./14. Jh. bis zum Ende des 16. Jh. und damit immerhin die drei Jahrhunderte, in denen das Schloß seine wesentliche Genese – ausgehend von der mittelalterlichen Wasserburg bis zum Renaissanceschloß – erfuhr. In dieser Epoche bemerkenswerter architektonisch-fortifikatorischer Entwicklung läßt sich auch unter steintechnischen und formalen Aspekten eine konsequente Optimierung erkennen, die von einem nur eingeschränkt verwendbaren Naturstein zu einem ausgesprochen hochwertigen Bildhauergestein führte.

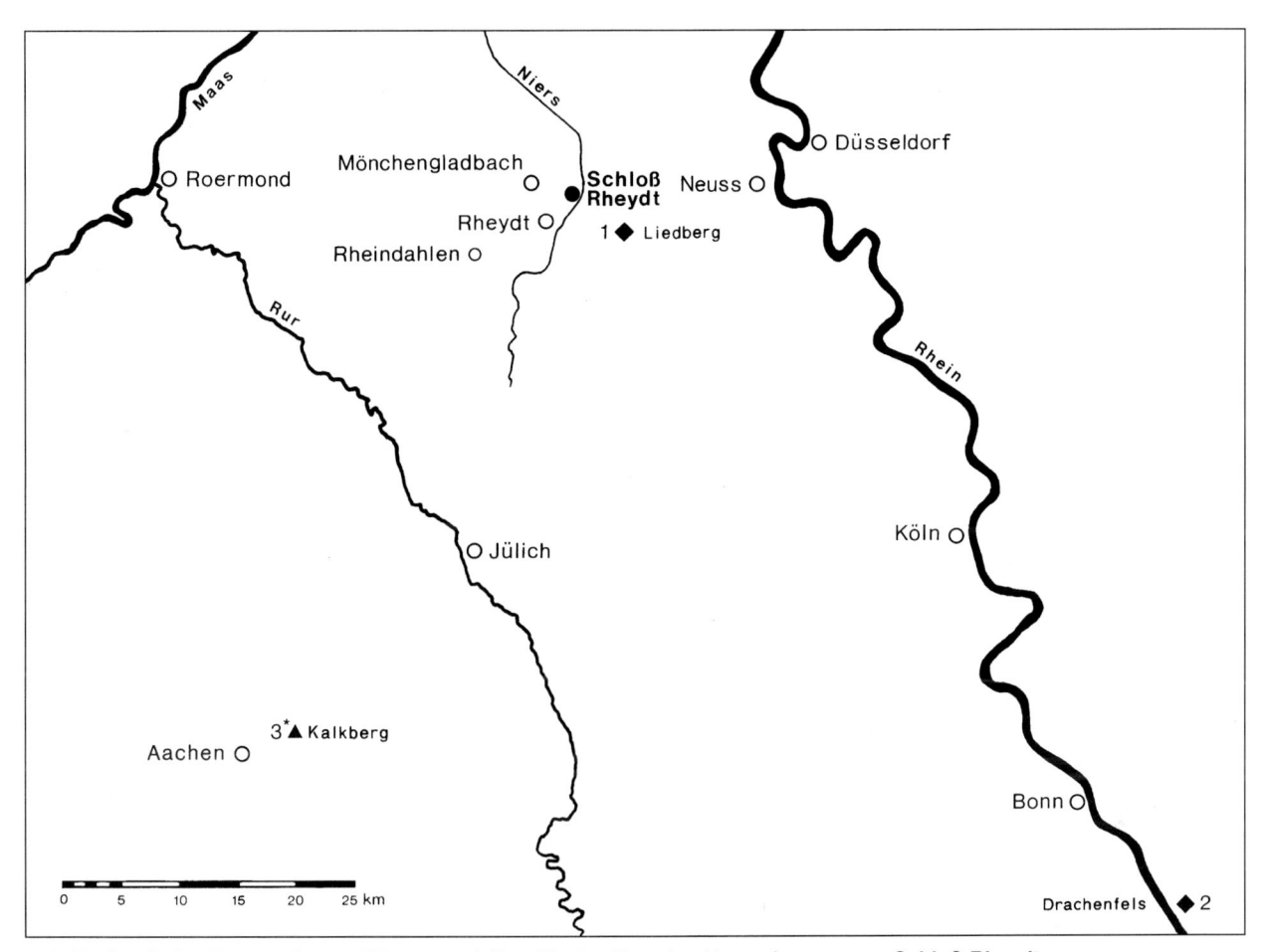

112 Herkunft der Natursteine und Baumaterialien für den Bau des Herrenhauses von Schloß Rheydt:
1 – Liedberger Sandstein, 2 – Drachenfels-Trachyt, 3* – Branntkalk vom Kalkberg bei Aachen

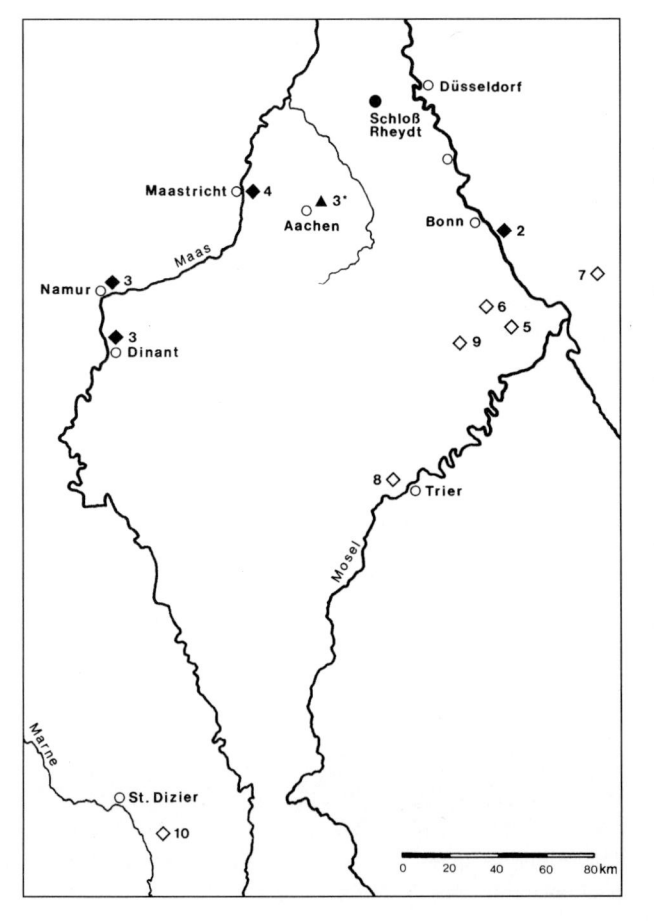

Liedberger Sandstein

Das einzige im Niederrheinischen Tiefland gelegene und damit in unmittelbarer Nähe des Schlosses anstehende Vorkommen nutzbarer Festgesteine findet sich in nur fünf Kilometern Entfernung am Liedberg bei Korschenbroich[14]. Hier wurden bereits im Mittelpaläolithikum Quarzite zur Herstellung von Artefakten gewonnen[15]. In römischer Zeit und im Mittelalter setzte man in einer Vielzahl von heute verstürzten Steinbrüchen, Gruben und unterirdischen Stollen den Abbau zur Gewinnung von Werk-, Bau- und Pflastersteinen in großem Umfang fort. Seit dem 15. Jh. bis etwa um 1600 dienten die unter der Quarzitbank lagernden Quarzsande zur Glasherstellung, danach vorwiegend als Streusand für gescheuerte Fußbodendielen. Noch 1854 lebten 54 Familien vom Sandhandel. Ab 1880 durften aufgrund einer bergamtlichen Anordnung Steine und Sand nur noch im Tagebau gewonnen werden, nachdem es zu Einstürzen der Quarzitbank über den unterirdischen Stollen und zu

113 Herkunft der Natursteine und Baumaterialien für den Bau des Herrenhauses von Schloß Rheydt:
2 – Drachenfels-Trachyt, 3* – Branntkalk,
3 – Blaustein, 4 – Maastrichter Kalkstein,
5 – Basaltlava, 6 – Weiberner Tuff,
7 – Weidenhahner Trachyt, 8 – Udelfanger Sandstein,
9 – Reimerath-Trachyt, 10 – Savonnières-Kalkstein

tödlichen Unfällen gekommen war.[16] Deutlich vor der Jahrhundertwende wurde daher der mittlerweile unrentable Abbau am Liedberg eingestellt.

Für die Bausteingewinnung gesucht war eine 5,3 bis 6,3 m mächtige quarzitische Sandsteinbank, in die zuunterst eine Quarzitbank von 1,2 bis 1,5 m Mächtigkeit eingeschaltet ist. Letztere war besonders gesucht und wertvoll, da dieses Material zu Werk-, Bau- und Pflastersteinen, Trögen u. a. verwendet werden konnte[17]. Liedberger Sandstein nutzte man beim Bau der Wasserburg in Rheydt zu vielfältigen Bauzwecken. Im Gegensatz zu den meisten aller anderen Baumaterialien sind Kauf und Transport des Liedberger Steins auch archivalisch belegt. In der 'Contrarechnung des Hausses Reidt de Anno 80 et 81'[18], die allerdings nur das Ende der Hauptbauphase beleuchtet, finden sich u. a. Angaben über die Entlohnung des Pferdeknechtes für die Fahrt „… zur Steinkule nach Lidberg …".

Das sehr widerstandsfähige Gestein diente sowohl zu Fundamentierungs- als auch zu Steinmetzarbeiten. Dies belegen Funde an den gräftenseitigen Außenmauern des Herrenhauses, wo es als Bossenquader mit Randschlag zur Verstärkung der dem Wellenschlag ausgesetzten Sockel verbaut ist. Eine einfachere Bearbeitung lassen die nur grob zugerichteten bzw. hammerrecht behauenen Bruchsteine erkennen, wie die im Zuge der letzten Sanierungsmaßnahme vom Putz befreiten Mauern im Kellergeschoß des Südwestflügels belegen. Weiterhin taucht Liedberger Sandstein als steinmetzmäßig bearbeiteter Werkstein auf, ist als Gewändestein aber meist nur noch an untergeordneten Wandöffnungen – z. B. an denen des Kellergeschosses der Nordwest- und der Südwestseite zur Gräfte hin, an den Kellerluken des Arkadenganges und am Dachgeschoßfenster des alten Treppenturmes – erhalten. Eine nicht recht nachvollziehbare Ausnahme stellt die Verwendung am repräsentativ gestalteten Erkeranbau (Steinbauphase 6) dar, an dem der im Vergleich zum ansonsten verwendeten Naturstein eher als minderwertig zu bewertende Liedberger Sandstein Rahmung und Fensterkreuze der Obergeschoßfenster bildet. Hier ist aber einschränkend darauf hinzuweisen, daß das Obergeschoß nicht konsequent durchgestaltet wurde[19]. Ebenso ist Stein aus Liedberg als Hausteinfassung an der Tordurchfahrt verbaut. Im Kellergeschoß des Südwestflügels hat sich eine flache Kaminnische mit zwei großformatigen, etwa 12 cm starken Sandsteinplatten erhalten, die von dem nachträglich eingezogenen Kellergewölbe (Steinbauphase 6) angeschnitten wird. Zwei Schächte der insgesamt vier gefundenen Brunnen (Steinbauphasen 2 und 3/4) wurden ebenfalls unter Verwendung Liedberger Sandsteinquader gemauert.

Auch an Vor- und Torburg wurde Liedberger Stein verbaut. Besonders Risalit und Rahmung der Torburg sind aus aufwendig bearbeiteten, fischgrätig bossierten Quadern gefügt.

114 Nordwestturm, Buckelquadermauerwerk mit jüngeren Ergänzungen aus Ziegelsteinen

115 Rostsprengung an einem Gewände aus Liedberger Sandstein des Erkerobergeschosses

Drachenfels-Trachyt

Die ersten Festgesteinsvorkommen südlich des natursteinarmen Niederrheingebietes, die sich zur Herstellung von Bau- und Werksteinen eignen, stehen im

116 Siebengebirgslandschaft mit Drachenfels und Steinrutsche, Detail des Gemäldes: Anna Selbdritt und die Heiligen Christophorus, Gereon und Petrus vor dem Kölner Stadtbild. Meister der Verherrlichung Mariae, 2. Hälfte des 15. Jahrhunderts; Wallraf-Richartz-Museum (Nr. 120 der Sammlung Wallraf), Köln

Siebengebirge an. Diese Steinbrüche sind transporttechnisch über den Rhein gut zu erreichen und auszubeuten, denn Schwertransporte wurden seit jeher am einfachsten, sichersten und kostengünstigsten per Schiff oder Floß über den Wasserweg abgewickelt.

Aufgrund seiner verkehrsgünstigen Lage war der Drachenfels vermutlich der erste Berg im Siebengebirge, der für die Gewinnung von Bausteinen genutzt wurde. Drachenfels-Trachyt wurde seit römischer Zeit gewonnen und über den Rhein verschifft.[20] Gewinnungsstellen lagen am Drachenfels, in den Blockfeldern des heutigen Drachenburgparkes und des Rüdenet sowie in einem bei Niedrigwasser zugänglichen Vorkommen im Rhein selbst. Nach dem Abzug der Römer lebte die Gewinnung des Gesteins in romanischer Zeit wieder auf.[21] Aber erst die durch den rheinischen Kirchenbau des 11.–16. Jh. ausgelöste starke Nachfrage nach Naturbausteinen, insbesondere der ab 1248 in Angriff genommene Bau des Kölner Doms, hat zu einer enormen Ausdehnung der Steinbruchtätigkeit und des Handels geführt.[22]

Drachenfels-Trachyt wurde zu einem der beliebtesten Bausteine des Mittelalters im Rheinland und in Holland. Der rheinische Kirchenbau ist ohne dieses Material nicht vorstellbar. Um die Mitte des 17. Jh. erlosch die Steinbruchtätigkeit am Drachenfels. Sie lebte erst zu Beginn des 19. Jh. und nochmals kurzzeitig ab der Jahrhundertmitte – wegen der Wiederaufnahme der Bautätigkeit am Kölner Dom – am Fuß des Berges auf.

Stiche und Zeichnungen belegen seit dem 17. Jh. den spätmittelalterlichen und frühneuzeitlichen Abbau im Siebengebirge. Das früheste Beispiel, ein in die 2. Hälfte des 15. Jh. zu datierender Altarflügel des 'Meisters der Verherrlichung Mariae', zeigt Anna Selbdritt sowie die Heiligen Christophorus, Gereon und Petrus vor der Kölner Stadtsilhouette. Im Hintergrund sind Bonn und das Siebengebirge dargestellt. Der Drachenfels hebt sich durch das breite, helle Band der den bewaldeten Abhang zerschneidenden Steinrutsche deutlich ab. Diese dem Transport des Rohmaterials aus den Brüchen an den Rhein dienende 'Steinstraß' ist ein bemerkenswertes Dokument der Bausteingewinnung am Drachenfels. Es belegt die engen wirtschaftshistorischen Beziehungen zwischen Vorkommen und Gewinnung, Transport bis zum Rhein und weiter auf dem großen Strom sowie der überaus hohen Wertschätzung des Gesteins im Rheinland.

Am Herrenhaus sind nur wenige, vermutlich als fertig behauene Werkstücke bezogene Teile aus Trachyt nachweisbar, die sich durch ihre verwitterungsanfälligen großen Sanidintafeln auszeichnen und leicht visuell identifizieren lassen. Im Kellergeschoß des Nordwest-Flügels zeigt die alte Außenwand des Palas (Steinbauphase 4) zwei Schießscharten aus Trachyt, die ihrer konzeptionellen Anlage nach der Steinbauphase 3 (2. Hälfte 15. Jh.) angehören. Möglicherweise wurden sie jedoch beim Bau des Palas kurz nach 1500 (Steinbauphase 4) erneuert.[23] Auch das über der Tordurch-

117 Schießscharte aus Drachenfels-Trachyt im Kellergeschoß des Erkers

fahrt gelegene Fenster des Mezzaningeschosses und das Kellergeschoßfenster unter der Brücke weisen zumindest in den seitlichen Gewänden bzw. im Sturz Drachenfels-Trachyt auf. Im Rahmen der Tieferlegung der Kellergeschoßböden wurden zwei Trachytkugeln von 21 und 25 cm Durchmessern geborgen. Die quadratische Aussparung auf der abgeflachten Seite einer Kugel spricht aber eher für die Verwendung als Architekturdetail denn als mauerbrechendes Steingeschoß.

Blaustein

Blaustein ist im Rheinland die umgangssprachliche Bezeichnung für karbonatische Gesteine des Mittel- bis Oberdevons und Unterkarbons (Kohlenkalk). In etwa parallel streichenden Zügen begleiten sie den nordwestlichen Rand des Rheinischen Schiefergebirges (Eifel) und der Ardennen; nach Westen erstrecken sie sich über das Weser-Massiv und die Namur- sowie Dinantmulde bis nach Tournai, im Osten lassen sie sich bis in den Raum Velbert/Ratingen verfolgen. Verwitterter Blaustein zeigt eine helle, weißgraue Oberfläche, im frischen Bruch und poliert aber eine graue, blaugraue bis schwarzblaue Färbung. Neben den im heutigen Stadtgebiet Aachens[24] liegenden und zwischenzeitlich geschlossenen Steinbrüchen von Eilendorf, Walheim und Kornelimünster entwickelten sich weitere Gewinnungszentren u. a. in Belgien, z. B. um Eupen und an der mittleren Maas in den Provinzen Hennegau, Lüttich und Namur. Der bei Dinant und Namur gebrochene Blaustein wurde nachweislich mit Schiffen über die Maas bis an den Niederrhein und weiter in die Niederlande verfrachtet.[25]

Das in vielen Varietäten angebotene Kalkgestein ist unter ebenso vielen und z. T. irreführenden Handelsnamen bekannt: Belgischer Granit (Petit Granit, Pierre bleue, Pierre de Soignies), Noir belge, Bleu belge, Ste. Anne, Rouge de Belgique u. a. Diese Vielfalt ähnlich ausschauender Gesteine führt zwangsläufig zu Irritationen, zumal 'Belgischer Granit' keinerlei Ähnlichkeit oder gar petrographische Verwandschaft mit einem echten Granit besitzt.[26]

Aus Blaustein wurden für das Herrenhaus vorwiegend die Fenstereinfassungen und Fensterkreuze des Südwestflügels, des Erkers und der Nordwestseite des Palas gefertigt. Auch als Bodenplattenbelag mit den Abmessungen von ca. 28 x 28 cm sowie als Säulen des Arkadenganges wurde Blaustein u. a. an der Loggia nachgewiesen.

Maastricht-Kalkstein

Aus dem Maastal (Provinz Limburg/Niederlande) stammt ein seit Jahrhunderten in unterirdischen Gruben bei Maastricht, Valkenburg und Sibbe gewonnener weißgelblicher Kalkstein. Das steinmetzmäßig hervorragend zu bearbeitende Bildhauergestein hat – schon von den Römern geschätzt – seit dem Mittelalter über Limburg hinaus Verbreitung gefunden.[27] Es handelt sich um einen feinkörnigen, bioklastischen Kalkstein, der aufgrund seines makroskopischen Erscheinungsbildes leicht mit einem Sandstein verwechselt werden kann. Im Gegensatz dazu besteht er aber aus Kalk ($CaCO_3$).

Werksteine aus Maastricht-Kalkstein – vermutlich der Varietät Nekum-Kalkstein – wurden am Herrenhaus Schloß Rheydt erstmals verbaut, als Otto von Bylandt das Herrenhaus im Stil der Renaissance umgestalten ließ. Als hervorragend zu bearbeitendes und geschätztes Bildhauergestein eröffneten sich den Bildhauern bislang nicht umgesetzte Gestaltungsmöglichkeiten. Das bildsame Material neigt weder zu schwer kontrollierbaren Ausbrüchen, schaligen Absonderungen oder zu großer Härte. Weder Klüftigkeit noch Schichtung oder eingebettete Fossilien stellen den Bildhauer unter handwerklich-technischen Aspekten vor nennenswerte Probleme. Sämtliche in dieser Bauphase entstandenen Architekturgliederungen der Außen- und Hofseite – mit Ausnahme der aus Blaustein bestehenden Säulen des Arkadenganges – bestehen aus Maastricht-Kalkstein, so u. a. die Gurt- und Haupttraufgesimse, die Rippen der Tordurchfahrt, des Arkadenganges und die Fruchtstabrippen in der sog. Schloßkapelle, die architravierten Fensterverdachungen, Masken, Kopfmedaillons, Rollwerkkartuschen sowie das aufwendige Hauwerk im Erdgeschoß des Erkers. Es besteht aus mit Blattringen verzierten, vor Pilaster gestellten Dreiviertelsäulen, die ein aus Architrav, Triglyphenfries und Abschlußgesims gebildetes Gebälk tragen. Die in den Fensterachsen liegenden Metopen werden durch Bukranien betont.

Selbst Abfallblöcke, die sich aufgrund ihrer geringen Dimensionen nicht mehr sinnvoll für Steinmetz- oder gar Bildhauerarbeiten nutzen ließen, wurden als wertvolles Baumaterial nicht verworfen, sondern fanden z. B. bei der Einwölbung der Kellerräume als keilförmig eingesetzte 'Schlußsteine' Verwendung.

Wirtschaftsbeziehungen an der Wende vom 17. zum 18. Jahrhundert – ein Schlaglicht

Die Notwendigkeit eines fortlaufenden Bauunterhaltes dürfen wir bei der Größe der Schloßanlage auch für die folgenden Jahrhunderte voraussetzen. Archivalisch belegt sind Bauarbeiten allerdings erst wieder ab dem

118 Rechnungszusammenstellung über den Kauf und die Lieferung von Baumaterialien, 1701/1702

Beginn des 18. Jh.[28], als die katholische Linie Bylandt-Schwarzenberg im Jahre 1701 die Nachfolge der evangelischen Linie Bylandt-Spaldorf angetreten hatte und nach Quellenlage umfangreiche Instandsetzungsmaßnahmen an der äußerst sanierungsbedürftigen Bausubstanz durchführen ließ. Leider beziehen sich die genannten Arbeiten nicht nur eindeutig und ausschließlich auf das Herrenhaus, denn ausdrücklich erwähnt werden Arbeiten an 'hauß' und 'Schloß', dem 'Newen Baw', der 'Newe brüggen' und dem 'Newe Mühlen baw', an dem offensichtlich u. a. die komplette Mühlentechnik erneuert wurde. Sie werfen aber andererseits ein aussagekräftiges Bild auf die frühneuzeitlichen Wirtschaftsbeziehungen der Rheydter Schloßherren. Neben 'Ausgaab ahn Zimmerleuth, Mahler, Glasmacher, Schmit, Plästerer' verzeichnen die Jahresabrechnungen auch solche an 'Mäurer' und 'Leydecker'. Der Einkauf u. a. von 'Kalck, Leyen, Haar, Löth=Zinn, Bley, Farb' und 'Nägell' ist detailliert aufgeführt, ohne daß sich für unsere Fragestellung die regionale Herkunft aller Materialien erschließen ließe. Aus den Rechnungsaufstellungen geht jedoch zumindest teilweise hervor, wo Baustoffe eingekauft wurden. So wurden im Rechnungsjahr 1701/02 sowohl '17 Reiß Leyen'[29] zur Eindeckung von Schieferdächern 'zu Dahlen im Closter'[30], wo sie vielleicht bei einer Dachreparatur oder Neueindeckung übriggeblieben waren, als auch '7 Reiß und 1 fuß von Neuß' geholt. Darüberhinaus verbrauchte man '56000 Ley=Nägell' zur Befestigung der Schieferplatten, '10850 Latzen=Nägell' zur Befestigung der Dachlatten oder -schalung, '6000 Stopf=Nägell, 5800 Söller=Nägell und 300 lepf=Nägell'. Neuss war ohnehin ein wichtiger Handelsplatz für Baumaterialien, die über den Rhein verschifft wurden. Dort wurden im gleichen Jahr nochmals 50 Reis Schieferplatten, 132 Pfund Blei und 100 Tannenbretter eingekauft.

119 Darstellung eines Kalkofens. Deckenmalerei von 1892, Aachen-Eilendorf, Von-Coels-Straße 254, Villa Thelen

Im Rechnungsjahr 1702/03 benötigte man u. a. weitere 10 1/2 Reis Schiefer, '5700 Latzen=Nägell, 6000 Söller-Nägell, 8000 Stopf=Nägell, 15000 Pläster=Nägell'. '550 tannen bordt', die 'auf dem Schloß in der Mühlen und auf dem Newen baw' verarbeitet wurden, sowie '57 Richell=bordt' zur Verkleidung 'auf dem Schloß bey der Küchen=stiege' wurden verbaut. Außerdem holte man per Fuhrwerk '225 fuder kalck' am 'Kalckberg zu Achen'[31] ab, der als Branntkalk zur Mörtelherstellung bei den Instandsetzungsmaßnahmen an der Schloßanlage und Mühle verwendet wurde. Der wegen seiner hygroskopischen Eigenschaft feuchtigkeitsempfindliche Branntkalk (Calciumoxid) wurde früher üblicherweise in Fässern transportiert und stammte wohl aus dem Aachener Ortsteil Eilendorf, wo noch heute Flur und Straße den Namen Kalkberg tragen. Hier standen bis zur Mitte des 20. Jh. nicht nur Kalksteinbrüche in Abbau, 1725 ist auch die Verpachtung eines Kalkofens durch den Abt des Klosters Kornelimünster, Hyacinth Alphons Graf zu Suys, archivalisch belegt.[32]

Phase 2 (30er/40er Jahre des 20. Jh.)

Erst ein erheblicher Instandsetzungsbedarf infolge unzureichender Bauunterhaltung über vermutlich viele Jahrzehnte – erinnert sei an den partiellen Einsturz der Kelleraußenmauern und des Deckengewölbes im Bereich des Renaissanceerkers im Jahre 1931 – führte im Verlauf der 1. Hälfte des 20. Jh. zu einer Ergänzung des historischen Materialspektrums um einige neue Natursteinarten. Über die Ursachen dieser Entwicklung können wir nur Mutmaßungen anstellen. Auffällig ist aber, daß trotz der Verfügbarkeit artgleichen Austauschmaterials eher ein formorientierter als ein materialgerechter Ersatz angestrebt wurde. Es ist jedoch davon auszugehen, daß aufgrund der nationalsozialistischen Autarkiebemühungen an einen Import von Kalkstein aus den Niederlanden zugunsten der Versorgung mit Naturwerksteinen aus Rohstoffvorkommen des Deutschen Reiches nicht zu denken war.

Weidenhahner Trachyt

Weidenhahner Trachyt entstammt einem Trachytvorkommen des südwestlichen Westerwaldes. Von den 1929 genannten ca. zehn Brüchen stehen heute nur noch zwei in Abbau. Der älteste Naturwerksteinbruch dürfte der Weidenhahner sein, der bereits vor mehr als 400 Jahren Material zum Bau des Schlosses in Hadamar lieferte.[33]

Fotos aus dem 1. Viertel des 20. Jh. belegen, daß die hof- und giebelseitigen Fenster des Rheydter Palas offensichtlich bis 1927 keine Steinkreuze besessen haben. Vermutlich erst durch Baumaßnahmen der frühen 30er Jahre erhielten sie in Anlehnung an den übrigen Bestand Kreuzstockfenster, wobei man wohl auch die Rahmungen austauschte. Hierzu verwendete man den feinkörnigen, aus dem Westerwald stammenden Weidenhahner Trachyt.[34]

120 Docken der Loggiabrüstung, ausgeführt in Basaltlava (links) und Weiberner Tuff (rechts), 1. Hälfte 20. Jh.

Basaltlava und Weiberner Tuff

Basaltlava und Weiberner Tuff stammen aus bedeutenden Naturwerksteinvorkommen des Osteifeler Vulkangebietes. Da die Bausteingewinnung im Umkreis des Laacher Sees bereits auf eine nahezu 2000jährige Geschichte zurückblickt, wurden die hier gewonnenen mineralischen Baustoffe über viele Jahrhunderte hinweg prägend für das Bauwesen in weiten Teilen Nordwestdeutschlands und der angrenzenden Niederlande.[35]

Die ursprünglich aus Maastrichter Kalkstein bestehenden Docken der Scheinbalustrade des Arkadenganges wurden aufgrund starker Steinschäden bereits einmal partiell in Basaltlava bzw. Weiberner Tuff erneuert. Der Zeitpunkt des Austausches ist nicht belegt, dürfte aber – ebenso wie die Erneuerung des über dem Kellergeschoß weit ausladenden Gurtgesimses in Basaltlava – in die 30er/40er Jahre des 20. Jh. zu stellen sein. Während dieser Zeit wurden die Sohlbank und ein Gewände eines Kellergeschoßfensters auf der Hofseite des Palas als Ersatz für eine zerstörte Einfassung aus Liedberger Sandstein ebenfalls in Basaltlava erneuert.

Phase 3 – Sanierung des Herrenhauses 1990 – 1994

Die Schadenskartierung machte große Unterschiede im Erhaltungsgrad der Natursteingliederungen deutlich. Als partiell stark abgängig erwies sich aufgrund seines Chemismus und Gefüges[36] der Maastricht-Kalkstein, ein Schadensbild, das bereits bei früheren Sanierungen zu umfangreichen Ergänzungen mit Steinersatzstoffen geführt hatte. Leider waren dabei auch ungeeignete zementgebundene Mörtel zur Anwendung gelangt. Diese lösten sich aufgrund ihrer wesentlich größeren Härte und infolge unterschiedlicher Ausdehnungskoeffizienten großflächig vom weicheren Untergrund ab, wovon der plastische Bauschmuck allerdings nachteiliger betroffen war als die Architekturgliederungen. Da jedoch die meisten Gesimse und Fensterverdachungen nur noch aus angetragener Steinergänzungsmasse bestanden, die von den kümmerlichen Natursteinkernen abzuscheren drohte, entschloß man sich hier zu einem umfassenden Steinaustausch. Ein ähnliches Schadensbild zeigten u. a. viele Konsolen des Haupttraufgesimses, die konstruktiv völlig unzureichend – stellenweise weniger als 10 cm tief – in die Fassade einbanden und durch die auflagernde Last abzuscheren drohten. Auch hier erfolgte der notwendige Austausch. Fensterrahmungen und -kreuze waren als Folge korrodierter Eisenanker und Traljen gerissen. Da sich der dichte Blaustein aber in einem insgesamt wesentlich besseren Erhaltungszustand darstellte, nahm der Einsatz von Vierungen hier einen breiten Raum ein.

Während die Ergebnisse der Schadenskartierung den inhaltlichen Umfang des Steinaustausches festlegten, wurde bei der Materialauswahl konsequent nach dem Grundsatz eines material- und werkgerechten Austausches verfahren. Die Baustellenpraxis zeigte jedoch sehr frühzeitig, daß sich trotz gewissenhafter planerischer Vorgaben die baupraktische Umsetzung nicht zwangsläufig mit dem Sanierungskonzept decken muß.

121 Skulptur an der Südwestfassade, Maastrichter Kalkstein mit jüngerer abgescherter Ergänzung in Zementmörtel

122 Konsolen des ausgebauten Kranzgesimses an der Südostfassade

Unter Ignorierung der Baubefunde wurden große Teile des Haupttraufgesimses der Südwestseite in Udelfanger Sandstein erneuert, der für Schloß Rheydt und das 16. Jh. (Steinbauphase 6) ein völlig untypisches Baumaterial darstellt.

Nach anfänglichen Reibungsverlusten zwischen denkmalpflegerisch erkannten und bauhistorisch begründeten Notwendigkeiten, planerischen Vorgaben und handwerklicher Umsetzung konnte im Verlauf der weiteren Sanierungsarbeiten ein dem Sanierungskonzept in enger Anlehnung folgender Steinaustausch erzielt werden. Er erfolgte an den Renaissancegliederungen – vorwiegend Gesimsen und Fensterverdachungen – aus konservatorischen Gründen ausschließlich in dem dem Maastrichter Kalkstein ähnlichen, aber druckfesteren Savonnières-Kalkstein bzw. an den Rahmungen und Fensterkreuzen in Blaustein. Bei den hochwertigen Bildhauerarbeiten (Masken, Medaillions, Bukranien und Abhänglingen der Gewölbe), den Gewänden der Tordurchfahrt, dem Arkadengang sowie dem Renaissanceerker verzichtete man zugunsten des Erhaltes der Originalsubstanz – einschließlich ihrer historischen Gebrauchsspuren – und damit der Wahrung des authentischen Erscheinungsbildes bis auf unabwendbare Konservierungsarbeiten auf jeglichen restauratorischen Eingriff. Die Ende der 70er Jahre bereits sanierten Rollwerkkartuschen im nordöstlichen Obergeschoß des Südwestflügels stellten sich sogar in so hervorragendem Erhaltungszustand dar, daß eine erneute Restaurierung überflüssig war. Trotz anfänglicher Widerstände konnte glücklicherweise der Blaustein-Plattenbelag des Arkadenganges erhalten werden. Kleinere Ausbesserungen erfolgten in der Varietät 'Pierre bleue du Hainaut', die aus dem belgischen Hennegau stammt und auch für die Bodenbeläge des Keller- und Erdgeschosses verwendet wurde.

123 Rostsprengung an einem Maueranker des Erkerobergeschosses

Eine Grundsatzentscheidung mußte jedoch das Austauschprinzip in den Bereichen definieren, für die artgleiches Austauschmaterial wegen Erschöpfung der Vorkommen oder Einstellung des Abbaus heute nicht mehr zur Verfügung steht. Nach Abwägung verschiedener, prinzipiell möglicher und vom Grundsatz her denkmalverträglicher Alternativen orientierte man sich konsequenterweise hierfür an den bereits früher ausgeführten Instandsetzungen, die für alle zu ergänzenden Fenstereinfassungen und -teilungen ausschließlich Blaustein verwendet hatten. Lediglich Ergänzungen an den Obergeschoßfenstern des Erkers und zwei Kellergeschoßfenstern der Nordwestfassade, für die Liedberger Sandstein in ausreichendem Umfang nicht zur Verfügung stand[37], wurden in Savonnières anstatt in Blaustein erneuert.

Hierfür wäre als Austauschmaterial auch z.B. Udelfanger oder Obernkirchener Sandstein in Frage gekommen, wodurch letztlich vielleicht eine größere Konsequenz in Hinblick auf materialgerechten Ersatz zum Ausdruck gekommen wäre. Andererseits wurden die aus Basaltlava und bereits stark verwittertem Weiberner Tuff gefertigten Docken der Scheinbalustrade – soweit erforderlich – in Savonnières ersetzt. Der unvermeidbare Austausch einzelner Quader in der Werksteinabdeckung der dem Herrenhaus vorgelagerten Brücke war glücklicherweise sogar in Liedberger Sandstein möglich.[38]

124 Vorbereitung für den Einsatz einer Vierung an einem Pilaster des Erkerobergeschosses

125 Steinbank vor dem Herrenhaus mit neuer Ergänzung aus Liedberger Sandstein

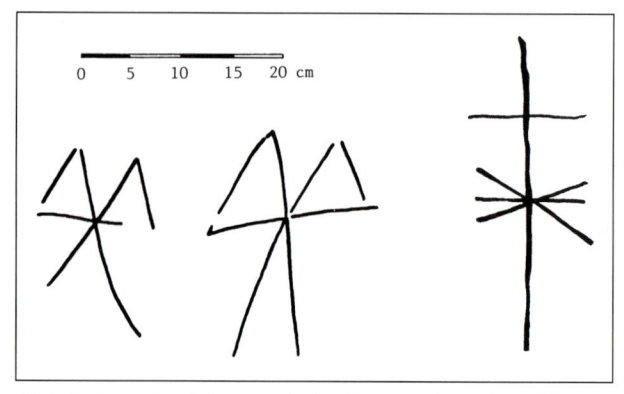

126 Steinmetzzeichen auf Gesimsquadern der Südostfassade

Ein konzeptionell gefordertes Ausweichen auf Ersatzgesteine war daher nur an wenigen Stellen notwendig. So wurde eine Schießscharte des Kellergeschosses in Reimerath-Trachyt ergänzt, der dem ursprünglich verwendeten Drachenfels-Trachyt makroskopisch sehr ähnlich ist[39], und der im Nordwestturm gelegene Brunnen erhielt eine geringfügige Ergänzung in Udelfanger Sandstein.

Relikthafte Baubefunde

Auf dem Haupttraufgesims des Südwestflügels konnten die rudimentären Reste einer Baudatierung nachgewiesen werden, die sich vermutlich auf das Jahr 1566 beziehen. Bereits Paul Clemen (1866 – 1947) hatte auf die inschriftlichen Datierungen '1567' und '1568' an Fenstern des Schlosses hingewiesen, die den Umbau zu einem Renaissanceschloß unter Otto von Bylandt markieren,[40] aber schon zu Ende des 19. Jh. angeblich nicht mehr lesbar gewesen sein sollen. Beim Ausbau des Haupttraufgesimses am Südgiebel traten an drei Gesimsquadern Steinmetzzeichen zutage. Es handelt sich um zwei verschiedene, auf die Oberseite der Werkstücke eingeritzte, ca. 20 bis 30 cm große Marken. Es ist zu vermuten, daß die Anbringung der Zeichen auf der Oberseite der Quader in Beziehung zu ihrer schematischen Gestaltung und ihrer untypischen Größe steht.[41]

Zusammenfassung und Ausblick

Liedberger Sandstein stellt das am längsten verwendete Gestein an den Schloßbauten von Rheydt dar. Erstmals taucht er an den Resten der Steinbauphase 3 (2. Hälfte 15. Jh.) als kaum zugerichteter Mauer- bzw. nur grob zugerichteter Werkstein auf und wird, wenn man auch die Tor- und Vorburg in die Betrachtung einbezieht, in großem Umfang kontinuierlich bis zum Ende des 16. Jh. zu allen Steinmetzarbeiten eingesetzt. Da um diese Zeit die Hauptbautätigkeit in Rheydt abgeschlossen ist, liegen weitere datierbare Fundbeobachtungen nicht vor. Wir können aber davon ausgehen, daß bei den für das 18. Jh. archivalisch belegten Reparaturen auch weiterhin auf den Stein aus Liedberg zurückgegriffen wurde. Die Nähe des Vorkommens und die Kürze des Transportweges haben zweifellos trotz der vergleichsweise eingeschränkten Bearbeitungsmöglichkeiten zu dieser langen Nutzungsdauer geführt.

Im Gegensatz dazu steht die nur durch drei Baubefunde dokumentierte Verwendung des Drachenfelser Trachyts, der in unbedeutendem Umfang an Bauteilen, die zwischen der 2. Hälfte des 15. Jh. (Steinbauphase 3) und dem 2. Viertel des 16. Jh. (Steinbauphase 5) entstanden sind, nachgewiesen wurde. Die wenigen Werkstücke legen den Schluß nahe, daß die Schießschartenrahmungen und Kugelaufsätze vielleicht als Fertigprodukte bezogen wurden, was deutliche Vorteile beim Verladen und Transport mit sich brachte.[42] Trotz des kürzeren Landtransportes von Neuss aus konnte das Material aber offensichtlich nicht mit dem über eine größere Entfernung und die Maas herbeigeführten belgischen Blaustein konkurrieren.

Blaustein ist am Herrenhaus nicht vor dem 16. Jh. (Steinbauphase 5) nachweisbar, stellt dann aber auch in den folgenden Jahrhunderten ein wiederholt und umfangreich verwendetes Austauschmaterial für alle Steinmetzarbeiten dar.

Ausschließlich beschränkt auf die Steinbauphase 6 (2. Hälfte 16. Jh.) ist die Verwendung des limburgischen Maastricht-Kalksteins, als die spätgotische Burg zu einem Renaissanceschloß umgestaltet wurde. Die guten, steintechnischen Gestaltungsmöglichkeiten dieses Bildhauergesteins waren Voraussetzung für die bauliche Verwendung am Herrenhaus und sind werkimmanentes Zeugnis adeligen Repräsentationswillens. Inwieweit die Beteiligung des Baumeisters Maximilian

Pasqualini hierbei entscheidungsfördernd war[43], wäre durch vergleichende Untersuchungen festzustellen. Eine bauhistorisch bekannte Erscheinung ist jedoch, „... daß bei einem allgemeinen Stilwandel der Architekturformen nicht nur die Steinmetzwerkstätten wechselten, sondern auch die Steinsorten."[44]

Sowohl Blaustein als auch Maastricht-Kalkstein kamen per Schiff über die Maas an den Niederrhein. Sie wurden entweder ab Roermond auf dem Landweg oder evt. sogar per Lastkahn über die Niers, die zumindest in römischer Zeit bis Mülfort schiffbar gewesen sein soll, nach Rheydt gebracht.[45] Neuss war, wie bereits erwähnt, Zielhafen u. a. für Drachenfels-Trachyt, Dachschiefer und Flößholz. Von beiden Hafenplätzen aus waren die Baustoffe bei einer durchschnittlichen Tagesleistung der Fuhrwerke von ca. 15 km in max. 2 1/2 (35 km) bzw. 1 1/2 Tagen (20 km) nach Rheydt zu transportieren.[46]

Die bauliche Materialverwendung kann unter werktechnischen Aspekten als eine Entwicklung vom steinmetzmäßig einfachen zum bildhauerisch gestaltungsfähigen Gestein charakterisiert werden. Oder anders ausgedrückt: Mit wachsenden Gestaltungsanforderungen und zunehmender Verbesserung der Transporttechniken ging man von einer einfachen Selbstversorgung aus nahe gelegenen Brüchen zu ausgesuchten, qualitativ hochwertigeren und daher häufig nur unter erheblichem Transportaufwand aus weiter entfernt liegenden Vorkommen zu beziehenden Natursteinen über. Die unter Berücksichtigung von Entfernung und bewegter Masse bewältigten Transportleistungen sind in Kenntnis der nach heutigem Verständnis katastrophalen Wegeverhältnisse des 16. und 17. Jh. als außerordentlich und bemerkenswert zu bezeichnen.

Die Natursteinsanierung am Herrenhaus Schloß Rheydt orientierte sich an dem durch die Lithologische und Schadenskartierung dokumentierten Befund. Trotz partieller Reibungsverluste in der Umsetzung des Sanierungskonzeptes berücksichtigte sie erstmals das historische Materialspektrum und ersetzte an den Stellen, wo aufgrund konservatorischer Notwendigkeiten ein Austausch erforderlich wurde, das für die jeweilige Bauphase untypische Material durch die ursprüngliche Gesteinsart. Die Arbeiten können daher – über die Stadtgrenzen Mönchengladbachs hinaus – als beispielhafte, werk- und materialgerechte Sanierungsmaßnahme gelten.

Anmerkungen

1 Weber, Claus (1994): Baubegleitende archäologische Untersuchungen von Schloß Rheydt. – Rheydter Jahrbuch 21: 83–113; Mönchengladbach.
2 Fälschlicherweise wurde der Einsturz auf das Jahr 1927 datiert. Der Einsturz erfolgte jedoch erst in der Nacht vom 23. auf den 24. April 1931.
vgl.: Schumacher, Karl-Heinz (1994 a): Das Herrenhaus von Schloß Rheydt und seine Baumaterialien. – Denkmalpflege im Rheinland 4: 145–150; Pulheim.
Stadtarchiv 14/3623
3 Wittmann, Manfred (1994): Das Gästehaus – eine Episode der Geschichte von Schloß Rheydt 1917–1945. – Rheydter Jahrbuch 21: 27-68; Mönchengladbach.
4 Schmidt-Thomsen, Kurt (1984): Die Steine sterben. Probleme des Steinzerfalls in der Denkmalpflege. – Schriftenreihe des deutschen Nationalkomitees für Denkmalschutz 25: 11-17; Bonn.
hier S. 17:
„Eine Zusammenstellung der für die Bundesrepublik Deutschland ermittelten Immissionsschäden an ausgewählten Sachgütergruppen hat eine Summe von 3 bis 4 Milliarden DM pro Jahr ergeben. Die insgesamt anfallenden Kosten dürften noch weit höher liegen."
5 Künzel, Helmut (1987): Sind wirklich Schadstoffe aus der Luft an der fortschreitenden Zerstörung unserer Baudenkmäler schuld? – Bauzentrum – Bausanierung 4: 139-142; Köln.
6 Dietz, Friedhelm (1990): Mauerwerksschäden an historischen Gebäuden. – Das Bauzentrum. Sonderheft Denkmalpflege '90. Sanierung – Renovierung: 42-52; Darmstadt.
7 Schmidt-Thomsen 1984: 12
8 Fitzner, Bernd (1988): Kartierung und empirische Klassifizierung der Verwitterungsformen und Verwitterungsmerkmale von Natursteinen an geschädigten Bauwerkspartien. – Bautenschutz. Bausanierung: 21-25; Köln.
Fitzner, Bernd u. Kownatzki, Ralf (1990): Bauwerkskartierung. Schadensaufnahme an Natursteinen. – Der Freiberufliche Restaurator 4: 25-40; Kiel.
Schubert, Peter u. a. (1992): Mauerwerk aus Tuffstein. Empfehlungen für Erhaltungsmaßnahmen an historischen Gebäuden: 34-40; Aachen.
9 Fitzner u. Kownatzki 1990: 25
Schumacher, Karl-Heinz (1988): Geographische Analyse der baulichen Verwendung von Natursteinen in der Eifel: 1, 59 ff. – Aachener Geographische Arbeiten 20; Aachen
10 Schubert u. a. 1992: 35-37
11 Der 'Bildatlas wichtiger Denkmalgesteine in der Bundesrepublik Deutschland' verzeichnet im Niederrheinischen Tiefland und in der angrenzenden Niederrheinischen Bucht keine Gesteinsvorkommen.
vgl.: Grimm, Wolf-Dieter (1990): Bildatlas wichtiger Denkmalgesteine in der Bundesrepublik Deutschland: Tafel 1; München.
12 Schumacher, Karl-Heinz (1994 b): Naturstein im Hausbau des unteren linken Niederrheins, dargestellt am Beispiel der Stadt Mönchengladbach. – Rheinische Heimatpflege 3: 178-189; Pulheim.
13 Dautermann, Christoph (1992): Städtischer Hausbau am unteren Niederrhein vom 15. bis zum 18. Jahrhundert: 25 f., 28 f.; Köln.
14 Thiermann, Arend (1990): Der Liedberg, ein Zeugenberg am Niederrhein. – Geologische Karte von Nordrhein-Westfalen 1 : 100.000. Blatt C 5102 Mönchengladbach. Erläuterungen: 61-63; Krefeld.
15 Thissen, Jürgen, Pieper, Peter und Musshoff, Frank (1993): Das Mittelpaläolithikum vom Liedberg. – Bonner Jahrbücher 193: 221-235; Kevelaer.
16 Grewe, Klaus (1977): Auf Sand gebaut. Die Geschichte des Liedberger Stein- und Sandabbaus. – Sonderheft Ausgrabungen im Rheinland 76: 154-160; Bonn.
Bremer, Jakob (1930): Das kurkölnische Amt Liedberg: 424-437; Mönchengladbach.
17 Schumacher 1994 b: 185-186.
18 Herkenrath, Dorothea (1961): Schloß Rheydt: 60, 148-150. – Rheydter Jahrbuch 4; Rheydt.
19 Ein Rekonstruktionsversuch wurde von HERKENRATH vorgelegt.
vgl. Herkenrath 1961: 121.
20 Drachenfels-Trachyte wurden als Mauersteine nachgewiesen im Kölner Legionslager, der Stadtmauer von Köln, dem Bonner Legionslager und der Lagervorstadt. Aber auch die steinmetzmäßige Verarbeitung zu Architekturteilen und die bildhauerische Verarbeitung zu Altären und Weihesteinen, die z. B. in Remagen, Köln, Bonn, Xanten und Nimwegen gefunden wurden, war üblich. Ein Arbeitskommando der römischen Rheinflotte, das Steine für den Bau der Colonia Ulpia Traiana bei Xanten verfrachtet hatte, stellte 160 n. Chr. einen Weihestein aus Drachenfels-Trachyt für den Kaiser Antonius Pius auf.
vgl. Röder, Josef (1974): Römische Steinbruchtätigkeit am Drachenfels. – Bonner Jahrbücher 174: 509-544; Kevelaer.
21 vgl. Röder 1974: 509: Oktogon des Aachener Münsters (römische Spolien), Münster Bonn, Maria im Capitol/Krypta Köln (1060)
vgl. Dautermann 1992: 28: z. B. Valkhof-Kapelle in Nijmegen / 11. Jh. und Sandrasteeg 8 in Deventer / 12. Jh.
vgl. Schumacher 1994 b: Fundamente des Gründungsbaus der Benediktinerabtei Gladbach, 974 - 1000 n. Chr.; Münster St. Vitus, Anf. und Mitte 13. Jh.; Benediktinerinnenkloster Neuwerk, 12. Jh. u. a.
22 Die erste nachrichtliche Überlieferung über Steinbruchtätigkeit am Drachenfels stammt von einem Inschriftstein aus der Barbarossapfalz in Kaiserswerth aus dem Jahre 1184. Die Inschrift lautet:
ALCMARI DE MONTE RUIDE RUPE DRACONIS OSTIA PANDO BONIS NAUTIS SIMULATQUE COLONIS
Für 1267 ist die erste archivalische Nennung des Abbaus, aus dem der spätere Domsteinbruch hervorging, aus einer Urkunde der Kölner Kirchenfabrik belegt. Erst mit Einstellung des Dombaus 1560

wurde die Steinbruchtätigkeit in der 2. Hälfte des 16. Jh. aufgegeben. Auch die Drachenfelser Burggrafen unterhielten einen bedeutenden Steinbruch unterhalb der Drachenburg, aus dem vermutlich das meiste Rohmaterial für die vielen Sakral- und Profanbauten an Mittel- und Niederrhein stammen dürfte. Das Kölner Steinmetzamt ließ ebenfalls bis zur Mitte des 15. Jh. Steine brechen.
vgl. Burghardt, Oskar (1979): Siebengebirge. Landschaft im Wandel; Krefeld.
23 vgl. Schumacher 1994 a: 150; Anm. 8.
24 Kasig, Werner (1980): Zur Geologie des Aachener Unterkarbons (Linksrheinisches Schiefergebirge, Deutschland). Stratigraphie, Sedimentologie und Paläographie des Aachener Kohlenkalks und seine Bedeutung für die Entwicklung der Kulturlandschaft im Aachener Raum: 141-161; Aachen.
25 Brimmers, Peter (1960): Namurer Kalkstein kam über die Maas. Die Entwicklung des Handels im Maas-Niers-Gebiet. – Geldrischer Heimatkalender : 92-95; Geldern.
Dassel, Wolfgang (1990): Über die Herkunft und Verwendung von Natusteinen für die Bauwerke von Burg und Stadt Geldern. – Burg und Stadt Geldern: 77-84; Geldern.
26 Blaustein ist ein chemisch-biogenes Sedimentgestein, bei Granit handelt es sich um ein magmatisches Gestein (Plutonit).
27 Für den Hinweis auf diesen Naturstein danke ich Herrn Rudi Dortangs, Amstenrade / NL, Archäologie Consulting Aachen.
In der deutschen geologischen Literatur wird das Gestein als Maastrichter Tuffkreide bezeichnet. Wegen der begrifflichen Mißverständlichkeit soll hier die in den Niederlanden übliche Bezeichnung 'Maastrichter Kalkstein' verwendet werden. Der Kalkgehalt beträgt über 95 %. – vgl. Schumacher, Karl-Heinz und Weber, Claus (1997): Neue Erkenntnisse über die Baugeschichte von Schloß Rheydt. – Forschungen zu Burgen und Schlössern 3. Der frühe Schloßbau und seine mittelalterlichen Vorstufen: 35–50; München und Berlin.
28 Staatsarchiv Brünn, Archiv Hompesch, Nr. 2786 und 2769 (Auszüge in Kopie im Stadtarchiv Mönchengladbach)
29 Die in Reihen zum Verkauf aufgestellten Dachschiefer wurden mit einer Meßlatte aufgemessen. Als Maßeinheit galt das Reis (Reiß, Ryß, Riss), das acht Fuß, also 2,4 m lang war. Andere Quellen geben ein Reis mit 3 m oder nur 2,33 m (7 Schuh) Länge an, auf das etwa 350 bis 380 Platten entfielen. vgl.: Mentzel, Rolf (1981): Bergbau und Hüttenwesen: 160, Anm. 30. – Herzogtum Nassau 1806 – 1866. Politik, Wirtschaft, Kultur; Wiesbaden.
Calmenet, M.F.T. (1809): Handbuch für die Bewohner des Rhein- und Mosel-Departements für das Jahr 1809: 264; Koblenz. Bartels, Christoph (1986): Schieferdörfer: 45 u. Anm 7; Pfaffenweiler.
HÖRTER vermutet, daß mit einem Reis Schiefer und einer Decksteingröße der 'Mosellayen' von 32 x 26 cm eine Quadratrute (12 x 12 Fuß = 14,23 qm) eingedeckt werden konnte. Wenn ein Reis mit sieben Fuß angegeben werde, soll es sich um Decksteine größeren Formates gehandelt haben, die aber zur Eindeckung derselben Fläche ausgereicht haben sollen. Hierbei bleibt allerdings die für die altdeutsche Deckung charakteristische Verwendung von Decksteinen unterschiedlicher Formate ebenso unberücksichtigt wie die Dachdeckerregel, daß flache Dächer mit großen und steile Dächer mit kleinen Decksteinen eingedeckt werden müssen. vgl.: Hörter, Fridolin (1993): Dachschiefer aus dem Amt Mayen. – Eifeljahrbuch 1994: 63-65; Düren. ROSENBERGER gibt an, daß auf einen Meter etwa 145 Decksteine (Hosenlayen) entfallen. vgl.: Rosenberger, Wilfried (1979): Beschreibung rheinland-pfälzischer Bergamtsbezirke 4. Bergamtsbezirk Koblenz: 114; Bad Kreuznach.
30 Es handelt sich um das Tertiarinnenkloster südlich der alten Kirche in Rheindahlen, das 1802 aufgelöst wurde.
vgl.: Löhr, Wolfgang (1976): Rheindahlen: IV. 5. – Rheinischer Städteatlas III.18; Köln.

31 Das Rheinische Fuder mißt 855,72 Litern. Es erscheint jedoch fraglich, ob in den vorliegenden Quellen das o. g. Raummaß gemeint sein kann, denn die angegebene Menge entspräche immerhin einem Volumen von mehr als 192 cbm.
vgl.: Verdenhalven, Fritz (1968): Alte Maße, Münzen und Gewichte aus dem deutschen Sprachgebiet: 23-24; Neustadt an der Aisch.
32 Stadtarchiv Aachen, ehemaliges Gemeindearchiv Kornelimünster, Nr. 126.
Hoffmann, Walter (1988): Zur Geschichte der Eilendorfer Flurnamen: 86-87, 90. – Eilendorf in seiner Geschichte: 83-96; Aachen.
Bremke, Bruno (1988): Die siedlungsgeschichtliche Entwicklung Eilendorfs im 19. und 20. Jahrhundert. – Eilendorf in seiner Geschichte: 155-176; Aachen.
33 Grimm 1990: 168 u. Tafel 029.
34 Zur genauen petrographischen Beschreibung waren die freiliegenden Befundflächen zu klein. Eine ausreichend große Befundfläche wurde aus konservatorischen Gründen nicht freigelegt, da sich das Material in einem ausgezeichneten Erhaltungszustand darstellte.
35 Zur Geschichte der Bausteingewinnung, Bausteinverwendung und Petrographie vgl.:
Schumacher, Karl-Heinz (1994): Natursteinverwendung im Laacher-See-Gebiet / Osteifel. – Historisches Bauwesen. Material und Technik. Jahrbuch für Hausforschung 42: 57-78; Marburg.
36 Die im 16. Jh. verbaute Varietät erwies sich als sehr anfällig gegenüber der Verwitterung. Bereits einfaches Reiben mit der Hand führte partiell zu starken Substanzverlusten durch 'Absanden'. Dies ist ggf. auf die Verwendung einer minderwertigen Qualität zurückzuführen.
37 vgl. Anmerkung 38
38 Herr Erich Otten sen., Mönchengladbach-Rheydt, stellte aus eigenen Beständen einige Quader kostenlos zur Verfügung. Ihm sei an dieser Stelle nochmals herzlich gedankt.
39 Grimm 1990: Tafel 026 und 027.
40 Clemen, Paul (1896): Die Kunstdenkmäler der Städte und Kreise Gladbach und Krefeld: 526. – Die Kunstdenkmäler der Rheinprovinz 3.IV; Düsseldorf.
41 vgl.: Friedrich, Karl (1932): Die Steinbearbeitung in ihrer Entwicklung vom 11. bis zum 18. Jahrhundert: 13-25; Augsburg.
Binding, Günther (1993): Baubetrieb im Mittelalter: 269-272; Darmstadt.
Janse, Hermann (1994): Stein und Steinmetzen zwischen Weser und Ijssel. – Historisches Bauwesen. Material und Technik. Jahrbuch für Hausforschung 42: 89-98; Marburg.
42 vgl.: Dautermann 1992: 29-30.
43 Eine ähnliche Beobachtung läßt sich an den Vorburggebäuden von Schloß Wickrath machen.
vgl.: Schumacher, Karl-Heinz (1991): Steinzerstörung und Steinsanierung – Die Giebelreliefs der Vorburg von Schloß Wickrath und des Rathauses Abtei. – Rheydter Jahrbuch 19: 175-192 u. Anm. 21; Mönchengladbach.
44 Dautermann 1992: 29-30.
45 Freundliche mündliche Mitteilung von Herrn Dr. Claus Weber, Rheinisches Amt für Bodendenkmalpflege, Bonn. Die Überwindung der Mühlenstauwehre stellt bei dieser Variante allerdings ein enormes transporttechnisches Problem dar.
46 Mögliche Transportkapazitäten und -tagesleistungen waren von den örtlichen Gegebenheiten abhängig, diebezügliche Angaben differieren daher in der Literatur sehr stark.
vgl.: Haarich, Horst u. Münch, Ulla (1994): Die Kupferstraße, eine frühneuzeitliche Fernhandelsstraße im Hohen Venn. – Archäologie im Rheinland 1993: 162-164; Köln.
Schumacher 1994 b: 179.

Zur Erhaltung und partiellen Wiederherstellung des Schloßparks Rheydt
Gartendenkmalpflegerische Konzeption und Zielsetzung

Gustav und Rose Wörner

Im Zusammenhang mit den für eine modernere Museumsnutzung erforderlichen Sanierungsarbeiten am Schloß Rheydt wurden auch im näheren Umfeld der Gesamtanlage Eingriffe und Wiederherstellungsmaßnahmen notwendig. Sie umfassen insbesondere eine Überarbeitung sowie Regenerierung und Auslichtung der teilweise zu dicht geschlossenen, längere Zeit nicht unter gartendenkmalpflegerischen Gesichtspunkten entwickelten und gepflegten Gehölzbestände der Befestigungs- und Parkanlage, die Wiederherstellung der Schloßhöfe, die bessere Sichtbarmachung der Befestigungswerke sowie Maßnahmen außerhalb des historischen Gräftensystems.

Die Garten- und Parkanlagen bilden – nach heutigem Verständnis – unverzichtbare Bestandteile des „Gesamtkunstwerkes Schloß und Park Rheydt" und sind entsprechend dem Denkmalschutzgesetz des Landes Nordrhein-Westfalen vom 11.3.1980 in ihren überkommenen Strukturen grundsätzlich zu bewahren; denkmalunverträgliche Entwicklungen oder gar Veränderungen sind zukünftig zu vermeiden. „Parkanlagen sowie andere von Menschen gestaltete Landschaftsteile" sind, „soweit ein öffentliches Interesse besteht und sie für die Geschichte des Menschen von Bedeutung sind", nach dem Gesetz „wie Baudenkmale zu behandeln" und zu schützen. Zu beachten ist außerdem der „Umgebungsschutz" im weiteren Umfeld der Anlage.

Gartenkunstwerke und gestaltete Landschaftsräume sind bei der stetigen Veränderung vor allem der pflanzlichen Parkinhalte über längere Zeiträume, besonders bei nicht denkmalgerecht durchgeführten oder ganz unterlassenen Pflegemaßnahmen, gefährdet. In Rheydt war hauptsächlich durch zu stark und unkontrolliert entwickelten Gehölzbewuchs, insbesondere infolge von Sämlingsanflug und im Umfeld durch Aufforstungen in der Nachkriegszeit, das ursprünglich in einem weitgehend offenen Landschaftsraum gelegene Schloß mit seinen Vorburggebäuden eingewachsen und für den Betrachter von Standorten außerhalb der Innen- und Außengräfte kaum noch erlebbar. Auch die Befestigungsanlagen waren in letzter Zeit durch Sträucher stellenweise überwuchert. Durch die Durchwurzelung des historischen Mauerwerkes waren die Kasemattenanlagen akut gefährdet.

Bereits in der „Charta von Florenz" wird hinsichtlich der historischen Gärten festgestellt (ICOMOS 1981):
„Der historische Garten ist ein Bauwerk, das vornehmlich aus Pflanzen, also aus lebendem Material besteht, folglich vergänglich und erneuerbar ist. Sein Aussehen resultiert aus einem ständigen Kräftespiel zwischen jahreszeitlichem Wechsel, natürlicher Entwicklung und naturgegebenem Verfall einerseits und künstlerischem sowie handwerklichem Wollen andererseits, die darauf abzielen, einen bestimmten Zustand zu erhalten."

Bei den Freianlagen am Schloß Rheydt handelt es sich dabei weniger um die Instandsetzung intensiv gestalteter Gartenanlagen, sondern um die Bewahrung einer in ihren wesentlichen Grundzügen erhalten gebliebenen, charakteristischen und noch gut ablesbaren Befestigungsanlage des 16. Jahrhunderts mit ihrem Graben- und Wallsystem, den verschiedenen heute nur noch z.T. durch Gebäude räumlich gefaßten Schloß- und Vorburghöfen sowie den umgebenden Alleezügen zur Erschließung und Gliederung des Umfeldes. Vor allem seit der 2. Hälfte des 19. Jahrhunderts wurden in der näheren Umgebung des Schlosses zusätzlich Bäume gepflanzt, bzw. hat sich vorwiegend auf den Böschungen der Befestigungsanlage durch Sämlingsanflug ein Gehölzbestand natürlich entwickelt, der stellenweise in der bis in die sechziger Jahre weitgehend offenen Kulturlandschaft der Niers-Niederung bewußt gestaltete landschaftsparkähnliche Züge trägt.

Dieses historische Umfeld entsprechend zu bewahren und, soweit notwendig, kurz- bis langfristig behutsam partiell wiederherzustellen und in das Museumskonzept einzubeziehen, war die planerische Aufgabe, die in regelmäßigen Diskussionen und Absprachen mit den beteiligten städtischen Ämtern, der Museumsleitung und dem Rheinischen Amt für Denkmalpflege (Landeskonservator) sowie dem Rheinischen Amt für Bodendenkmalpflege durchgeführt wurde. Hervorgehoben werden soll außerdem die einvernehmliche Zusammenarbeit mit der örtlichen Landschaftsbehörde hinsichtlich des Landschafts- und Naturschutzes und mit der für die Forstflächen zuständigen Landesforstverwaltung (Forstamt Mönchengladbach). Die Aussagen des gartendenkmalpflegerischen Gutachtens sollen so z.B. bei der Fortschreibung des Forstbetriebswerkes Berücksichtigung finden.

Neben der gutachtlichen gartendenkmalpflegerischen Bearbeitung der Gesamtanlage waren ausführungsreife Planungen für den engeren Schloßbereich innerhalb der Innengräfte um die Schloß- und Vorburginsel aufzustellen, die in Kooperation mit dem städtischen Grünflächenamt (Leitung Dipl. Ing. Horst Cleef) bis zur Wiedereröffnung des Museums bereits z.T. realisiert werden konnten.

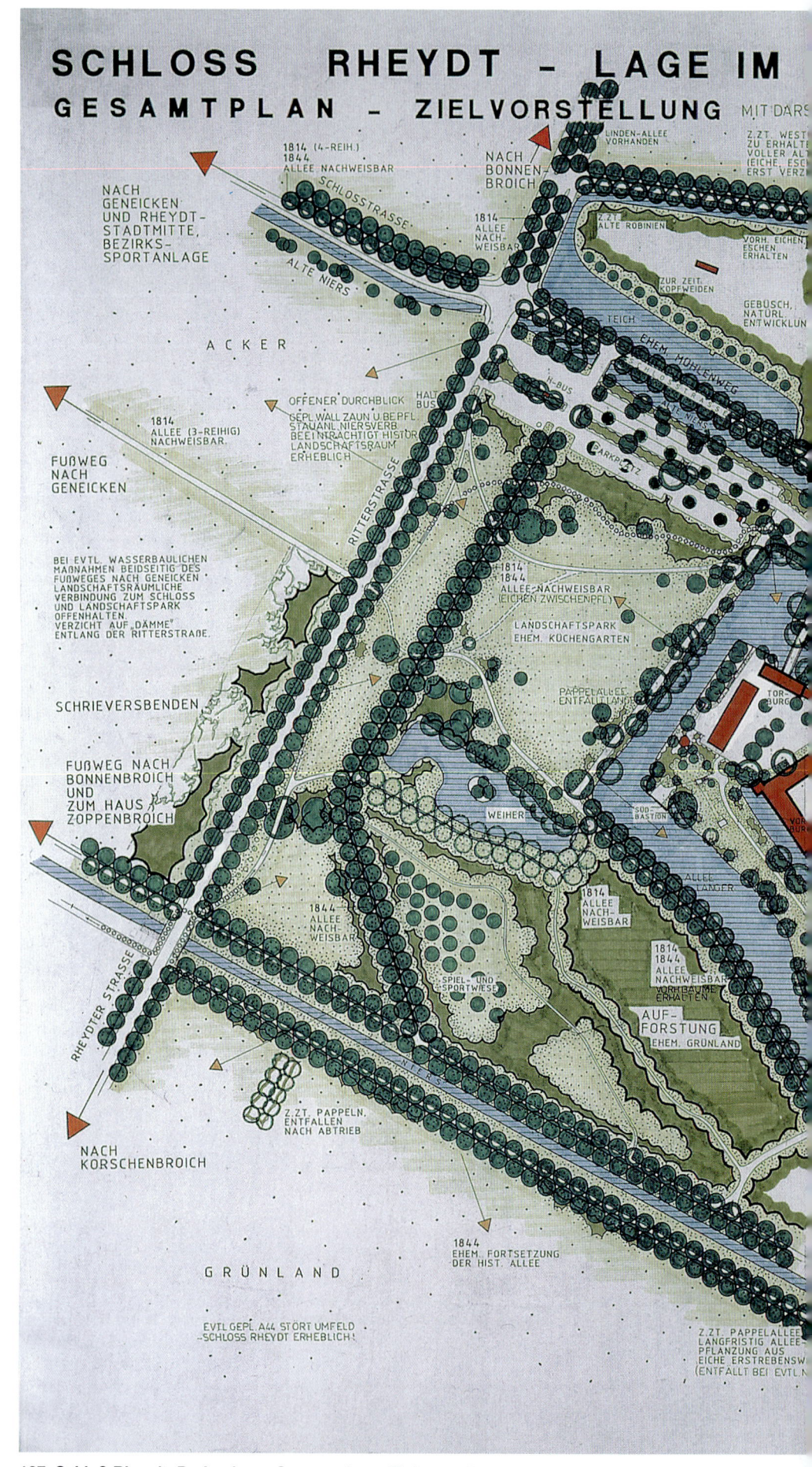

127 Schloß Rheydt, Parkanlage. Gesamtplan – Zielvorstellung

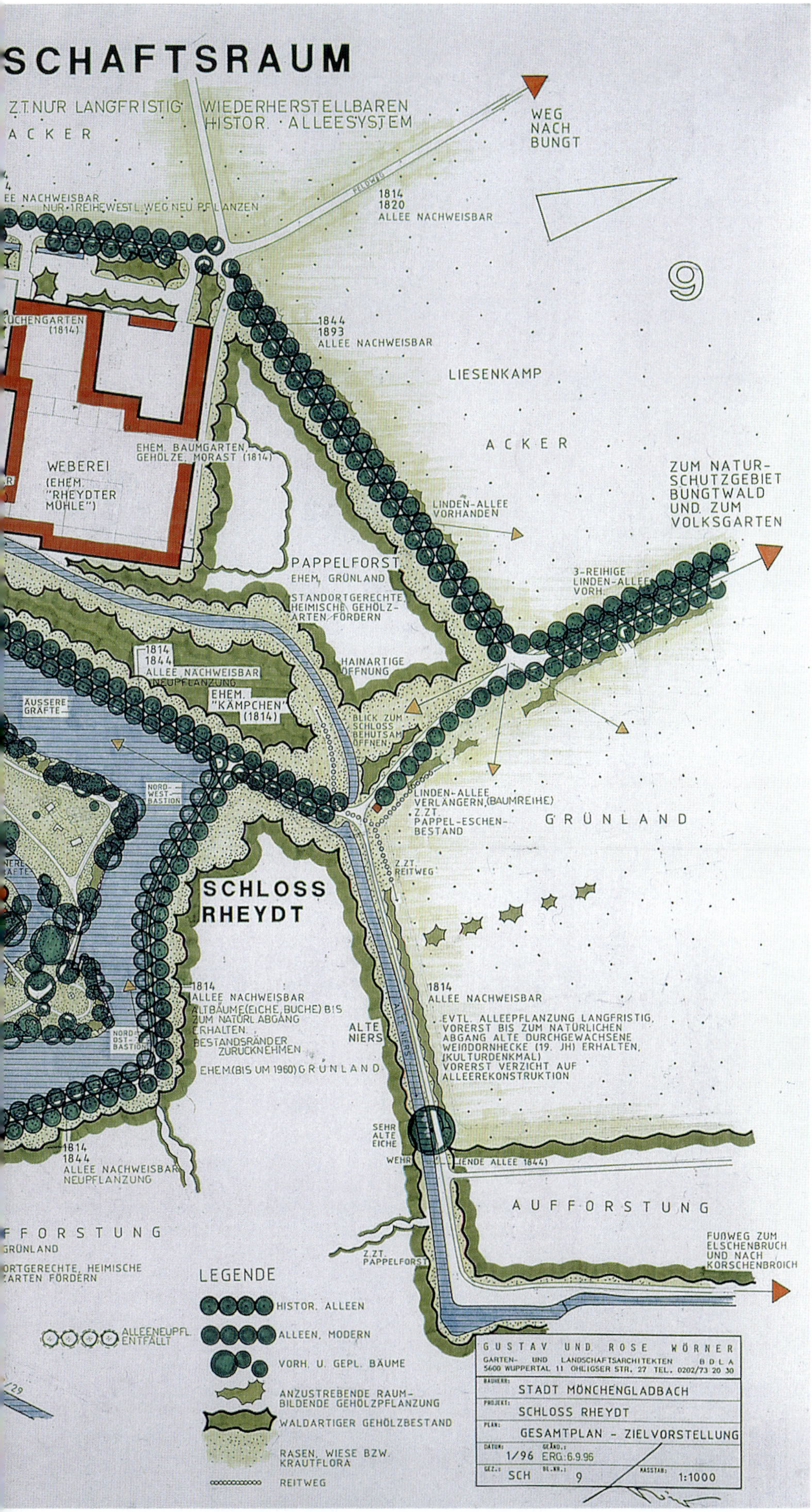
SCHAFTSRAUM
Z.T. NUR LANGFRISTIG WIEDERHERSTELLBAREN HISTOR. ALLEESYSTEM
ACKER
WEG NACH BUNGT
EE NACHWEISBAR
NUR 1REIHE WESTL. WEG NEU PFLANZEN
FELDWEG
1814
1820
ALLEE NACHWEISBAR
9
KÜCHENGARTEN (1814)
1844
1893
ALLEE NACHWEISBAR
LIESENKAMP
ACKER
EHEM. BAUMGARTEN, GEHÖLZE, MORAST (1814)
WEBEREI (EHEM. "RHEYDTER MÜHLE")
ZUM NATURSCHUTZGEBIET BUNGTWALD UND ZUM VOLKSGARTEN
LINDEN-ALLEE VORHANDEN
PAPPELFORST EHEM. GRÜNLAND
3-REIHIGE LINDEN-ALLEE VORH.
STANDORTGERECHTE HEIMISCHE GEHÖLZARTEN FÖRDERN
1814
1844
ALLEE NACHWEISBAR NEUPFLANZUNG
HAINARTIGE ÖFFNUNG
EHEM. "KÄMPCHEN" (1814)
ÄUSSERE GRÄFTE
BLICK ZUM SCHLOSS BEHUTSAM ÖFFNEN
NORD-WEST-BASTION
LINDEN-ALLEE VERLÄNGERN (BAUMREIHE)
Z.ZT. PAPPEL-ESCHEN-BESTAND
GRÜNLAND
Z.ZT. REITWEG
SCHLOSS RHEYDT
1814
ALLEE NACHWEISBAR
ALTBÄUME (EICHE, BUCHE) BIS ZUM NATÜRL. ABGANG ERHALTEN.
BESTANDSRÄNDER ZURÜCKNEHMEN
NORD-OST-BASTION
ALTE NIERS
1814
ALLEE NACHWEISBAR
EVTL. ALLEEPFLANZUNG LANGFRISTIG, VORERST BIS ZUM NATÜRLICHEN ABGANG ALTE DURCHGEWACHSENE WEIßDORNHECKE (19. JH) ERHALTEN. (KULTURDENKMAL) VORERST VERZICHT AUF ALLEEREKONSTRUKTION
EHEM. (BIS UM 1960) GRÜNLAND
SEHR ALTE EICHE
WEHR
1814
1844
ALLEE NACHWEISBAR NEUPFLANZUNG
AUFFORSTUNG
FFORSTUNG
GRÜNLAND
ORTGERECHTE, HEIMISCHE ARTEN FÖRDERN
Z.ZT. PAPPELFORST
FUßWEG ZUM ELSCHENBRUCH UND NACH KORSCHENBROICH
LEGENDE
HISTOR. ALLEEN
ALLEENEUPFL. ENTFÄLLT
ALLEEN, MODERN
VORH. U. GEPL. BÄUME
ANZUSTREBENDE RAUMBILDENDE GEHÖLZPFLANZUNG
WALDARTIGER GEHÖLZBESTAND
RASEN, WIESE BZW. KRAUTFLORA
REITWEG
GUSTAV UND ROSE WÖRNER
GARTEN- UND LANDSCHAFTSARCHITEKTEN BDLA
5600 WUPPERTAL 11 OHLIGSER STR. 27 TEL. 0202/73 20 30
STADT MÖNCHENGLADBACH
SCHLOSS RHEYDT
GESAMTPLAN - ZIELVORSTELLUNG
1/96 ERG.:6.9.96
SCH
9
1:1000

128 Blick aus südlicher Richtung auf die Schloßanlage in ihrem historischen Umfeld, Zustand 1957. Deutlich erkennbar die noch nicht aufgeforsteten, offenen Grünlandflächen außerhalb des Gräftensystems, blühende Altobstbäume auf den Bastionswällen, Baumbewuchs auf den Innenböschungen der Außengräfte sowie Reste von Alleepflanzungen außerhalb der Nord- und Ostgräfte

Schloß Rheydt mit seiner im wesentlichen in der 2. Hälfte des 16. Jahrhunderts entstandenen und bis heute weitgehend bewahrten großartigen Renaissance-Architektur – Vorläuferbauten sind seit dem 12. Jahrhundert in historischen Quellen nachweisbar – liegt in der Niers-Niederung östlich des Stadtzentrums Mönchengladbach-Rheydt.

Während ein heute nur noch in der Topografie stellenweise schwach erkennbarer Arm der „Alten Niers" südöstlich der Befestigungsanlage verläuft, parallel zur südöstlichen Außengräfte und zum heutigen „Weiher", der aus dem ehemals L-förmigen Außengraben des Küchengartens entstanden ist, bildet die in geringer Entfernung dazu leider kanalartig ausgebaute „Neue Niers" die Stadtgebietsgrenze zu Korschenbroich. In Karten des 19. Jahrhunderts als „Niers", seit dem Ausbau der „Neuen Niers" ebenfalls auch als „Alte Niers" wird der Nierslauf nordwestlich des Schlosses zwischen der westlichen Außengräfte und der ehemaligen Schloßmühle (seit 1865 Weberei) bezeichnet. Dieser Nierslauf mündet ca. 800 Meter weiter unterhalb in die „Neue Niers" ein. Die Schloßgräben, der Mühlenteich südlich der Weberei sowie der südlich gelegene Weiher im „Landschaftspark" des 20. Jahrhunderts, stehen mit der letztgenannten „Alten Niers" in Verbindung.

Der „Arkadenhof" des Herrenhauses sowie heute auch die „Wallanlagen" liegen ca. 3–4 m höher als das umliegende Gelände. Das Umland um die Außengräfte ist leider auf vier Seiten der fünfeckigen Befestigungs- und Bastionsanlage aufgeforstet worden. Es stellte ehemals ein durch Alleen erschlossenes, weitgehend als Grünland genutztes offenes Umfeld dar. Nur auf der fünften Seite im Südwesten, am westlichen Ufer der Außengräfte, an den der dem Schloß zugeordnete ehemalige Küchengartenbereich anschließt, befindet sich noch heute ein mit Einzelbäumen und Gehölzgruppen bestandenes offeneres Wiesengelände.

Schloß und Umgebung haben neben ihrem bau- und kulturhistorischen sowie dem heutigen kulturellen Wert als vielbesuchtes Museum auch eine große ökologische Bedeutung; der Schloßpark und sein Umfeld sind außerdem als Erholungsraum für die Stadtbevölkerung Mönchengladbachs und Rheydts von außerordentlicher Wichtigkeit.

Zur Geschichte

Das aus einer einfachen befestigten Anlage – ursprünglich aus einer „Motte" – entstandene Renaissanceschloß Rheydt mit seiner Innen- und Außengräfte und der dazwischen angelegten Befestigungsanlage mit Kasematten und Bastionen liegt inmitten der reizvollen und abwechslungsreich strukturierten, durch Kulturland (Wiesen- und Ackerflächen), Gehölzbewuchs, Gewässerläufe, Gräben und Teiche gegliederten niederrheinischen Bruchlandschaft der Niers – entsprechend seiner Entstehung aus strategischen Gründen an diesem Ort. Um 1100 nachweisbar, ist die Wasserburganlage mit ihren Befestigungen und jeweils zeitgenössisch veränderten Burghöfen, Umwallungen und am Rand gelegenen Gärten in mehr oder weniger gut bewahrten Strukturen oder Fragmenten erhalten geblieben.

Während die Schloß- und Befestigungsanlagen Otto von Bylandts (1552–1591) aus der zweiten Hälfte des

16. Jahrhunderts – vermutlich nach Plänen Maximilian Pasqualinis erbaut – ihre noch heute ablesbare eindrucksvolle Prägung und Gestaltung weitgehend beibehalten haben, sind die in dieser Zeit angelegten Schloßhöfe und Gärten heute entweder gar nicht mehr vorhanden, stark verändert oder nur noch in Resten bzw. in der Topografie erkennbar.

Im Gegensatz zu den Bauwerken, die zwar ebenfalls Einbußen erfuhren, ist vor allem bei den vegetativen Gestaltungsstrukturen von immer wieder erfolgten z.T. grundlegenden Umwandlungen und von Verlusten durch zeitbedingte Pflegevernachlässigungen, durch Umnutzungen bzw. Schleifen der Wälle oder durch altersbedingte Abgänge der Gehölze auszugehen.

Die Quellenlage, sowohl die Plan-, Bild- als auch Textquellen betreffend, ist hinsichtlich der historischen Gestaltung der Frei- und Gartenanlagen im Bereich des Schlosses Rheydt äußerst dürftig. Nur wenige Pläne und Darstellungen geben groben Aufschluß über die in den einzelnen Zeitepochen unterschiedliche Gestaltung. Jedoch ist auch hier, wie bei zahlreichen anderen Schlössern des Landadels am Niederrhein und in Westfalen, davon auszugehen, daß Nutzungsgesichtspunkte den wesentlichen Ausschlag bei der Anlage und Gliederung der Gärten gegeben haben. Während die Schloßhöfe – der ursprünglich wohl allseits von Gebäuden umgebene Hof am Herrenhaus („Arkadenhof") ebenso wie die Wirtschaftshöfe der ehemaligen Drei-Insel-Anlage auf der Vorburginsel und am Torhaus – vermutlich kaum gärtnerisch intensiver gestaltet, sondern wohl ursprünglich teilweise durch eine Backstein- oder Katzenkopfpflasterung bzw. Kiesschotterung befestigt waren (wie Grabungen an anderen Schlössern des Niederrheins ergeben haben), befanden sich umzäunte oder durch Hecken abgegrenzte Gartenanlagen nur jenseits der Außengräfte. So war in Rheydt der ehemalige „Küchengarten", durch einen besonderen zusätzlichen Graben umgeben, südlich bzw. südwestlich des Vorburg- und Torburggebäudes angelegt.

Eine dementsprechende, jedoch stark idealisierte und sehr schematische Darstellung ist bereits einer aquarellierten Federzeichnung zu einer Prozeßakte des ausgehenden 16. Jahrhunderts zu entnehmen (um 1594; Hauptstaatsarchiv Düsseldorf). Das rechteckige oder fast quadratische Gärtchen ist von einer hohen, am oberen Abschluß schießschartenähnlich geschnittenen Hecke umgeben, der Garten, mit einem Rondell als Mittelpunkt, kreuzförmig (diagonal) durch Wege erschlossen. Ob es sich dabei um ein „Lustgärtchen" im eigentlichen Sinn (wie Priemsch vermutet) oder eher um einen kombinierten Nutz- und Ziergarten (wohl ohne Broderien) mit möglicherweise wegebegleitenden Rabattenpflanzungen handelt, ist nicht sicher nachweisbar, allenfalls zu vermuten. Außerdem ist auf dem Plan im Anschluß daran – außerhalb des umgebenden Grabens – ein „Baumgarten" sowie eine auf drei Seiten von einem Flechtzaun eingefriedete Fläche, die auch noch auf Plänen des 19. Jahrhunderts als „Thiergarten" bezeichnet wird, dargestellt.

Weitere Baumpflanzungen sind westlich der Außengräfte sowie in stärker aufgelockerter Anordnung (kleinkroniger gezeichnet) auf dem Gelände der Wall- und

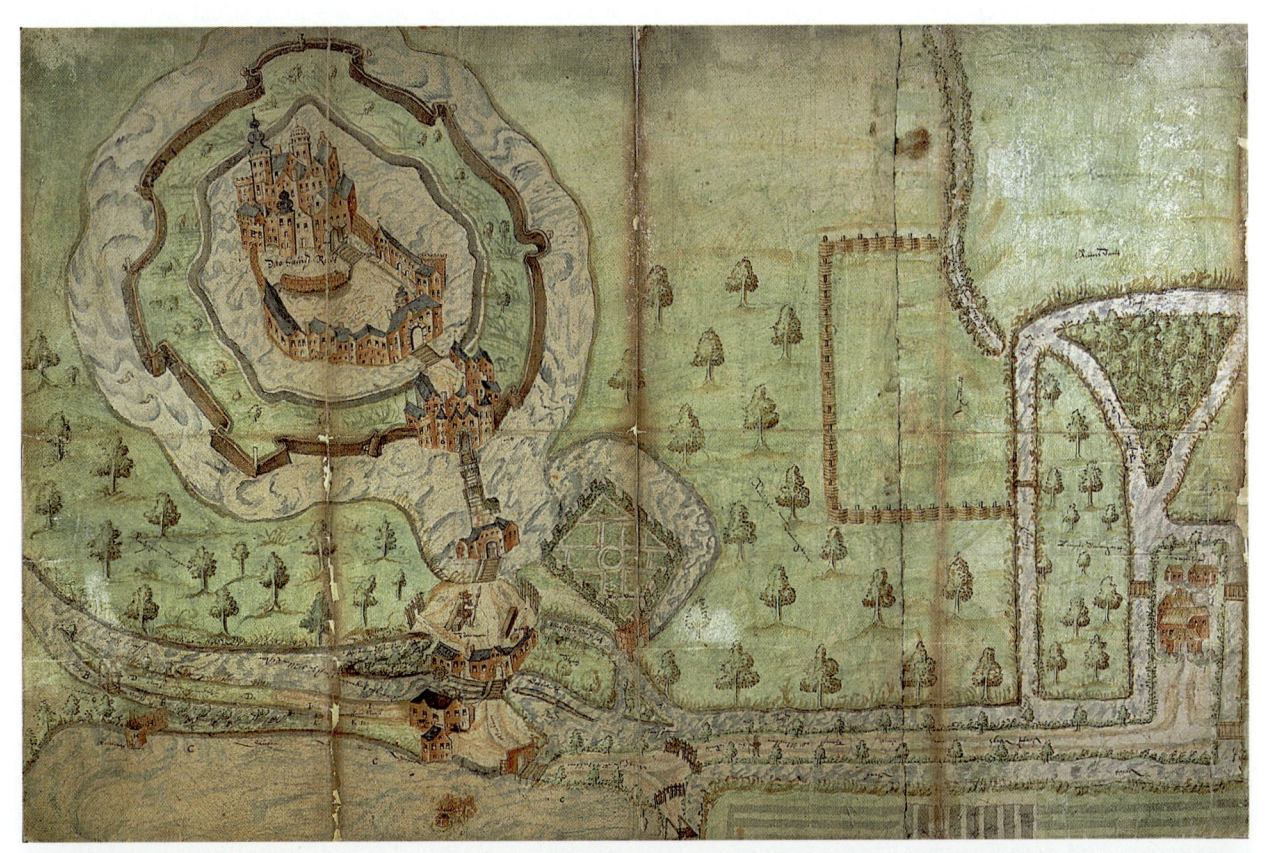

129 Aquarellierte Federzeichnung aus einer Prozeßakte des Reichskammergerichtes, um 1594. Die sehr ungenaue Darstellung zeigt jedoch die ungefähre Lage eines kleinen „Lustgartens" an der äußeren Torburg, Baumgärten und einen umzäunten Tiergarten außerhalb der Wall- und Grabenanlage um die Schloß- und Vorburginseln

Bastionsanlage zwischen Innen- und Außengräfte auf dem Plan ersichtlich.

Intensivere Obstbaumpflanzungen auf den Wällen sind allerdings später unter Florenz Otto Heinrich von Bylandt (ab 1684) nach dem „Abplanieren der Wälle" belegt, das er vornehmen ließ, nachdem diese ihrer eigentlichen Funktion als Wehranlage nur noch bedingt gerecht werden konnten.

Weitere Details zu den ehemals vorhandenen Gärten und zu den vor allem seit der 2. Hälfte des 19. Jahrhunderts erfolgten Anpflanzungen im Sinne des zeitgenössischen „späten Landschaftsgartens" sind auch aus den Plänen der 2. Hälfte des 19. Jahrhunderts nicht zu entnehmen. Jedoch geben die historischen Pläne der 1. Hälfte des 19. Jahrhunderts (vor allem die Pläne von 1814 und 1844) Auskunft über die frühere Nutzung der Flächen sowie über die angrenzenden Alleen und den jeweiligen Zustand der Gewässeranlagen des Schlosses, die zeitweise als ausgetrocknet, versumpft oder als Wiesen dargestellt wurden.

Als älteste noch vorhandene Allee ist auf dem Vogelschauplan von 1594 die Allee der Schloß-Straße westlich der „alten Niers", zu der der Burg vorgelagerten ehemaligen Schloßmühle und über eine Niersbrücke zur langen Zugbrücke vor dem Torhaus führend, dargestellt. Sie besteht heute – in fragmentarischer Form – aus Linden.

Weitere einzelne – ebenfalls alte – Alleebäume stehen in der „Eichenallee" im „Landschaftspark" nordöstlich der später zusätzlich als moderne Verkehrsstraße parallel zu ihr neu gebauten heutigen Ritterstraße. Die Eichenallee war ursprünglich – bis in unser Jahrhundert – auf der der Schloßanlage zugewandten Innenseite von einem breiten L-förmigen Graben begleitet, der den „Küchengarten" und das „anschließende Stück Land" auf den beiden Seiten abgrenzte, die nicht durch die Außengräfte und die Niers geschützt waren.

Auf dem Plan von 1814 sind außerdem, fast geschlossen umlaufend um die Außengräfte, Alleen dargestellt, ferner die sehr alte Allee zur Schloßmühle (heute Schloß-Straße) einschließlich einer Verbindung zur Torburg, sowie eine vier- und eine dreireihige Allee nach Süden und Verbindungsalleen zur Gliederung der Feldfluren und Wiesen nach Norden.

Die außerhalb des Grabensystems von Schloß Rheydt gelegenen Flächen waren weitgehend als Wiese („Bend") bzw. als „Bleiche" oder „Kuhlbend" (zum Verrotten von Flachs) ausgewiesen. Nur am östlichen Rand in Richtung Korschenbroich ist, wohl entlang des früheren Gewässerlaufes der „Alten Niers", geschlossener Gehölzbestand am „Korschenbroicher Broich" und am „Neersbroicher Falltor" eingetragen.

Gärten sind – wie bereits auf dem Plan von 1594 – südwestlich der Torburg dargestellt. Dabei handelt es sich mit großer Wahrscheinlichkeit um Nutzgärten von insgesamt fast 5 Morgen Größe (siehe Plan Nr. 1 des Gutachtens, nach dem „geometrischen Plan über das Schloß Rheydt von 1814 von Schloemes und Wirth"). Weitere Interpretationen zu den Planinhalten und zu den Gärten auf der Grundlage des – unzureichenden – Quellenmaterials sind dem Rheydter Jahrbuch Band 21 zu entnehmen, sie sollen nicht nochmals aufgeführt und gewertet werden, da sie für gartendenkmalpflegerische Maßnahmen nur eingeschränkte Hinweise geben. (Priemsch, 1994, S. 127–171).

Der Zustand und die Gestaltung der Schloßhöfe sowie der Wall- und Bastionsanlagen, durch mehrfachen Besitzerwechsel im 19. Jahrhundert immer wieder verändert, ist vor allem aus historischen Fotos der Jahrhundertwende ersichtlich. Durch Erbschaft ging das verwahrloste Schloß 1896 in den Besitz der Geschwister Rheinen über und wurde schließlich 1917 von der Stadt Rheydt und dem „Verein Volkswohl" übernommen.

Charakteristisch in dieser Zeit vor dem 1. Weltkrieg ist, wie die Fotos belegen, die zeittypische üppige gärtnerische Bepflanzung des einstigen Arkadenhofes mit Sträuchern, Blumen und Kübelpflanzen. Im Vorburghof ist zusätzlich zu den beiden bereits seit der Mitte des 19. Jahrhunderts vorhandenen Platanen seitlich der Brücke vor dem Herrenhaus die Neupflanzung einer Roßkastanie (um 1900) nachweisbar sowie die Pflanzung weiterer Bäume auf den Befestigungsanlagen (u. a. Blutbuchen, Roßkastanien, Lärchen und Walnuß) und die Errichtung der beiden heute nicht mehr vorhandenen Gartenpavillons im Bereich der Bastionsanlagen. Auf der Vorburgseite vor dem Herrenhaus befand sich – auf der zu dieser Zeit hier verfüllten Innengräfte – eine kleinere, durch Pflanzungen abgetrennte Gartenfläche, daran nach Südwesten anschließend auf dem Hof eine Pferdewiese. Die als Garten genutzte Schloßgräfte am Herrenhaus wurde ab 1919, ebenso wie die gesamte Außengräfte, im Zuge von „Notstandsarbeiten" wiederhergestellt.

Die im Vorburghof heute vorhandene Stützmauer ist erst in den dreißiger Jahren des 20. Jahrhunderts angelegt worden. Der Wall war, wie zumindest seit Ende des 17. Jahrhunderts nachweisbar, bis Anfang der sechziger Jahre unseres Jahrhunderts teilweise mit Obstbäumen bestanden.

Ein direkter Einfluß von im Rheinland tätigen Gartenkünstlern des 19. oder frühen 20. Jahrhunderts – so etwa von Maximilian Friedrich Weyhe – konnte bisher nicht nachgewiesen werden und ist im Schloßpark von Rheydt eher für Weyhe als unwahrscheinlich anzunehmen.

1919 erfolgten im Einvernehmen mit dem Provinzialkonservator Prof. Dr. Renard im Rahmen von Notstandsarbeiten größere Instandsetzungsarbeiten im Schloßumfeld, so die Wiederherstellung und Entschlammung der seit langem trocken gefallenen „Außengräfte" und von Teilen der „Innengräfte". Außerdem wurden der „Arkadenhof" als Rasenplatz sowie eine „Bootsanlegestelle auf dem Wall" östlich des Schlosses angelegt und Arbeiten an den „Bastionen und Kasematten" durchgeführt.

Nach einer nur zum Teil realisierten, auch denkmalpflegerisch bemerkenswerten, um 1940 durchgeführten großzügigen Planung des Vorburghofes von H. de Cleur sollte die Innengräfte vollständig – einschließlich der verfüllten Abschnitte nördlich der sogenannten „Turnierwiese" des Vorburghofes (auf dem später Theateraufführungen erfolgten) sowie westlich vor dem Vorburggebäude – entsprechend dem historischen Zustand – wieder freigelegt und in das Gräftensystem einbezogen werden. Realisiert wurde nur die Wiederherstellung des Abschnitts auf der Südostseite des Vorburggebäudes,

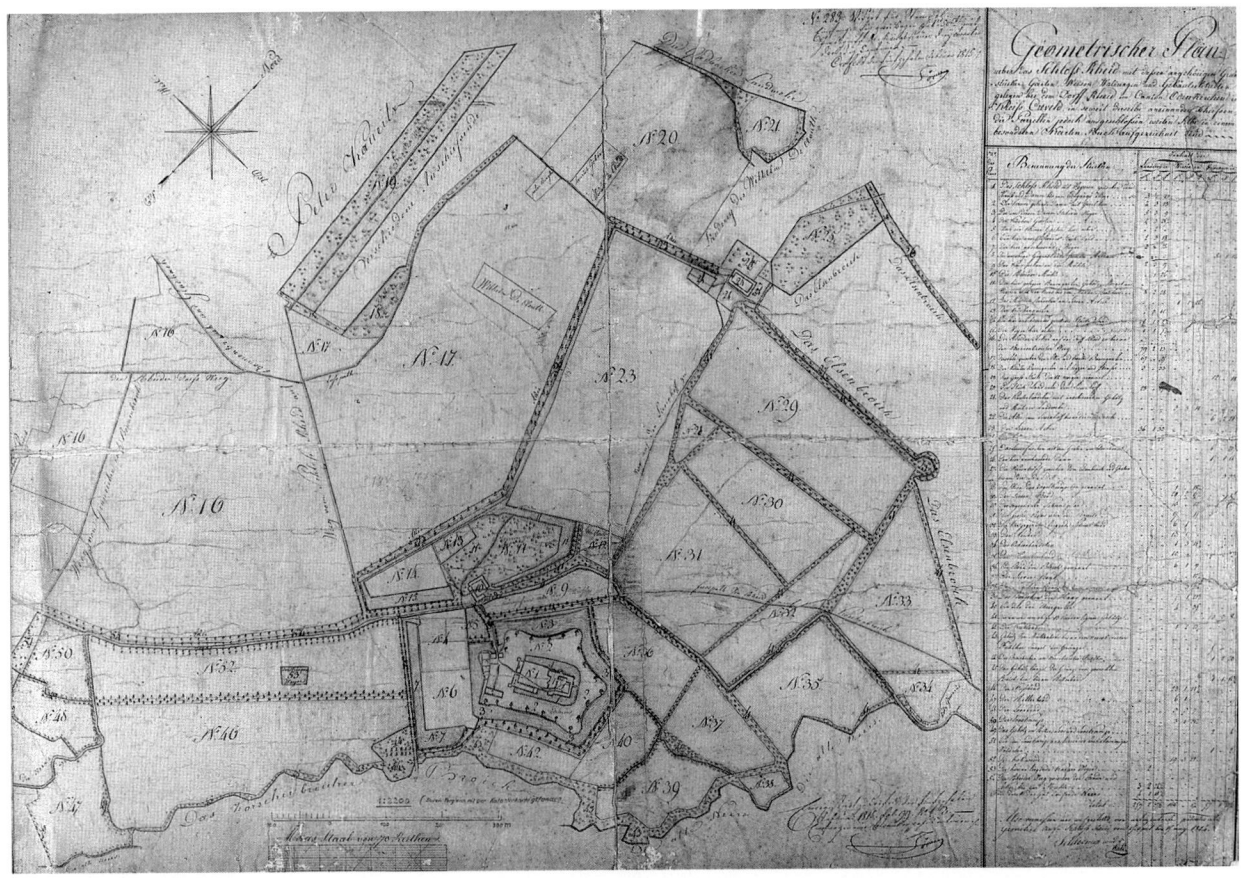

130 Geometrischer Plan von Schloß Rheydt und seiner Umgebung, 1814 aufgestellt von Schloemes und Wirth

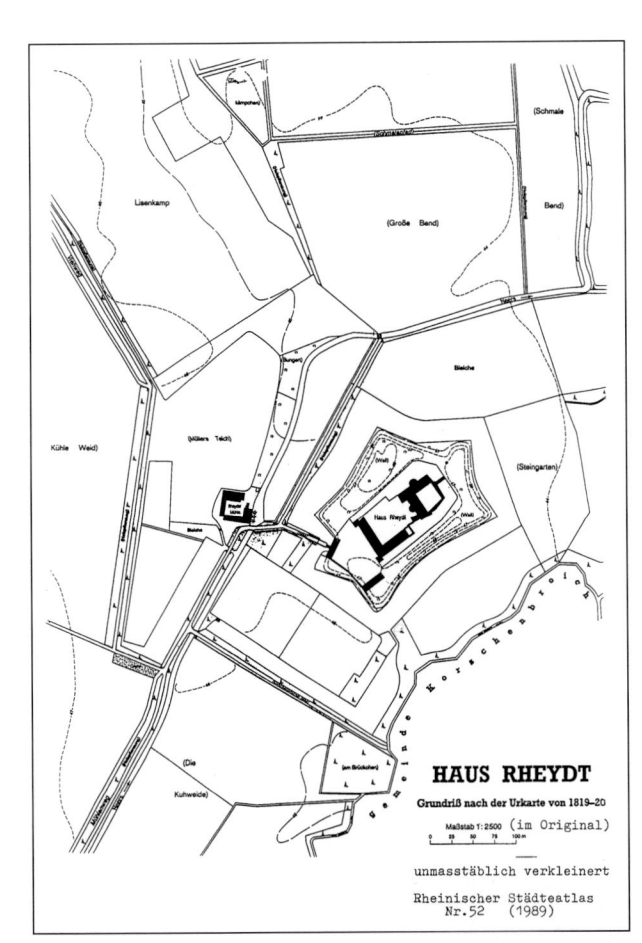

131 Schloß Rheydt, Grundriß nach der Urkarte von 1819-20 (Umzeichnung)

im Zusammenhang mit der erfolgten Sanierung des Bauwerks. Die ursprünglich baulich auf drei Seiten geschlossene Vorburganlage mit ihrem Wirtschaftshof hatte ihren nördlichen Flügel bereits im 17. Jahrhundert durch Kriegseinwirkungen verloren.

Die Außengräfte ist dagegen nach den stattgefundenen Entschlammungsmaßnahmen weitgehend – fast unverändert – in ihrem ursprünglichen Zustand erhalten geblieben.

Entsprechend der gartenhistorisch unbefriedigenden Quellenlage hinsichtlich der Außenanlagen kommt dem noch heute ablesbaren Befund und seiner Auswertung eine vorrangige Bedeutung zu. Intensiver gestaltete gärtnerische Anlagen scheinen auf allen drei Schloßinseln sowie auf dem umgebenden Wall, der direkt an den Torburghof angebunden ist, in früherer Zeit nicht vorhanden gewesen zu sein. Die Schloßhöfe und die Wallanlage waren ihrer Funktion entsprechend ausgebaut und befestigt. Die wohl ursprünglich ausschließlich mit Rasen möglichst unauffällig begrünten Befestigungs- und Bastionsanlagen des Walles wurden in ihrer Anlagezeit sicher von wildem Gehölzbewuchs freigehalten, wenn auch vermutlich locker gruppierte Obstbaumpflanzungen seit 1594, vor allem jedoch seit der Einplanierung der Wälle durch den Grafen Florenz Otto Heinrich von Bylandt gegen Ende des 17. Jahrhunderts, nachweisbar sind.

Einzelne Altbäume, wie Eichen, sind auf den Wällen und im Umfeld auf historischen Darstellungen um die Mitte des 19. Jahrhunderts bereits feststellbar. Infolge unterbliebener Pflege und entsprechend den Gestaltungstendenzen im Sinne romantischer Landschaftsparkvor-

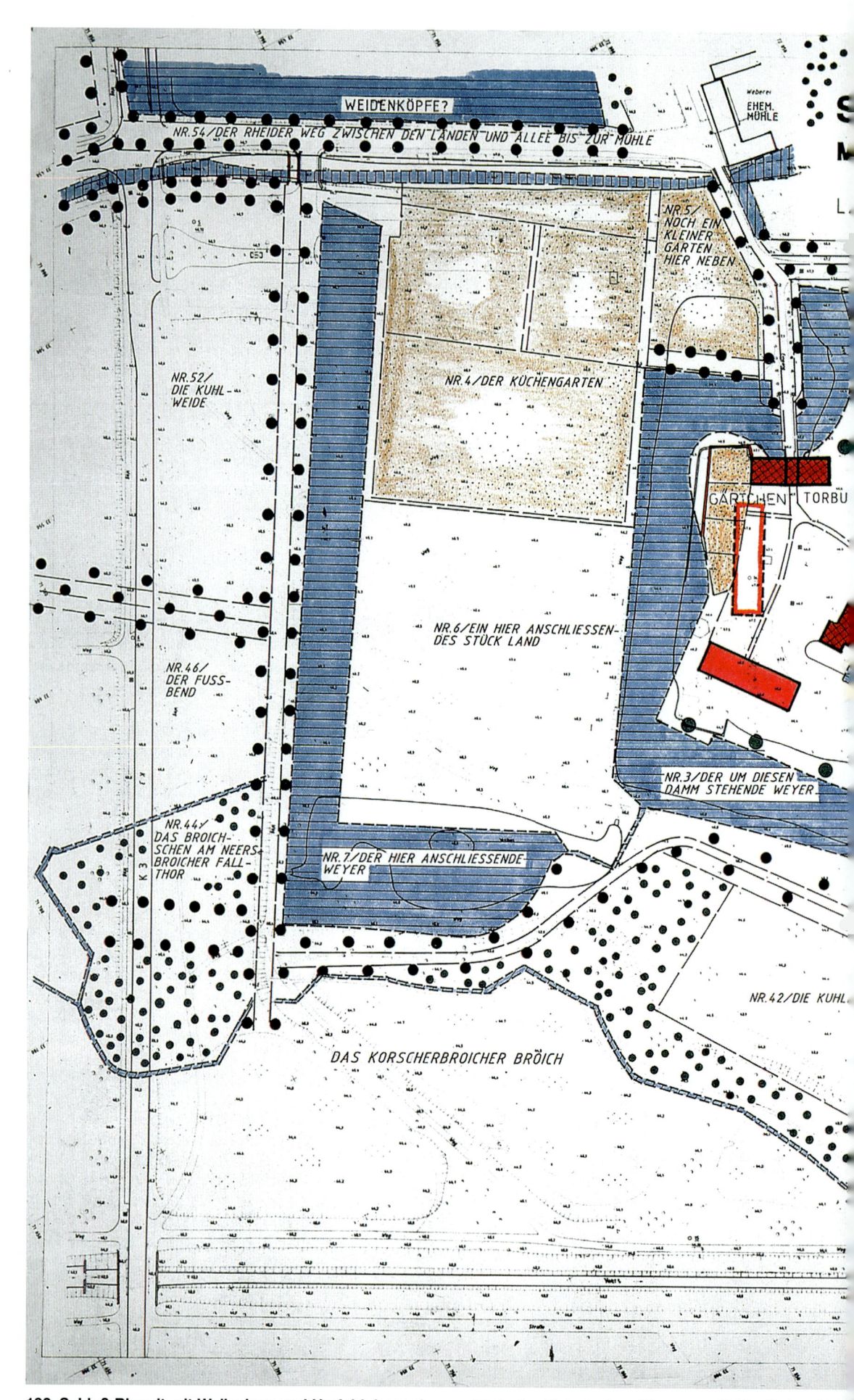

132 Schloß Rheydt mit Wallanlage und Umfeld. Lageplanvergleich des historischen Plans von 1814 mit dem Zus

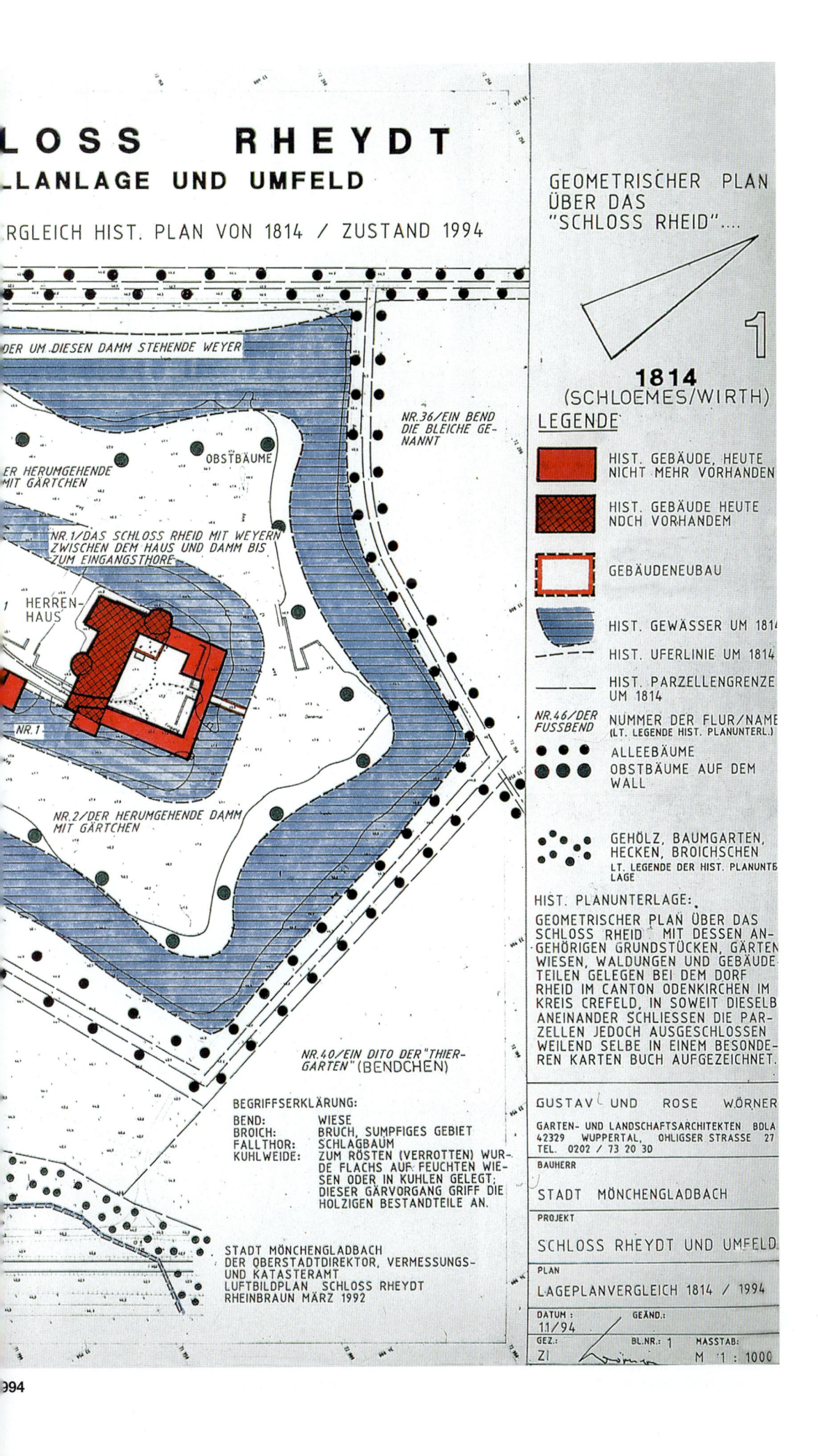

SCHLOSS RHEYDT
LLANLAGE UND UMFELD
RGLEICH HIST. PLAN VON 1814 / ZUSTAND 1994

DER UM DIESEN DAMM STEHENDE WEYER

NR.36/EIN BEND DIE BLEICHE GENANNT

OBSTBÄUME

ER HERUMGEHENDE MIT GÄRTCHEN

NR.1/DAS SCHLOSS RHEID MIT WEYERN ZWISCHEN DEM HAUS UND DAMM BIS ZUM EINGANGSTHORE

HERREN-HAUS

NR.1

NR.2/DER HERUMGEHENDE DAMM MIT GÄRTCHEN

NR.40/EIN DITO DER "THIERGARTEN" (BENDCHEN)

BEGRIFFSERKLÄRUNG:
BEND: WIESE
BROICH: BRUCH, SUMPFIGES GEBIET
FALLTHOR: SCHLAGBAUM
KUHLWEIDE: ZUM RÖSTEN (VERROTTEN) WURDE FLACHS AUF FEUCHTEN WIESEN ODER IN KUHLEN GELEGT; DIESER GÄRVORGANG GRIFF DIE HOLZIGEN BESTANDTEILE AN.

STADT MÖNCHENGLADBACH
DER OBERSTADTDIREKTOR, VERMESSUNGS- UND KATASTERAMT
LUFTBILDPLAN SCHLOSS RHEYDT
RHEINBRAUN MÄRZ 1992

GEOMETRISCHER PLAN ÜBER DAS "SCHLOSS RHEID"....

1

1814
(SCHLOEMES/WIRTH)

LEGENDE

- HIST. GEBÄUDE, HEUTE NICHT MEHR VORHANDEN
- HIST. GEBÄUDE HEUTE NOCH VORHANDEN
- GEBÄUDENEUBAU
- HIST. GEWÄSSER UM 1814
- HIST. UFERLINIE UM 1814
- HIST. PARZELLENGRENZE UM 1814
- NR.46/DER FUSSBEND   NUMMER DER FLUR/NAME (LT. LEGENDE HIST. PLANUNTERL.)
- ALLEEBÄUME
- OBSTBÄUME AUF DEM WALL
- GEHÖLZ, BAUMGARTEN, HECKEN, BROICHSCHEN LT. LEGENDE DER HIST. PLANUNTERLAGE

HIST. PLANUNTERLAGE:

GEOMETRISCHER PLAN ÜBER DAS SCHLOSS RHEID MIT DESSEN ANGEHÖRIGEN GRUNDSTÜCKEN, GÄRTEN, WIESEN, WALDUNGEN UND GEBÄUDETEILEN GELEGEN BEI DEM DORF RHEID IM CANTON ODENKIRCHEN IM KREIS CREFELD, IN SOWEIT DIESELB ANEINANDER SCHLIESSEN DIE PARZELLEN JEDOCH AUSGESCHLOSSEN WEILEND SELBE IN EINEM BESONDEREN KARTEN BUCH AUFGEZEICHNET.

GUSTAV UND ROSE WÖRNER
GARTEN- UND LANDSCHAFTSARCHITEKTEN BDLA
42329 WUPPERTAL, OHLIGSER STRASSE 27
TEL. 0202 / 73 20 30

BAUHERR: STADT MÖNCHENGLADBACH
PROJEKT: SCHLOSS RHEYDT UND UMFELD
PLAN: LAGEPLANVERGLEICH 1814 / 1994
DATUM: 11/94
GEZ: ZI
BL.NR.: 1
MASSTAB: M 1 : 1000

133 Arkadenhof mit zeitgenössischer intensiver Bepflanzung, Zustand nach 1900

134 Loggia am Arkadenhof. Üppige Ausstattung durch Topf- und Kübelpflanzen in der Zeit des Besitzes und deren Nutzung durch die Geschwister Rheinen, Foto 1913

135 Der Arkadenhof in späterer Zeit mit Rasenstück, Solitär- und Formbüschen sowie Hochstammrosen

136 Der „Garten" am Herrenhaus vor der Wiederherstellung der Innengräfte. Die davorliegende Wiesenfläche wurde zeitweise als Pflerdekoppel genutzt, Foto 1913

137 Südbastion und Wall zu Anfang der 20er Jahre nach der Teichentschlammung.
Im Hintergrund Schloßmühle sowie Baumreihen südlich der Außengräfte und am Weg zwischen Mühle und Torhaus

138 Arkadenhof mit Kiefer und Obstbaum (Kirsche?) nach Wiederherstellung der Innengräfte

stellungen dürfte sich aber vor allem seit der 2. Hälfte des 19. Jahrhunderts ein natürlicher Gehölzbestand insbesondere auf den Böschungen der Gräfte allmählich entwickelt haben, der zusätzlich bewußt durch parkmäßig erfolgte Anpflanzungen verstärkt wurde. Aus dieser Zeit, hauptsächlich seit der Jahrhundertwende, sind noch einzelne Altbäume erhalten geblieben. Insgesamt ist jedoch der heutige Gehölzbestand vorwiegend durch eine verstärkte Entwicklung von Sämlingsanflug des 20. Jahrhunderts inzwischen zu dicht geschlossen und behindert dementsprechend die erforderlichen vielfältigen Sichtbeziehungen und Durchblicke von und zum Schloß. Die Dominanz des Schlosses im Landschaftsraum wird heute hierdurch erheblich beeinträchtigt.

Das ursprünglich in einem weitgehend offenen Landschaftsraum der Niers-Niederung gelegene Schloß ist seit den sechziger Jahren unseres Jahrhunderts von z. T. standortuntypischen einförmigen Aufforstungen (meist aus Pappeln) umschlossen und dadurch heute kaum noch in der Kultur- und Gewässerlandschaft in seiner eindrucksvollen Architektur erlebbar. Nur im Süden ist ein in Teilabschnitten erst nach dem Krieg landschaftsparkähnlich gestalteter Bereich erhalten geblieben, dessen offener Landschaftsbezug neuerdings durch Planungen des Niersverbandes ebenfalls aktuell gefährdet erscheint. Ebenso würde der Bau der seit langem diskutierten Autobahn „A 44" südöstlich der Neuen Niers das landschaftliche Umfeld negativ beeinflussen. Von den ehemaligen historischen Alleen sind nur noch partiell Fragmente vorhanden.

Bewahrung und Wiederherstellung

Die gartendenkmalpflegerische Zielsetzung des Gutachtens zur Erhaltung und partiellen Wiederherstellung des Schloßparks und der Befestigungsanlage Rheydt geht grundsätzlich von der Bewahrung des historischen Befundes sowie der denkmalgemäßen Einbindung in das kulturlandschaftliche Umfeld aus. Dabei sind sowohl denkmalpflegerische als auch park- und landschaftsräumliche sowie nutzungsbezogene und ökologische Gesichtspunkte zu berücksichtigen.

Die Wallanlagen, die Schloßhöfe und der Park sollen in das Nutzungs- und Rundwegekonzept für Museumsbesucher einbezogen werden. Dementsprechend bleibt die vorhandene einfache Wegeerschließung innerhalb der Außengräfte, die erst seit 1956 auf den Plänen der Nachkriegszeit nachweisbar ist, mit Anbindung der zum Teil museal genutzten Kasematten erhalten. Die Befestigung der Wege erfolgt hier mit landschaftscharakteristischem wassergebundenem Kiesmaterial.

Die Topografie der Befestigungsanlage wird in Abstimmung mit der Bodendenkmalpflege nicht verändert, die Luft- und Einstiegsschächte der Kasematten sollen aus Nutzungsgründen durch gläserne Pyramiden in bewußt zeitgenössischer Form abgedeckt werden. Eine behutsame Auslichtung der Gehölzbestände und die Wiederherstellung von zahlreichen Blickbeziehungen und Sichtlinien auf die bauliche Anlage von Schloß Rheydt, die historischen Gewässer und in den umgebenden Landschaftsraum sind ebenso Ziel der erforderlichen Maßnahmen wie eine möglichst einfache, zurückhaltende, den Befestigungsanlagen gemäße Begrünung des Walles, die den ehemaligen Wehrcharakter der Anlage erkennen läßt. Dennoch bleiben wertvolle Baumbestände der natürlichen Entwicklung auf den Böschungen und bewußt gepflanzte Einzelbäume des 19. Jahrhunderts und der ersten Hälfte des 20. Jahrhunderts im Park erhalten. Sie prägen seit langem das Bild der Schloßanlage Rheydt und sind Teil der über Jahrhunderte erfolgten Veränderungen im Schloßbereich.

Ebenso wird eine langfristig angelegte Wiederherstellung sämtlicher historischer Alleen im Umfeld angestrebt sowie die Umwandlung der einförmigen Pappelforste der Nachkriegszeit in standortgerechte, möglichst mehrstufig locker aufzubauende Waldbestände mit buchtenreich ausgebildeten Waldsäumen und vorgelagerten, natürlich zu entwickelnden Gräser- und Kräutergesellschaften an ihren Rändern, die jährlich 1-mal nach der Samenreife gemäht werden sollen. Es wird vorgeschlagen, die Alleen, entsprechend dem heute nur noch teilweise feststellbaren historischen Zustand, aus Stieleiche bzw. aus Holländischer Linde (evtl. in der Selektion „Tilia pallida") zu ergänzen bzw. neu aufzupflanzen.

Im einzelnen sind in den entsprechend ihrer jeweiligen historischen Funktion vom 16. bis zum 20. Jahrhundert unterschiedlich gestalteten, später vielfach veränderten oder verwilderten Bereichen unter Einbeziehung des jeweiligen örtlichen Befundes, der historischen Quellen und der heutigen Nutzung folgende wesentliche Maßnahmen vorgesehen:

Im Bereich des **Zugangs zur Torburg** soll der seit den dreißiger Jahren entwickelte, heute vorhandene markante Baumbestand auf den Böschungen zunächst bewahrt bleiben. Langfristig könnte neben der Ergänzung der seitlich stehenden Hecken an eine Alleeneupflanzung aus Linden auf dem Damm gedacht werden, wie sie bis Ende der zwanziger Jahre noch vorhanden war. Wesentlich ist die Begrünung der Böschungen z. B. durch Efeu, Wildkräuter, Gräser und Farne sowie die Freistellung des Blicks auf die Westbastion und die Wallanlage.

Eine Freilegung der historischen Befestigungsanlage ist in enger Abstimmung mit der Bodendenkmalpflege nur eingeschränkt möglich, soweit die Originalsubstanz durch Witterungseinflüsse nicht gefährdet erscheint. Der Gehölzbewuchs in den Kasemattenbereichen konnte inzwischen weitgehend entfernt werden.

Der heute gepflasterte Hof zwischen den Tor- und Vorburggebäuden, der **„Torburghof"**, ist nachweislich erst seit der Jahrhundertwende hainartig mit Bäumen unterschiedlicher Art überstellt worden. Diese sollten ergänzt und z. T. mittelfristig erneuert werden.

Da eine wünschenswerte Wiederherstellung der Gräfte und der Zugbrücke vor der eindrucksvollen Südwestfassade der Vorburg derzeit nicht möglich erscheint, wird zur Andeutung des historischen, wehrhaften Zustandes zunächst eine muldenartige Vertiefung und Verbreiterung der entsprechenden Fläche vorgeschlagen, die vorerst mit Rasen eingesät werden sollte. Die dichte – hier unangebrachte – Eingrünung der historischen Architektur wurde bis auf eine Alteiche bereits weitgehend entfernt.

Die seit Ende des letzten Jahrhunderts zunächst vom Gutspächter betriebene Gartenwirtschaft (mit Milch-

139 Nicht realisierter Entwurf zur Gestaltung des Vorburghofes und zur Wiederherstellung der Innengräfte mit Zugbrücke. Bleistiftzeichnung von H. de Cleur, 1940

ausschank) wurde später in einen Gaststättenbetrieb im südwestlichen Flügel der Torburg umgewandelt. Nach einem Brandschaden wurden das gesamte Bauwerk sowie die an der Außengräfte eingerichteten Restaurantterrassen – unter Erhaltung der Lindenreihe – inzwischen wieder hergestellt. Störend wirkt leider die nachträglich eingefügte Teilüberdachung der Terrassen.

Der derzeit vom Pächter gewünschte Einbau einer Fontänenanlage in die historische Gräfte als „Attraktion" für die Restaurantbesucher ist denkmalpflegerisch unvertretbar und abzulehnen, ebenso wie die Aufstellung von mobilen Bauwerken zum zusätzlichen Ausschank auf dem Torburghof.

Während der **„Vorburghof"**, die sogenannte „Turnierwiese" zwischen Vorburg und Herrenhaus, weitgehend entsprechend der Gestaltung seit der Vorkriegszeit – unter Einfügung von Rasen-Sitzstufen unterhalb der seit den dreißiger Jahren eingefügten Stützmauer – wieder angelegt und die abgängige Kastanie ersetzt werden konnte, ist der **„Arkadenhof"** zwischen Herrenhaus und der umschließenden Innengräfte entsprechend seinem ursprünglichen historischen Zustand – heute für Freilicht- und Konzertaufführungen geeignet – als großzügig gestalteter bekiester Platz mit einer rahmenden Kieserlingumpflasterung wiederhergestellt worden.

Dabei blieb in Abstimmung mit der Bodendenkmalpflege der archäologische Befund der Fundamente der ehemaligen Randbebauung, die aus zeitlichen Gründen noch nicht freigelegt und erforscht werden konnten, unangetastet unter dem Pflaster- und Kiesbelag erhalten.

Die Standorte ehemals vorhandener schmaler Wirtschaftsgebäude anstelle des ursprünglich vierseitig geschlossen gedachten Innenhofes auf der Schloßinsel sind durch Vegetationsflächen am Rand ablesbar.

Die seitlich vorhandene markante Blutbuche vom Anfang des 20. Jahrhunderts steht in einer reizvollen Korrespondenz zu dem in moderner, zeitgenössischer Formensprache eingefügten gläsernen Treppenhausanbau des Herrenhauses (Architekt: von Lom).

Erhalten blieb außerdem eine efeuüberwachsene, alte romantische Torsituation an der Innengräfte. Von hier aus führt eine moderne Stahlbrücke (Architekt: von Lom) über die Gräfte zur Wallanlage. Früher befand sich hier ein einfacher Holzsteg, der sich besser in die landschaftliche Parksituation dieses Bereiches einfügte.

Sowohl der Vorburg- und der Arkadenhof werden durch die Aufstellung mobiler Kübelpflanzen gegliedert, die bei Veranstaltungen je nach Platzbedarf und Situation umgesetzt werden können.

Das entsprechend dem letzten historischen Zustand erst seit der Mitte unseres Jahrhunderts durch einen Rundweg erschlossene **„Wallsystem mit den Bastionsanlagen"**, das die Schloß- und die Vorburginsel umgibt, wird entsprechend dem ehemals wehrfähigen Charakter der Anlage in einfacher Form, ohne topografische und gestalterische Veränderungen, weitgehend durch Wildrasen begrünt und im Bereich der Bastionen und unterirdischen Kasematten von Gehölzbewuchs freigehalten. Die heute hier vorhandene Gehölzvegetation mußte aus denkmalpflegerischen Gründen entfernt werden. Dabei

140 Schloß Rheydt mit Wallanlage und Umfeld. Entwicklungsplan

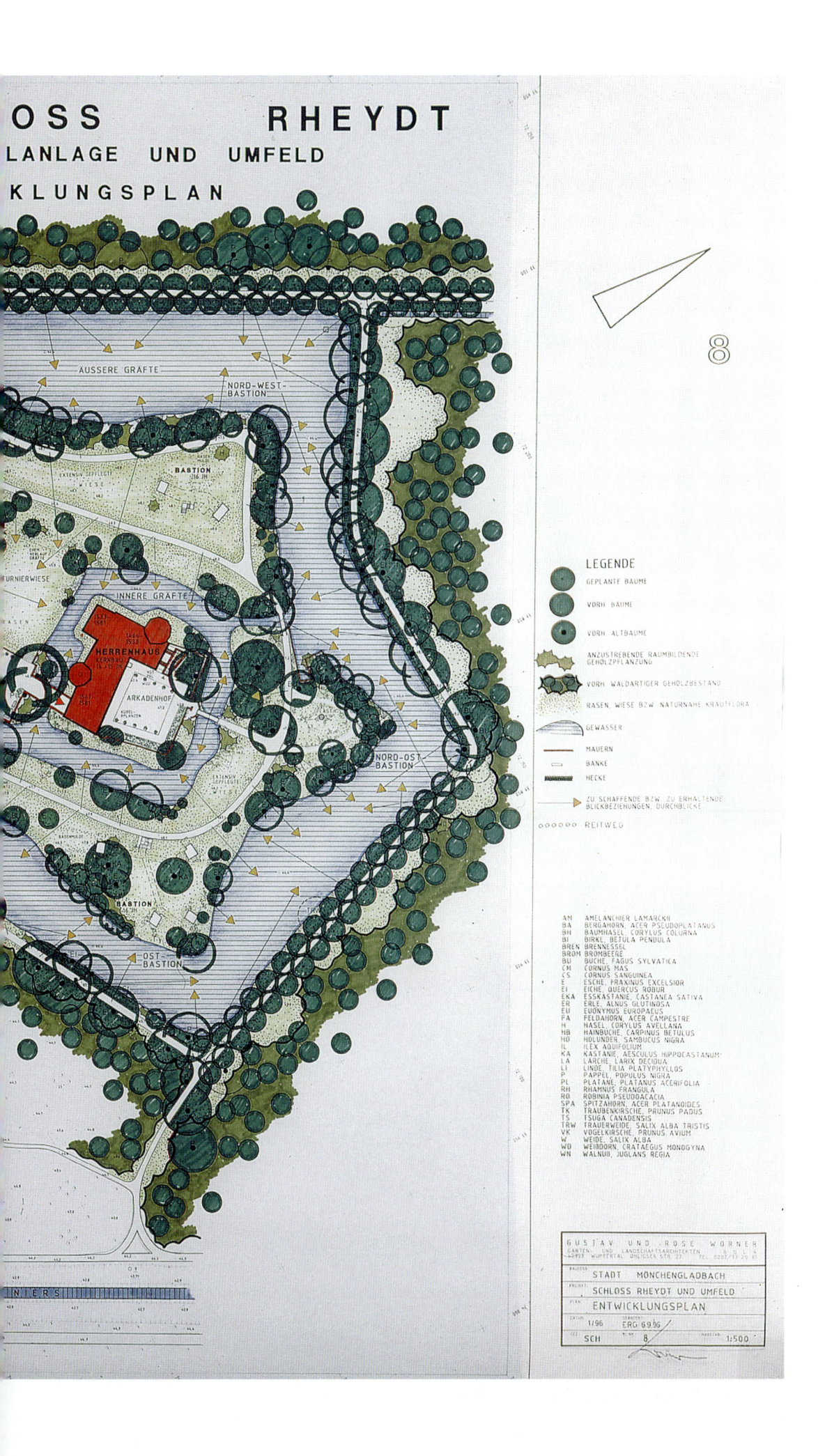

OSS RHEYDT
LANLAGE UND UMFELD
KLUNGSPLAN

141 Schloß Rheydt mit Wallanlage und Umfeld. Baumartenverteilung

SCHLOSS RHEYDT
...LANLAGE UND UMFELD
...ENVERTEILUNG

AUFFORSTUNG

ÄUSSERE GRÄFTE

BASTION

INNERE GRÄFTE

HERRENHAUS

BASTION

AUFFORSTUNG

LEGENDE
- EICHE
- ESCHE
- PAPPEL
- LINDE
- ERLE
- ROBINIE
- BUCHE
- HAINBUCHE
- BIRKE
- TRAUBENKIRSCHE
- VOGELKIRSCHE
- KASTANIE
- ESSKASTANIE
- SPITZAHORN
- BERGAHORN
- FELDAHORN
- TAXUS, EIBE
- BAUMHASEL
- PLATANE
- SORBUS, EBERESCHE
- WEIDE
- WEIDDORN
- WALNUSS
- LÄRCHE

GUSTAV UND ROSE WORNER
GARTEN- UND LANDSCHAFTSARCHITEKTEN BDLA
42329 WUPPERTAL OHLIGSER STR. 23 TEL 0202/73 20 30

BAUHERR: STADT MÖNCHENGLADBACH
PROJEKT: SCHLOSS RHEYDT UND UMFELD
PLAN: BAUMARTENVERTEILUNG
DATUM: 11/94
GEZ: SCH   PL. NR. 6   MASSTAB: 1:500

142 Lindenallee auf dem Wall westlich des Torhauses, deutlich erkennbar die Spuren eines früher erfolgten radikalen Rückschnitts, Foto 1929

143 Zugang zur Vorburginsel durch das Torhaus. Nach natürlichem Abgang des heute auf dem Damm vorhandenen Baumbewuchses des 20. Jh. könnte die vorher hier vorhandene Lindenallee wieder neu gepflanzt werden, Zustand 1994

144 Der seit dem 19. Jh. teilweise begrünte Vorburghof mit den Stützmauern der 30er Jahre und modernen Rasen-Sitzstufen, Zustand 1994

blieb der wertvolle, seit dem 19. Jahrhundert spontan entwickelte bzw. bewußt gepflanzte ältere Baumbestand weitgehend erhalten; er ist inzwischen jedoch hinsichtlich der erforderlichen freizuhaltenden Blickbeziehungen auf das Schloß und die Vorburgbauten entsprechend ausgelichtet worden.

Efeu und standortgerechte heimische Wildkräuter und -stauden, vor allem Frühlingsgeophythen und Zwiebelgewächse in standortgerechter Auswahl und naturnaher Zuordnung, werden zur Verwilderung in einzelnen Randbereichen der Anlage, besonders an der Nordost-, Ost- und Westbastion, zusätzlich zur Steigerung des jeweils jahreszeitlich differenzierten Erlebniswertes für die Museumsbesucher eingebracht.

Die begehbar wiederhergestellten heutigen Kasemattenzugänge und Lüftungsöffnungen der zukünftig museal genutzten Anlagen werden durch gläserne Pyramiden überdeckt und vor Witterungseinflüssen geschützt.

Einzelne am Weg und auf kleinen Platzausweitungen aufgestellte monolithische Bänke sowie sich in die Parksituation einfügende Holzbänke mit Lehnen in einfacher Form bieten die Möglichkeit zum beschaulichen Aufenthalt im Bereich der historischen Wallanlage. Insgesamt soll weitgehend auf „vergärtnernde", dem Charakter der Befestigungsanlage nicht entsprechende Maßnahmen verzichtet werden.

Alleen

Im näheren Umfeld der Schloßanlage und des Gräftensystems sind heute nur noch Reste des ehemals hier vorhandenen, spätestens seit Beginn des 19. Jahrhunderts fast geschlossenen Alleesystems anzutreffen. Die vielfach in letzter Zeit in Lücken zwischengepflanzten Alleebäume konnten sich in den meisten Fällen infolge unzureichender Lichtraumprofile und ungenügender Wachstumsbedingungen durch zu starke Verschattung nicht ausreichend entwickeln. Außerdem wurden die Bäume bisher bei Nachpflanzungen nicht fluchtgerecht in Reihen und in ungleichmäßigen Abständen gepflanzt. Während die noch vorhandenen Alleereste mit Altbaumbeständen von Rotbuche und Stieleiche im Norden und Südwesten der Außengräfte bis zum natürlichen Abgang erhalten bleiben sollen, sind sämtliche übrigen Alleen aus Bäumen einheitlicher guter Qualität mit geradem Leittrieb und gleichförmigem Kronenaufbau neu zu pflanzen bzw. zu ergänzen. Teilweise müssen abgängige ältere, die Neupflanzung beeinträchtigende Bäume, wie Altpappeln und Sämlingsanflug, zur Durchführung dieser Maßnahmen mittel- bis langfristig entfernt werden. Besonders wesentlich ist die notwendige Ergänzung der in Ost-West-Richtung, parallel zur heutigen Ritterstraße, verlaufenden alten „historischen Eichenallee" im sogenannten „Landschaftspark" südlich der Schloßanlage und ihre Fortführung bis zum Parkplatz. Ebenso wichtig ist die Verlängerung der besonders auf der Ostseite lückenhaften „Lindenallee" beidseits der „Schloßstraße", wie ursprünglich vorhanden bis zum Torburgdamm. Ihre Fortführung als Lindenallee bis zur Torburg kann jedoch erst langfristig nach Abgang des dort seit den dreißiger Jahren vorhandenen Baumbestandes, u.a. einer parkbestimmenden Trauerweide, einer Esche und einer Roßkastanie, erfolgen.

Die heutige Pappelallee entlang der Südgräfte, an die sich der sogenannte Landschaftspark (der ehemalige „Küchengarten") anschließt, soll nach allmählichem na-

145 Gepflasterte Brücke vom Vorhof zum Herrenhaus mit den beiden alten Platanen aus der Mitte des 19. Jh.

146 Der in seiner ursprünglichen Form als bekiester Platz mit seitlicher Katzenkopfpflasterung wiederhergestellte Arkadenhof mit mobiler Kübelbepflanzung, Zustand 1994

147 Die durch Gehölzbewuchs verdeckte Vorburg und Grabenanlage vor den erforderlichen Rodungsmaßnahmen. Blick von Süden, Zustand 1993

148 Blick über die von Gehölzbewuchs freigemachte Nord-West-Bastion auf den westlichen Außengraben im Winter. Die Freihaltung der Sichtbeziehungen auf das Schloß und die Befestigungsanlage bildet eine der wesentlichen Aufgaben der zukünftigen Parkpflege unter denkmalpflegerischen Gesichtspunkten, Zustand 1996

149 Blick von Norden über den Außengraben auf die heute stark bewachsene Wallanlage im Winter. Vordringlich ist die Öffnung von „Fenstern" auf die Gewässer- und Befestigungsanlage durch Beseitigung von Sämlingsanflug, Zustand 1996

150 Reste der ehemaligen Allee aus Rotbuche (und Eiche) des 19. Jh., die nach Abgang einheitlich entsprechend örtlichem Befund neu gepflanzt werden soll, Zustand 1996

türlichen Abgang entfallen. Diese Allee ist auf den historischen Plänen des 19. Jahrhunderts nicht nachweisbar. Der heute dort vorhandene Weg entlang der Außengräfte sollte von lockeren Baumgruppen, vorwiegend aus Eichen bestehend, begleitet werden. Der Bewuchs auf der Böschung der Außengräfte bleibt, bis auf Öffnungen für Einblicke auf das Gräftensystem und auf die Vorburg, zur Einbindung des Restaurantneubaus in das parkmäßig gestaltete Umfeld erhalten.

Landschaftspark

Aus den Resten des historischen, überkommenen Grabensystems, das früher die Garteninsel außerhalb der Außengräfte auf zwei Seiten L-förmig umschloß, wurde in den zwanziger Jahren in landschaftlichen Konturen der Teich am östlichen Rand des „Landschaftsparkes" mit einer Halbinsel im Südosten und einer Insel als Teichmitte neu gestaltet. Er ist in seinen Uferbereichen heute durch eine natürliche Gehölzentwicklung fast völlig eingewachsen und als wesentliches Gestaltungselement dieses Parkteils kaum noch wahrnehmbar. Dieser Bewuchs sollte vor allem im Süden und Osten zur besseren Einsehbarkeit stellenweise behutsam ausgeglichen werden, so daß die Sicht auf das Gewässer und die Ufer teiweise geöffnet wird. Ursprünglich war der Teich, wie schon ausgeführt, Bestandteil eines den „Küchengarten" und ein anschließendes „Stück Land" umschließenden, nach Westen im rechten Winkel verlängerten Grabensystems, parallel zur wiederherzustellenden Eichenallee.

Die den gesamten Wiesenraum des „Landschaftsparks" begleitenden Gehölzpflanzungen der sechziger Jahre sollten möglichst mehrstufig und buchtenreich ausgebildet und als den Parkraum begrenzende bzw. gliedernde Gehölzgruppen naturnah entwickelt werden. Der diagonal verlaufende, den offenen Parkwiesenraum zerschneidende heutige Abkürzungspfad muß aufgegeben werden.

Die Bewahrung und Herausarbeitung von reizvollen Blickbeziehungen aus dem „Landschaftspark" in das weitere Umfeld jenseits südlich der Ritterstraße und in die Niersaue ist auch zukünftig zu gewährleisten und darf nicht durch technisch konstruierte Einwallungen, störende Einzäunungen und den umgebenden Landschaftsraum abriegelnde Abpflanzungen, wie sie beim geplanten Bau eines Rückhaltesees durch den Niersverband in diesem Bereich bisher vorgesehen sind, grundlegend verändert werden. Das ohnehin durch geschlossene Aufforstungen im nahen Umfeld in der Nachkriegszeit stark beeinträchtigte Schloß Rheydt, noch in der ersten Hälfte unseres Jahrhunderts in der offenen Kulturlandschaft der Niersaue gelegen, darf nicht weiter landschaftsräumlich eingeengt und durch Verwallungen und Pflanzungen an ungeeigneter Stelle beeinträchtigt werden.

Das weitere Umfeld

Zur Behandlung der in der Nachkriegszeit erfolgten Aufforstungen, die heute nicht mehr rückgängig gemacht werden können, wird vorgeschlagen, bei den anstehenden Bestandsumwandlungen der in absehbarer Zeit hiebreifen Pappelforste einen möglichst mehrstufig naturnah zu entwickelnden und plenterwaldartig zu bewirtschaftenden standortgerechten Laubgehölzbestand mit reicher Strauch- und geschlossener Krautschicht – vor allem an den Bestandsrändern – aufzubauen. Hierbei ist besonders, wie mit der Forstverwaltung abgestimmt, auf ein ausreichendes Lichtraumprofil für die neu zu begründenden oder zu ergänzenden Alleen (zukünftig Stieleiche und Linde entsprechend historischem Befund) sowie auf die zusätzliche Zurücknahme der Bestandsränder besonders im Norden und Nordosten der Außengräfte zu achten. Im Rahmen dieser Maßnahmen ist eine buchtenreich auszubildende Bestandsbegrenzung anzustreben. Die Bestandsränder sollen aus einer neu zu entwickelnden Waldmantelgesellschaft aus Wildsträuchern und Bäumen 2. und 3. Ordnung (Hasel, Pfaffenhütchen, Liguster, Hartriegel, Wildrosen, Faulbaum, Weißdorn, Hainbuche, Eberesche, Traubenkirsche u. a.) bestehen und eine unregelmäßig breite Wildgräser- und Kräutervorfläche erhalten, die den ehemals offenen Charakter des Umfeldes zumindest andeutet. Die entsprechenden Randflächen sind jährlich einmal im Spätsommer nach der Samenreife zu mähen, um zukünftig eine Wiederbewaldung zu vermeiden.

Im Bereich der im Westen vorhandenen Parkplätze ist eine stärkere Überstellung durch Bäume vorzunehmen.

Auf die besonders wesentliche Wiederherstellung, Öffnung und Freihaltung der vielfältigen Blickbeziehungen sowohl auf die Vorburg und das Schloß, als auch von

151 Pappelpflanzungen als Allee und Aufforstung aus der Nachkriegszeit, die nach Abgang entsprechend der beabsichtigten Wiederherstellung des Schloßumfeldes auf der Grundlage des historischen Zustandes entfernt und als Eichenallee mit ausreichendem Lichtraumprofil neu gepflanzt werden sollen, Zustand 1996

152 Landschaftliche Situation südlich der heutigen Ritterstraße, parallel zur alten Korschenbroicher Eichenallee. Im Hintergrund Pappelpflanzungen an der kanalisierten Neuen Niers, Zustand 1996

hier aus in den umgebenden Landschaftsraum und auf noch ablesbare Strukturen der Befestigungsanlage Pasqualinis sei hier nochmals besonders verwiesen. Sichtlinien sind sowohl als Erlebniswert für die zahlreichen Besucher als auch aus denkmalpflegerischen und landschaftsräumlichen Gründen relevant.

Resümee

Als gartendenkmalpflegerisches Resümee soll festgehalten werden, daß es bei der Bearbeitung und Festlegung der zukünftigen Entwicklung und Bewahrung der Freiräume am bedeutenden „Gesamtkunstwerk Bau- und Gartendenkmal Schloß Rheydt" weniger auf die Wiederherstellung von z. T. seit Jahrhunderten nicht mehr vorhandenen Bauten und Freianlagen und von im eigentlichen Schloßbereich wohl auch früher kaum dagewesenen intensiver gestalteten Gartenanlagen ankommt, als auf die Bewahrung und zukünftige Sicherung wesentlicher topografischer, baulicher, landschafts- und parkräumlicher Strukturen, die sich bis in die Nachkriegszeit – immer wieder in Teilen verändert – als Befund oder in Spuren erhalten haben. Die Vorschläge wurden in einer sehr intensiven und kooperativen Zusammenarbeit sowohl mit der Museumsleitung als auch mit sämtlichen beteiligten städtischen Behörden und politischen Gremien sowie mit dem Landeskonservator und der Bodendenkmalpflege diskutiert. Sie werden von allen fachlichen und politischen Gremien gemeinsam uneingeschränkt getragen.

Neben den heute parkmässig gestalteten Bereichen – die z.T. aus natürlich entwickelten Gehölzbeständen und z.T. aus den Gestaltungsintentionen des „späten Landschaftsparks" und neuerer Gestaltungsabsichten hervorgingen – gilt es, die ehemals offenen, durch Rasen begrünten Befestigungsanlagen mit ihren Resten an Mauerwerk und ehemaligen freien Schußfeldern offen und sichtbar zu erhalten als auch die historischen Gewässerstrukturen zu bewahren.

Wünschenswert wäre langfristig, entsprechend dem historischen Zustand, eine zumindest durch eine Ausmuldung wieder anzudeutende Sichtbarmachung des ehemaligen Grabenverlaufs westlich und nördlich des Vorburggebäudes. Ebenso erstrebenswert wäre eine Andeutung des historischen Grabens in der Topografie nördlich der Eichenallee im Landschaftspark, die heute jedoch – wegen der zu erwartenden Probleme mit dem Alteichenbestand – noch nicht möglich ist.

Vorwiegend aus Nutzungsgründen erforderlich erschien die Überarbeitung der sogenannten „Turnierwiese", des ehemaligen Wirtschaftshofes auf der Vorburginsel, für kulturelle Veranstaltungen des Museums, ebenso wie des im Sinne der ursprünglichen Gestaltung in einfachster Form wiederhergestellten „Arkadenhofes" auf der Schloßinsel durch eine von Katzenkopfpflaster umgebene wassergebundene Decke.

Die Anfügung eines modernen gläsernen Treppenturms an das Herrenhaus aus denkmalpflegerischen Gründen – hierdurch konnte die historische Treppenanlage des 18. Jahrhunderts im Schloß bewahrt bleiben – ist durch den besonders sorgfältigen Umgang mit einer benachbarten mächtigen Blutbuche aus dem Anfang dieses Jahrhunderts hervorragend gelungen. Der Baum bildet einen vegetativen Schwerpunkt und Gegensatz zu der konstruktiv wirkenden architektonischen Gestaltung des neuen zeitgenössischen Bauwerks aus Stahl und Glas und bindet dieses versöhnend in das Gesamtgefüge des Parkes ein.

Ebenso ist die Bewahrung einer schon seit der Jahrhundertwende mit altem Baumefeu überwachsenen gemauerten Toranlage an der Brücke über die den Schloßhof im Osten begrenzende Innengräfte zur Wallanlage gelungen. Sie bildet ein grünes „Portal" beim Betreten des Arkadenhofes mit der durch die Renaissanceformen der Loggia des Herrenhauses eindrucksvoll gestalteten Schloßfassade.

Der „Torburghof" mit Museumsverwaltung und Schloßrestaurant soll im Sinne der Jahrhundertwende mit seinem hainartig überstellten und entsprechend zu ergänzenden Altbaumbestand als gepflasterter Hof erhalten bleiben.

Auf dem ehemaligen Befestigungssystem des Walles sowie vor allem südlich der Schloßanlage ist der weitgehend erst in unserem Jahrhundert entstandene landschaftsparkartige Aspekt mit seinen vielfältigen Parkräumen und Blickbeziehungen wieder stärker herauszuarbeiten; stellenweise sind diese Gartenteile behutsam von Aufforstungen und Wildwuchs, auch unter Berücksichtigung ökologischer Gesichtspunkte, zu befreien. Ebenso sollte die allmähliche gesamte Wiederherstellung des historischen Alleesystems langfristig angestrebt werden.

Das Schloß Rheydt mit seinem Umfeld bildet einen herausragenden, für die Erholungsnutzung wichtigen Schwerpunkt in der niederrheinischen Kulturlandschaft. Dieses Kleinod als Gesamtkunstwerk in seinen Grundzügen und wesentlichen Strukturen im Landschaftsraum der Niers-Niederung zukünftig zu bewahren, ist das Ziel der Vorschläge des gartenhistorischen Gutachtens sowie sämtlicher bereits erfolgter oder noch durchzuführender Maßnahmen. Die Einbeziehung der Anlage in den Rahmen einer vorbildlich und engagiert betriebenen Museumsnutzung stellt einen besonderen Glücksfall dar und schließt das Gebot zur Erhaltung des Schloßparks Rheydt auf der Grundlage der gartendenkmalpflegerischen Konzeption ein.

Literatur

Georg Dehio. Handbuch der Deutschen Kunstdenkmäler, Nordrhein-Westfalen, 1. Band Rheinland, Bearb. von Ruth Schmitz-Ehmke, München – Berlin 1967, S. 553–554.

Dorothea Herkenrath. Schloß Rheydt. In: Rheydter Jahrbuch für Geschichte, Kunst und Heimatkunde, 4, 1961, S. 1–156.

Udo Mainzer. Das Glashaus von Schloß Rheydt. In: Denkmalpflege im Rheinland, 11, 1994, S. 151–154.

Stadt, Mönchengladbach. Baudenkmalbegründung Schloß Rheydt einschließlich Parkanlage und Außengräfte (Untere Denkmalbehörde, Eintragung in die Denkmalliste am 6.8.1990).

Kurt Pieper. Die Verteidigungsanlagen von Schloß Rheydt. In: Rheydter Jahrbuch, 19, 1991, S. 165–171.

Petra Priemsch. Die Gartengeschichte von Schloß Rheydt. In: Rheydter Jahrbuch, 1994, S. 127–171.

Klaus-Ludwig Thiel. Schloß Rheydt – eine Würdigung aus denkmalpflegerischer Sicht. In: Rheydter Jahrbuch, 1994, S. 121–126.

Gustav und Rose Wörner. Der Schloßpark Rheydt. Gartendenkmalpflegerisches Gutachten zu seiner Erhaltung und Wiederherstellung. Im Auftrag der Stadt Mönchengladbach, Wuppertal, 1996.

153 Schloß Rheydt, Renaissance-Arkade, um 1580

Schloß Rheydt - ein Museum?

Carsten Sternberg

Ein Leserbriefschreiber stellte dies als Vorwurf in den Raum – kurz nach der Wiedereröffnung im Sommer 1994. Der Museumsdirektor war entsetzt, hatte er doch bis dahin geglaubt, daß Schloß Rheydt seit 1923 das kultur- und kunstgeschichtliche Museum der Stadt Rheydt bzw. der Gesamtstadt Mönchengladbach sei. Später hatte er noch häufig enttäuschte Besucher angetroffen, die das möblierte Renaissance-Schloß verlorengegangen glaubten und das modern gestaltete Museum in der historischen Architektur nicht akzeptieren mochten.

Wie kann es zu einem derartigen Auseinanderklaffen von Erwartungen und Realität kommen? Ein Blick in die Geschichte des Schlosses mag einiges erklären: Der mittelalterliche Wehrbau, in mehreren Bauphasen seine Gestalt und seine Größe wechselnd, war in der 2. Hälfte des 16. Jahrhunderts durch Otto von Bylandt (1525–1591) in ein repräsentatives und wohnliches Renaissance-Schloß umgewandelt worden (Abb. 153). Möglicherweise hat die Einrichtung in Aufwand und Stil der architektonischen Hülle entsprochen. Zumindest sind aus einer Abfallgrube Fragmente von kostbaren Gläsern und Keramiken zutagegetreten, die den Schluß nahelegen, daß ein höfisch zu nennender Lebensstil im Schloß Rheydt gepflegt wurde. Darüber hinaus ist über Einrichtungsgegenstände, wie Möbel, Bilder etc. nichts bekannt. Wie sich die Verhältnisse im 17. und 18. Jahrhundert entwickelten, ist ebenfalls unbekannt. Schloß Rheydt ging nach der Schleifung seiner Festungsanlagen im Jahre 1623 in den Besitz von Rolman von Bylandt über, nachdem sich zuvor drei Parteien jahrzehntelang um das Anwesen gestritten hatten. Rolman war Herr auf Spaldorf. Ob er in Rheydt tatsächlich ansässig war, ist unklar. Ab 1701 erbt eine andere Linie – die Bylandt-Schwarzenbergs – das Schloß und die Herrschaft. Letzter Sproß der Familie ist Carl Kaspar von Bylandt (Abb. 154), der als Kanoniker kinderlos starb, als im Jahre 1794 die französischen Revolutionstruppen den Niederrhein besetzten. Es ist eigentlich kaum vorstellbar, daß bei derart wechselnden Besitzverhältnissen eine Schloßmöblierung von stilistischer Geschlossenheit über die Jahrhunderte kommen konnte. Jeder der Besitzer wird etwas hinzugefügt haben oder Überkommenes entfernt haben. Gegen Ende der Bylandt-Ära scheint der Wohlstand durch Familienprozesse stark gemindert zu sein. Das Testament des Arnold Christoph offenbart bescheidene Verhältnisse, wie Wolfgang Löhr schreibt. Der letzte Bylandt bedenkt schließlich im Testament seine Haushälterin, seine Diener und den Schloßkaplan mit kleineren Geldbeträgen, ebenso wie die katholische Kirche von Rheydt und die katholische Schule. Reichtümer sind es nicht gewesen, die zur Disposition standen. Nach dem Erlöschen der Bylandt-Dynastie auf Schloß Rheydt ging dieses zunächst auf die Neffen von Hompesch und Raitz von

154 Carl Kaspar von Bylandt (1712–1794), der letzte Bewohner von Schloß Rheydt aus der Bylandt-Dynastie

Frentz über, 1851 wurde das Schloß an die Geschwister Pauls verkauft, 1894 an die Geschwister Rheinen vererbt (Abb. 155). 1917 erwerben die Stadt Rheydt und der Verein Volkswohl Schloß Rheydt (Abb. 156). Über etwa noch vorhandene Einrichtungsgegenstände wird nichts erwähnt. 1923 wird das Städtische Museum Rheydt aus seinem damaligen Domizil in der Mühlenstraße nach Schloß Rheydt überführt. Ab 1939 wird Schloß Rheydt unter der planerischen Leitung des Düsseldorfer Architekten Prof. Fahrenkamp mit der Absicht saniert, den aus Rheydt stammenden Propagandaminister des Dritten Reiches, Joseph Goebbels, an seine Heimatstadt zu binden. Die dafür notwendige Haushaltsstelle im städtischen Etat ist bezeichnet: „Instandsetzung und Einrichtung des Rheydter Schlosses". Ein Inventarverzeichnis „Museum" aus dem Jahr 1946 listet auf, was nach Kriegsende im Schloß vorhanden war. Unter der Rubrik VII „Antike Möbel" findet sich zweimal der Vermerk „alter Schloßbesitz": „großer Schrank Renaissance, Rittersaal" und „Biedermeier-Zimmer". Für unsere Überlegungen scheidet das Letztere aus, da es aus der Ära nach den Bylandts stammt. So scheint

155 Die letzten bürgerlichen Besitzer von Schloß Rheydt in einer Aufnahme aus der Zeit vor dem ersten Weltkrieg

aus der alten Schloßeinrichtung einzig der Renaissance-Schrank im 20. Jahrhundert noch übrig geblieben. Er ist jedoch wegen der dürftigen Kennzeichnung heute nicht mehr identifizierbar.

Alte Schlösser sind quasi Fenster in die Geschichte. Ein Stück historischer Realität hat sich mit ihnen in die Gegenwart gerettet. Sie vermitteln einen unmittelbaren und daher authentischen Eindruck vom Leben der Menschen – oder zumindest einiger weniger, in ihrer Zeit an der Spitze der Gesellschaftspyramide stehender Persönlichkeiten. Ähnlich wie heute bei Stars oder VIP's will man gern einen Blick in ihre private Welt tun; von der Neugier, einmal durch's Schlüsselloch blicken zu dürfen, um zu sehen, wie es denn bei Ludwig II. oder Ludwig XIV zu Hause aussah, können wir uns alle nicht freisprechen. Bei historischen Persönlichkeiten legitimiert der damit verbundene Bildungseffekt die Indezenz. Daher gehört zu einem Schloß, wenn es denn ein solches sein will, auch die Einrichtung, im optimalen Falle diejenige aus der Zeit seiner berühmtesten Bewohner. Auf Schloß Rheydt bezogen, wäre dies die Epoche des Otto von Bylandt, der dem Schloß zwischen 1560 und 1590 seine heutige Gestalt gab, die späte Renaissance.

Gäbe es einen Begriff, der ähnlich wie „Weserrenaissance", die regionale Ausprägung eines Stils benennt, so müßte er – auf unsere Region bezogen – „Rheinische Renaissance" heißen. Zwar hatte das Rheinland in der zweiten Hälfte des 16. Jh. unter den Truchsessischen Kriegen zu leiden, in denen sich schon die Kathastrophe des 30jährigen Krieges ankündigte. Viel Kraft zu kultureller Blüte blieb nicht übrig. Dennoch manifestiert sich die Epoche in einigen herausragenden Leistungen. Im Bereich der Architektur kann eine rheinische Ausprä-

156 Schloß Rheydt wird 1917 öffentlicher Besitz. Originalpostkarte

157 Museum Schloß Rheydt. Melchior von Rheydt, Überbauschrank mit Bildintarsien nach Grafiken des Hendrick Goltzius (Judith und Holofernes), entstanden in Köln um 1590/1600

158 Festtafel im Rittersaal. Entworfen und hergestellt im Zuge des Umbaus von Schloß Rheydt für Joseph Goebbels, 1940

gung der Renaissance an Bauten wie dem Kölner Rathaus, dem Düsseldorfer Schloß, dem Jülicher Schloß und natürlich Schloß Rheydt beschrieben werden. Die Malerei fand in Hans von Aachen und seinem Umkreis einen Höhepunkt, in der Grafik wäre der in Brüggen gebürtige Hendrik Goltzius zu nennen, wiewohl er in Den Haag wirkte. Die Möbelkunst wird in Köln durch Melchior von Rheydt (Abb. 157) zu einem artistischen Niveau entwickelt. Gerhard Mercator erreicht in der jungen Universitätsstadt Duisburg bahnbrechendes; der Humanist Conrad von Heresbach wirkt in Kleve. Ob sich von diesem Spektrum eines facettenreichen rheinischen Kunst- und Geisteslebens im Schloß Rheydt des politisch rege handelnden Otto von Bylandt das eine oder andere widergespiegelt hat, wissen wir nicht. Es ist immerhin denkbar, daß die herausragende Architektur der Pasqualini im Inventar des Schlosses Entsprechungen gefunden hätte. Aber die Geschichte hat die Spuren verwischt.

Knapp drei Jahrhunderte nach der Vollendung des Schlosses durch Otto von Bylandt wird Schloß Rheydt 1940/42 zum Gebrauch des Joseph Goebbels umgebaut. Der Architekt Prof. Fahrenkamp entwickelt die fehlende Einrichtung des Schlosses neu. In Anlehnung an die italienischen Stilelemente der Arkade läßt er Möbel, Türen und Kamine herstellen, wobei er konkrete Anknüpfungspunkte sucht. Die Dreibeinstühle mit schlanker, hoher Lehne an der langen Festtafel des Rittersaales (Abb. 158) finden ihr historisches Vorbild im Strozzi-Schemel, Florenz um 1490, heute im Metropolitan-Museum, New York (Abb. 159); die Vierpaßfül-

159 Dreifüßiger Schemel mit hoher Lehne und Wappenmedaillon, Florenz, um 1490. Metropolitan Museum of Art, New York

160 Schloß Rheydt. Kamin 16. Jahrhundert, ehemals Saal des Obergeschosses (heute Museumssaal 14), um 1940 abgebrochen und durch eine Neugestaltung ersetzt

lungen der Saaltüren erinnern an die Bronzetüren des Florentiner Baptisteriums.

Es wird einer genaueren Untersuchung vorbehalten bleiben, eine Antwort auf die Frage zu geben, wieweit Fahrenkamp sich mit dem Nationalsozialismus identifiziert hat. Unstrittig ist jedoch, daß seine öffentlichen Bauten von einer faschistischen Ästhetik geprägt sind, die sich in einer Übersteigerung der Maßstäbe ins Monumentale äußert. Auch in der Inneneinrichtung von Schloß Rheydt ist dieser Wesenszug festzustellen, so etwa bei dem Kamin im Rittersaal, für den der originale Kamin aus der Zeit Ottos von Bylandt weichen mußte, oder auch bei der langen Festtafel, ebenfalls im Rittersaal: Überdimensionierte, kraftstrotzende Balluster, massive Tischplatten und Kamingesimse, deren Gewicht nicht nur optisch alles erdrückt, sondern konkrete statische Probleme verursachte. An einem Beispiel ist die Veränderung der Proportionen augenfällig nachzuweisen: In Raum 14 befand sich noch in den zwanziger Jahren (möglicherweise auch länger) ein Kamin des 16. Jh. der uns in seiner Gestalt durch eine Bildpostkarte überliefert ist (Abb. 160). Fahrenkamp läßt einen neuen Kamin einbauen (Abb. 161), für dessen Gestaltung er den historischen Kamin zitiert. Jedoch ist durch die muskulös erscheinende Verdickung der Balluster, die breitere und kräftigere Ausführung des Gesimses, den Verzicht auf die kleinteilige Zahnschnitt- und Eierstabdekoration der Deckplatte ein wuchtiger Gesamteindruck entstanden; breitbeinig, großtuerisch, laut. Der Stil der Fahrenkampschen Einrichtung ist konsequent: Auf italienischen Renaissance-Elementen aufbauend, formuliert er das Lebensgefühl des Faschismus.

Heute, ein halbes Jahrhundert später, ist im Bewußtsein der regionalen Öffentlichkeit diese Phase der Bau- und Nutzungsgeschichte des Rheydter Schlosses in Vergessenheit geraten. Die Fahrenkampsche Neugestaltung wird vielfach mit der originalen – wie wir wissen – verlorengegangenen Schloßeinrichtung gleichgesetzt, die Entfernung von Festtafel, Kassettentüren und Kaminen als ein Verlust für das Schloß bewertet. Ein bedauerlicher Irrtum, könnte man meinen. Angesichts wieder aufkeimenden nationalsozialistischen Gedankenguts und Lebensgefühls ist es allerdings ein fataler Irrtum, wenn man die pädagogischen Potentiale von Museen in Rechnung stellt: Der Zeitgeist bezieht seine Legitimation nicht zuletzt aus der Aufbereitung von traditionellem Kulturgut in Museen. Im Falle von Schloß Rheydt müssen wir uns mit einer faschistoiden Innendekoration auf der Basis von Renaissance-Zitaten und deren irr-

161 Kamin, um 1940 als Ersatz für den Kamin des 16. Jahrhunderts

tümlicher Adaption als niederrheinischer Spielart der Renaissance auseinandersetzen.

Vor dem Hintergrund dieser Entwicklung kam für den Wiederaufbau des Schlosses tatsächlich nur eine sorgsame Scheidung historischer Bausubstanz von modernen Anbauten, Einbauten und Einrichtungsgegenständen in Frage. Die Leitlinie, welche vom Architekturbüro Walter von Lom + Partner, Landeskonservator Prof. Dr. Udo Mainzer, dem städtischen Bauamt unter Leitung von Dieter Mularski und der Leitung des Museums Schloß Rheydt gemeinsam verfolgt wurde, hieß – auf einen kurzen Nenner gebracht: Der Renaissancebau wird als baugeschichtlicher Zenit der Anlage gewertet und entsprechend klar herausgearbeitet. Relikte älterer Bauphasen werden sichtbar gemacht; Zutaten, die im Rahmen der gegenwärtigen Nutzung des Baudenkmals nötig sind, werden als solche durch modernes, materialbezogenes Design und einheitlich technoid wirkende Farbgebung in Silbergrau gekennzeichnet.

Die Strategie des Absetzens moderner Bauteile von dem historischen Ensemble wird im neuerrichteten Treppenhaus am deutlichsten. Hier entsteht allerdings gegenüber dem Publikum stets ein gewisser Erläuterungsbedarf. Das Nebeneinander von alt und neu wird als kraß empfunden (Abb. 162), wiewohl im Schloß Rheydt ablesbar ist, daß auch in der Vergangenheit Stile verschiedener Epochen und selbst solche, die sich in ihrem Wesen grundlegend unterscheiden, zu einem Bau zusammenwachsen können und daß dies der Gesamtqualität des Gebäudes durchaus keinen Abbruch tut. So ist z.B. die Renaissance-Fassade in ihrer mathematischen Gesetzmäßigkeit und in ihrer geometrischen, ganz auf das Klassische gerichteten Struktur ein erheblicher Gegensatz zu dem noch in gotischer Manier aufgerichteten Kreuzrippengewölbe in der Tordurchfahrt. Es ist ein gewisser Aufwand an Überzeugungskraft nötig, den Blick zu schärfen, daß für die Qualität eines Bauensembles nicht dessen stilistische Geschlossenheit der maßgebliche Faktor ist, sondern die Frage nach einer durchgängigen baukünstlerischen Qualität. Diese ist im neuen Treppenhausanbau ohne Zweifel gegeben. Die Architektur ist, wie die Renaissance-Arkade, aus schlichten geometrischen Formen zusammengesetzt, sie kommt mit nur zwei Materialien, nämlich Glas und Stahl aus und – noch einen Schritt weitergehend – mit nur einer Farbe. Der auf trapezförmigem Grundriß entwickelte Baukörper verjüngt sich nach vorne, so daß, der optischen Täuschung perspektivischen Sehens entsprechend, die Verbreiterung im rückwärtigen Teil kaum wahrgenommen wird (Abb. 163 + 164). Die notwendige Bauhöhe wird ebenfalls durch sorgfältiges Abwägen der

162 Arkadenseite mit neuem Treppenturm, 1994

163 Treppenhausbau. Entwurf Walter von Lom + Partner, 1994

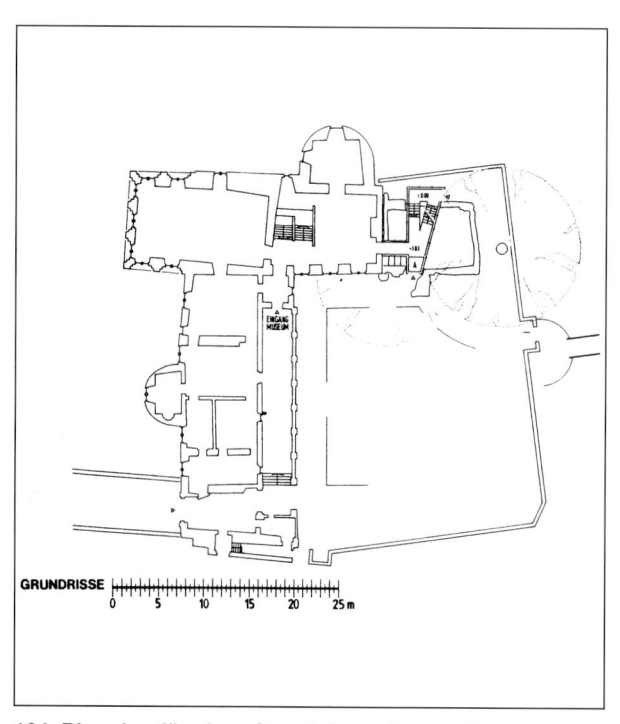

164 Rhombenförmiger Grundriß des Treppenturms. Planzeichnung Architekturbüro von Lom

Baumassen optisch reduziert. Dies ist nicht nur ein perspektivischer Trick, es ist vielmehr die bewußte oder unbewußte Aufnahme eines Prinzips der Renaissance-Architektur, welches sich erstmalig in der Stadtanlage von Pienza manifestiert, die Enea Silvio Piccolomini (als Papst: Pius II.) im 15. Jh. anlegen ließ. Er bediente sich dazu des zu seiner Zeit hochberühmten Architekten Fernando Rosselino. Auch in Pienza gab es das Problem räumlicher Enge zu bewältigen, nur sollte hier in umgekehrter Weise nicht die Architektur kleiner erscheinen, sondern im Gegenteil der Leerraum, die Piazza des Ortes, größer. Eine ähnliche, trapezartige Grundrißgestaltung führte zum gewünschten Ziel (Abb. 165). Pienza gilt als erste Idealstadt der Neuzeit. Sie wurde im Jahr 1462 eingeweiht. Es gibt also sehr wohl strukturelle Übereinstimmungen zu dem gläsernen, modernen Treppenhausturm und der florentinisch anmutenden Säulenarkade. Das verbindende Element liegt im Architekturverständnis der Renaissance.

Auch in den Türen (Abb. 166), die im ganzen Hause gleich gestaltet sind, zeigt die moderne Formgebung renaissanceverwandte Struktur. Erinnern wir uns an die Türen, die Fahrenkamp 1940 herstellen ließ: Sie besaßen eine Kassettenteilung, die Füllungen der Kassetten waren mit ihren Vierpaßmotiven sehr eng angelehnt an die Türen, die Lorenzo Ghiberti für das Florentiner Baptisterium im Jahre 1401 entworfen hat. Die Neuformulierung dieses Architekturdetails arbeitet indessen nicht mit der Übernahme von Zitaten aus der Kunstgeschichte, sondern sucht – diese konsequent vermeidend – nach Grundmustern, die sowohl in die Moderne passen, als auch den Renaissanceschöpfungen zugrunde liegen.

Eine ähnliche Überlegung führte zur Gestaltung der Leuchten im Rittersaal. Dem Wunsch der Museumsleitung folgend, wurde hier durch das Büro Kress-Adams in modernem Design eine Lampe kreiert, die das System des Kronleuchters wieder aufnimmt, so wie es schließlich in historischen Reräsentationsräumen vom Mittelalter bis zur Neuzeit durchgängig gehandhabt wurde. Ergebnis dieser Überlegungen ist ein ausgesprochen überzeugendes Design (Abb. 167). Der sicherlich gravierendste Eingriff in die Ausstrahlung des historischen Bauwerkes ist der Einsatz von Glasvitrinen zur Präsentation der Museumsstücke. Nachdem historisches Original-Mobilar des Schlosses so gut wie nicht mehr vorhanden ist, hatten die Vitrinen dessen Funktion zu übernehmen. Hier waren sich Architekt und Museumsleitung von Anfang an einig, daß das Spannungsfeld zwischen historischem Innenraum und moderner Glasarchitektur einer ästhetischen Strenge bedürfte, die schließlich zur Planung eines hochgestreckten Vitrinentyps auf quadratischem Grundriß führte, der nahezu durchgängig in allen Räumen Verwendung fand. Größerem Platzbedarf wurde durch die Aneinanderreihung mehrerer Vitrinen zu einem Ensemble Rechnung getragen. Nur im Einzelfalle sind Vitrinen in Übergröße zum Einsatz gekommen. Die stetige Wiederholung des gleichen Typs schafft eine gewisse Ruhe und Ausgewogenheit, eine ästhetische Ordnung und Harmonie, die allein im Stande ist, gegen die Ausstrahlung der historischen Räume ein adäquates Pendant zu bilden. Selbst die für den pädagogischen Erläuterungsbedarf notwendigen Schrifttafeln sind diesem Rastermaß angeglichen. Die wenigen Möbel des 16./17. Jh. von musealer Qualität, welche sich in der Sammlung befinden,

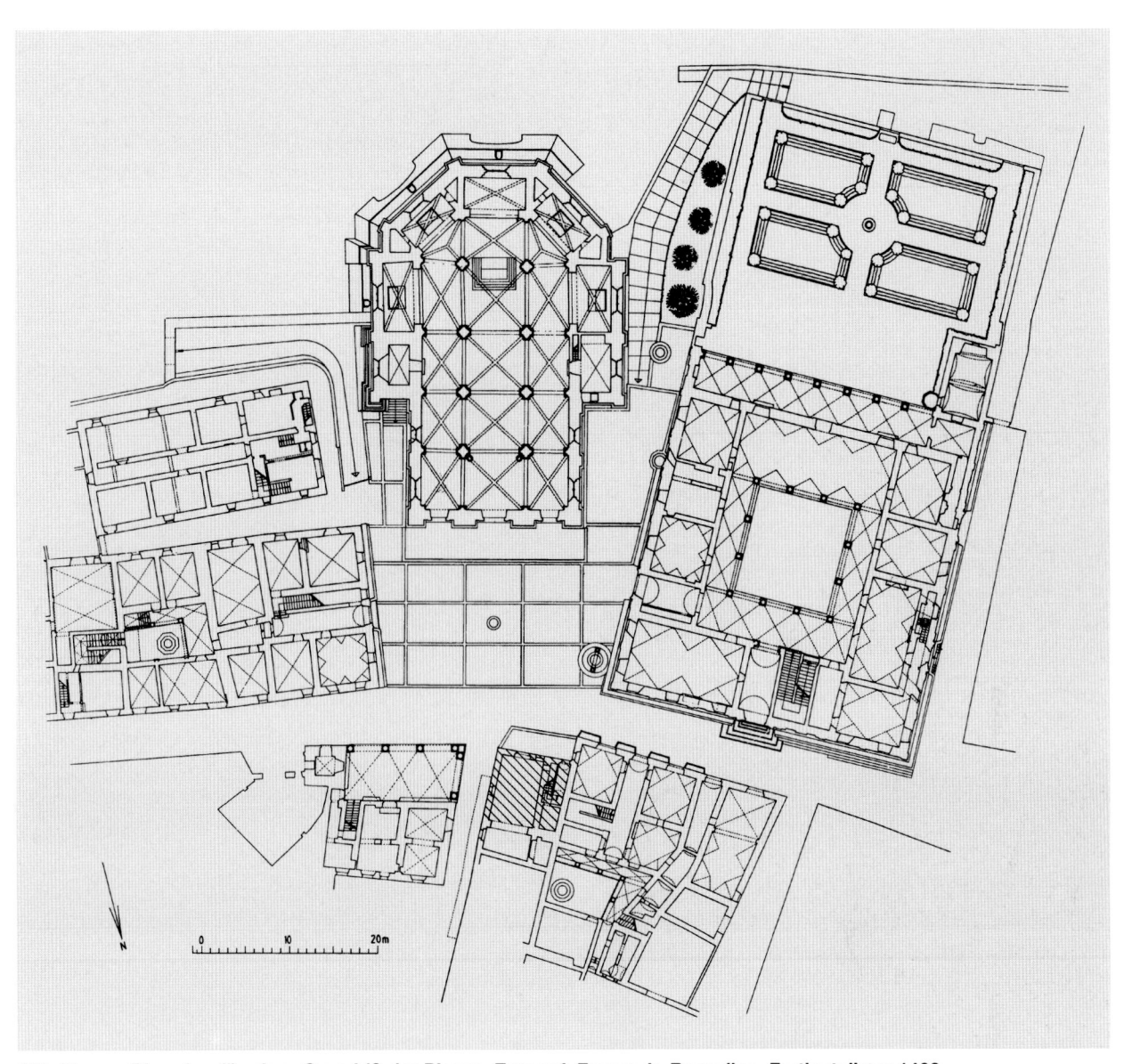

165 Pienza. Rhombenförmiger Grundriß der Piazza. Entwurf, Fernando Rosselino, Fertigstellung 1462

wurden auf Podeste gestellt, die in Material, Form und Farbe den Schrifttafeln angeglichen sind, um deutlich zu machen, daß es sich hier nicht um Reste des originalen Schloßmobilars handelt, sondern um Sammlungsstücke des Museums (Abb. 168). Ein Plazieren dieser Schränke auf dem Fußboden hätte eine derart starke Verbindung der Möbel mit der Architektur des Raumes hergestellt, daß die Unterscheidung zwischen Museumsgut und Mobiliar dem Besucher nur schwerlich zu vermitteln gewesen wäre.

Die Ausstattung des Schloßgebäudes mit musealen Präsentationshilfen, wie Vitrinen, Informationstafeln, Podesten ist im hohen Maße abhängig vom Charakter der Sammlung selbst. Daher soll die Gliederung des Sammlungsbestandes im Herrenhaus hier kurz vorgestellt werden. Dazu bedarf es wieder eines Rückblickes in die Vergangenheit.

Nachdem 1945 das Dritte Reich aufgehört hatte zu bestehen, waren die Pläne der Rheydter Stadtverwaltung, Schloß Rheydt dem Reich zur Verfügung zu stellen, hinfällig geworden. Unter alliierter Mithilfe fanden in dem nun funktionslos gewordenen Schloß 1946 und 1947

166 Schloß Rheydt. Tür mit kassettenartiger Teilung. Entwurf Architekturbüro von Lom, Fertigstellung 1994

167 Leuchter im Rittersaal. Entwurf Büro Kress-Adams, Köln, Fertigstellung 1994

168 Blick in Saal 7 des Museums

Kunstausstellungen statt, die Bestände zeigten, welche die Alliierten im Rheinland und insbesondere in Schloß Dyck deponiert hatten. Diesen Ausstellungen wurde ein überraschend großer Erfolg zuteil. Nicht nur in der Region, sondern auch darüber hinaus und sogar international. Im Fahrwasser dieses Erfolges bildete sich in der Rheydter Bürgerschaft eine neue Begeisterung für die Idee, im Schloß Rheydt ein kunst- und kulturgeschichtliches Museum zu errichten. Das alte Städtische Musum war durch die Umnutzung und den Umbau von Schloß Rheydt sukzessive reduziert worden, die kriegsbedingt ausgelagerten Bestände sind nicht mehr zurückgekommen und müssen als verloren gelten, mit Ausnahme der Sammlung Seuwen. So war also bei der Gründung und Wiederherstellung des Museums bei Null anzufangen. Dieser Aufgabe unterzog sich der Odenkirchener Apotheker Dr. Franz Jansen, der promovierter Kunsthistoriker war. Er legte für die neuaufzubauende Sammlung eine Richtlinie fest, die sich am Herrenhaus orientierte: Die Architektur des 16. Jh. sollte in der Sammlung ihre Entsprechung auf dem Gebiet der Kunst, des Kunsthandwerks und der Wissenschaftsgeschichte finden. Ein Abbild der Welt der späten Renaissance und des Barock in einer diesem Thema aufs schönste gerecht werdenden baulichen Hülle war die Vision von Franz Jansen. Es war damals die Zeit, als Kunstwerke noch für wenig Geld zu haben waren, wenn auch dieses Wenige den meisten nicht zur Verfügung stand. Schließlich muß man aber sagen, daß es Franz Jansen sowie seinen Nachfolgerinnen Frau Dr. Dorothea Herkenrath und Frau Dr. Eva Brües in einer Zeitspanne von 35 Jahren gelungen ist, eine umfangreiche und qualitativ hochstehende Sammlung aufzubauen, welche in ihrer Individualität in der weiteren Region ihresgleichen sucht.

Art und Umfang der Sammlung machen eine gewisse Gliederung nötig, wenn man den Museumsbesucher nicht mit der Fülle des Materials überfordern will. Als Kategorien bieten sich an: Die Angewandten Künste aus Renaissance und Barock, die Malerei und die Kunstkammerstücke derselben Epoche sowie Objekte, die geeignet sind, eine Vorstellung von jenem Weltbild, welches sich die Generationen zwischen Reformation und Revolution zurechtgelegt hatten, zu geben.

Der herausragenste Raum von Schloß Rheydt ist der Rittersaal, in dem sicherlich auch in historischen Zeiten repräsentiert wurde, und in dem die gediegensten Stücke der Schloßeinrichtung Zeugnis von der Lebenskultur seiner Bewohner gaben. Insofern erscheint es angebracht, auch hier einen ersten Höhepunkt der musealen Präsentation zu setzen. Das Museum Schloß Rheydt verfügt über vier großformatige und prächtige Gobelins, die hier angemessen ausgestellt sind; desweiteren kann die Sammlung von fünf außergewöhnlich kostbaren Kabinettschränken des 16. und 17. Jahrhunderts ein legitimes Interesse für sich beanspruchen. Daher sind auch diese im Rittersaal zu sehen. Damit wird sogleich bei nicht musealen Nutzungen des Rittersaales wie Konzerten und Empfängen der höfisch-adelige Charakter der Sammlung von Schloß Rheydt unterstrichen. In den anschließenden Sälen wird das Thema Kunsthandwerk aus Renaissance und Barock weiterverfolgt mit herausragenden Objekten der Möbelkunst, Glaskunst und der Goldschmiedekunst, welche im Raum 7 mit dem dort wieder aufgestellten historischen Kamin ein sinnvolles Ensemble bilden. Raum 8 zeigt die mehr privaten Lebensbereiche einer adeligen Gesellschaft mit Exponaten aus dem Bereich Musik, Spiele, Reisen. Zwei wichtige Ereignisse im täglichen Leben der Adelsgesellschaft, nämlich die Jagd und das Turnier, werden in den anschließenden Räumen 10 und 11 dargestellt, während im Halbturm, der traditionell als Schloßkapelle bezeichnet wird, die sakralen Kunstwerke aus Museumsbesitz Aufstellung finden. Aus dem Rittersaal wieder in den Entrébereich gelangt, wird man eine Fortsetzung des Themas im Bereich der Keramik, insbesondere Porzellan und Fayence finden, die sich an die im Fußboden unter einer Glasplatte sichtbar gemachte historische Raumstuktur anbindet. Dort nämlich ist der originale Terrakottafußboden des 16. Jh. in seiner noch gut erhaltenen Mittelrosette dem Besucher wieder sichtbar gemacht.

Die Anbindung der Museumssammlungen an noch vorhandene Ausstattungsmerkmale des Hauses gelang mehrfach: Erst während der Bauarbeit wieder aufgefunden wurde ein interessantes Wandgemälde im Treppenhaus, das mit großer Wahrscheinlichkeit die Inbesitznahme des Lehens Schloß Rheydt durch Otto von Bylandt im Jahre 1558 darstellt. Zu erwähnen ist darüber hinaus die historische Toilettenanlage des Hauses, die aufgrund ihres baulichen Standarts mit geschlossenen Schächten und überwölbten Abwasserkanälen als für die Zeit beispielhaft gelten kann. Im Erdgeschoß kann die Wiederfreilegung der Deckenmalerei in Raum 8 als die eigentliche Sensation gelten, denn eine Malerei dieser Qualität ist weit und breit einzigartig: Die verputzten Deckenbalken – entsprechend der historischen Tradition im Kurkölnischen Raum „Kölner Decke" genannt – zeigen ein differenziertes Renaissance-Ornament, das aus Beschlag und Bandelwerkmotiven besteht und in den Farben Hellbraun, Dunkelbraun, Schwarz und Gold gehalten ist (Abb. 169). Diese Bemalung gibt dem Raum einen ausgesprochen eleganten und höfischen „Anstrich". Etwa ein Drittel der Deckenmalerei ist original erhalten. Der Rest konnte, da sich die Motive im Rapport wiederholen, rekonstruiert werden. Es ist denkbar, daß auch die übrigen Räume über derartige Malereien verfügten, Spuren haben sich allerdings nicht erhalten, so daß sich eine analoge Rekonstruktion der Säle leider nicht anbot.

Das Obergeschoß beherbergt in Räumen 12, 13 und 14 Objekte, die den Wissensstand und das Bild des 16. Jh. von der Welt, die gerade eben ihre kugelförmige Gestalt in das Bewußtsein der Menschen rückte, veranschaulichen sollen. Die Geographie ist für diese Zeit eines der aufregendsten wissenschaftlichen Teilgebiete gewesen, zudem eines, welches durch die Weltumsegelungen ihre praktische Bestägigung erfahren hatte. Die Struktur des Universums eröffnete mit ihrer in die Theologie hineinreichenden Problematik ein weiteres brisantes Betätigungsfeld des Zeitgeistes. Die darin enthaltene Bedeutung der vierten Dimension, der Zeit, bringt die Perfektionierung von Instrumenten zur Vermessung von Zeit und Raum mit sich. Dieses ist das Thema, welches anhand einer Reihe von Zeitzeugnissen angesprochen wird (Abb. 170). Das folgende kleine Kabinettchen ist der Medizin gewidmet, die sich in der Renaissance vermehrt auf eine Reise in das Innere des menschlichen Körpers begibt. Ein anatomisches Modell mit herausnehmbaren Körperorganen im Miniformat legt davon Zeugnis ab.

169 Deckenmalerei des späten 16. Jahrhunderts in Raum 8

170 Saal 12 „Von Zeit und Raum" mit Uhren, Globen, Welt- und Himmelskarten aus dem 16. und 17. Jahrhundert

Die Architektur gilt in der Renaissance als zentrale Wissenschaft, die sowohl die praktische Seite des Festungsbaus wie die mathematisch-naturwissenschaftliche Entwicklung der Zentralperspektive und ihre Anwendung in der Malerei beinhaltet. Nicht ohne Bedacht ist für die Präsentation der architekturbezogenen Exponate der Schnittpunkt der beiden Flügelachsen des Herrenhauses von Schloß Rheydt gewählt worden, um die Verbindung von Kunst und Naturwissenschaft in der Sammlung anzusprechen. Die folgenden Räume 16 bis 20 bilden die Gemäldegalerie, die eingeleitet wird durch Betrachtungen zum sozialen Standort des Künstlers in der Gesellschaft und durch die im Galeriebild von Johann Michael Brettschneider nachvollziehbare Struktur von Kunstsammlungen der Renaissance. Auch Raum 16 sowie der anschließende Raum 17 haben durch die Entdeckung historischer Kaminanlagen und die Rekonstruktion der noch erhaltenen Reste einen hohen Zeugniswert für das ursprüngliche Aussehen und die Funktion der Räume im Herrenhaus Schloß Rheydt (Abb. 171). Entsprechend der Rezeption und Geschmacksgeschichte des 16. und 17. Jh. sind im folgenden Raum 17 die Hauptthemen der niederländischen Malerei, Landschaftsbild, Stilleben und Seestück als jeweils hervorragende Stücke ihrer Gattung dargestellt (Abb. 172). Genau wie in den uns in ihrer Struktur überlieferten Kunstsammlungen des 16. und 17. Jh. ist auch hier im Museum Schloß Rheydt eine sogenannte Kunst- und Wunderkammer der Gemäldesammlung in unmittelbarer Nachbarschaft gegenübergestellt. Der Halbturm zeigt in seinen modern gestalteten Wandvitrinen Kunstkammerstücke von exotischem Reiz und von bewundernswerter Artistik (Abb. 173). In der weiteren Abfolge der Räume werden die Bereiche der allegorischen Darstellung, der Bilder zur Bibel und schließlich in der langgestreckten Galerie die Portraits der Mitglieder der Familie von Bylandt gezeigt (Abb. 174). Letztere gehören natürlich zur originalen Schloßeinrichtung, sie sind allerdings auf einem Umwege erst in den 60er Jahren wieder nach Rheydt gekommen. Graf Bernhard von Bylandt, der letzte noch lebende Nachfahre der Dynastie, hatte sie aus verschiedenen Quellen zusammengefaßt und dem Museum übereignet.

Erstmals in der Geschichte des Museums Schloß Rheydt hat dieses nunmehr nicht nur das erste Obergeschoß des Herrenhauses, sondern das gesamte Haus als Ausstellungsfläche zur Verfügung. Die drei großen Bereiche: Kunsthandwerk des 16. Jahrhunderts, Wissenschaftsgeschichte sowie die Kunstgeschichte der Epoche sind auf das Erdgeschoß und das erste Obergeschoß verteilt. Eine besondere Rolle in der Gliederung des Museumsbestandes kommt dem Kellergeschoß zu, welches ursprünglich nicht zum Ausbau vorgesehen war. Nachdem aber im Zuge der Entkernung dieser Räume deren außergewöhnliche ästhetische Dimension erkannt wurde, hat der Verein „Rettet Schloß Rheydt" die für eine Restaurierung dieser Räumlichkeit notwendigen Mittel zur Verfügung gestellt, so daß nunmehr auch das Kellergeschoß für die museale Nutzung zur Verfügung steht. Hier ist die Baugeschichte von Schloß Rheydt angesprochen, da sich insbesondere durch die Reste der alten Grundmauern der mittelalterlichen Burg interessante Aufschlüsse ergeben haben und darüber hinaus auch hier wieder Ausstattungsstücke wie z. B. drei Brunnen (Abb. 175), Teile der überwölbten Entwässerungsanlage, Abflußrinnen und dergleichen zutage getreten sind. Es wird auch ver-

171 Gemäldegalerie mit freigelegter Feuerstelle einer historischen Kaminanlage

172 Saal 16, einer der fünf Räume der Gemäldesammlung mit Landschaften und Stilleben des 16.–18. Jahrhunderts

173 Kunstkammerstücke als Ergänzung der Gemäldegalerie erinnern an die inhaltliche Struktur der Kunstsammlungen des 16. – 18. Jahrhunderts

174 Ahnengalerie der Grafen von Bylandt, Schloßherren von 1500–1796

175 Brunnenhaus im Schloßkeller

176 Kellerräume mit der archäologischen Sammlung. Im Vordergrund eine Abflußrinne aus dem 18. Jahrhundert

sucht, die wechselnde Geschichte der Nutzung von Schloß Rheydt sichtbar zu machen. Der mittelalterliche Adelssitz ist in dem großzügigen Küchenraum, der sich im Eingangsbereich anhand der Reste zweier Herdstellen noch nachweisen ließ, wieder in seiner früheren Dimension zu erleben. Der anschließende Halbturm mit seiner Brunnenanlage und der an den Grundmauern abzulesenden baulichen Veränderung geben interessante Aufschlüsse zu den Lebensbedingungen der Renaissance am Niederrhein. Archäologische Fundstücke, die während der Bauarbeiten hier geborgen werden konnten sowie Museumsstücke aus der Abteilung Keramik vervollständigen das Bild vom Leben in der Epoche. Die Nutzung von Schloß Rheydt als Museum ab 1923 wird in den Räumen 3 und 4 angesprochen (Abb. 176). Dort ist die Sammlung Seuwen, mit der das Museum Schloß Rheydt in seiner Entwicklung einen großen Schritt nach vorne getan hat, vollständig ausgestellt: Diese großartige Stiftung ägyptischer und mittelmeerisch-antiker Kunstwerke bildet die Klammer zwischen dem verlorenen Heimatmuseum der Vorkriegszeit und dem heutigen Museum Schloß Rheydt.

Schloß Rheydt – ein Museum?
Selbstverständlich ein Museum. Seit genau einem Jahrhundert unterhält die ehemalige Stadt Rheydt ein kulturgeschichtliches Museum; seit 1923 befindet sich dieses im Schloß Rheydt, seit der Kommunalreform 1975 wird es von der Gesamtstadt Mönchengladbach getragen, genauso wie auch das Museum Abteiberg, das ebenfalls auf ein Jahrhundert zurückblicken kann und seit den fünfziger Jahren die zeitgenössische Kunst pflegt. Die Aufgabenteilung der beiden Institutionen in Kulturgeschichte und Gegenwartskunst hat sich bewährt und beiden Häusern zu einem eigenständigen Profil verholfen.

Im Schloß Rheydt unterstützt das Ambiente mit seinen landschaftlichen Reizen, mit seiner herausragenden Renaissance-Architektur und der romantischen Parkanlage als Übergangszone zwischen Kunst und Natur die Aussagefähigkeit der Museumssammlung, die sich die Stadtgeschichte, die Regionalgeschichte und die Kulturgeschichte der europäischen Renaissance zu Themen gewählt hat. Die Besucher erleben das Miteinander von Kunst, Geschichte und Natur.

Abbildungsnachweis

Rheinisches Amt für Denkmalpflege, Pulheim, Abtei Brauweiler: 1, 2, 3, 4, 5, 6, 7, 8, 9, 10, 11, 12, 13, 14, 15, 84, 88, 89, 92, 94, 98, 99, 100, 127, 132, 140, 141, Umschlagbild (Silvia M. Wolf); 75, 80, 96 (Archiv); 76 (J. Gregori); 77a, 77b, 78, 81b, 82, 85, 90, 101 (S. M. Wolf/S. Schröder); 79 (Pottel); 81a, 83a, 83b (Nußbaum); 86, 87 (M. Thuns); 93 (K. Lieven); 97 (M. Steinhoff)

Helmut Stahl, Köln: 16, 17, 20, 21, 25, 29, 30, 31, 36

Architekturbüro W. von Lom, Köln: 18, 19, 23, 24, 26, 27, 28, 164

Michael Wortmann, Hamburg: 22, 32, 33, 34, 35

Rheinisches Amt für Bodendenkmalpflege, Bonn: 40, 42, 43, 44, 45, 46, 47, 49, 50, 51, 52, 54, 56, 59, 60, 62, 63, 64, 65, 67, 68, 69, 70, 72, 73, 74 (D. Koran)

Jörg P. Anders, Berlin: 91

Stadt Mönchengladbach, Untere Denkmalbehörde (Dr. Schumacher): 102, 114, 115, 117, 119, 120, 121, 122, 123, 124, 125

Wallraf-Richartz-Museum, Köln: 116

Staatsarchiv Brünn, Archiv Hompesch: 118

Stadtarchiv Mönchengladbach, 128, 129, 134, 135, 136, 137, 138, 142

G. Wörner, Wuppertal: 143, 144, 145, 146, 147, 148, 149, 150, 151, 152

Ruth Kaiser, Viersen: 153, 162, 163, 166, 167, 168, 169, 170, 171, 172, 173, 174, 175, 176

Elsa Müller, Mönchengladbach-Odenkirchen: 154

Repro nach einem Foto im Besitz von Wilhelm Ufer, Erkelenz: 155

Kataster- und Vermessungsamt Mönchengladbach, 130

Repro aus: Rheinischer Städteatlas Nr. 52 (1989)

Städtisches Museum Schloß Rheydt: 133, 139, 156, 157, 158 (Heinen), 160

Repro aus: Windisch-Graetz, Möbel Europas, München: 159

Architekturbüro H. Schmitz, Aachen: 161

Repro aus: A. Tönnesmann, Pienza, Städtebau und Humanismus, München 1990: 165

ARBEITSHEFTE DER RHEINISCHEN DENKMALPFLEGE

im Auftrag des Ministeriums für Stadtentwicklung, Kultur und Sport des Landes Nordrhein-Westfalen
und des Landschaftsverbandes Rheinland
herausgegeben von Landeskonservator Prof. Dr. Udo Mainzer

1. **Technische Denkmäler. Arbeitersiedlungen 1,** herausgegeben von Günther Borchers, ²1975

2. **Technische Denkmäler. Denkmäler der Stolberger Messingindustrie,** von Wilfried Hansmann und Wolfgang Zahn, ²1974 (vergriffen)

3. **Technische Denkmäler. Arbeitersiedlungen 2,** von Wilfried Hansmann und Juliane Kirschbaum, ²1975

4. **Ensembles 1,** von Carl-Wilhelm Clasen, Wilfried Hansmann und Volker Osteneck, ²1975

5. **Technische Denkmäler. Die Eisenbahnbrücke über die Wupper bei Müngsten 1893–1897,** von Ernst Werner, ²1975 (vergriffen)

6. **Die Bonner Südstadt,** von Eberhard Grunsky und Volker Osteneck, ²1976 (vergriffen)

7. **Denkmalpflege im rheinischen Ballungsraum.** Dokumentation der Jahrestagung der Vereinigung der Landesdenkmalpfleger in der Bundesrepublik Deutschland vom 6. bis 13. Mai 1973, herausgegeben von Günther Borchers, 1974 (vergriffen)

8. **Die Kölner Neustadt,** von Hiltrud Kier, 1973 (vergriffen)

9. **Xanten, Europäische Beispielstadt.** Red.: Juliane Kirschbaum, 1975 (vergriffen)

10. **Die Kölner Domumgebung als Spiegel der Domrezeption im 19. Jahrhundert,** von Judith Breuer, 1981

11. **Das Frankenberger Viertel in Aachen,** von Peter Ruhnau, 1976 (vergriffen)

12. **Vier Siedlungen in Duisburg (1925–1930),** von Eberhard Grunsky, 1975

13. **F. Schupp, M. Kremmer, Bergbauarchitektur 1919–1974,** von Wilhelm Busch, 1980

14. **Wir verändern ein Stückchen Bonn.** Dokumentation über Neubaupläne einer Versicherungsgesellschaft in der Bonner Südstadt, Bürgerinitiative Heroldbauten in Zusammenarbeit mit dem Kunsthistorischen Institut der Universität und dem Arbeitskreis Historisches Stadtgefüge, herausgegeben von Günther Borchers, 1975 (vergriffen)

15. **Die Entwicklung der optischen Telegrafie in Preußen,** von Dieter Herbarth, 1978

16. **Architektur-Photogrammetrie I.** Internationales Symposium für Photogrammetrie in der Architektur und Denkmalpflege. Bonn, 10. bis 13. Mai 1976. Der Wert moderner photogrammetrischer Kulturgüterarchive, von Hans Foramitti, 1976

17. **Architektur-Photogrammetrie II.** Internationales Symposium für Photogrammetrie in der Architektur und Denkmalpflege. Bonn, 10. bis 13. Mai 1976. Vorträge 1, herausgegeben von Günther Borchers, 1976

18. **Architektur-Photogrammetrie II.** Internationales Symposium für Photogrammetrie in der Architektur und Denkmalpflege. Bonn, 10. bis 13. Mai 1976. Vorträge 2, herausgegeben von Günther Borchers, 1977

19. **Die Schwebebahn in Wuppertal,** von Hans-Fried Schierk und Norbert Schmidt, 1976 (vergriffen)

20. **Technische Denkmale im Rheinland,** von Axel Föhl, 1976

21. **Kirchenbauten des 19. Jahrhunderts im alten Siegkreis,** von Jörg Schulze, 1977

22. **Der Kölner Hauptbahnhof,** von Ulrich Krings, 1977 (vergriffen)

23. **Wohnbauten in Köln-Ehrenfeld,** von Henriette Meynen, 1977 (vergriffen)

24. **Farbfenster in Bonner Wohnhäusern,** von Waldemar Haberey, Suzanne Beeh und Johannes Ralf Beines, ²1988

25. **Jülich – Idealstadtanlage der Renaissance.** Die Planungen Alessandro Pasqualinis und ihre Verwirklichung, von Jürgen Eberhardt, 1978

26. **Bad Honnef – Stadtentwicklung und Stadtstruktur,** von V. Darius, I.-M. Heinze, Th. Kirchner, J. Rörig, B. Schellenwald und W. Tegethoff, 1979

27. **Frühe Schulbauten im Rheinland,** von Jost Schäfer, 1990

28. **Otto Engler, Geschäfts- und Warenhausarchitektur (1904–1914),** von Eberhard Grunsky, 1979

29. **Die „Flora" zu Köln am Rhein,** von Gerd Bermbach, 1991

30. **St. Quirinus zu Neuss.** Die Restaurierungen im 19. Jahrhundert, von Godehard Hoffmann, 1991

31. **Bonn-Poppelsdorf.** Die Entwicklung der Bebauung eines Bonner Vorortes in Karte und Bild, von Busso von der Dollen, 1979

32. **Die Fossa Eugeniana.** Die unvollendete Kanalverbindung zwischen Rhein und Maas 1626, von Rolf-Günter Pistor und Henri Smeets, 1979

33. **Schleifkotten, Mühlen und Hämmer an den Solinger Bächen,** von Ludwig Lunkenheimer, 1990

34. **Der Terrassengarten von Kloster Kamp.** Red.: Wilfried Hansmann, 1993

35. **Die Wallfahrtskirche auf dem Kreuzberg in Bonn.** Geschichte und Restaurierung. Red.: Wilfried Hansmann, Gisbert Knopp, 1996

36. **Schloß Drachenburg,** von Angelika Leyendecker, 1979

37. **Rheinische Schloßbauten im 19. Jahrhundert,** von Harald Herzog, 1981

38. **Das Bergische Patrizierhaus bis 1800,** von Ruth Schmidt-de Bruyn, 1983

39. **Rheinische Kirchen des 20. Jahrhunderts.** Ein Beitrag zum Kirchenbauschaffen zwischen Tradition und Moderne, von Barbara Kahle, 1985

40. **Der Wiederaufbau der Kölner Kirchen,** von Christoph Machat, 1987

41. **Die Ordensburg Vogelsang,** von Ruth Schmitz-Ehmke, 1988

42. **Oberflächenbehandlung bei Fachwerkbauten.** Texte zum Symposium Oberflächenbehandlung an und in Fachwerkbauten am 17./18.10.1986 im Rheinischen Freilichtmuseum Kommern. Mit Beiträgen von Jörg Schulze u. a. Red.: Jörg Schulze, 1989

43. **Bauforschung.** Dokumentation und Auswertung. Texte von Gisbert Knopp, Norbert Nußbaum, Ulrich Jacobs. Red.: Hans-Dieter Heckes, 1992

44. **Denkmalpflege im Land Brandenburg.** Gemeinsame Tagung des Brandenburgischen Landesamts für Denkmalpflege, des Rheinischen Amts für Denkmalpflege und des Westfälischen Amts für Denkmalpflege in Rheinsberg vom 23. bis zum 25. Oktober 1990, 1991

45. **Die barocken Klostergebäude der ehemaligen Benediktinerabtei Brauweiler,** von Claudia Euskirchen, 1993

46. **Die Mosaiken im Aachener Münster und ihre Vorstufen,** von Ute Wehling, 1995

47. **Die Denkmallandschaft.** Ensemble, schützenswerte Gesamtheit, Denkmalumgebung, von Barbara Precht von Taboritzki, 1996

48. **Zimmerarbeiten an historischen Fachwerkbauten.** Texte zur Fachtagung Zimmerarbeiten an historischen Fachwerkbauten vom 9. bis 11. Mai 1990 in Lindlar. Red.: Jörg Schulze, 1996

49. **Denkmalbereiche im Rheinland.** Red.: Walter Buschmann, Elke Janßen-Schnabel, 1996

50. **Der jüdische Friedhof in Bonn-Schwarzrheindorf.** Eine Dokumentation von Dan Bondy, Einführung von Michael Brocke (in Vorbereitung)

51. **Schloß Rheydt – Sanierung und museale Neugestaltung.** Red.: Gisbert Knopp, 1998

Rheinland-Verlag GmbH · Köln

Abtei Brauweiler · 50259 Pulheim

in Kommission bei Dr. Rudolf Habelt GmbH · Bonn